Seventh Edition

Workbook/Laboratory Manual to accompany
Deutsch: Na klar!
An Introductory German Course

Jeanine Briggs

Lida Daves-Schneider
Citrus College

Di Donato ▪ Clyde

Mc
Graw
Hill
Education

WORKBOOK/LABORATORY MANUAL TO ACCOMPANY DEUTSCH: NA KLAR!,
SEVENTH EDITION

Published by McGraw-Hill Education, 2 Penn Plaza, New York, NY 10121. Copyright © 2016
by McGraw-Hill Education. All rights reserved. Printed in the United States of America.
Previous editions © 2012, 2008, and 2004. No part of this publication may be reproduced or
distributed in any form or by any means, or stored in a database or retrieval system, without
the prior written consent of McGraw-Hill Education, including, but not limited to, in any
network or other electronic storage or transmission, or broadcast for distance learning.

Some ancillaries, including electronic and print components, may not be available to custom-
ers outside the United States.

This book is printed on acid-free paper.

1 2 3 4 5 6 7 8 9 0 QVS/QVS 1 0 9 8 7 6 5

ISBN 978-1-259-29083-1
MHID 1-259-28944-3

Senior Vice President, Products & Markets: *Kurt L. Strand*
Vice President, General Manager, Products & Markets: *Michael Ryan*
Vice President, Content Design & Delivery: *Kimberly Meriwether David*
Managing Director: *Katie Stevens*
Brand Manager: *Kimberley Sallee*
Senior Product Developer: *Susan Blatty*
Product Developer: *Paul Listen*
Senior Market Development Manager: *Helen Greenlea*
Executive Marketing Manager: *Craig Gill*
Marketing Manager: *Chris Brown*
Marketing Specialist: *Leslie Briggs*
Director of Digital Content: *Janet Banhidi*
Senior Digital Product Developer: *Laura Ciporen*
Senior Faculty Development Manager: *Jorge Arbujas*
Editorial Coordinator: *Caitlyn Bahrey*
Digital Product Analyst: *Sarah Carey*
Director, Content Design & Delivery: *Terri Schiesl*
Program Manager: *Kelly Heinrichs*
Content Project Managers: *Sheila M. Frank, Erin Melloy, Amber Bettcher*
Buyer: *Susan K. Culbertson*
Design: *Trevor Goodman*
Content Licensing Specialists: *Beth A. Thole, Lori Hancock*
Cover Image: *Sony Centre, Berlin, Germany ©John Harper*
Compositor: *Lumina Datamatics, Inc.*
Typeface: *10/12 Times LT Std*
Printer: *Quad/Graphics*

All credits appearing on page or at the end of the book are considered to be an extension of
the copyright page.

The Internet addresses listed in the text were accurate at the time of publication. The
inclusion of a website does not indicate an endorsement by the authors or McGraw-Hill
Education, and McGraw-Hill Education does not guarantee the accuracy of the information
presented at these sites.

www.mhhe.com

Contents

Kapitel 3
Familie und Freunde *87*

Kapitel 4
Mein Tag *117*

Kapitel 8
Wie man fit und gesund bleibt *251*

Kapitel 9
In der Stadt *281*

Kapitel 13
Medien und Technik *413*

Kapitel 14
Die öffentliche Meinung *441*

Preface

The *Workbook/Laboratory Manual to accompany **Deutsch: Na klar!** Seventh Edition* includes an **Einführung** plus fourteen chapters, all correlating with the main text to offer practice of pronunciation, listening, speaking, vocabulary, and grammar, additional reading materials and activities, and special activities to develop thinking and writing skills in German. Art, maps, realia, and various graphics enhance the learning process throughout the *Workbook/ Laboratory Manual*. For students using the print *Workbook/Laboratory Manual*, the *Lab Audio Program* is available on the Online Learning Center as mp3 files for download. For users of the new online *Workbook/Laboratory Manual* in Connect German (**www.connectgerman.com**), the audio is integrated into the activities and exercises.

Improvements in the Seventh Edition

- For the first time, the *Workbook* and *Laboratory Manual* are combined into one volume.

- The *Workbook/Laboratory Manual* is now available online in CONNECT.

- A new **Kulturjournal** feature reviews and expands upon the feature of the same name in the main text.

- New or updated realia, visuals, and texts offer fresh material, while retaining the strengths of past editions.

- Whenever appropriate, the new **Kulturspot** feature explains cultural curiosities or points of interest.

Structure of the *Workbook/Laboratory Manual*

The organization of the Seventh Edition of the *Workbook/Laboratory Manual* conforms to that of the main text and has taken the many changes and additions to the main text into account. Each chapter is structured as follows:

AUSSPRACHE (Einführung–Kapitel 8). This section provides students with the opportunity to practice sounds in German that tend to be problematic for native speakers of English. The **Einführung** includes a brief look at word stress and vowel sounds in German; **Kapitel 1–8** focus on specific vowel and consonant sounds and sound contrasts.

HÖREN UND SPRECHEN. This section presents listening and speaking activities and drills.

- **Alles klar?** introduces the chapter theme with a piece of realia or art and focuses on global listening skills.

- **Wörter im Kontext**, divided into **Themen,** corresponds to the **Wörter im Kontext** section in the main text. The activities provide additional contextualized opportunities to hear and speak vocabulary from the text.

- **Grammatik im Kontext** ties together the vocabulary and grammar introduced in the chapter in guided exercises and drills. The grammar topics are sequenced to follow those in the main text, so it is recommended that students do the activities soon after the material has been presented in class.

- **Sprache im Kontext** is intended to help students review vocabulary and grammar presented in the chapter and to offer additional practice in listening. In several chapters, the **Alles klar?** listening text is repeated here with more in-depth activities than those used for global understanding at the beginning of the chapter.

LESEN UND SCHREIBEN. This section presents written activities and drills, as well as reading practice.

- **Alles klar?** utilizes the opening photo from the main text to develop the chapter theme. The accompanying activity engages students in a visual reading of the image using familiar vocabulary.

- **Wörter im Kontext** follows the order of the **Themen** in the main text. Section by section, it helps students comprehend, acquire, and practice the chapter vocabulary.

- **Grammatik im Kontext** follows the sequence of grammar presentations from the main text. It features written exercises that focus on the understanding, practice, manipulation, and application of grammatical forms and structures.

- **Sprache im Kontext** offers authentic texts for additional reading practice. As in the main text, a skimming and/or scanning activity introduces the general idea of the reading, and a follow-up activity focuses more intently on language and context.

- **Na klar!** calls students' attention to the entire context or some detail of the opening photo of the main text. Through this second look, students can experience a sense of satisfaction and progress, as they comfortably apply newly acquired vocabulary and grammar in an engaging activity.

- **Kulturjournal** reviews and checks comprehension of the corresponding culture features in the main text. It also offers personalization and expansion questions and writing practice.

- **Mein Journal,** a familiar feature of the *Workbook/Laboratory Manual,* offers guidelines, suggestions, questions, and a variety of prewriting techniques that enable students to think about a topic and to conjure up ideas and vocabulary items without needing to turn to the main text or to a dictionary for help. The goal is for students to write freely and comfortably, applying the skills and knowledge of the language they have acquired up to any given point without the fear of making mistakes.

To the Student

Audio activities: When completing listening activities and exercises, feel free to listen to passages as often as you wish in order to complete the task being asked of you. If you are utilizing the mp3 files from the freely accessible Online Learning Center, experiment with different audio players until you find one that allows you to pause and review whatever segments you need.

Writing space: Blank lines or space for writing are offered in the *Workbook/Laboratory Manual.* Whenever an activity requires a separate sheet of paper or other writing medium, you will see a small computer keyboard icon.

Answer key: At the end of the *Workbook/Laboratory Manual* you will find answers to all written exercises except those that call for your personal, individual response or for which many different ways of responding correctly are possible. The key works most effectively if you use it only as a check, after you have completed an assignment. In this way, you can identify for yourself areas that you need to review.

Alles klar? and Na klar! sections: As you complete each **Na klar!** section, take a moment to return to the **Alles klar?** section at the beginning of the chapter. Congratulate yourself on your language-learning progress!

Mein Journal: For this section of the *Workbook/Laboratory Manual,* you will need a notebook or electronic document(s) of your own that you can use exclusively for journal writing in German. You have three choices as you approach each journal entry: 1) write from your own personal perspective; 2) write in the third person about a friend, family member, celebrity, or a fictitious character; 3) write in the first person about a German-speaking persona that you take on and develop as your own. The prewriting techniques help you think in German and organize your thoughts before you begin writing. Apply these techniques in whatever way works best for you and annotate the *Workbook/Laboratory Manual* pages freely: check and/or cross out items; modify and personalize phrases; choose and expand ideas you want to include; jot down short answers to applicable questions; reorder information according to your own approach to the subject matter. The journal will help you feel comfortable thinking and writing in German. Therefore, set aside a quiet time for writing. Express yourself freely and at length. Take risks. Don't worry about making mistakes; instead, consider errors in your journal entries a natural part of the language-learning process. By the end of the course, you will have completed fifteen journal entries. By comparing early entries with later ones, you will see your dramatic progress for yourself—and, if you wish, you can then catch and correct your own errors in spelling or grammar. Feel free to personalize your journal entries with drawings, diagrams, mementos, photos, or images of your own—and add captions to these illustrations.

To the Instructor

Audio activities: A variety of types of listening comprehension and speaking exercises—such as listening for sequences, listening for information, completing fill-in charts, information-gap activities, and realia-based activities— are found alongside transformation drills and synthetic exercises. Listening and speaking are crucial to successful language learning. The authors feel strongly that the language laboratory component should be an extension of classroom work and that the maximum benefit of the program is attained when students are assisted by a lab instructor. When lab instruction is not possible, classroom instructors should familiarize themselves with the lab program, regularly check students' lab work, and incorporate lab activities into classroom discussion from time to time. Students should be encouraged to listen to texts as often as needed to complete the accompanying activity. In this new edition, the authors have continued to pay attention to contextualizing the more traditional types of exercises so that they reflect natural speech and realistic situations as much as possible.

Spelling and grammar: Encourage students to find and correct their own errors. Because students can check their responses to all single-response activities against the answer key, you can focus on responding to open-ended and creative writing activities.

Responses to creative writing: Make corrections and write comments neatly and in handwriting that students can readily decipher. Give feedback in the margins, at the beginning or end of a paper, or on a clean slip of paper attached to the student's work.

Rewriting: From time to time, ask students to rewrite and fully develop a piece of creative writing. Feedback from you and/or from others in the class will help in this process: What questions does the writing evoke? What areas are unclear? What details could be added? What needs further explanation? What begs for more description? Or, what should be omitted? Try to keep feedback in German, however simple.

Responses to journal entries: Students may write in a separate notebook or digital format of their own choosing. Avoid marking spelling or grammar errors in the journals. Instead, give students the satisfaction of knowing they have conveyed meaning through written German. At the end of every journal entry, write a response in simple German: questions to indicate your interest in the subject, positive comments, experiences or ideas that a student's writing may have evoked, or whatever else comes to mind. Your written comments will validate the communicative process. If your class feels comfortable sharing their journals with others, you might have students read and respond to one another's entries once they have acquired some vocabulary and techniques.

Acknowledgments

Many thanks to the following people for contributing their time, talents, and effort to the success of this *Workbook/ Laboratory Manual*: to Karl Schneider, Charles James, and the graduate instructors of the University of Wisconsin, Madison, whose valuable contributions to previous editions are still present in this new edition; to Robert Di Donato, Monica Clyde, and Marie Deer, whose input and suggestions have greatly enriched the materials over the years; to Paul Listen for his developmental ideas, suggestions, and input; to Andrés Pi Andreu for his assistance in manuscript preparation; to Tina Schrader, our proofreader, whose thoughtful feedback helped ensure cultural and pedagogical consistency; to Birgitta Brandenburg, who read the manuscript for linguistic authenticity; to Sylvie Pittet, who obtained permission to reprint the authentic materials; to Wolfgang Horsch, George Ulrich, Irene Benison, Anne Eldredge, Kevin Berry, Brandon Carson, Teresa Roberts and Irene Benison for their captivating illustrations and artwork; to our Senior Brand Manager Kimberley Sallee, our Senior Product Developer Susan Blatty, Product Coordinator Caitlin Bahrey, and our Content Producer Erin Melloy, for tirelessly coordinating the development and production process; and to the entire production team at McGraw-Hill, including Kelly Heinrichs, Amber Bettcher, Beth Thole, Matt Backhaus, and Sue Culbertson. Special thanks to the Connect German team led by our Senior Digital Product Manager Janet Banhidi, Senior Digital Product Developer Laura Ciporen, and Susan Blatty and Jason Kooiker. Many thanks, as well, to our other invaluable team members: Ron Nelms, Paul Listen, Esther Bach, Birgitta Brandenburg, Jessica Plummer, Elke Riebling, and Gunjan Chandola and her team at Lumina.

Einführung

Halt! ✝ Hör-Info

Listening is an important part of learning a language. However, listening for information in a second language is significantly different from listening for information in your own language or listening for entertainment. A successful language learner will develop long-term concentration and the ability to recognize important cues, such as context and cognates. The activities in this laboratory manual will help you train these skills. When you see the **Steher,** a German pedestrian traffic symbol for STOP (✝), be sure to read the tip before you continue working. You will find an important piece of information to help hone your listening skills.

Your listening training, however, does not have to be confined to this manual. Use the Internet to practice listening in as many contexts as possible. You may enjoy watching a funny video clip on German YouTube or short films on topics ranging from comic book illustrators to German film at the Deutsche Welle website. Watch short news videos in German, or just spend some time surfing the German web. And remember: **Deutsch hören macht Spaß!** (*Listening to German is fun!*)

Aussprache

Übung 1   Word Stress*

In German words, stress normally falls on the stem of the word, usually the first syllable. Listen to the following words and underline the stressed syllable.

guten Morgen	kommen
Nummer	Name
Straße	

Now listen to the words again and repeat them in the pauses provided.

Compounds composed of two or more nouns are very common in German. The first noun is stressed more strongly than the second. Listen to the following words and underline the stressed syllable.

Waldhaus	Kindergarten
Hausnummer	Biergarten
Postleitzahl	Hallenbad
Tenniskönigin	

Now listen to the words again and repeat them in the pauses provided.

---

*All written answers for activities can be found in the Answer Key at the end of the manual.

Word stress varies in words borrowed from other languages. Listen to the following words and underline the stressed syllable.

Hotel   Aktivität
Natur   fantastisch
Musik   miserabel

Now listen to the words again and repeat them in the pauses provided.

Übung 2   Vowels

Vowels in English tend to glide. While pronouncing one vowel sound, a speaker shifts to another. Pronounce the English words *say, see, bye, go,* and *you*. See if you can detect the glide. Now listen to these words pronounced on the recording. The pronunciation on the audio program is Standard American English; therefore it may differ from your English, depending on the region of the United States or Canada you are from.

say   go
see   you
bye

German vowels are pure; there is no glide to another vowel. Listen to the following German words and repeat them in the pauses provided. Along with the purity of the vowel sounds, note also the difference between long and short vowels.

Abend (long)   **wie** (long)   **gu**t (long)
Adresse (short)   **bi**tte (short)   **u**nd (short)
geht (long)   **so** (long)
Bett (short)   **O**tto (short)

Satzbeispiele. Listen to the following sentences and repeat them in the pauses provided. Pay attention to the pronunciation of the vowels. You will hear each sentence twice.

1. Die Adresse ist Adlerstraße acht.
2. —Wie geht es dir? —Schlecht!
3. Wie bitte? Wie ist Ihr Name?
4. Mein Name ist Viktor Siemens.
5. Woher kommst du? Ach so. Aus Oslo.
6. Guten Abend, Ute.

Hören und Sprechen

Hallo! Guten Tag! Herzlich willkommen!

Aktivität 1   Wir stellen uns vor!

A. Look at the map of the German-speaking countries. Listen carefully to the pronunciation of the cities on the map, repeating each one after the speaker. Circle each city as you pronounce it.

B. Now that you have located some major cities in the German-speaking countries, you will hear people from these cities introduce themselves and say where they are from. Write the name of the appropriate city next to each person's name. You will hear each introduction twice.

Jakob Meier _____*Zürich*_____   Jörg Fischer _____

Herr Temmer _____   Frau Kopmann _____

Horst Daniels _____   Antje Franke _____

Inge Maaß _____   Herr Krüger _____

C. Assume that the persons who have given their first names are students. You might want to visit them in Europe, so confirm where they are from. Put a check by the city when you hear it named.

Sie hören (*hear*):   1.
Sie fragen (*ask*):   Jakob, woher kommst du?
　　Sie hören: Ich komme aus Zürich. (*Check* Zürich *on the list in part B.*)

1. Jakob　　2. Horst　　3. Inge　　4. Jörg　　5. Antje

Aktivität 2　Miteinander bekannt werden°

Getting acquainted

A. Below are phrases that are part of a short conversation. Listen and connect the phrases that belong together. The first one has been done as an example.

_____ Guten Tag.

___*1*___ Hi.

_____ Ich komme aus Berlin.

_____ Ich komme aus Bonn.

Mein Name ist Barbara Lindemann.

Und das ist Frau Beck. Sie ist aus München.

Woher sind Sie?

Ich bin Lisa Hartmann.

B. Listen to the conversation again and number the exchanges in the order you hear them.

Wie schreibt man das?

Aktivität 3　Das Abc

Each letter of the German alphabet is shown below with its phonetic pronunciation. The umlauted vowels and **Eszett** (ß) are also included. Repeat the letters. Try to approximate the pronunciation on the recording as closely as possible.

a	[a:]	i	[i:]	q	[ku:]	y	[Ypsɪlɔn]
b	[be:]	j	[jɔt]	r	[ɛr]	z	[tsɛt]
c	[tse:]	k	[ka:]	s	[ɛs]		
d	[de:]	l	[ɛl]	t	[te:]	ä	[ɛ:]
e	[e:]	m	[ɛm]	u	[u:]	ö	[Ø:]
f	[ɛf]	n	[ɛn]	v	[fau]	ü	[y:]
g	[ge:]	o	[o:]	w	[ve:]	ß	[ɛs tsɛt]
h	[ha:]	p	[pe:]	x	[ɪks]		

Aktivität 4　Buchstaben sind wichtig!

Understanding letters of the alphabet is important, since abbreviations are often used in identifying companies and organizations. Below you see the abbreviations and logos for six companies. Listen to some brief radio advertisements and number the abbreviations in the order you hear them (1–6).

Aktivität 5   Wie heißt das?

A. You will hear the spelling of familiar companies, people, and words from German-speaking countries. Write these names in the spaces provided.

1. _Volkswagen_ _____   6. _____

2. _____   7. _____

3. _____   8. _____

4. _____   9. _____

5. _____   10. _____

B. Now repeat the words after you hear them pronounced.

Aktivität 6   Abkürzungen

Below you see a map of Europe. Some countries are identified by their names and some by international abbreviations.

A. Listen for the missing abbreviation (**Abkürzung**) and write it in the oval. Each abbreviation will be given twice.

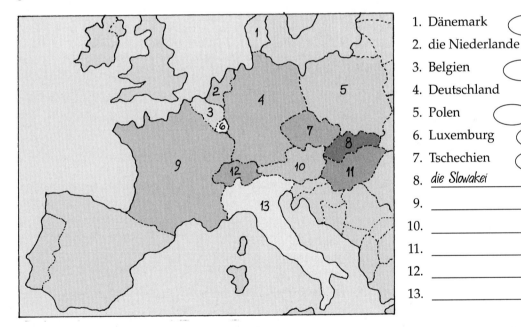

1. Dänemark ⬭
2. die Niederlande ⬭
3. Belgien ⬭
4. Deutschland ⬭
5. Polen ⬭
6. Luxemburg ⬭
7. Tschechien ⬭
8. _die Slowakei_ _____ (SK)
9. _____ (F)
10. _____ (A)
11. _____ (H)
12. _____ (CH)
13. _____ (I)

B. Now ask for the missing names of countries. The information will be given twice.

Sie fragen: Wofür steht „SK"? (*What does "SK" stand for?*)
 Sie hören: SK steht für die Slowakei, S-L-O-W-A-K-E-I

(Write in „die Slowakei".)

Hallo! – Mach's gut!

Aktivität 7 Guten Tag! Auf Wiedersehen!

You will hear six hellos and good-byes. Match each greeting to a picture by numbering it. You will hear each greeting twice.

1. . . . 2. . . . 3. . . . 4. . . . 5. . . . 6. . . .

Na, wie geht's?

Aktivität 8 Wie geht's?

A. Listen to the following conversational exchanges and match the names of the speakers to the descriptions of how they are doing.

1. _____ Karl

2. _____ Elke

3. _____ Herr Schröder

4. _____ Herr Sauer

5. _____ Tine

    a. gut
    b. ganz gut
    c. sehr gut
    d. schlecht
    e. ausgezeichnet

B. Now respond when asked how each person is doing.

     Sie hören: Wie geht's Karl?
Sie sagen (*say*): ganz gut

1. . . . 2. . . . 3. . . . 4. . . . 5. . . .

So zählt man auf Deutsch.

Aktivität 9 Zählen wir!

Repeat the numbers in the pauses provided.

A. Zero to ten:

null	sechs
eins	sieben
zwei	acht
drei	neun
vier	zehn
fünf	

B. Ten to twenty:

zehn	sechzehn
elf	siebzehn
zwölf	achtzehn
dreizehn	neunzehn
vierzehn	zwanzig
fünfzehn	

C. Twenty to thirty:

zwanzig	sechsundzwanzig
einundzwanzig	siebenundzwanzig
zweiundzwanzig	achtundzwanzig
dreiundzwanzig	neunundzwanzig
vierundzwanzig	dreißig
fünfundzwanzig	

D. Twenty to ninety:

zwanzig	sechzig
dreißig	siebzig
vierzig	achtzig
fünfzig	neunzig

E. One hundred to one thousand:

hundert	sechshundert
zweihundert	siebenhundert
dreihundert	achthundert
vierhundert	neunhundert
fünfhundert	tausend

F. One thousand to ten thousand:

tausend	sechstausend
zweitausend	siebentausend
dreitausend	achttausend
viertausend	neuntausend
fünftausend	zehntausend

Aktivität 10 Postleitzahlen

You will hear some zip codes used in several German cities. Each one will be read twice. Write the numbers in the spaces provided.

1. _____ Düsseldorf

2. _____ Darmstadt

3. _____ Chemnitz

4. _____ Bochum

5. _____ Konstanz

6. _____ Leipzig

Aktivität 11 Adressen

Complete the following street addresses with the numbers you hear. You will hear each address twice.

1. Königsplatz _____

2. Poststraße _____

3. Leopoldstraße _____

4. Neustraße _____

5. Heidelberger Straße _____

6. Frankfurter Straße _____

7. Moritzstraße _____

Aktivität 12 Temperaturen

Scan the temperatures for the European cities found on the map below. You will hear the temperature given for the cities listed next to the map. Mark „Das stimmt" if the temperature you hear is correct or „Das stimmt nicht" if it's incorrect. (In Europe, temperature is measured with the Celsius scale; water freezes at 0 degrees and boils at 100 degrees.)

	DAS STIMMT	DAS STIMMT NICHT
1. Reykjavik	☐	☐
2. London	☐	☐
3. Lissabon	☐	☐
4. Hamburg	☐	☐
5. Stockholm	☐	☐
6. Dubrovnik	☐	☐
7. Luleå	☐	☐
8. München	☐	☐

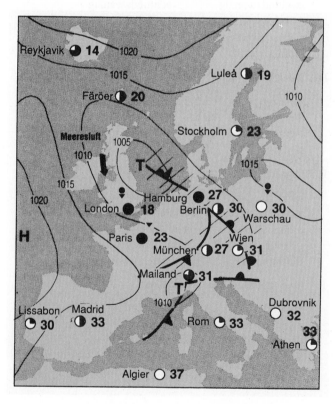

Aktivität 13 Wie ist die Telefonnummer? Wie ist die Adresse, bitte?

Below you see advertisements from businesses in the spa town of Bad Bergzabern. Stop the recording and scan the ads. Underline the telephone numbers and circle the addresses. Then start the recording again.

A. You will first be asked to give specific telephone numbers from the listings. Repeat the correct response.

Sie hören: Wie ist die Telefonnummer vom Friseur Salon Becker im Kurtal-Center?
Sie sagen: Die Nummer ist null-sechs-drei-vier-drei-fünf-sechs-fünf-zwei (06343-5652).

1. . . .   2. . . .   3. . . .   4. . . .   5. . . .

B. You will now be asked to complete the addresses by providing the street numbers. You will then hear a confirmation of the addresses. Repeat them in the pauses provided.

Sie hören: Die Adresse vom Friseur Salon Becker im Kurtal-Center ist Kurtalstraße …
Sie sagen: 21
Sie hören: Kurtalstraße 21

1. . . .   2. . . .   3. . . .   4. . . .   5. . . .

Sie können schon etwas Deutsch!

Aktivität 14 Hören und Verstehen

You will hear some commercials and news items. You are not expected to understand everything you hear. Listen carefully and try to recognize words that sound familiar—for example, cognates, brand names, and proper names. As you listen, write the number of each announcement in front of the corresponding category. Some categories will have no matches. You will hear each announcement twice.

_____ Astronomie   _____ DVDs

_____ Sport   _____ Automobil

_____ Film   _____ Restaurant

_____ Bank   _____ Musik

_____ Kosmetik

Aktivität 15 Die Länder

You will hear information about countries in which German is spoken. As you listen, indicate in which of these countries German is an official language and in which of these countries German is spoken as a native language by a sizable minority of its inhabitants. You will hear the text twice.

	OFFICIAL LANGUAGE	SIZABLE MINORITY OF NATIVE SPEAKERS
Belgien	☐	☐
Dänemark	☐	☐
Deutschland	☐	☐
Frankreich	☐	☐
Italien	☐	☐
Liechtenstein	☐	☐
Luxemburg	☐	☐
Österreich	☐	☐
Polen	☐	☐
Rumänien	☐	☐
Russland	☐	☐
die Schweiz	☐	☐
Tschechien	☐	☐

Nützliche Ausdrücke im Sprachkurs

Aktivität 16 Im Deutschkurs

You will hear four of the students pictured in the drawing below address their instructor. Match each utterance you hear with the name of the person who said it. You will hear each sentence twice.

¹*homework*

1. _____

2. _____

3. _____

4. _____

   a. Brigitte
   b. Thomas
   c. Anna
   d. Stefan

Lesen und Schreiben

Hallo! Guten Tag! Herzlich willkommen!

Aktivität 1 Alles klar?

Two college friends greet each other. Choose and write two phrases as an appropriate exchange.

Er: _____   Sie: _____

Hallo!   Tag!   Geht's gut?
Guten Tag!   Grüß dich!   Guten Morgen!
Herzlich willkommen! Guten Appetit!

Aktivität 2   Willkommen in Deutschland!

A chef in Germany welcomes two North American students to his culinary class. Write the missing words to complete the greetings.

HERR LANG: Hallo! _____ Name ist Peter Lang. _____ ist Ihr Name bitte?

FRAU WALL: Guten Tag, Herr Lang. Ich _____ Carolyn Wall.

HERR LANG: _____ mich, Frau Wall. Und _____ kommen Sie?

FRAU WALL: Ich _____ aus Chicago.

HERR LANG: Ah ja, Chicago … Und Sie? Wie _____ Sie, bitte?

HERR GRAY: Ich heiße Jonathan Gray, und ich komme aus Vancouver.

HERR LANG: Nun, herzlich _____ in Deutschland!

Wie schreibt man das?

Aktivität 3   Wie, bitte?

The first letter of each word is correct. Unscramble the remaining letters and write the correctly spelled expressions.

A: Getnu Abdne!   _Guten Abend!_ _____

B: Gßür dhic!   _____

C: Dknae sönhc!   _____

D: Btiet shre!   _____

E: Ihc hieeß Eav. _____

F: Ftreu mhci! _____

G: Afu Wheeesdirne! _____

H: Thücsss! _____

Hallo! — Mach's gut!

Aktivität 4   Situationen und Reaktionen

Suppose you are studying in Germany. Write an appropriate expression for each situation. Some situations have more than one possible response.

Sprach-Info

Notice the ending on the website address: **de** stands for **Deutschland.** Austrian addresses end in **at,** while Swiss addresses end in **ch** (*Confoederatio Helvetica,* Latin for *Swiss Confederation*).

HALLO... **Bitte.**

1. *You run into a friend on the street and ask how he or she is doing.*

    _____

2. *You say good night to your guest family in Germany just before going to your room.*

    _____

3. *You greet your colleague from Munich with an expression that is customary in southern Germany.*

    _____

4. *In the early afternoon you enter a small shop in a northern German city and greet the shopkeeper.*

    _____

5. *You enter your 9:00 A.M. German class and greet your professor.*

    _____

6. *You thank your roommate for a favor.*

    _____

7. *Your roommate acknowledges your comment.*

    _____

8. *You greet your friends in a coffeehouse.*

    _____

Na, wie geht's?

Aktivität 5   Wie geht es dir? Und dir? Und …

As part of his circus act, the clown asks the balloons how they are doing. Write an appropriate response. More than one answer may be possible in each situation.

CLOWN:	Ballon A, wie geht es dir?	A:	_Ausgezeichnet!_
	Und dir, Ballon B?	B:	
	Ballon C, wie geht's?	C:	
	Und dir, Ballon D?	D:	
	Na, Ballon E, wie geht's?	E:	
	Und endlich, Ballon F?	F:	

So zählt man auf Deutsch.

Aktivität 6 Nummern

1. Complete the dialogue by writing each digit as a word.

Bücherei am Münztor
Schongau

Blumenstr. 2

Telefon mit Anrufbeantworter
08861 - 9 37 86
Email buecherei_muenztor@web.de

HERR REUTER: Wie ist die Telefonnummer, bitte?

FRAU WENDT: Die Nummer ist _____, _____,

_____, _____, _____, –

_____, _____, _____,

_____, _____.

HERR REUTER: Und die Adresse?

FRAU WENDT: Blumenstraße _____.

2. Look at the e-mail address in the ad and write the name of the country of origin.

_____.

Kulturspot

Schongau is located in Bavaria. As with many old towns in Europe, a stone wall once surrounded the central area. Passage in and out of the town was through gated openings in the wall. The wall, or portions thereof, still defines the historical center. The **Münztor** is one of the gates in the wall at Schongau. Names of businesses and institutions often relate to location, in this case the **Bücherei** (*library*) **am Münztor**.

Aktivität 7 Teenager

The following teenagers introduce themselves. Write each age as a word to complete the information.

Emma Lippmann (17)   Johanna Vogt (19)
Luca Schwab (16)   Elias Zellmer (13)

1. Tag! Mein Name ist Emma. Ich bin _____. Ich komme aus Mainz.

2. Guten Tag! Mein Name ist Luca und ich bin _____. Ich komme aus Leipzig.

3. Grüß dich. Ich bin _____ und mein Name ist Johanna. Ich komme aus Salzburg.

4. Hallo! Ich komme aus Basel. Ich bin _____ und mein Name ist Elias.

Aktivität 8 Countdown

The fans are counting down the seconds to the end of an exciting soccer game. Supply the missing numbers.

FANS: _____, neunzehn,

_____,

siebzehn, sechzehn, _____,

_____, dreizehn,

_____,

_____,

_____, neun,

acht, _____,

_____, fünf,

vier, drei, _____, eins, null!

Aktivität 9 Paare

Write the numbers as words.

1. Herr Voß ist _____ (23),

   Frau Voß ist _____ (32).

2. Frau Kramer ist _____ (59),

   ihr (her) Vater ist _____ (95).

3. Frau Hübner ist _____ (67),

   Herr Hübner ist _____ (76).

4. Frau Bruhn ist _____ (84),

   ihr Sohn ist _____ (48).

Aktivität 10 Zahlen über hundert

Sprach-Info

In German as well as in English, large numbers normally appear as numerals rather than as words. However, when spelled out, a number in German is printed as one word, regardless of length.

42	zweiundvierzig
842	achthundertzweiundvierzig
6 842	sechstausendachthundertzweiundvierzig

Write the numeral for each word.

1. einhundertzweiundsiebzig _____

2. dreihundertfünfundachtzig _____

3. fünfhundertneunundneunzig _____

4. zweitausendsiebenhundertsechs _____

Now write each number as a word.

5. 201 _____

6. 446 _____

7. 647 _____

8. 9 661 _____

Aktivität 11 Wie ist Ihre Adresse, bitte?

Sprach-Info

The address side of a German postcard normally includes four lines, with a space between the third and fourth lines. The word **Frau** or **Herrn** (accusative form) normally appears by itself on the first line. The name goes on the second line, the street address on the third line, and the postal code and city on the fourth line.

A receptioniost, Frau Lehner, is filling out a reminder postcard for a client, Herr Schuster. Read the following dialogue; then address the postcard accordingly.

FRAU LEHNER: Wie ist lhr Name, bitte?
HERR SCHUSTER: Georg Schuster.
FRAU LEHNER: Und Ihre Adresse?
HERR SCHUSTER: Poststraße zwanzig.
FRAU LEHNER: Die Postleitzahl?
HERR SCHUSTER: Sechs, neun, eins, eins, fünf.
FRAU LEHNER: Und die Stadt?
HERR SCHUSTER: Heidelberg.
FRAU LEHNER: Danke, Herr Schuster.

ABSENDER siehe Rückseite[1]

[1]*RETURN ADDRESS see other side*

Sie können schon etwas Deutsch!

Aktivität 12 Lernen plus!

Read through the ad. Then use German words from the ad to fill in the blanks.

Sprachen & Sport: Lernen plus!

Sommer-sprach-kurse &

est.d 1889

Englisch
Französisch
Mathematik
Lern-Intensivkurse
Kleinklassen
Privatunterricht
Spiel & Sport
insbesondere[1]
Tennis, Wasserski
fahren und Reiten

Institut auf dem Rosenberg

Monika A. Schmid, Patricia Bühler
Höhenweg 60, 9000 St. Gallen/Schweiz
Tel. +41 71 277 77 77 - 79, Fax +41 71 277 98 27
www.instrosenberg.ch

[1]*in particular*

1. Institut auf dem Rosenberg offers summer language courses. Write the German word for that but omit the two hyphens. _____.

2. The institute offers language classes in what two languages?

   a. _____.   b. _____.

3. The institute also offers intensive courses in what academic subject? _____.

4. In addition to course work, students have an opportunity for *Spiel & Sport*. Name one of the three sports mentioned. _____.

5. Write the German words that identify the following contact information.

   a. Patricia Bühler   *Name* _____

   b. Höhenweg   _____

   c. Höhenweg 60   _____

   d. 9000   _____

   e. St. Gallen   _____

   f. +41 71 277 77 77 - 79   _____

Aktivität 13   Wo spricht man was?

Some countries have one official language; others have more than one. Write the names of some countries that have the following official languages.

1. Dänisch: _____

2. Deutsch: _____

   _____

   _____

   _____

   _____

   _____

3. Französisch: _____

4. Polnisch: _____

5. Tschechisch: _____

Nützliche Ausdrücke im Sprachkurs

Aktivität 14   Im Deutschkurs

Write an appropriate statement or question for each student, as suggested by the picture. More than one expression is possible.

¹*homework*

STEFAN: _____

ANNA: _____

BRIGITTE: _____

THOMAS: _____

PETER: _____

KARIN: _____

Aktivität 15   Na klar!

Write a short dialogue to accompany the photo. Who speaks first? What does he/she say? How does the other person respond? What question(s) do they ask each other? What are the replies? Use expressions you have learned in this chapter.

_____

_____

_____

_____

_____

_____

_____

_____

_____

_____

KULTURJOURNAL

A. Die deutsche Sprache.

1. Where did the terms High German (**Hochdeutsch**) and Low German (**Plattdeutsch**) come from?

   _____

   _____

2. Whose Bible translation helped to standardize the German language?

   _____

3. Why do some German words look similar or identical to English words?

   _____

4. Skim the ad and circle each cognate or word that is similar in English.

SYMPHONISCHES ORCHESTER BERLIN

Heute, 16 Uhr   **PHILHARMONIE**

Dirigent: **László Kovács**
Solist: **Boris Bloch**

Kodály: Tänze aus Galanta
Tschalkowsky: Konzert für Klavier und Orchester
Nr. 2, G-Dur, op. 44
Rimsky-Korsakoff: „Scheherazade" Symphonische Suite
aus „Tausend und eine Nacht"

B. Wo spricht man Deutsch?

Write the German names of the countries being referred to.

1. German is the sole official language of what three countries?

   _____, _____,

   _____

2. Name two countries that have German as one of their multiple official languages.

   _____, _____

Mein Journal

Before you begin writing, read the section about journal writing in the section titled "To the Student" in the preface to this manual.

Begin each journal entry by writing the date in German style with day then month then year separated by periods (for example 2.1.20__). Introduce yourself in this first journal entry. Offer an appropriate greeting, then provide some or all of the following information about yourself:

- your name

- where you are from

- your e-mail address (**Meine E-Mail-Adresse ist ...**)

- your street address and zip code (**Meine Adresse ist ... Meine Postleitzahl ist ...**)

- your telephone number (**Meine Telefonnummer ist ...**)

- two or more of your interests (**Meine Interessen sind** [*are*] **... und ...**)

Film	Sport	Internet	Yoga
Fotografieren	Tanz	Deutsch	Science Fiction
Literatur	Tennis	Politik	Philosophie
Musik	Theater	Astronomie	Biotechnologie

Kapitel

1

Das bin ich

Aussprache

The Vowels *a, e, i, o, u*

German has both long and short vowel sounds. Listen carefully to the words you hear and repeat them in the pauses provided.

Übung 1   The Vowel *a*

Long **a.** Listen and repeat.

Name	Vater
sagen	Zahlen
haben	Aachen
Abend	Aale

Short **a.** The short **a** is similar in sound quality to the long **a,** but it is much shorter. Listen and repeat.

Stadt	wann
Land	was
alt	das
Halle	man

Satzbeispiele. Listen to the following sentences, paying particular attention to long or short **a.** Circle all long **a** sounds.

1. Mein Name ist Anton.
2. Guten Abend, Antje.
3. Wandern macht Spaß.
4. Manfred wohnt in Aachen.

Now replay the sentences and repeat them in the pauses provided.

Übung 2   The Vowel *e*

Long **e.** To pronounce the long **e,** the lips should be open and drawn back. It is important that the jaw be held in place to avoid a glide. Listen and repeat.

Leben	zehn
Egon	See
Peter	Beet
gehen	den

Short **e.** With the short **e,** you will notice a difference in sound quality from the long **e.** Listen and repeat.

Eltern	Mensch
jetzt	Essen
Geld	Wetter
elf	gesellig

Satzbeispiele. Listen to the following sentences, paying particular attention to long or short **e.** Circle all short **e** sounds.

1. Erika findet das Essen gut.
2. Herr Lehmann geht Tee trinken.
3. Das Wetter in Celle ist heute schlecht.
4. Hat er viel Geld?

Now replay the sentences and repeat them in the pauses provided.

Übung 3   The Vowel *i*

Long **i.** Long **i** is pronounced like English long *e,* only without the off-glide. Listen and repeat.

Kino	die
Ida	sieben
prima	sie
ihn	spielen
ihm	

Note that **i** followed by an **e** is always long (**die,** sp**ie**len) and that **i** cannot be doubled.

Short **i.** Short **i** is pronounced like English short *i.* Listen and repeat.

Film	bitte
finden	Zimmer
Winter	in
Kinder	im

Satzbeispiele. Listen to the following sentences, paying particular attention to long or short **i.** Circle the short **i** sounds.

1. Ist das der Film von Wim Wenders?
2. Wie finden Sie die Schweiz?
3. Ich bin aus Finnland.
4. Wie geht es dir? —Prima!

Now replay the sentences and repeat them in the pauses provided.

Übung 4   The Vowel *o*

Long **o.** When you pronounce a long **o** sound, be sure to round your lips and keep them close together. Don't relax your jaw, or this will result in a glide that is the mark of an American accent. Listen and repeat.

Rom	Zoo
Oper	Boot
Rose	wo
wohnen	groß

Short **o.** The short **o** is not only shorter in length, it also has a slightly different sound quality than the long **o** since the lips are somewhat more relaxed. Listen and repeat.

oft	Orchester
Post	Gott
morgen	Bonn
Potsdam	kommen

Satzbeispiele. Listen to the following sentences, paying particular attention to long or short **o.** Circle the long **o** sounds.

1. Mein Wohnort ist Rom.
2. Lothar hat ein großes Auto.
3. Er geht oft zur Post.
4. Morgen kommt Frau Osterloh.
5. Herr Stock wohnt in Osnabrück.

Now replay the sentences and repeat them in the pauses provided.

Übung 5 The Vowel *u*

Long **u.** To pronounce the long **u,** the lips must be rounded even more so than when pronouncing the long **o.** Listen and repeat.

Beruf	gut
Bruder	nun
ruhig	Buch
Kuh	suchen

Note that **u,** like **i,** cannot be doubled.

Short **u.** The lips are relaxed slightly when pronouncing the short **u,** resulting in a slightly different sound quality than the long **u.** Listen and repeat.

Mutter	dumm
Nummer	und
null	jung
Butter	hundert

Satzbeispiele. Listen to the following sentences, paying particular attention to long or short **u.** Circle the short **u** sounds.

1. Meine Mutter ist sehr ruhig.
2. Mein Bruder besucht Freunde in Ulm.
3. Alles Gute zum Geburtstag, Helmut!
4. Das Kind ist gar nicht dumm.
5. Wie ist die Nummer? Zwei null sechs drei?

Now replay the sentences and repeat them in the pauses provided.

Zusammenfassung

The following pronunciation rules apply to long and short vowels:

Vowels are *long* when . . .

- followed by a single consonant: Leben, Bruder, Straße, Fuß
- followed by an **h**: ruhig, wohnen, ihn
- doubled: See, Zoo

Note that . . .

- **h** between two vowels is not pronounced: Schuhe, sehen
- **i** followed by an **e** is always long: die, spielen
- **u** and **i** cannot be doubled

Vowels are *short* when . . .

- followed by two or more consonants: Land, Geld, oft
- followed by double consonants: Mutter, Wetter, Halle, Adresse, muss
- followed by one consonant in short words used frequently: bin, es, das

Hören und Sprechen

Alles klar?

A. Many young women improve their language skills by working as au pairs in a foreign country. Below you see a contract between a host family and a prospective au pair. You will hear some important words used to give personal information. Find these words on the contract and check them as you hear them. Then repeat the words in the pauses.

Datum   **Name**
Geburtsdatum   **Telefon**
Geburtsort   **Unterschrift**

Au-pair Vertrag

Abgeschlossen zwischen dem Gastgeber

Name: _Janine und Bernd Steiger_   **Beruf:** _Lehrer_

Adresse: _Landsbergerstraße 8_
          10243 Berlin

Telefon: _(030) 249529_

und dem Gast

Name: _Reyna Navarro_   **Geburtsdatum:** _25. Juli 1995_

                                  Geburtsort: _Rosarito, Mexiko_

Heimatadresse: _950 Santa Ana Ave_

                   Pine Vista, CA 97177

                   USA

Telefon: _941 555-3769_

Beruf: _Studentin_

Datum: _22. 5. 2014_   **Datum:** _3. 6. 2014_

Unterschrift Gastgeber   **Unterschrift Gast**

Bernd Steiger   _Reyna Navarro_

Janine Steiger

B. The Steigers have just received the contract for their prospective au pair. Listen to their conversation about the contract. While listening to the conversation, compare the information you hear with the information you see on the contract.

Wörter im Kontext

Thema 1 Persönliche Angaben

Aktivität 1   Wer sind diese Leute?

You will hear three people giving information about themselves. Look at the word bank below, and write the information for each person in the appropriate category. You may need to listen to the information several times.

1. Frau Bänninger

Vorname:	
Land:	
Geburtsort:	
Wohnort:	
Alter:	
Beruf:	

2. Frau Müller

Vorname:	
Land:	
Geburtsort:	
Wohnort:	
Alter:	
Beruf:	

3. Herr Meier

Vorname:	
Land:	
Geburtsort:	
Wohnort:	
Alter:	
Beruf:	

Marianne   Barbara   Chemikerin   Schweiz   Mannheim
Wien   Österreich   Dortmund   Reporterin   Linz
40   Freiburg   Christian   35   Professor
Deutschland   Zürich   53

Aktivität 2 Wie alt ist sie? Wie groß ist er?

Look at the drawings below and answer the questions you hear. Repeat the correct answer.

Sie hören: Wie alt ist Jutta?
Sie sagen: Jutta ist neunzehn.
Sie hören: Wie groß ist sie?
Sie sagen: Sie ist eins vierundsechzig.

Jutta
Alter: 19
Größe:1,64

Herr Metzger
Alter:72
Größe:1,60

Frau Stahlbaum
Alter:48
Größe:1,76

Herr Fröhlich
Alter:54
Größe:1,82

David
Alter:25
Größe:2,02

Sigrun
Alter:34
Größe:1,59

Thema 2 Sich erkundigen

Aktivität 3   Logisch oder unlogisch?

Listen to the brief conversational exchanges and indicate whether the response to each question or statement is logical or illogical.

	LOGISCH	UNLOGISCH
1.	☐	☐
2.	☐	☐
3.	☐	☐
4.	☐	☐
5.	☐	☐
6.	☐	☐

Aktivität 4   Der Quizmaster interviewt Kandidatin Nummer 1.

Inge Kaiser is a guest on the TV game show "Clever!" Using the cues in the drawing below, take the role of Inge Kaiser and answer the quizmaster's questions in complete sentences. Repeat the correct response.

Sie hören: Wie heißen Sie?
Sie sagen: Ich heiße Kaiser, Inge Kaiser.

1. ...   2. ...   3. ...   4. ...   5. ...   6. ...

Aktivität 5 Hin und her: Wer studiert was?

A. Look at the chart below and answer the questions about the students' majors. First you will hear the pronunciation of the majors listed. Repeat them in the pauses provided.

Let's begin.

Sie hören: Was studiert Andreas?
Sie sagen: Andreas studiert Englisch.

	ANDREAS	MARK	DORIS	STEFFI	MARINA	NIKO	FRANK	KAROLA	JÜRGEN	ANNE
Deutsch										
Englisch	X									
Geschichte						X				
Informatik										
Kunst								X		
Philosophie									X	
Politologie			X							
Russisch										
Spanisch										
Statistik		X								

B. Was studieren die anderen? When you hear the name of a student, ask what that student is majoring in. Repeat the response and mark the major in the chart.

Sie hören: Doris
Sie fragen: Was studiert Doris?
Sie hören: Was studiert Doris? Sie studiert Politologie.
Sie sagen: Also, Doris studiert Politologie.

Thema 3 Eigenschaften und Interessen

Aktivität 6   Wie bin ich? Wie soll mein Partner sein?

You will hear four people describe themselves and how their ideal partners should be. Circle the characteristics and hobbies in the chart below. Write in the characteristics their ideal partners should have. At the end of the activity, decide if any of these people are compatible.

	EIGENSCHAFTEN		HOBBYS UND INTERESSEN
Jasmin	humorvoll exzentrisch	nett ernst	Tanzen Lesen Musik hören
Partner			
Katharina	ruhig neugierig	romantisch fleißig	Fotografieren Filme sehen Kochen
Partner			
Philip	groß praktisch	klein schüchtern	Fotografieren Bücher lesen Zeitung lesen
Partnerin			
Benjamin	freundlich nicht kompliziert	lustig tolerant	Musik hören Kochen Karten spielen
Partnerin			

Wer passt am besten zu wem? (*Who is most compatible with whom?*)

Ich finde, _____ passt am besten zu _____ .

Aktivität 7 Partnersuche

In German-speaking countries, personal ads are a popular way to meet a potential partner. Listen to the personal ads you see below. Select the correct characteristic and activity for each person.

1. Hallo du! Bin 27, suche **nette/neugierige** Frau, die mit mir **Videospiele/Karten** spielt.
2. Potsdamerin, 42, **langweilig/lustig**, 1,53 m, sucht Partner bis 50 für alles, was für zwei Spaß macht.
3. Wünsche mir **freundlichen/fleißigen** Partner, zwischen 60 und 70, der **Basteln/Basketball** so liebt wie ich.
4. **Praktischer/Romantischer** Berliner, jung, 1,85 m groß, sucht **interessante/exzentrische** Frau, 18 bis 25 Jahre.
5. Er, 34, 1,75 m, sehr traurig, sucht **sympathische/sportliche** und treue Frau.
6. Sie, 22, 1,64 m, sucht **toleranten/tollen** Partner, mit Interesse für Bücher, **Kunst/Kreuzworträtsel** und Musik.

Grammatik im Kontext

Nouns, Gender, and Definite Articles / Personal Pronouns

Übung 1 *Der, die, das; er, sie* oder *es*?

A. You will hear several brief conversational exchanges, each consisting of two sentences. Write the definite article you hear in the first sentence and the corresponding pronoun you hear in the second sentence. Remember the following correlations: **der = er; die = sie; das = es.** You will hear each exchange twice.

	DEFINITE ARTICLE	PRONOUN		DEFINITE ARTICLE	PRONOUN
1.	*die*	*sie*	4.	_____	_____
2.	_____	_____	5.	_____	_____
3.	_____	_____	6.	_____	_____

B. You will now hear the questions from Part A one more time. Answer the questions, using a personal pronoun and the cues provided.

Sie hören: Wie heißt die Schauspielerin in „Lola rennt"?
Sie sehen: Franka Potente
Sie sagen: Sie heißt Franka Potente.

1. Franka Potente
2. 67271
3. aus Weimar
4. schön
5. ausgezeichnet
6. nicht besonders gut

Übung 2 Dresden

Karin is telling about certain people in Dresden. Restate the information using pronouns. Repeat the correct response.

> Sie hören: Herr und Frau Adler besuchen Dresden.
> Sie sagen: Sie besuchen Dresden.

> 1. . . .   2. . . .   3. . . .   4. . . .   5. . . .

Übung 3 *Du, ihr* oder *Sie*?

You are a reporter for your school's German newspaper. Four people introduce themselves to you. Find out their names and where they are from, using the appropriate form of *you*: **du, Sie,** or **ihr.**

> Sie hören: Ich bin eine neue Studentin hier.
> Sie fragen: Wie heißt du?
> Sie hören: Ich heiße Claire Henri.
> Sie fragen: Woher kommst du?
> Sie hören: Ich komme aus Frankreich.

1. 2. 3. 4.

The Verb: Infinitive and Present Tense

Übung 4 Was sie tun

You will hear three short dialogues. Listen for the subject and verb combinations. From the choices given, cross out the *incorrect* combination.

1. A: er heißt / ich heiße
        wir besuchen / ihr besucht

    B: bleibst du / bleiben wir

2. A: macht ihr / machst du

    B: wir studieren / ich studiere
        Claudia studiert / ihr studiert
        ich mache / ihr macht

3. A: macht ihr / machst du

    B: wir studieren / ich studiere

    A: findest du / findet ihr

Übung 5 Und du?

You and Heidi are talking about people you know. Heidi makes a statement about one person and then asks you a question about someone else. Respond by using the cues provided.

Halt! 🛑 Hör-Info

In this exercise you are practicing verb endings. Before you begin, scan the subjects used in the exercise and think about which ending they require. Remember that **sein** and **heißen** are irregular. You have been given the subject and last few words of the new sentence, so when you listen to Heidi's sentences on the audio program, concentrate on the verbs she uses.

> Sie hören: Ich komme aus Erfurt. Und Barbara?
> Sie sehen: Barbara / aus Halle
> Sie sagen: Barbara kommt aus Halle.

1. Doris / im Grunewald
2. Hans und Franz / ihre Freunde
3. sie / Biologie
4. er / Schneider
5. wir / ruhig
6. ich / BMW

Word Order in Sentences

Übung 6 Unsere Pläne

A. Listen to Wolfgang talk about his activities. Match each of his activities with the time he mentions.

1. _____ heute

2. _____ heute Abend

3. _____ morgen

4. _____ nächstes Jahr

5. _____ manchmal

6. _____ oft

a.   b.   c.

d.   e.   f.

B. Now say which activity you might do at a particular time. Answer by using the activities in the list above, but vary names and places according to your own personal preference. Remember that the word order in your statement will be (1) time element; (2) verb; (3) subject.

Sie hören: Und heute?
Sie sagen: Heute besuche ich Rebekah in New York.

1. . . .   2. . . .   3. . . .   4. . . .   5. . . .   6. . . .

Asking Questions

Übung 7   Wie bitte?

You are with a group of people who are speaking German, and you are having difficulty understanding them. Ask each person to repeat what he or she said. Use the following question words:

wie?   was?   wo?   woher?   wann?

Note the intonation and stress patterns of the questions.

Sie hören: Ich heiße Heinzelmann.
Sie sagen: Wie bitte, wie heißen Sie?
Sie hören: Heinzelmann.

1. . . .   2. . . .   3. . . .   4. . . .   5. . . .   6. . . .

Sprache im Kontext

Reyna Navarro, the au pair you met at the beginning of this chapter, is with the children, Paula and Lotte. She meets Judith, another au pair.

Listen to the dialogue between Reyna and Judith once and indicate which statements are correct (**Das stimmt**) or incorrect (**Das stimmt nicht**) or for which no information is given (**Keine Information**). But first, you will hear five new words:

Kinder	*children*
Tiergarten	*zoo*
Freizeit	*free time*
frei	*free*
treffen	*meet*

	DAS STIMMT	DAS STIMMT NICHT	KEINE INFORMATION
1. Reyna is from the USA.	☐	☐	☐
2. Lotte is Reyna's child.	☐	☐	☐
3. Judith is from France.	☐	☐	☐
4. Judith is 25 years old.	☐	☐	☐
5. Judith has free time this evening.	☐	☐	☐
6. The two women decide to meet after work.	☐	☐	☐

Lesen und Schreiben

Alles klar?

A. Imagine you approach these students and ask **Na, wie geht's?** Write an appropriate response to your question from each of the five people in the photo.

1. _____

2. _____

3. _____

4. _____

5. _____

B. The word above the door (**Universitätsbibliothek**) indicates a university . . .

1. cafeteria.   2. lecture hall.   3. library.   4. laboratory.

C. Check the adjectives that best describe the five people in the preceding photo as they appear to you.

	freundlich	interessant	sportlich	humorvoll	enthusiastisch	intelligent	optimistisch	romantisch	intolerant	extrovertiert	konservativ
Person 1											
Person 2											
Person 3											
Person 4											
Person 5											

Wörter im Kontext

Thema 1 Persönliche Angaben

Aktivität 1   Wer bin ich?

Choose words to complete the paragraph logically. Not all words will be used.

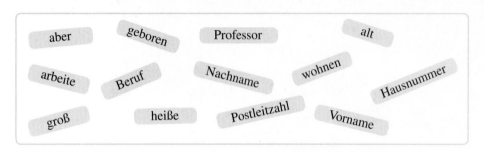

Hallo! Ich _____ Martin Kreisler. Martin ist mein

_____, und Kreisler ist mein _____. Ich bin

_____ von Beruf. Ich _____ an der Freien

Universität. Meine Frau ist Architektin von _____. Ich bin in Hamburg

_____, _____ meine Frau und ich

_____ jetzt in Berlin. Wir finden hier alles sehr interessant.

Thema 2 Sich erkundigen

Aktivität 2   Wer ist sie?

Read the following paragraph; then extract information from it to complete the chart.

> Hallo! Ich heiße Renate Menzel. Ich komme aus Österreich. Meine Geburtsstadt ist Linz. Ich bin 26 Jahre alt. Ich bin Studentin an der Universität Wien. Ich studiere Musik. Ich finde die Uni und die Stadt Wien wirklich faszinierend. Tanzen macht mir Spaß.

Vorname:	_____
Nachname:	_____
Geburtsort:	_____
Wohnort:	_____
Alter:	_____
Beruf:	_____
Hobby:	_____

Aktivität 3   Was fragt der Quizmaster? Was sagt der Kandidat?

Richard, an exchange student, answers the questions. Choose the appropriate verb and complete each question.

Q: Wie _____ Sie, bitte? (heißen / besuchen)

K: Richard Johnson.

Q: Woher _____ Sie? (tanzen / kommen)

K: Aus Phoenix.

Q: Was _____ Sie in Berlin? (machen / wohnen)

K: Fotografieren.

Q: Wie _____ Sie die Stadt? (finden / kochen)

K: Sehr interessant.

Q: Wie lange _____ Sie in Deutschland? (sagen / bleiben)

K: Ein Jahr.

Q: Was _____ Sie von Beruf? (sind / kommen)

K: Ich bin Student.

Q: Was _____ Sie denn an der Uni? (reisen / studieren)

K: Informatik.

Q: _____ Sie gern im Internet? (Surfen / Wandern)

K: Ja, natürlich.

Q: _____ Sie Deutsch am Sprachinstitut? (Arbeiten / Lernen)

K: Ja, seit September.

Q: Na, viel Glück.

Thema 3 Eigenschaften und Interessen

Aktivität 4   Sonja und Sofie

Sonja's roommate Sofie is her opposite in every way. Complete Sonja's description of her.

1. Ich bin faul, Sofie ist _____.

2. Sofie ist _____, ich bin unpraktisch.

3. Ich bin sympathisch, Sofie ist _____.

4. Sofie ist _____, ich bin freundlich.

5. Ich bin progressiv, Sofie ist _____.

6. Sofie ist _____, ich bin humorvoll.

Aktivität 5 Eigenschaften und Berufe

A. Cross out the least desirable characteristic for each profession.

1.	Astronaut/Astronautin:	ernst	intelligent	unpraktisch
2.	Diskjockey:	dynamisch	ruhig	lustig
3.	Architekt/Architektin:	fleißig	praktisch	chaotisch
4.	Komiker/Komikerin:	lustig	langweilig	exzentrisch
5.	Politiker/Politikerin:	sympathisch	ernst	indiskret
6.	Professor/Professorin:	intolerant	nett	interessant
7.	Journalist/Journalistin:	ernst	neugierig	schüchtern
8.	Student/Studentin:	faul	fleißig	tolerant

B. Now use any three of the preceding adjectives and write a sentence to describe yourself.

_____

_____

Sprach-Info

German does not use a comma before **und** with a series of three or more elements.

Hans-Jürgen ist fleißig, ernst und praktisch.

Aktivität 6 Was macht Spaß?

What does each person like to do? State that the activity is fun.

BEISPIEL: Mia surft gern im Internet. →
Im Internet surfen macht Spaß.

1. Simon kocht gern.

   _____

2. Felix reist gern.

   _____

3. Hanna wandert gern.

   _____

4. Lara tanzt gern.

   _____

5. Julian spielt gern Karten.

   _____

Aktivität 7 Was machen Sie gern? Ich … gern.

Write three sentences in which you state what you like to do. Choose from the following verbs or verbal phrases.

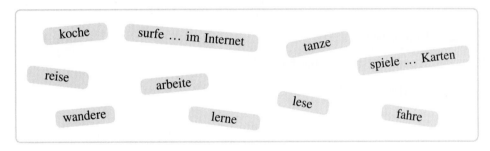

1. _____

2. _____

3. _____

Grammatik im Kontext

Nouns, Gender, and Definite Articles

Übung 1   Fragen

Write the definite articles to complete the questions.

Personen

1.   Woher kommt _____ Freundin von Hans?

2.   Wie heißt _____ Mann aus Bochum?

3.   Wer ist _____ Studentin aus Österreich?

4.   Wie heißt _____ Amerikaner?

5.   Ist _____ Professorin tolerant und sympathisch?

Dinge

6.   Ist _____ Zeitung hier?

7.   Ist _____ Buch interessant?

8.   Ist _____ Essen exotisch?

Orte

9.   Wie groß ist _____ Universität?

10.   Ist Bonn wirklich _____ Geburtsort von Beethoven?

11.   Wie heißt _____ Wohnort von Hans?

Personal Pronouns

Übung 2   Mann und Frau

Complete the exchanges with **der, die, er,** and **sie** in the appropriate places.

A: Ist _____ Amerikanerin freundlich?

B: Ja, _____ ist sehr freundlich.

C: Wohnt _____ Journalist in Augsburg?

D: _____ wohnt in Flensburg. _____ Journalistin wohnt in Augsburg.

E: Ist _____ Professorin kritisch?

F: Nein, _____ ist nicht kritisch. _____ Professor ist auch unkritisch.

G: Wie lange bleibt _____ Student hier in Bern?

H: _____ bleibt ein Jahr als Student hier.

I: Findet _____ Studentin das Land interessant?

J: Ja, _____ findet es wirklich interessant.

Übung 3   Ja, ...

Complete the following mini-exchanges with the missing articles and personal pronouns.

A: Ist _____ Praktikum interessant?

B: Ja, _____ ist faszinierend.

C: Ist _____ Universität von Wien alt?

D: Ja, _____ ist wirklich alt.

E: Ist _____ Beruf stressig?

F: Ja, _____ ist oft stressig.

G: Ist _____ Musik romantisch?

H: Ja, _____ ist sehr romantisch.

I: Ist _____ Professorin nett?

J: Ja, _____ ist echt nett.

The Verb: Infinitive and Present Tense

Use of the Present Tense

Übung 4   Wer ist der Kandidat?

Use the correct verb forms to complete the questions.

1. Wie _____ der Kandidat? (heißen)

2. Was _____ er von Beruf? (sein)

3. Wo _____ er? (arbeiten)

4. Woher _____ er? (kommen)

5. Wo _____ er jetzt? (wohnen)

6. Wie _____ er Deutschland? (finden)

7. _____ er oft SMS? (schicken)

8. _____ er im Sommer? (wandern)

9. _____ er Englisch? (lernen)

10. _____ er oft? (reisen)

The Verb *sein*

Übung 5 Wer sind sie?

Complete the following dialogue with the correct forms of **sein**.

SOFIE: Mein Name _____ Sofie. _____ du Peter?

PETER: Ja, und das _____ Alex und Andreas. Alex _____

Amerikaner, und Andreas _____ Österreicher.

SOFIE: _____ ihr alle neu in Freiburg?

ANDREAS: Alex und ich _____ neu hier. Peter, _____ du auch neu hier?

PETER: Nein, ich _____ schon (*already*) ein Jahr in Freiburg.

SOFIE: Wie findest du Freiburg, Peter?

PETER: Das Land und die Stadt _____ faszinierend. Die Uni _____ auch

wirklich interessant.

SOFIE: Woher kommst du denn?

PETER: Ich komme aus Liverpool. Ich _____ Engländer.

Word Order in Sentences

Übung 6 Minidialoge

Write a response to each question. Begin with the word or phrase in parentheses.

A: Herr und Frau Braun, wann fahren Sie nach Kiel? (morgen [*tomorrow*])

B: *Morgen fahren wir nach Kiel.* _____

C: Thomas und Sabine, wann geht ihr tanzen? (heute Abend)

D: _____

E: Susanne, wann besuchst du Wien? (nächstes Jahr)

F: _____

G: Wann kommt Matthias? (heute)

H: _____

I: Wann spielen Maria und Adam Karten? (jetzt)

J: _____

Asking Questions

Übung 7 Interview

Interview the mystery woman and man. Write the question that each sentence answers. Use **du.**

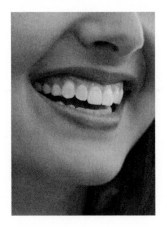 

DIE FRAU

1. Q: *Wie heißt du?* _____

    A: Ich heiße Monika.

2. Q: _____

    A: Ich komme aus Düsseldorf.

3. Q: _____

    A: Ich bin dreiundzwanzig Jahre alt.

4. Q: _____

    A: Ja, ich bin Studentin.

5. Q: _____

    A: Ich studiere Chemie.

DER MANN

6. Q: _____

    A: Ich heiße Robert.

7. Q: _____

    A: Ich wohne jetzt in Dresden.

8. Q: _____

    A: Ich finde die Stadt echt interessant.

9. Q: _____

    A: Ich bin Webdesigner von Beruf.

10. Q: _____

    A: Nein, ich reise nicht oft.

Übung 8   Wer sind sie?

Answer the following questions about the mystery woman and man. Use the information from **Übung 7.**

DIE FRAU

1. Wie heißt sie?

   _____

2. Woher kommt sie?

   _____

3. Wie alt ist sie?

   _____

4. Ist sie Studentin?

   _____

5. Was studiert sie?

   _____

DER MANN

6. Wie heißt er?

   _____

7. Wo wohnt er jetzt?

   _____

8. Wie findet er die Stadt?

   _____

9. Was ist er von Beruf?

   _____

10. Reist er oft?

   _____

Sprache im Kontext

Lesen

A. The image and text of the ad suggest an equation between a product and a discipline. What do you notice at first glance?

1. Die Frau macht …
   a. Kreuzworträtsel.   b. ein Examen.   c. Yoga.   d. Musik.

2. Die Anzeige (*ad*) ist für …
   a. einen Yoga-Kurs.   b. eine Zeitung.   c. ein Magazin.   d. eine Universität.

Sprach-Info

In German, many nouns for people derive from verbs; the ending **-er** replaces the infinitive ending **-en.** For example, the noun **Besucher** (*visitor*) comes from the verb **besuchen** (*to visit*). Knowing this, can you guess what the noun **Leser** means? It occurs twice in the advertisement, once in the feminine plural and once in the masculine plural. Find and circle these two words.

B. Scan the ad for answers to the following questions. (Don't expect to understand everything in the ad. Just focus on finding answers to the questions.)

1. Wie heißt die Frau? _____

2. Wie heißt die Universität, wo sie arbeitet? _____

   _____

3. Was ist sie von Beruf? _____

4. Wie heißt die Zeitung? _____

C. The ad equates the practice of yoga with newspaper reading. The young woman says she practices yoga regularly because it's good for the mind and soul. Yoga brings knowledge (**Wissen**), clarity (**Klarheit**), and relaxation (**Entspannung**). Reading the *Standard* gives her similar results. Check **JA** or **NEIN** for each statement as it applies to you personally.

	JA	NEIN
1. Ich praktiziere Yoga.	☐	☐
2. Ich lese die Zeitung.	☐	☐
3. Zeitung lesen bringt …		
a. Wissen.	☐	☐
b. Klarheit.	☐	☐
c. Entspannung.	☐	☐

D. Notice the woman's pose and read the sentence next to her: **STANDARD-Leserinnen beweisen Haltung.** The phrase **beweisen Haltung** can be translated in a number of different ways. Which of the following equivalents—all possible—do you personally find most effective for selling newspapers?

Readers of the *Standard* . . .

a. keep their composure.   d. show style.
b. show attitude.   e. prove their concentration.
c. maintain their posture.   f. _____.

E. How would you describe the woman in the ad? Write a complete sentence alongside each question.

a. Wie heißt sie? _____

b. Woher kommt sie? _____

c. Was ist sie von Beruf? _____

d. Wie ist sie? (Welche [*which*] Eigenschaften hat sie?)

_____

_____

_____

_____

e. Was macht sie? (Was sind ihre Hobbys und Interessen?)

_____

_____

_____

_____

_____

Na klar!

Look at the five people in the photo. Choose one of them to introduce to a classmate. Offer your classmate a full written description. Consider the following questions.

- Name (Vorname, Nachname): Wie heißt er/sie?
- Wie alt ist er/sie?
- Wie groß ist er/sie?
- Eigenschaften: Wie ist er/sie? (drei Adjektive)
- Geburtsort: Woher kommt er/sie?
- Adresse: Wo wohnt er/sie jetzt?

- Universität: Wo studiert er/sie?
- Was ist er/sie von Beruf?
- Macht er/sie ein Praktikum? Wo?
- Hobbys: Was macht er/sie? (drei Verben oder Aktivitäten)

A. Andere Länder, andere Sitten

1. Read the list of cognates and select the themes you find pertinent to a discussion of cultural similarities and differences between Germany and the USA.

☐ Kultur   ☐ Natur

☐ Globalisierung   ☐ Religion

☐ Wetter   ☐ Mode, Stil

☐ Respekt   ☐ Ökonomie

☐ Internet   ☐ Import und Export

☐ Sport   ☐ Politik

☐ Medizin   ☐ Klima

☐ Kommunikation   ☐ Traditionen

☐ Jobs   ☐ Schulen und Universitäten

☐ Interessen   ☐ Freiheit

2. Look over your selected themes and write the three words you find most important to such a discussion. Then write your reason for each choice in English.

a. _____

_____

_____

_____

b. _____

_____

_____

_____

c. _____

_____

_____

_____

B. Multikulturalismus in Deutschland

1. How multicultural are the things in your life? List at least five items and their origins as they pertain directly to you.

   BEISPIEL: DVD-Spieler – Korea

Auto	Japan
Kamera	Italien
Tomaten	Mexiko
Spaghetti	Korea
Computer	China
DVD-Spieler	Vietnam
Handy (Mobiltelefon)	Brasilien
Schuhe	USA
T-Shirts	Schweden
Bett	Deutschland
Kaffee	Costa Rica
Wein	Ägypten
Sofa	Südafrika
Bettwäsche	Australien

2. Write a sentence in English to say what German product you like and why.

   _____

   _____

   _____

   _____

   _____

Mein Journal

Write as much as you can about yourself. If you wish, attach a photo or create a photo montage or drawing of yourself showing your interests and what they mean to you. In the ad for the German publishing company Goldmann, for example, reading takes the woman on adventures to exotic places.

Wer bin ich?

- your name

- your age

- where you are from

- where you live now

- how you find the city you live in (i.e., how you like it)

- your profession or occupation

- what you study

- what language(s) you are learning

- your characteristics

- what you like to do

- what you find fun and/or interesting

Alternative: For each of your journal entries, including the one for this chapter and from here on, you may choose to write about someone else: a fictitious person, a character from a book or a movie, a celebrity, or your German persona, if you have chosen a German name in your class and wish to develop the image. You may always choose to write about yourself, or you may vary your entries from one chapter to the next.

Kapitel

Wie ich wohne

Aussprache

The Vowels *ä, ö, ü*

Three vowels (**a, o,** and **u**) can be umlauted. This means that they are written with two dots over them: **ä, ö,** and **ü.** The umlaut signals a distinct change in sound. German has both long and short umlauted vowels.

Übung 1   The Vowel *ä*

Long **ä.** The long **ä** is similar in sound to the long **e** as in **S**ee, **L**eben, or **g**ehen. Listen and repeat.

Mädchen	Universität
erzählen	Qualität
Cäsar	Gespräch
Aktivität	täglich

Short **ä.** The short **ä** is similar in sound to the short **e** as in **e**ssen, **E**bbe, or **k**ennen. Listen and repeat.

hässlich	Dächer
Ausländer	ergänzen
Ärger	Plätze
nächste	

Now listen to the following contrasts and repeat.

Contrast: long **a** / long **ä**

Vater / Väter
Bad / Bäder
fahren / fährt
schlafen / schläft

Contrast: short **a** / short **ä**

Pass / Pässe
Platz / Plätze
Land / Länder
Mann / Männer
Stadt / Städte

Satzbeispiele. Write in the missing **a** or **ä.**

1. Wir f____hren nächstes J____hr nach ____ltstätten.

2. H____ns f____hrt mit der Bahn nach B____sel.

3. Die Universit____t hat achtzig Pl____tze für Ausl____nder.

4. Die ____dresse ist Bärenstr____ße ____cht.

5. Die deutschen St____dte haben viele schöne G____rten.

Now replay the sentences and repeat them in the pauses provided.

Übung 2   The Vowel *ö*

Long ö. An easy way to learn to pronounce a long **ö** correctly is by saying a long **e.** Hold your tongue and your jaw securely in this position, and then round your lips as if you were saying a long **o.** Listen and repeat.

hören	Größe
möglich	schön
Österreich	möbliert
Möbel	persönlich

Short ö. To say a short **ö,** say a short **e,** and then round your lips. Your lips will be slightly more relaxed than when pronouncing a long **ö.** Listen and repeat.

zwölf	können
Wörter	Förster

Now listen to the following contrasts and repeat.

Contrast: long **o** / long **ö**

groß / Größe
tot / töten
froh / fröhlich

Contrast: short **o** / short **ö**

Wort / Wörter
Kopf / Köpfe
konnte / könnte

Satzbeispiele. Write in the missing **o** or **ö.**

1. Doris sucht eine W____hnung – m____bliert und möglichst zentrale Lage.

2. Toni fährt ____ft nach ____sterreich.

3. Das S____fa ist schön gr____ß.

4. Wir h____ren zwölf neue W____rter.

5. Mein Mitbew____hner ist immer fr____hlich.

Now replay the sentences and repeat them in the pauses provided.

Übung 3 The Vowel *ü*

Long **ü**. Pronounce the long **ü** by saying a long **i** as in sp*ie*len. Holding your jaw and tongue in this position, round your lips as if you were pronouncing **u**. Listen and repeat.

Grüße	Stühle	Übung
über	Bücher	müde
natürlich	Tüte	

Short **ü**. To say a short **ü**, pronounce first a short **i** as in *ist,* then round your lips as if saying a short **u**. The lips will be slightly more relaxed than when pronouncing the long **ü**. Listen and repeat.

Stück	Glück	Küche
fünf	Wünsche	müssen
fünfzig	Nürnberg	

Now listen to the following contrasts and repeat.

Contrast: long **u** / long **ü**

> Gruß / Grüße
> Hut / Hüte
> Buch / Bücher
> Stuhl / Stühle

Contrast: short **u** / short **ü**

> null / fünf
> Mutter / Stück
> Butter / Glück
> hundert / Wünsche

Satzbeispiele. Write in the missing **u** or **ü**.

1. Wir brauchen noch f_____nf St_____hle.

2. Die B_____tter ist in der K_____che.

3. Die St_____denten schlafen zwischen h_____nderttausend B_____chern.

4. Natürlich s_____cht Uschi ein B_____ch für ihre M_____tter.

5. Wann hast d_____ die Pr_____fung? _____m zwei Uhr?

Now replay the sentences and repeat them in the pauses provided.

Übung 4 Diphthongs

German has three diphthongs: **au, ei/ai** (and two less common spelling variants **ey/ay**), and **eu/äu**. Remember that diphthongs in German are not drawn out as is often done in American English. Listen and repeat.

1. **au**

Frau	auf
Auto	faul
Traum	laufen
Haus	Bau

2. **ei / ai / ey / ay**

preiswert	fleißig
Leid	Meyer
kein	Mai
nein	Bayern

3. **äu / eu**

Fräulein	neun
läuft	Leute
Verkäufer	teuer
Häuser	heute

Satzbeispiele. Fill in the blanks with the words you hear.

1. Mein _____ ist sehr _____.

2. Die _____ kommen aus _____.

3. Die Studenten sind _____. Sie _____ jeden Tag viele Hausaufgaben.

4. Frau Schell _____ als Verkäuferin im _____.

5. Liest du morgens die _____?

Now replay the sentences and repeat them in the pauses provided.

Hören und Sprechen

Alles klar?

Below are two ads found on the Internet for apartments in the city of Dessau. Scan the ads, concentrating on the vocabulary you already know, and on cognates you can easily guess.

Dessau (06844)			**Diese Annonce an Freunde versenden** 📧
Miete	Zimmer in WG		frei ab : **01.08.2015**
Kaltmiete: 133 €	18 m²	Nord	🖼 **Friedr.-Schneider-Str. ...**

Nebenkosten : 77 € inklusive Heizkosten sowie mtl. Pauschale für Strom und Gas, keine Kaution!
3er WG (2 Frauen & 0 Männer) sucht 1 Frau oder Mann. Rauchen erlaubt, keine Haustiere. Küche, Backofen, Kühlschrank, Herd, Mikrowelle, Spülmaschine vorhanden. WC, Badewanne, Dusche, Waschmaschine vorhanden, Abstellraum, Keller-Mitbenutzung, Warmwasser aus Zentralheizung, Kabel TV, Telefon analog & Internet (DSL-2000 Flatrate), Zentralheizung. Parkmöglichkeiten vor dem Haus.

Weitere Angaben:
Zwei nette, aufgeschlossene Mädels suchen zukünftige(n) Mitbewohner/Mitbewohnerin:
- *Altbau-Wg (102 qm) im Parterre mit Balkon & Hinterhof-Garten*
- *10–15 Min Fußweg und 5 Min mit Fahrrad zur FH!*
- *zu „EDEKA" 5 min zu Fuß*
- *10–15 Min Fußweg zur City*
- *2 Min Fußweg zum Schillerpark*

Jenny		**Email senden**
Tel: 0340/2042913	Mobil: 0163/2042567	vom: 26.07.2015

Dessau (06844)			**Diese Annonce an Freunde versenden** 📧
Miete	2-Zimmer-Wohnung		frei ab : **01.08.2015**
Kaltmiete: 295 €	73 m²	Mitte	🖼 **Antoinettenstr....**

Nebenkosten: 161 €   Kaution: 885 €   Quadratmeterpreis: 4,04 € / m²
Küche, Backofen, Kühlschrank, Herd, WC, Badewanne, Dusche, Balkon, Keller, Fahrrad-Abstellraum, Parkplatz, Teppich, Warmwasser aus Zentralheizung, DSL Internet, Zentralheizung

Weitere Angaben:
- *Küche kann komplett übernommen werden. (Kühlschrank+Gefrierschrank, Geschirrspüler, Herd, Backofen) ca. 900 €.*
- *Zimmer konnen auch einzeln vermietet werden (29² und 18m²).*

Alexander		**Email senden**
Tel:	Mobil: 0151/12345678	vom: 11.07.2015

A. Now repeat the following important words and names as you hear them.

Grunert	(Monika's last name)
erlaubt	*allowed*
Angebote	*offers*
Nebenkosten	*additional costs*
Haustiere	*pets*
Hund	*dog*
Katze	*cat*

B. Read through the items listed below. Then listen to Petra and Monika's phone conversation about the two apartments. Number the items in the order in which you hear them in the conversation. Listen to the conversation more than once if you wish.

_____ 2-Zimmer-Wohnung   _____ Internetanschluss

_____ 133 Euro   _____ Nebenkosten

_____ dringend   _____ Nichtraucher

___1___ eine Wohnung in Dessau   _____ Wie hoch ist die Miete?

_____ Haustiere

Wörter im Kontext

Thema 1 Auf Wohnungssuche

Aktivität 1 Wir suchen eine Wohnung.

Monika and Dieter are looking at ads for apartments. Choose the correct information.

BEISPIEL: (Monika)/ Dieter … geht's nicht gut.

1. Monika sucht … ein Zimmer / eine Wohnung.
2. Monika und Dieter lesen … ein Buch / die Zeitung.
3. Die Einzimmerwohnung kostet nur 250 Euro Miete, aber sie ist zu … alt / klein.
4. Die Wohnung mit Garage und Sauna ist … preiswert / zu teuer.
5. Die Zweizimmerwohnung kostet nur … 300 Euro / 1 300 Euro.
6. In der Anzeige für die Zweizimmerwohnung steht nur … die Telefonnummer / die Adresse.
7. Monika findet, Bahnhofstraße ist … keine / eine … gute Gegend.

Aktivität 2 Wohnungsangebote

Listen to the following hotline for available apartments. Which two features go with each apartment? Use each only once.

Heute sind vier neue Wohnungen zu vermieten. Rufen Sie schnell an!

1. Zweizimmerwohnung: _____, _____

2. Möbliertes Zimmer: _____, _____

3. Einzimmerappartmente: _____, _____

4. Sechszimmerwohnung: _____, _____

200 Euro	im Stadtzentrum	Küche und Bad	Nichtraucherin
500 Euro	Telefon 77 05 82	Nähe Universität	Garage

Thema 2 Möbelsuche auf dem Flohmarkt

Aktivität 3 Ich brauche ...

Markus is shopping for some items at a flea market. Listen to his conversation and indicate whether a statement is correct or incorrect. Correct the incorrect statements in the space provided.

		DAS STIMMT	DAS STIMMT NICHT
1.	Markus sucht eine Lampe für seinen Schreibtisch.	☐	☐
	_____		
	_____		
2.	Markus findet die Lampe aus Skandinavien schön.	☐	☐
	_____		
	_____		
3.	Markus ist Architekt von Beruf.	☐	☐
	_____		
	_____		
4.	Markus nimmt eine Lampe für € 10.	☐	☐
	_____		
	_____		
5.	Markus kauft eine Lampe und einen Stuhl.	☐	☐
	_____		
	_____		

Aktivität 4 Robert beschreibt sein Zimmer.

Listen to Robert describe his room. As you do so, fill in the missing words.

Ich habe jetzt endlich ein _____¹ in einer Wohngemeinschaft. Ein Glück! Mein Zimmer ist

sehr klein, aber _____². Im Zimmer sind ein Bett und ein _____³. Ich habe auch ein

Bücherregal und einen _____⁴. Ich brauche noch eine Lampe, einen Stuhl und

einen _____⁵. Das Zimmer ist sehr ruhig und preiswert. Es _____⁶ nur 150 Euro

pro Monat.

Thema 3 Was wir gern machen

Aktivität 5 Was macht Spaß? Und was machen diese Leute gern?

A. Scan the drawings below. You will hear a statement about a particular activity. After you hear each statement, look at the corresponding drawing and complete the sentence with the activity mentioned.

Sie hören: Wandern macht Spaß.
Sie schreiben: Marianne und Karl __*wandern*__ gern.

1. Marianne und Karl _____ gern.

2. Bettina _____ gern E-Mails.

3. Steffi _____ gern Tennis.

4. Natalie _____ gern.

5. Klaus _____ gern.

6. Sebastian und Wolfgang _____ gern Musik.

7. Thomas _____ gern SMS.

B. Now say if you like to do the same things these people like to do.

Sie hören: Marianne und Karl wandern gern. Wandern Sie auch gern?
Sie sagen: Ja, ich wandere gern.
    oder Nein, ich wandere nicht gern.

1. . . . 2. . . . 3. . . . 4. . . . 5. . . . 6. . . . 7. . . .

Aktivität 6   Hin und her

A. Was machen diese Leute gern? Look at the chart below. Answer questions about what the people like to do.

Sie hören: Was macht Luise gern?
Sie sagen: Luise liest gern.

Luise	liest gern
Herr Riecks	*hört gern Musik*
Robert	isst gern
Gerald	
Frau Benz	fährt gern Auto
Andreas	
Susanne	läuft gern
Frau Salloch	

B. **Was machen die anderen gern?** Now find out what the remaining people like to do. When you hear the name of the person, ask what he or she likes to do. Repeat the response and write the activity in the chart.

Sie hören: Herr Riecks
Sie fragen: Was macht Herr Riecks gern?
Sie hören: Was macht Herr Riecks gern? Er hört gern Musik.
Sie sagen: Herr Riecks hört gern Musik.

Grammatik im Kontext

The Verb *haben*

Übung 1 Ja oder nein?

Use the cues to answer the questions you hear.

Sie hören: Kommt Jens heute Abend zur Party?
Sie sehen: nein, keine Zeit
Sie sagen: Nein, er hat keine Zeit.

1. nein, kein Geld
2. ja
3. nein, keine Lust
4. ja, Durst
5. nein, keinen Hunger
6. nein, keine Zeit

Übung 2 Im Kaufhaus°

At the department store

Listen to the following dialogue between a salesperson (**Verkäufer**) and a customer (**Kunde**) in a department store. Fill in the correct forms of the verbs **haben** or **sein.** You will hear the dialogue twice.

VERKÄUFER: Guten Tag.

KUNDE: Ich _____[1] eine neue Wohnung und brauche ein paar Dinge.

_____[2] Sie Sofas?

VERKÄUFER: Natürlich. Wir _____[3] viele Sofas. Sie _____[4] preiswert und praktisch.

KUNDE: Das rote Sofa hier _____[5] schön.

VERKÄUFER: Ja. Und ich _____[6] auch noch einen bequemen Sessel.

KUNDE: Den finde ich nicht schön und er kostet zu viel. _____[7] Sie keine Fernseher?

VERKÄUFER: Nein. Fernseher _____[8] wir nicht.

KUNDE: Danke. Das _____[9] alles. Morgen komme ich wieder.

VERKÄUFER: Auf Wiedersehen.

The Nominative and Accusative Cases

Übung 3   Was brauchen diese Leute für ihr Zimmer?

In the first week of school, you notice that some people still need certain things for their dorm rooms or offices. Answer the questions, saying what the people need.

Sie hören: Was braucht der Professor?
Sie sagen: Der Professor braucht einen Computer.

1.

2.

3.

4.

5.

6.

Übung 4   Katjas neue Wohnung

Katja has just moved into a new apartment.

A. Write down the room or object Katja mentions.

Sie hören: Die Küche ist sehr praktisch.
Sie schreiben: _____die küche_____

1. _____

2. _____

3. _____

4. _____

5. _____

B. Listen to Katja's comments again and report what she says.

  Sie hören: Die Küche ist sehr praktisch.
  Sie sagen: Katja findet die Küche sehr praktisch.

Hörtipp

When you report what Katja says, the subject (**die Küche**) becomes the direct object in your sentence and is therefore in the accusative case. Remember: In the accusative **die** and **das** remain the same, but **der** changes to **den**.

Übung 5 Welches Haus ist das?

Here you see two houses for rent. You will hear questions about the features identfied by the labels in the pictures. Listen to each question and answer it using the correct form of **dieser.** Put an *X* in the box next to the feature for the appropriate house, either the one on the left or the one on the right.

  Sie hören: Welches Haus ist klein?
  Sie sagen: Dieses Haus ist klein. (You put an *X* in the box for **Haus** for the house on the left since it is
       the small one.)

  1. . . . 2. . . . 3. . . . 4. . . . 5. . . . 6. . . . 7. . . .

Negation: *nicht* and *kein*

Übung 6 Sie haben das schon.

Say that the people mentioned do not need the indicated objects. Repeat the correct response.

  Sie hören: Der Professor hat schon einen Computer.
  Sie sagen: Er braucht also keinen Computer.

Halt! Hör-Info

Remember that **ein** and **kein** have the same endings.

  1. . . . 2. . . . 3. . . . 4. . . . 5. . . . 6. . . . 7. . . .

Verbs with Stem-Vowel Changes

Übung 7   Wer macht das auch?

Axel is talking about people who do or like to do certain things. Say that the people indicated are doing or like to do the same things.

Sie hören: Petra isst gern Pizza.
Sie sehen: ich auch
Sie sagen: Ich esse auch gern Pizza.

1. wir auch
2. Hans auch
3. du auch
4. ich auch
5. Professor Wagner auch
6. Frau Fischer auch
7. mein Freund auch
8. er auch
9. Kai auch
10. Heidi auch

Übung 8   Das finde ich toll!

Say what you think about each of the items mentioned. For emphasis, use a definite article instead of a personal pronoun in your answer.

Sie hören: Wie findest du das Haus?
Sie sehen: toll
Sie sagen: Das finde ich toll.

1. interessant
2. langweilig
3. miserabel
4. sympathisch
5. ausgezeichnet
6. nicht besonders gut

The Plural of Nouns

Übung 9   Wie viele?

A. Frank needs a new apartment and tells you about one he has just looked at. Circle the response with the correct number of items as he mentions them.

1. a. ein Telefon   b. drei Telefone
2. a. drei Tische   b. zwei Tische
3. a. einen Stuhl   b. sechs Stühle
4. a. ein Sofa   b. zwei Sofas
5. a. zwei Sessel   b. drei Sessel
6. a. ein Bett   b. zwei Betten
7. a. vier Uhren   b. drei Uhren
8. a. fünf Teppiche   b. sechs Teppiche
9. a. ein Bücherregal   b. fünf Bücherregale

B. Now answer some questions about the furnishings in the apartment.

Sie hören: Wie viele Telefone hat die Wohnung?
Sie sagen: Die Wohnung hat drei Telefone.

1. . . .   2. . . .   3. . . .   4. . . .   5. . . .   6. . . .   7. . . .   8. . . .

C. Now look around you, and answer the following questions according to what you see. If you do not see one of the items mentioned, just answer **nein.**

Sie hören: Hat das Zimmer einen Stuhl?
Sie sagen: Das Zimmer hat [*zwanzig*] Stühle.

1. ... 2. ... 3. ... 4. ... 5. ... 6. ... 7. ...

Sprache im Kontext

A. Below is the Internet ad for the apartment from the **Alles klar?** section. Determine the following by highlighting the relevant information in the ad.

1. How large is the apartment?
2. What is the name of the street?
3. Is there a balcony?
4. How long is the walk into the city?
5. What type of Internet access is available?
6. Is there a place to park?

Dessau (06844)		**Diese Annonce an Freunde versenden**
Miete	2-Zimmer-Wohnung	frei ab : **01.08.2015**
Kaltmiete: 295 €	73 m^2 Mitte	✉Antoinettenstr. ...

Nebenkosten: 161 €   Kaution: 885 €   Quadratmeterpreis: 4,04 € / m^2
Küche, Backofen, Kühlschrank, Herd, WC, Badewanne, Dusche, Balkon, Keller, Fahrrad-Abstellraum, Parkplatz, Teppich, Warmwasser aus Zentralheizung, DSL Internet, Zentralheizung

Weitere Angaben:
- *Kuche kann komplett übernommen werden. (Kühlschrank+Gefrierschrank, Geschirrspüler, Herd, Backofen) ca. 900 €.*
- *Zimmer konnen auch einzeln vermietet werden (29^2 und 18m^2).*

Alexander		**Email senden**
Tel:	Mobil: 0151/12345678	vom: 11.07.2015

B. Monika calls Petra with some good news. Listen to their conversation. Then mark **Ja** or **Nein** to indicate whether each statement is a reason they decided to take the apartment in the ad above.

Ist das ein Grund (*reason*)?

	JA	NEIN
1. Die Wohnung hat einen großen Garten.	☐	☐
2. Monika kann den Hund und die Katze behalten (*keep*).	☐	☐
3. Die Wohnung hat einen Balkon.	☐	☐
4. Ein Zimmer ist groß genug für Monika und Petra.	☐	☐
5. Sie vermieten das zweite Zimmer an Julia Schmitt.	☐	☐
6. Die Wohnung hat Internetanschluss.	☐	☐
7. Die Tante gibt Monika und Petra Geld für die Küche.	☐	☐

Alles klar?

Look at the photo and choose the most likely answers to the questions.

1. Was ist dieser Mann von Beruf? Er ist _____.
   a. Journalist
   b. Hochschullehrer
   c. Student
   d. Professor

2. Was macht er jetzt? Er _____.
   a. macht Kreuzworträtsel
   b. surft im Internet
   c. telefoniert
   d. liest Anzeigen

3. Was sucht er? Er sucht _____.
   a. Essen
   b. ein Zimmer
   c. ein Hobby
   d. Karten

4. Welche Informationen braucht er?

   Er braucht _____ oder _____.
   a. eine Telefonnummer
   b. eine Postleitzahl
   c. eine Universität
   d. eine E-Mail-Adresse

Wörter im Kontext

Thema 1 Auf Wohnungssuche

Aktivität 1 Was braucht Claudia?

Claudia needs a room, but her requirements are the exact opposite of those listed. Write the antonyms to the crossed-out words.

das Zimmer: ~~unmöbliert~~ _____

~~dunkel~~ _____

das Fenster: ~~klein~~ _____

die Miete: ~~hoch~~ _____

~~teuer~~ _____

das Bett: ~~unbequem~~ _____

Aktivität 2 Wo machen Herr und Frau Steinberger was?

Mr. and Mrs. Steinberger are giving you a tour of their new house. Write the names of the rooms or spaces they are describing.

1. Hier schlafen wir.   *das Schlafzimmer* _____

2. Hier kochen wir.   _____

3. Hier essen wir abends.   _____

4. Hier arbeiten wir.   _____

5. Hier baden wir.   _____

6. Hier nehmen wir Sonnenbäder.   _____

7. Hier pflanzen wir unsere Rosen.   _____

8. Hier steht das Auto.   _____

Aktivität 3 Wo und wie wohnen sie?

Fill in each blank with a vocabulary word from this chapter. The first letter of each word is provided for you.

1. Lukas ist neu in Mainz, und er hat nicht viel Geld. Er braucht dringend ein Z_____.

2. Jakob ist Student in Freiburg. Er hat ein Zimmer in einem großen S_____.

3. Marianne wohnt in einem Haus mit fünf anderen jungen Männern und Frauen. Sie wohnen alle

   in einer W_____.

4. Anna hat schon ein großes Zimmer. Sie sucht jetzt eine M_____.

5. Jan wohnt und arbeitet in seiner Wohnung. Die Wohnung hat eine K_____, ein

   B_____, ein Schlafzimmer, ein Wohnzimmer und auch ein A_____.

6. Katharina wohnt in einem Haus. Das Haus hat eine G_____ und auch einen

   G_____ mit Gras, Rosen und Chrysanthemen.

Thema 2 Möbelsuche auf dem Flohmarkt

Aktivität 4 Thomas braucht ein möbliertes Zimmer.

Thomas is looking for a room. The first one he sees has furnishings that appear to have come from flea markets and secondhand stores. Identify each item with definite article plus noun.

BEISPIEL: <u>Das Zimmer</u> _____ ist möbliert aber zu klein.

1. _____ ist bequem.

2. _____ ist unbequem.

3. _____ ist klein.

4. _____ ist nicht modern.

5. _____ ist viel zu klein.

6. _____ ist nicht schön.

7. _____ geht nicht.

8. _____ ist nicht so toll.

9. _____ ist nicht zu groß.

Aktivität 5 Der Umzug

David is moving out of his parents' house and making lists of the things that will go with him and those items that will stay. Write the German nouns with definite articles.

JA, DAS KOMMT MIT.

1. _____
   sleeping bag

2. _____
   bookcase

3. _____
   desk

4. _____
   dresser

NEIN, DAS BLEIBT HIER.

1. _____
   clothes closet

2. _____
   houseplant

3. _____
   wastepaper basket

4. _____
   rug

Thema 3 Was wir gern machen

Aktivität 6 Was macht Paula heute?

Paula has outlined her day. Write in the appropriate verbs to complete the list on the next page. Use each verb only once.

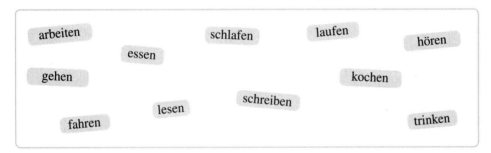

arbeiten schlafen laufen hören
essen
gehen kochen
schreiben
fahren lesen trinken

HEUTE:

1. Zeitung *lesen* _____

2. Toast mit Butter _____

3. Kaffee _____

4. Fahrrad _____

5. im Büro (*office*) _____

6. Briefe (*letters*) _____

7. im Park _____

8. Spaghetti _____

9. Radio _____

10. ins Bett _____

11. _____ und träumen (*dream*).

Aktivität 7 Was macht Spaß? Was machen Sie gern?

Choose three activities that you like. Write two different sentences to express your liking for these activities.

BEISPIEL: Deutsch lernen macht Spaß.
Ich lerne gern Deutsch.

arbeiten	Radio hören	schwimmen
Auto fahren	reisen	wandern
Deutsch lernen	SMS schicken	lesen
Fahrrad fahren	schreiben	
Freunde besuchen	Schuhe kaufen	

1. _____

_____

2. _____

_____

3. _____

_____

Grammatik im Kontext

The Verb *haben*

Übung 1 Was „haben" die Menschen?

Use each set of words in a complete sentence with the correct form of **haben.**

BEISPIEL: die Freunde / Hunger: → Die Freunde haben Hunger.

1. wir / Durst: _____

2. ihr / Geld: _____

3. Claudia / Uwe gern: _____

4. ich / keine Lust: _____

5. du / recht: _____

6. der Professor / Zeit: _____

The Nominative and Accusative Cases

The Indefinite Article: Nominative and Accusative

Übung 2   Was hat das Zimmer?

Use each cue to write a question (**F=Frage**). Then write an answer (**A=Antwort**) beginning with **Ja** or **Nein** according to the picture.

BEISPIEL: Tisch (F) Hat es einen Sessel?
               (A) Nein, es hat keinen Sessel?

1.   Lampe   (F) _____

                         (A) _____

2.   Stuhl   (F) _____

                         (A) _____

3.   Regal   (F) _____

                         (A) _____

4.   Bett   (F) _____

                         (A) _____

5.   Kleiderschrank (F) _____

                         (A) _____

6.   Bücher   (F) _____

                         (A) _____

The Definite Article: Nominative and Accusative

Übung 3 Möbelsuche

An interior designer has questions for the client. Supply the definite articles.

1. Ist _____ Esstisch zu groß?

2. Sind _____ Stühle zu teuer?

3. Ist _____ Bett zu klein?

4. Ist _____ Sessel bequem?

5. Wie finden Sie _____ Bett, _____ Nachttisch und _____ Lampe?

6. Finden Sie _____ Kleiderschrank, _____ Kommode und _____ Bücherregale preiswert?

7. Kaufen Sie _____ Sessel, _____ Sofa oder _____ Stühle?

8. Sehen Sie _____ Wand da drüben (*over there*)? Dort finden Sie _____ Teppiche.

Übung 4 Fragen und Antworten

Write out the brief exchanges indicated below. Use the correct form of each word or phrase.

BEISPIEL: A: Sehen / Sie / der Herr / da drüben?
   B: Ja. / Der Herr / heißen / Jakob Klinger.

   A: *Sehen Sie den Herrn da drüben?* _____

   B: *Ja. Der Herr heißt Jakob Klinger.* _____

C: Sein / Herr Siegfried / hier?
D: Nein. / Ich / sehen / Herr Siegfried / nicht.

C: _____

D: _____

E: Der Student / heißen / Jannik.
F: Wie / sein / der Name / bitte?

E: _____

F: _____

G: Im Museum / sehen / wir / ein Mensch aus der Steinzeit (*stone age*).
H: Wie, bitte? / Woher / kommen / der Mensch?

G: _____

H: _____

I: Besuchen / du / oft / der Student aus Tokio?
J: Ja. / Ich / besuchen / auch / ein Student aus Hiroshima.

I: _____

J: _____

The *der*-Words *dieser* and *welcher*

Übung 5 Möbel

Complete the exchanges with the correct forms of **dieser** or **welcher**.

A: _____ Sessel ist wirklich bequem.

B: _____ Sessel findest du so bequem?

C: Ich nehme _____ Wecker.

D: Wie, bitte? _____ Wecker nehmen Sie?

E: _____ DVD-Spieler kaufst du?

F: Vielleicht kaufe ich _____ [DVD-Spieler] hier.

G: _____ Couchtisch ist wirklich schön.

H: Um, ich finde _____ Tisch ganz interessant aber nicht schön.

I: _____ Bett, _____ Schreibtisch und _____ Stuhl sind recht preiswert.

J: Ja, aber ich finde _____ Möbel hässlich.

k: _____ Möbel findest du denn schön?

Negation: *nicht* and *kein*

Übung 6 Was sie nicht haben, was sie nicht brauchen

Mr. and Mrs. Klug have just moved into a new apartment. Use the correct form of **kein** to complete the lists of what they don't have and what they don't need.

WIR HABEN	WIR BRAUCHEN
_____ Bett,	_____ Couchtisch,
_____ Computer,	_____ Teppich,
_____ Kommode,	_____ Uhr,
_____ Sessel und	_____ Radio und
_____ Lampen.	_____ Regale.

Übung 7 Nein, ...

Vanessa has just found a room in Marbach, and her friend Kevin asks her about it. Write a negative response to each question.

BEISPIELE: Ist das Zimmer möbliert? → Nein, es ist nicht möbliert.
Brauchst du einen DVD-Spieler? → Nein, ich brauche keinen DVD-Spieler.

1. Ist die Miete hoch?

_____

2. Ist das Zimmer groß?

_____

3. Ist der Garten schön?

_____

4. Sind die Wände hell?

_____

5. Brauchst du einen Sessel?

_____

6. Hast du eine Gitarre?

_____

7. Suchst du ein Sofa?

_____

8. Brauchst du Regale?

_____

Verbs with Stem-Vowel Changes

Übung 8   Herr Reiner in Berlin

The slogan in the ad plays on the similarity between **ist** and **isst** (with the older spelling **ißt**). The restaurant is on the top floor of a tall building with a view of the city. The ad also suggests that "Berlin is tops." Write the correct form of each verb to complete the paragraph.

Herr Reiner aus Hannover _____ (fahren) nach Berlin.

Er _____ (wohnen) in einem eleganten Hotel und

_____ (schlafen) in einem bequemen Bett. Heute

_____ (trinken) er Kaffee und _____

(lesen) die *Berliner Morgenpost*. Dann _____ (finden)

er einen Park und _____ (laufen). Übrigens

_____ (haben) Herr Reiner manchmal Hunger. Dann

_____ (gehen) er ins Restaurant i-Punkt zum

Brunch-Buffet und _____ (essen) Berliner Spezialitäten.

Das Restaurant i-Punkt _____ (sein) ganz oben in der

20. Etage im Europa-Center.

Übung 9   Wer sind Jonas und Steffi?

Before setting up an appointment to see the room for rent, you want more information about your two prospective roommates. Use the cues to write questions. Then refer to the flyer and write the answers, correcting any negative answers. Write **nicht genug Information** if the flyer does not provide the answer or a reasonable assumption.

Kulturspot

Leutzsch is a district of Leipzig, a German city associated with music, literature, sports, film, and the famous **Leipziger Messe,** a trade fair that dates back nearly a thousand years.

BEISPIEL: sein / Jonas / 23 →

    F: Ist Jonas 23?

    A: Nein, er ist nicht 23. Er ist 26.

1. sein / Jonas und Steffi / nett

    F: _____

    A: _____

2. wohnen / Steffi / in Kiel

    F: _____

    A: _____

3. fahren / Steffi/ gern Fahrrad

    F: _____

    A: _____

4. lesen / Jonas / etwas

    F: _____

    A: _____

5. laufen / Jonas / gern

    F: _____

    A: _____

6. finden / Jonas / Politik / interessant

    F: _____

    A: _____

7. essen / Jonas / gern Pizza

F: _____

A: _____

8. schlafen / Steffi / lange

F: _____

A: _____

The Plural of Nouns

Übung 10   Menschen

A. Write the plural form of each word; include the definite article.

1. der Herr, _____

2. die Frau, _____

3. der Mann, _____

4. der Freund, _____

5. die Mitbewohnerin, _____

6. der Student, _____

7. der Amerikaner, _____

8. die Mutter, _____

9. der Vater, _____

10. der Junge, _____

Damen

Herren

Sprach-Info

Just as the term "ladies and gentlemen" often replaces "men and women" in English, one often hears or reads *Damen und Herren* rather than *Frauen und Männer* in German. Signs on public restrooms typically use those terms. A speaker often addresses an audience with the phrase *Meine Damen und Herren!*

B. Now choose six of the preceding plural nouns and use each in a question with one of the following phrases.

BEISPIEL: Hunger haben → Haben die Studenten Hunger?

1. heute schwimmen

_____

2. in Bern bleiben

_____

3. Handys kaufen

_____

4. Radio hören

   _____

5. gern schwimmen

   _____

6. wieder schlafen

   _____

Übung 11   Im Plural

Use plural nouns to rewrite each sentence.

BEISPIEL: Der Student hat ein Problem. → Die Studenten haben Probleme.

1. Die Studentin braucht eine Wohnung.

   _____

2. Die Frau liest das Buch.

   _____

3. Der Mitbewohner sucht ein Hotelzimmer in Köln.

   _____

   _____

4. Die Amerikanerin sucht eine Mitbewohnerin.

   _____

   _____

5. Der Junge braucht einen Computer.

   _____

6. Die Miete in Deutschland ist hoch.

   _____

Sprache im Kontext

Lesen

Wir suchen

≾ 2 - bis¹ 4 - ZIMMER
WOHNUNGEN

von 13. Juli bis¹ 13. August

für unsere DozentInnen² und für die bei
ImPulsTanz auftretenden³ KünstlerInnen⁴

Bitte kontaktieren Sie uns:

523 55 58 • apartment@impulstanz.com

¹*to* ²*instructors* ³*appearing* ⁴*artists*

Courtesy of ImPulsTanz—Vienna International Dance Festival.
Photo: © N. Höbling, Dans.Kias/Saskia Höbling "Jours Blancs"

A. Scan the ad and indicate whether it provides each bit of information by checking **JA** or **NEIN**. Then go back and write in the word or phrase that gives the information for each **JA**-answer.

		JA	NEIN	
1.	wie viele Zimmer pro Wohnung	☐	☐	_____
2.	was für (*what kind of*) Zimmer	☐	☐	_____
3.	wie viele Wohnungen	☐	☐	_____
4.	wo	☐	☐	_____
5.	woher	☐	☐	_____
6.	wann	☐	☐	_____
7.	wie lange	☐	☐	_____
8.	für wen	☐	☐	_____
9.	wie kontaktieren	☐	☐	_____
10.	Telefonnummer	☐	☐	_____
11.	E-Mail-Adresse	☐	☐	_____
12.	Postleitzahl	☐	☐	_____

B. Use information from the ad to complete the following summary. Be sure to use correct verb forms when necessary.

Die Organisation ImPulsTanz _____ 2- bis 4-Zimmer _____ für ihre

Dozenten/Dozentinnen und Künstler/Künstlerinnen. Sie brauchen die Wohnungen für einen Monat,

vom _____ bis zum 13. August. Die _____ ist 523 55 58 und die

E-Mail-_____ ist apartment@impulstanz.com.

C. Scan the ad and look at the image again. Speculate on whether each statement seems **wahrscheinlich** (*likely*) or **unwahrscheinlich** as an answer to the following question:

Warum ist die Frau in einer Badewanne (*bathtub*)?

	WAHRSCHEINLICH	UNWAHRSCHEINLICH
1. Sie ist obdachlos (*homeless*). Sie hat kein Zimmer.	☐	☐
2. Sie braucht nur ein Badezimmer.	☐	☐
3. Das ist eine Szene aus einem Theaterstück (*play*).	☐	☐
4. Sie braucht eine Wohnung oder ein Zimmer mit Bad.	☐	☐
5. Sie braucht kein Zimmer, nur eine Badewanne.	☐	☐
6. Sie ist Tänzerin und das ist eine Szene aus dem Tanz.	☐	☐

D. Imagine you have an apartment to offer the ImPulsTanz group. Write six questions you would like to ask a prospective applicant.

Na klar!

A. Look at the woman in the photo on the previous page. Create a personality for her by jotting down answers to the following questions. Use the space in the margins.

- Wer ist diese Frau? (Amerikanerin, Kanadierin, Studentin aus _____, __?__)

- Wie heißt sie?

- Wie ist sie? (ruhig, sympathisch, __?__)

- Wohnt sie jetzt allein, oder hat sie Mitbewohner/Mitbewohnerinnen?

- Was sucht sie? (ein Zimmer, eine Wohnung, ein Haus mit Garten, __?__)

- Kocht sie? Braucht sie eine Küche?

- Welche Möbelstücke hat sie schon? Welche braucht sie?

- Braucht sie etwas zentral Gelegenes?

- Hat sie ein Fahrrad? ein Auto? Braucht sie eine Garage?

- Welche Hobbys oder Interessen hat sie? Was macht sie gern?

B. Assume that none of the ads on the bulletin board offers a perfect match for the housing she is seeking. Create a simple want ad she can post on the board to outline the ideal housing situation for her. Add photos or illustrations if you wish.

KULTURJOURNAL

A. Wie man wohnt.

1. According to the TNS Emnid Institute, for most Germans the _____ is the most important room in their home. What is the most important room for you? Why?

   _____

   _____

2. According to the same study, what percentage of Germans trust their own tastes in decorating their dwellings? _____

3. What sort of lighting and colors do most Germans prefer for their dwellings? What sort of lighting and colors do you prefer? Why?

   _____

   _____

4. How many of your answers reflect the preferences of people in Germany, according to the study?

   _____

5. How many bedrooms does a **Zweizimmerwohnung** have?

   _____

6. Explain how apartment sizes are described in Germany compared to your country.

   _____

   _____

B. Wo leben die Deutschen? Compare facts about Germany with your own native country.

1. Deutschlands größte Stadt heißt _____. Die größte Stadt in meinem Heimatland

   ist _____.

2. Berlin hat _____ Millionen Einwohner. Die größte Stadt in meinem Land hat

   _____ Millionen.

3. Drei andere Großstädte in Deutschland sind _____, _____ und

   _____. Drei andere Großstädte in meinem Land sind _____,

   _____ und _____.

4. Die Traumstadt für viele Deutsche ist _____. Die Traumstadt fur viele Menschen

   in meinem Land ist _____.

Mein Journal

Write about your living quarters, your friends, and your likes and dislikes. The following questions will give you some ideas. Jot down notes here or elsewhere to organize your thoughts before you begin writing in your journal.

- Wo wohnen Sie? (Stadt)

- Haben Sie ein Zimmer, eine Wohnung oder ein Haus?

- Wie ist Ihr Zimmer? (Ist es groß? klein? gemütlich [cozy]? _____? Ist die Miete hoch oder niedrig?)

- Haben Sie Möbel? (Haben Sie ein Bett? einen Tisch? Bücherregale? einen Computer? _____?) Was haben Sie nicht?

- Was brauchen Sie?

- Haben Sie einen Mitbewohner oder eine Mitbewohnerin? Wenn ja: Wie ist er oder sie?

- Haben Sie viele Freunde und Bekannte? Wie sind sie?

- Was machen Sie gern? (Schreiben Sie gern? Kochen Sie gern?) Was machen Sie nicht gern?

Remember, in this chapter as well as in all others, you may choose to write about someone other than yourself.

Kapitel

Familie und Freunde

Aussprache

Consonants and Consonant Combinations (Part 1)

The Consonants *v, w, j*; Consonant Combinations *sch* and *th*; the Consonants *r* and *l*

Übung 1   The Letter *v*

The letter **v** is usually pronounced like the letter *f* in English. Listen and repeat.

Vater	**v**ielleicht
Vetter	**v**ier
verstehen	**V**orlesung
viel	**v**oll

In words borrowed from other languages, the letter **v** is pronounced like the letter *v* in English, unless it is at the end of the word. Listen and repeat.

No**v**ember	**V**enus
Villa	**V**ampir
violett	**V**anille
Verb	**V**isum

Übung 2   The Letter *w*

The letter **w** is pronounced like the letter *v* in English. Listen and repeat.

wer	**w**erden
wo	**w**ünschen
wie	**W**agen
was	**W**oche

Übung 3   The Letter *j*

The letter **j** is pronounced like the letter *y* in English. Listen and repeat.

ja	**J**ahr
Januar	**j**ung
Juni	**J**ulius
Juli	**j**etzt

Übung 4 The Consonant Combination *sch*

The consonant combination **sch** is similar to the pronunciation of *sh* in English. The lips protrude and are somewhat more rounded than in English. Listen and repeat.

Schwester	Ge**sch**wister
Schauspieler	Ti**sch**
Schlüssel	Fi**sch**
schlafen	Spani**sch**

Übung 5 The Consonant Combination *th*

The consonant combination **th** is pronounced like a *t*. Listen and repeat.

Theater	Biblio**th**ek
Thomas	Ma**th**ematik
thema	Goe**th**e
sympa**th**isch	**Th**ron

Satzbeispiele. Write in the missing consonants and consonant combinations **v, w, j, sch, th.**

1. Mein _____ater fährt einen neuen _____olks_____agen.

2. Frau _____agner _____ohnt _____etzt in _____eimar.

3. Unser _____etter _____ird nächste _____oche z_____anzig.

4. _____ürgen geht für ein _____ahr nach _____apan.

5. Seine _____wester hat den _____lüssel.

6. _____omas liest ein Buch über _____eologie in der Biblio_____ek.

Now replay the sentences and repeat them in the pauses provided.

Übung 6 The Consonant *r*

The consonant **r**. The German **r** is trilled (or rolled) either with the tip of the tongue in the front of the mouth or by making the uvula in the back of the mouth vibrate. This **r** is similar to the sound you make when you gargle. Compare the English *r* and the German **r**. Listen and repeat.

rock music / **R**ockmusik
Roxie / **R**oxie
Ronnie / **R**onnie
rice / **R**eis

German **r**. Listen and repeat.

rufen	g**r**ün
rauchen	Zent**r**um
B**r**ief	He**rr**en
F**r**eund	zu**r**ück

The **r** after a vowel at the end of a syllable or word is usually not trilled, or rolled, but pronounced with "**r** coloring." Listen and repeat.

Mutter	Mark
Verkäufer	Seminar
Uhr	möbliert
Tür	ihr

Übung 7 The Consonant *l*

The consonant **l**. English speakers usually pronounce an *l* from the back of the mouth with the tongue raised and the lips relaxed. When German speakers pronounce an **l**, the tongue is flat with the tip behind the upper front teeth. The lips are not relaxed. Listen to the difference between the English and the German **l**. Listen and repeat.

land / **Land**
learn / lernen
old / alt
false / falsch

German **l**. Listen and repeat.

laufen	Bild
leider	Enkel
Lehrer	viel
Film	April

Satzbeispiele: *r* **und** *l*. Listen and repeat.

1. Her**r** **R**au braucht ein **R**adio und einen **R**egenschirm.
2. **R**enate hat ein großes Haus. Es hat eine Garage und einen großen Garten.
3. Dein Vater, deine Mutter, dein Bruder und deine Schwester gratulieren zum Geburtstag.
4. Wir möchten unseren Lehrer zum Familienfest einladen.
5. Wie lange bleiben wir in der Bibliothek?

Alles klar?

Eine sehr berühmte Familie. Otto von Bismarck is one of the most prominent figures in German history. Listen as one of his direct descendants, Fürst Ferdinand von Bismarck, talks about his family tree, and check off the kinship terms you hear him mention.

- ☐ der Sohn
- ☐ die Tante
- ☐ der Vater
- ☐ die Mutter

- ☐ der Großvater
- ☐ der Onkel
- ☐ die Großmutter
- ☐ die Geschwister

- ☐ der Bruder
- ☐ der Urgroßvater
- ☐ die Frau
- ☐ die Schwester

Wörter im Kontext

Thema 1 Ein Familienstammbaum

Aktivität 1   Familie von Schlotterstein

A. *Der kleine Vampir* by Angela Sommer-Bodenburg is a wildly popular German children's book that has been made into a TV series and movie. You will hear an adapted excerpt from the book in which the little vampire, Rüdiger von Schlotterstein, shows his friend Anton the family crypt and their coffins. As you listen, concentrate on the names and family relationships. Then complete the family tree by filling in the names under the coffins. First you will hear the names of the family members and two new words.

Anna	**Lumpi**	**die Gruft** *crypt*
Dorothee	**Rüdiger**	**der Sarg** *coffin*
Hildegard	**Sabine**	
Ludwig	**Wilhelm**	

Familie von Schlotterstein

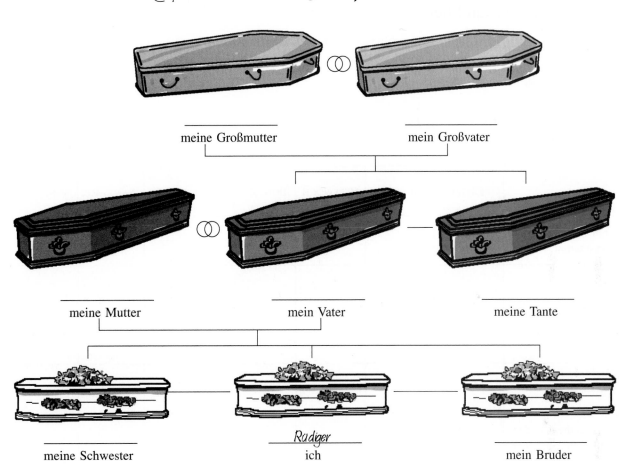

meine Großmutter   mein Großvater

meine Mutter   mein Vater   meine Tante

meine Schwester   *Rüdiger*
ich   mein Bruder

B. Listen to Rüdiger again and match the following descriptions with the appropriate person.

1. Hildegard _____
2. Ludwig _____
3. Lumpi _____
4. Sabine _____
5. Wilhelm _____

   a. die Schreckliche (*the Frightful*)
   b. der Wüste (*the Awful*)
   c. die Durstige (*the Thirsty*)
   d. der Starke (*the Strong*)
   e. der Fürchterliche (*the Terrible*)

Als letztes! Who was the first vampire in the family? _____

Aktivität 2 Familienverhältnisse

Indicate whether the statements you hear about family relationships are true or false.

	DAS STIMMT	DAS STIMMT NICHT		DAS STIMMT	DAS STIMMT NICHT
1.	☐	☐	5.	☐	☐
2.	☐	☐	6.	☐	☐
3.	☐	☐	7.	☐	☐
4.	☐	☐	8.	☐	☐

Thema 2 Der Kalender: Die Wochentage und die Monate

Aktivität 3 Hin und her

A. Heike is looking at her calendar for this week and reads what she has to do. Listen to Heike and mark an X on the chart below to show for which day she has planned each activity.

But first you will hear three new words.

eine Klausur	*test*
die Europäische Union	*European Union*
versäumen	*to miss*

	MONTAG	DIENSTAG	MITTWOCH	DONNERSTAG	FREITAG	SAMSTAG	SONNTAG
mit Oma ins Restaurant							
Theater							
Kaufhaus							
Klausur			X				
mit Andreas in der Bibliothek arbeiten							
bei Monika übernachten							
Rockkonzert							
Vorlesung							

B. Heike has not said what she plans to do on Friday, Saturday, and Sunday. Ask her what she is doing on those days. You will hear Heike confirm your question before she answers. After she answers, check the appropriate activity on the chart.

Sie hören: Freitag
Sie fragen: Was machst du am Freitag?
Sie hören: Was mache ich am Freitag? Am Freitag ...

Aktivität 4   Jetzt sind Sie dran.

Stop the recording and write down in German what you are doing next week. Then listen to the questions and answer them.

1. Montag: ——

2. Dienstag: ——

3. Mittwoch: ——

4. Donnerstag: ——————————————————————————————————————

5. Freitag: ——

6. Samstag: ——

7. Sonntag: ——

Aktivität 5   Geburtstage

Below is a list of famous people from German-speaking countries. Ask when each person's birthday is. After you hear the name of the month, repeat it and write it in the space provided.

Sie hören: Nummer 1
Sie fragen: Wann ist Beethovens Geburtstag?
Sie hören: Im Dezember.
Sie sagen: Im Dezember. (*Write this on the line provided.*)

1. Ludwig van Beethoven (Komponist)   ————————————————————————

2. Johann Wolfgang von Goethe (Dichter)   ————————————————————————

3. Wolfgang Amadeus Mozart (Komponist)   ————————————————————————

4. Albert Einstein (Physiker)   ————————————————————————

5. Rosa Luxemburg (Politikerin)   ————————————————————————

6. Clara Schumann (Pianistin)   ————————————————————————

7. Marlene Dietrich (Schauspielerin)   ————————————————————————

8. Martin Luther (Theologe)   ————————————————————————

Thema 3 Feste und Feiertage

Aktivität 6 So viele Feiertage!

Imagine that you are an exchange student living with the Schröder family in Georgenborn, a small town in Germany. The daughter, Marison, tells you about some important family celebrations.

A. How does the Schröder family celebrate? As you listen, match the activities to the appropriate celebration.

1. _____ Hochzeitstag der Eltern
2. _____ Großmutters Geburtstag
3. _____ Muttertag
4. _____ Onkels Geburtstag
5. _____ Vaters Geburtstag
6. _____ Kusines Konzert

a. Familienfest in Wiesbaden
b. Kaffee
c. wegfahren
d. Geburtstagstorte
e. Spaziergang

B. Replay the passage and listen again as Marison talks about her family. Match the dates and the celebrations.

1. _____ Hochzeitstag der Eltern
2. _____ Großmutters Geburtstag
3. _____ Muttertag
4. _____ Onkels Geburtstag
5. _____ Vaters Geburtstag
6. _____ Kusines Konzert

a. 28. Juli
b. 19. April
c. 2. September
d. 17. März
e. 8. Mai
f. 6. Juli

Aktivität 7 Feiertage

You are talking with a friend about holidays in Germany. Look at the dates below and then answer the questions. Repeat the correct response.

Sie hören: Wann feiert man Neujahr?
Sie sagen: am ersten Januar

14. Februar – Valentinstag
1. November – Allerheiligen
24. Dezember – Weihnachten
3. Oktober – Tag der Deutschen Einheit
6. Dezember – Nikolaustag

1. . . .   2. . . .   3. . . .   4. . . .   5. . . .

Aktivität 8 Schöne Grüße aus Koblenz

Julia has just received a birthday letter from her cousin Ulrike Eichele in Koblenz. Listen as she reads the letter. Fill in the missing words as you hear them. You will hear the letter twice.

Liebe Julia!

Ich gratuliere Dir zum _____[1] und wünsche Dir alles Liebe und Gute für das kommende Jahr.

Dein _____[2]: das Neuste über die Familie Eichele. Meinen Brüdern geht es gut.

_____[3] Wolfgang hat endlich einen Studienplatz an der FU in Berlin bekommen. Er studiert Jura.

Er braucht aber keine _____[4]. Er bekommt die Wohnung von _____[5] Kurt, der ja

gerade in Mexiko ist. Und ich komme im _____[6] für ein Jahr als Austauschschülerin nach

Amerika. Im Sommer will ich noch viele Freunde und Verwandte besuchen. Übrigens höre ich, dass im Juni

meine _____[7] Larissa einen alten Schulfreund von Hans _____[8]. Das wird bestimmt

ein großes Familienfest. Schöne Grüße, auch an Deinen _____[9] Mark,

Deine Ulrike

Aktivität 9 Einladungen

You receive a telephone call from each of the people listed below. Accept or reject the invitation based on your own schedule. If you reject the invitation, give a reason for doing so. You will hear each invitation twice.

Sie hören: Wir fahren heute nach Weimar. Kommst du mit?
Sie sagen: Vielen Dank, ich komme gern.
    oder Es tut mir leid. Ich fahre zu meinen Eltern.

REDEMITTEL

Vielen Dank. Ich komme gern.

Es tut mir leid.
  Ich habe keine Zeit.
  Ich muss lernen.
  Ich fahre nämlich nach (+ *place*). / zu (+ *person*).
  Ich habe kein Geld.

1. . . . 2. . . . 3. . . . 4. . . . 5. . . . 6. . . .

Grammatik im Kontext

Possessive Adjectives

Übung 1   Wer hat was?

A. Some of the things below are Bernd's and some are Katrin's. Answer the questions you hear using the correct form of **sein** or **ihr** to indicate whether each thing is his or hers. Repeat the correct response.

Sie hören: Ist das seine Katze?
Sie sagen: Nein, das ist ihre Katze.

Katrins Katze

         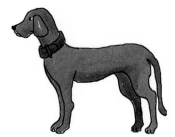

1. Bernds Handy   2. Bernds Professorin   3. Katrins   4. Katrins Hund
                                                   Studentenwohnheim

5. Bernds Großvater   6. Bernds Auto   7. Katrins Buch

B. Bernd (from Part A above) has come down with amnesia and can't remember which things are his and which are Katrin's. He thinks everything is his. Pretend you are Katrin. Answer Bernd's questions using the correct form of **mein** or **dein.** Repeat the correct response.

Sie hören: Ist das meine Katze?
Sie sagen: Nein, das ist meine Katze.

1. . . .   2. . . .   3. . . .   4. . . .   5. . . .   6. . . .   7. . . .

Übung 2 Unsere Sachen

A. You will hear a series of sentences that contain a direct object. For each sentence write down the direct object with its definite article in the space provided. Note: Some sentences are given as questions.

Sie hören: Kennst du den Professor?

Sie schreiben: ___*den Professor*_____

1. _____
2. _____
3. _____
4. _____
5. _____
6. _____

B. You will hear the same sentences again. Restate each sentence using the possessive adjective provided on the recording.

Sie hören: Kennst du den Professor? (mein)
Sie sagen: Kennst du meinen Professor?

1. . . .   2. . . .   3. . . .   4. . . .   5. . . .   6. . . .

Personal Pronouns in the Accusative Case

Übung 3 Gespräche

You will hear six short dialogues. Write the nominative and accusative pronouns you hear. Blanks marked with *X* have no corresponding pronouns.

Sie hören: A: Kennt Jürgen meine Kusine?
B: Ja, er kennt sie.

Sie schreiben:

	NOMINATIV	AKKUSATIV
A:	*X*	*X*
B:	*er*	*sie*

	NOMINATIV	AKKUSATIV
1. A:	_____	*X*
B:	_____	_____
2. A:	*X*	*X*
B:	_____	_____
3. A:	*X*	*X*
B:	_____	_____
4. A:	_____	*X*
B:	_____	_____
5. A:	*X*	*X*
B:	_____	_____
6. A:	_____	*X*
B:	_____	_____

Übung 4 Wie finden Sie das?

Answer the questions you hear according to your personal preference. Use personal pronouns and adjectives from the following list in your answers: **anstrengend** (*strenuous*), **bequem, billig, hübsch** (*pretty*), **interessant, langweilig, teuer.**

Sie hören: Wie finden Sie die Philosophie-Vorlesung?
Sie sagen: Ich finde sie anstrengend.

Halt! Hör-Info

Listen carefully for the definite article. Remember the following correlations: **der = er; den = ihn; die = sie; das = es.**

1. . . . 2. . . . 3. . . . 4. . . . 5. . . . 6. . . .

Prepositions with the Accusative Case

Übung 5 Im Park

Who's doing what? Look at the picture and listen to the speaker describing what the people are doing. Then match the two appropriate sentence halves.

1. _____ Robert kauft einen Ballon …

2. _____ Herr und Frau Sauer spazieren …

3. _____ Anna joggt …

4. _____ Heiko kommt zum Fußballspiel …

5. _____ Die Studenten protestieren …

6. _____ Niko und Ute spielen …

a. durch den Park.
b. gegen Atomkraft (*nuclear power*).
c. um neun Uhr Tennis.
d. für seine Schwester.
e. um den See.
f. ohne den Ball.

Übung 6 Geschenke

Christmas is around the corner. Charlotte is thinking about gifts for family and friends. What is she buying for whom? Listen to the passage, then answer the questions you hear as if you were Charlotte.

Sie hören: Für wen ist die Zimmerpflanze?
Sie sagen: Die Zimmerpflanze ist für meine Mutti.

1. . . . 2. . . . 3. . . . 4. . . . 5. . . .

The Verb *werden*

Übung 7 Geburtstage

You will hear three short dialogues. Fill in the chart below with the correct information.

	WER?	WANN?	WIE ALT?
1.	Susanne		
	Hans		
2.	Klaus		
	Petra		
3.	Oma Hilde		
	Opa Robert		

Übung 8 Wie alt sind sie?

Using the cues provided, answer the questions about how old certain people will be.

Sie hören: Wie alt ist Alexandras Urgroßmutter?
Sie sehen: im Februar 99
Sie sagen: Sie wird im Februar 99.

1. im Juli 35
2. am Dienstag 45
3. dieses Jahr 21
4. am Sonntag 20
5. im April 16
6. am Mittwoch 18
7. ?

The Verbs *kennen* and *wissen*

Übung 9 Weißt du das? Kennst du ihn?

A. Uta and Gabi are talking about their friends, Hans and Antje. Focus on their use of **wissen** and **kennen**, then indicate whether the following statements are correct or incorrect.

	DAS STIMMT	DAS STIMMT NICHT
1. Gabi weiß nicht, wann Antje nach Koblenz fährt.	☐	☐
2. Uta kennt Antje gut.	☐	☐
3. Gabi kennt Hans.	☐	☐
4. Uta weiß, dass Hans und Antje Silvester in Mainz feiern.	☐	☐
5. Jürgen kennt Antjes Pläne.	☐	☐

B. Now replay the dialogue and listen again for information about Antje and Hans's plans for spending the Christmas and New Year's holidays with family. Fill in the missing information.

1. Uta kennt _____ gut.

2. Antje fährt vor _____ nach Koblenz.

3. Sie dekoriert den Weihnachtsbaum mit ihrer _____.

4. Hans' _____ wohnt auch in Koblenz.

5. Jürgen ist Antjes _____.

Sprache im Kontext

You will now hear Fürst Ferdinand von Bismarck talk about his family again.

A. Informationen. Look at the categories and information in the chart below. Take notes as you listen. If there is no information for a particular category, write **keine Information**.

FAMILIE VON BISMARCK				
NAME	FAMILIENVERHÄLTNIS ZU FERDINAND	GEBOREN/GESTORBEN	HERKUNFT[1]	WOFÜR BEKANNT[2]
Otto	Urgroßvater			
Herbert		1849 geboren		
Ann-Mari			Schweden	
Karl				keine Information

[1] *where the person is from*   [2] Wofür ... *what they are known for*

B. Based on the information in your chart, answer the questions you hear.

1. . . .   2. . . .   3. . . .   4. . . .   5. . . .

C. Jetzt sind Sie dran. Stop the recording and think about your own family. Think also about information you have learned to give about family members. Restart the recording and answer the questions you hear.

1. . . .   2. . . .   3. . . .   4. . . .   5. . . .   6. . . .

Lesen und Schreiben

Alles klar?

Look at the photo and select all the most likely **possibilities**.

1. Wer ist das?

Bruder	Kinder	**Sohn**
Familie	Mutter	**Tante**
Freunde	Onkel	**Tochter**
Hund	Schwester	**Vater**

2. Was machen sie?

essen	laufen	**singen**
Gitarre spielen	schlafen	**sprechen**
kaufen	schreiben	

3. Wo sind sie?

am Strand (*beach*)	**auf dem Flohmarkt**	im Garten
an einem Flussufer (*riverbank*)	**im Freien**	in einem Restaurant

4. In welchem Monat? Im ...

Januar	April	Juli	Oktober
Februar	Mai	August	November
März	Juni	September	Dezember

5. An welchem Tag? Am ...

Montag	Mittwoch	Freitag	Sonntag
Dienstag	Donnerstag	Samstag/	
		Sonnabend	

6. Warum?

Familienfest	Muttertag	Valentinstag	Geburtstag
Fasching/Karneval	Neujahr	Weihnachten	Hochzeit

Wörter im Kontext

Thema 1 Ein Familienstammbaum

Aktivität 1   Eine Familie

Write the masculine or feminine counterpart to complete each sentence of this family's description.

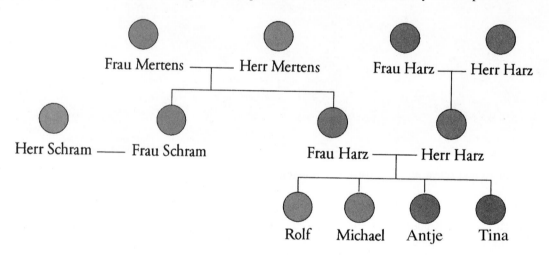

1. Frau Harz ist die Mutter; Herr Harz ist der _____.

2. Rolf und Michael sind ihre Söhne; Antje und Tina sind ihre _____.

3. Antje und Tina sind Schwestern; Rolf und Michael sind _____.

4. Frau Mertens ist ihre Oma; Herr Mertens ist ihr _____.

5. Frau Harz ist ihre Großmutter väterlicherseits; Herr Harz ist ihr _____.

6. Antje und Tina sind die Nichten von Frau Schram; Rolf und Michael sind die

   _____.

7. Herr Schram ist ihr Onkel; Frau Schram ist ihre _____.

Thema 2 Der Kalender: Die Wochentage und die Monate

Aktivität 2 Tage

Look at Maria's calendar and write the correct day of the week for each activity. Note that German calendars usually begin with Monday and end with Sunday.

Mo	Di	Mi	Do	Fr	Sa	So
lernen	wandern	Karten spielen	schwimmen	tanzen	reisen	reisen

1. Am _____ wandert sie.

2. Am _____ spielt sie Karten.

3. Am _____ und _____ reist sie.

4. Am _____ schwimmt sie.

5. Am _____ tanzt sie.

6. Am _____ lernt sie.

Aktivität 3 Monate

Sprach-Info

The impersonal pronoun **man** refers to people in general, as do the English words *one, they, you,* and *people.* Like **er, sie,** or **es, man** is used with third-person singular verb forms. Be careful not to confuse the pronoun **man** with the noun **der Mann.** You will learn to use this pronoun in your own sentences in **Kapitel 4.**

In welchem (*which*) Monat feiert man was?

1. Im _____ feiert man das Oktoberfest.

2. Im _____ feiert man Neujahr.

3. Im _____ feiert man Muttertag.

4. Im _____ feiern Amerikaner den *Independence Day* mit Umzügen (*parades*), Picknicks und Feuerwerk.

5. Im _____ feiert man Valentinstag.

6. Im _____ feiert man Chanukka und Weihnachten.

7. Ende _____ sind die Sommerferien in Amerika vorbei (*over*).

8. Im _____ und manchmal schon im _____ feiert man Ostern (*Easter*).

9. Der Sommer beginnt im _____.

10. Im _____ feiern die Amerikaner *Thanksgiving.*

11. Das Schuljahr in Amerika beginnt meistens im _____.

Aktivität 4 Welches Datum ist heute?

BEISPIEL: 12.07. → Heute ist der zwölfte Juli.

1. 01.03. _____

2. 06.05. _____

3. 07.06. _____

4. 19.10. _____

5. 20.12. _____

Aktivität 5 Wann haben sie Geburtstag?

BEISPIEL: Elena: 10.04. → Am zehnten April hat Elena Geburtstag.

1. Nico: 14.01. _____

2. Anna und Klaus: 20.02. _____

3. Jasmin: 03.08. _____

4. Nina: 30.09. _____

5. Tim: 15.11. _____

Aktivität 6 Geburtsanzeige

A. Read the following birth announcement and answer the questions.

1. Wie heißt das Baby?

   _____

2. Wann ist es geboren?

   _____

3. Wie groß ist Christopher?

   _____

4. Wie viel wiegt (*weighs*) er?

   _____

5. Wie heißen seine Eltern?

   _____

6. Wo wohnt die Familie?

   _____

7. Wie alt ist Christopher heute?

   _____

> Wir freuen uns über die Geburt von
>
> **Christopher**
> 23. 7. 2015
> 51 cm   3030 g
>
> **Sandra und Rolf Bajorat**
> geb. Mulders
>
> Felix-Roeloffs-Straße 21, 47551 Bedburg-Hau

B. Now create an announcement with all the facts surrounding your own birth. Or, write a birth announcement for a friend, family member, or pet.

Thema 3 Feste und Feiertage

Aktivität 7   Wie heißen die Feiertage?

Supply the missing names of holidays.

1. Eine Familie kommt zusammen. Sie feiert ein _____.

2. Mariannes Geburtsdatum ist der 24. Januar 1992. Jedes Jahr hat sie am 24. Januar

    _____.

3. Mariannes Bruder heiratet im Mai. Natürlich feiert die ganze Familie diese

    _____.

4. Dieser Feiertag ist wichtig für Mütter. Er heißt _____.

5. Am _____ sehen wir rote Rosen und Glückwunschkarten
    mit Herzen.

6. Diese Feiertage sind wichtig für Christen. _____ kommt im

    Dezember, _____ im März oder April.

7. Das _____ beginnt am 1. Januar. Der Feiertag am 31. Dezember

    heißt _____.

8. Mardi Gras hat eine lange Tradition. In Süddeutschland und Österreich heißt Mardi Gras

    _____ und im Rheinland _____.

Aktivität 8   Was sagen sie?

Write an appropriate response for each situation.

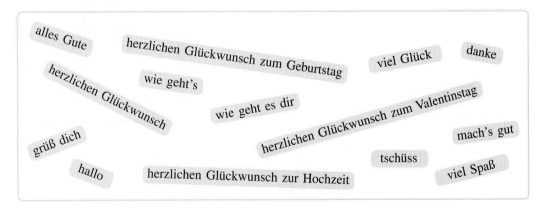

1. Max wird am Sonntag 18. Was sagt seine Familie?

    _____

2. Karin hat nächste Woche Examen. Was wünscht ihr Freund ihr (her)?

    _____

3. Susan dankt Mark für das Buch zum Geburtstag. Sie schreibt:

_____ für das Buch.

4. Paul hat am Samstag ein Tennisturnier. Was wünschen seine Freunde Paul?

_____

5. Yasmin geht zu Peters Party. Was sagt ihre Mitbewohnerin?

_____

6. Peter findet Heike sehr nett. Zum Valentinstag schreibt er Heike eine Karte. Was schreibt er?

_____

_____

7. Sabine trifft (*meets*) ihre Freundin im Café. Was sagt sie?

_____

8. Richards Kusine heiratet am Samstag. Wie gratuliert ihr Richard?

_____

Grammatik im Kontext

Possessive Adjectives

Übung 1   Familienfest

Provide the correct possessive adjectives.

Am Samstag feiert _____ (*my*) Oma Geburtstag. Sie

wird schon 90 und ist noch sehr aktiv und engagiert. Donnerstags besucht

sie gern _____ (*her*) Freundinnen. Sie spielen Karten

und trinken Tee. _____ (*Her*) Mann,

_____ (*my*) Opa, feiert im April

_____ (*his*) 91. Geburtstag. _____

(*His*) Interessen sind Musik und Politik. Im Mai feiern

_____ (*my*) Großeltern _____ (*their*) 60. Hochzeitstag. Auch im Mai

heiraten _____ (*my*) Bruder Alex und _____ (*his*) Freundin Anna.

Im Juni feiern _____ (*my*) Schwester Sophia und _____ (*her*) Mann

Martin _____ (*their*) fünften Hochzeitstag. _____ (*Their*) Baby, ein

Sohn, kommt im Juli. Dieses Jahr hat _____ (*our*) Familie viel zu feiern.

_____ (*My*) Eltern planen ein großes Familienfest.

Unsere Oma

feiert ihren

90. Geburtstag!

Personal Pronouns in the Accusative Case

Übung 2 Reziprozität: Wie du mir, so ich dir

Use the cues to write sentences according to the model.

BEISPIEL: er/sie (*sg.*): etwas fragen →
           Er fragt sie etwas, und sie fragt ihn etwas.

1. wir/ihr: nicht gut kennen

   _____

   _____

2. ich/du: manchmal besuchen

   _____

   _____

3. er/Sie: interessant finden

   _____

   _____

4. wir/sie (*pl.*): schon gut verstehen (*understand*)

   _____

   _____

Übung 3 Minidialoge über Möbel und sonst was

Complete the exchanges with the correct definite articles and personal pronouns.

A: Wie finden Sie _____ Computer (*sg.*)?

B: Ich finde _____ wirklich toll.

C: Wie finden Sie _____ Fernseher, _____ CD-Spieler,

    _____ Lampe und _____ Radio?

D: Ich finde _____ alle ausgezeichnet.

E: Kaufen Sie _____ Teppich?

F: Ja, ich kaufe _____.

G: Fahren Sie _____ neue Auto gern?

H: Ja, ich fahre _____ sehr gern.

I: Suchen Sie _____ Fotos?

J: Ja, ich suche _____. Sehen Sie _____?

Übung 4 Wer, wen oder was?

1. _____ ist der Mann da?

2. _____ macht er?

3. _____ kennt ihn?

4. _____ liest er?

5. _____ sucht ihn?

6. _____ findet er so freundlich und interessant?

7. _____ besucht ihn?

8. _____ kennt er?

Übung 5 Minidialoge

CHRISTOPH: Ich verstehe Robert nicht gut, und er versteht _____ (*me*) auch nicht

gut. Verstehst du _____ (*him*)?

BRIGITTE: Ja, kein Problem. Ich verstehe _____ (*him*) gut.

CHRISTOPH: Woher kommt er eigentlich?

BRIGITTE: Aus Kanada.

HERR SCHULZ: (*am Telefon in Frankfurt*) Hören Sie _____ (*me*), Herr Jones?

HERR JONES: (*am Telefon in Los Angeles*) Ja, ich höre _____ (*you*) ganz gut, Herr

Schulz.

Prepositions with the Accusative Case

Übung 6 Freunde und Familie
Supply the correct prepositional phrases.

FRAU LENZ: Harald, ist unsere Werbung (*advertising*) gut _____ (*for our business* [Geschäft *n.*])?

HERR LENZ: Ja, unsere Werbung ist sehr gut.

MARGRET: Fährst du im Winter _____ (*through Switzerland*)?

MICHAEL: Ja, und auch _____ (*through Austria*). Die Straßen sind sehr gut, auch im Winter.

FRAU KLAMM: Laufen Ihre Kinder immer so laut _____ (*around the house*) herum und

_____ (*through the garden*), Frau Kleist? Das macht mich ganz nervös.

FRAU HARZ: Sie sind doch Kinder. Die spielen nun mal gern.

PAUL: Hast du etwas _____ (*against my friend*)?

UTE: Nein, natürlich habe ich nichts _____ (*against him*). Aber er hat etwas

_____ (*against me*).

SUSI: Spielt ihr schon wieder Cowboys _____ (*without me*)?

ALEX: Nein, Susi, wir spielen nicht _____ (*without you*).

MÄXCHEN: Opa, hast du eine Cola _____ (*for us*)?

OPA: Nein, aber ich habe Milch _____ (*for you*).

_____ (*without milk*) bleibt ihr klein.

Übung 7   Mein Freund Martin und ich

Write complete sentences; use the correct form of each word.

BEISPIEL: ich / kaufen / Bücher / für / mein Freund. →
Ich kaufe Bücher für meinen Freund.

1. mein Freund / kaufen / Rosen / für / ich

_____

2. gegen / sechs Uhr / laufen / wir / gern / durch / der Park

_____

3. wir / laufen / selten / ohne / sein Neffe

_____

4. ich / haben / gar nichts / gegen / Martins Schwester / oder / ihr / Sohn

_____

5. Martins Schwester / und / ihr Mann / kaufen / oft / Geschenke / für / wir

_____

The Verb *werden*

Übung 8 Wie alt werden sie?

Write the correct forms of **werden.**

1. Meine Eltern _____ nächstes Jahr 50.

2. Ich _____ 23, und mein Bruder _____ 18.

3. Vanessa, du _____ nächstes Jahr 21, nicht?

4. Niklas und Leon, wann _____ ihr 21?

The Verbs *kennen* and *wissen*

Übung 9 Festspiele

Complete the exchanges with the correct forms of **wissen** or **kennen.**

1. A: _____ ihr die Musik von Johann Sebastian Bach?

   B: Ja, natürlich. Wo ist Bachs Geburtsort? _____ ihr das?

   A: Nein, das _____ ich nicht. Du?

   C: Ja, Bach wurde 1685 in Eisenach geboren.

2. D: _____ Sie, wann die Festspielkonzerte beginnen?

   E: Ich _____ das nicht genau. Ich glaube im Juni. Vielleicht

   _____ mein Kollege (*colleague*) das. Ich frage ihn.

3. F: _____ Sie Mozarts Oper *Don Giovanni*?

   G: Nein. Ich _____ Mozarts *Requiem*, aber diese Mozartoper

   _____ ich nicht.

4. H: Wer _____, wo wir Karten kaufen?

   I: Die Adresse ist Nachtigallenstraße 7. Das _____ ich. Aber ich

   _____ die Straße nicht. Wo ist das?

   J: Ich _____ genau, wo das ist.

5. K: _____ du, wie viel die Karten kosten?

   L: Nein, aber ich frage. Ich habe die Telefonnummer.

Kulturspot

Many cities in the German-speaking countries offer **Festspiele** or **Festwochen**, especially in spring and summer, to celebrate culture and the arts: music, theater, opera, dance, fine arts, architecture, and/or film. Music festivals feature not only music by famous classical composers—such as the **Beethovenfest Bonn**, the **Mozartfest Würzburg**, or the **Bachfest Leipzig**—but also jazz, reggae, and rock. Such festivals take place in major metropolitan areas—as for example, **Art Basel, Berliner Festspiele und Festwochen**, and **Wiener Festwochen**—as well as in smaller towns and cities, such as the **Bad Hersfelder Festspielkonzerte** and **Opernfestspiele**. People refer to Bad Hersfeld, located in Hessen, as **das hessische Salzburg,** and visitors come from around the world to enjoy the open-air performances that take place in the ruins of an old monastery.

What local festivities do people celebrate in your area?

Sprache im Kontext

Lesen

A. Take a look at the announcement and complete the information.

> *Am 8. Juni möchten wir gemeinsam mit[1] der Taufe[2]*
> *unseres Sohnes Lukas unsere kirchliche Trauung[3]*
> *nachholen[4].*
> *Diesen besonderen Tag wollen wir gerne in lockerer[5]*
> *Atmosphäre mit allen Verwandten und*
> *Freunden feiern.*
> *Der Gottesdienst[6] beginnt um 16:00 Uhr*
> *in der Auferstehungskirche[7] Kellen.*
> *Das anschließende[8] Gartenfest findet auf der*
> *Briener Straße 180 in Kellen statt[9].*
>
> *Paul und Maria Becker geb. Schneider*
> *mit Lukas und Sofie*

[1]gemeinsam ... *along with* [2]*baptism* [3]kirchliche ... *religious wedding ceremony* [4]*belatedly perform* [5]*relaxed* [6]*service* [7]*Resurrection Church* [8]*following* [9]findet ... statt *takes place*

Hier sehen wir eine Familie. Die Mutter heißt _____ Becker geborene Schneider,

ihr _____ heißt Paul, ihre _____ heißt Sofie und ihr

_____ heißt Lukas.

Kulturspot

Every couple who marries in Germany must have a civil ceremony at a registry office (**Standesamt**). Usually only the witnesses and perhaps a few friends or family members attend this ceremony, which is often followed by a meal in a restaurant. Those couples who wish a traditional religious wedding (**eine kirchliche Trauung**) arrange for such a ceremony to take place in a church, cathedral, or some other venue usually a few days after the civil ceremony and with their invited guests in attendance. However, the couple in the announcement planned for a **kirchliche Trauung** and reception several years later, in this case in conjunction with the baptism of their second child.

B. Correct each of the following statements to make it true according to the announcement.

BEISPIEL: Sofies Eltern sind Maria und Paul Schneider. →

                                             Becker

        Sofies Eltern sind Maria und Paul ~~Schneider~~.

1. Am achtzehnten Juli feiern Paul und Maria die Taufe von Lukas und auch ihre kirchliche Trauung.

2. Sie feiern diesen Monat mit allen Verwandten und Freunden.

3. Der Gottesdienst endet um 16.00 Uhr.

4. Ein Bierfest folgt dem Gottesdienst.

5. Das Fest findet auf der Briener Straße 180 in Köln statt.

C. Design and write your own announcement for an upcoming special event. Use phrases and ideas from the materials in this chapter. You can use your own name and include actual facts, or you can make up a German-speaking persona and create details accordingly.

Na klar!

Write a paragraph-length caption to accompany this photo. Offer a logical explanation or description of the family outing. You can refer to **Alles klar!** at the beginning of this chapter for ideas and vocabulary. Consider the following questions:

    Wie heißen sie? Wie sind sie verwandt? Woher kommen sie? Wo sind sie? Was machen sie? Wie verbringen (*are spending*) sie den Tag? Warum feiern sie heute?

A. Feste und Feiertage

People in Germany celebrate birthdays in much the same ways as in the United States with some exceptions. Perhaps the biggest difference is that in Germany the person celebrating the birthday organizes the party and treats guests to lunch or dinner.

Marking a quarter century, a garland often leads participants to one's 25th birthday celebration, especially if that person is single. A garland of socks (**Sockenkranz**) is used for a man; a garland of boxes, such as matchboxes (**Schachtelkranz**), is used for a woman.

The following words often describe birthday celebrations in Germany; check off those that describe birthday events where you live. Then write a sentence about **Feste und Feiertage** with two of them.

- ☐ Familie
- ☐ Freunde
- ☐ Geburtstagskarten
- ☐ Geburtstagskerzen (*candles*)
- ☐ Geburtstagskuchen (*cake*)
- ☐ Geburtstagsgrüße und -wünsche (*birthday greetings and wishes*)
- ☐ Geschenke
- ☐ Humor
- ☐ Kranz
- ☐ Party

B. Die deutsche Familie

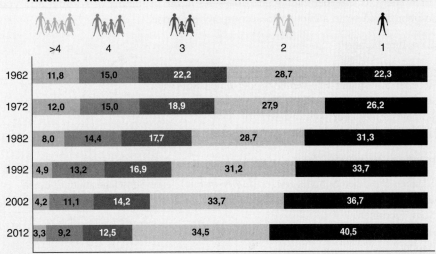

Zusammen leben oder allein
Anteil der Haushalte in Deutschland* mit so vielen Personen in Prozent

	>4	4	3	2	1
1962	11,8	15,0	22,2	28,7	22,3
1972	12,0	15,0	18,9	27,9	26,2
1982	8,0	14,4	17,7	28,7	31,3
1992	4,9	13,2	16,9	31,2	33,7
2002	4,2	11,1	14,2	33,7	36,7
2012	3,3	9,2	12,5	34,5	40,5

*bis einschließlich 1982 früheres Bundesgebiet

Quelle: Stat. Bundesamt

Look at the chart and use the following words to answer the questions below.

Ein-Personen-Haushalt

Zwei-Personen-Haushalt

Drei-Personen-Haushalt

Vier-Personen-Haushalt

Fünf-Personen-Haushalt

1. Which two types of German households have steadily increased over the decades?

   _____ und _____

2. Which type of household had the smallest percentage in 1962 and claims only a very small percentage today?

   _____

3. Which type of household shows only a small increase in percentage from 1962 to the present?

   _____

4. Which type of household represents your family?

   _____

Mein Journal

Schreiben Sie über Ihre Familie. Before you begin writing, make a family tree or jot down notes and include as much information about each person as you are able to give in German. The following questions will give you ideas for your journal entry, as will the reading and dialogues at the beginning of **Kapitel 3** in your textbook. You might also include photos and write a caption to accompany each one.

- Wie groß ist Ihre Familie?

  Haben Sie Geschwister?
  Haben Sie eine Stiefmutter (*stepmother*) oder einen Stiefvater?
  Haben Sie Stiefbrüder oder -schwestern?
  Haben Sie Halbbrüder oder -schwestern?
  Haben Sie Nichten und Neffen? Tanten und Onkel? Kusinen und Vettern? Großeltern? Urgroßeltern?

- Sind Sie verheiratet (*married*)?

  Wenn ja: Haben Sie einen Schwiegervater (*father-in-law*)? eine Schwiegermutter? einen Schwager (*brother-in-law*) oder Schwäger (*brothers-in-law*)? eine Schwägerin (*sister-in-law*) oder Schwägerinnen?
  Haben Sie Kinder? Wenn ja: Wie beschreiben (*describe*) Sie sie? Haben Sie vielleicht Enkelkinder?

- Wie heißen die Familienmitglieder (*family members*)?

  Wie alt sind sie?
  Wo wohnen sie?
  Was machen sie gern?
  Was machen sie nicht gern?

- Haben Sie einen Hund? ein Pferd? eine Katze?

  Beschreiben Sie Ihr Haustier (*pet*).

Kapitel

Mein Tag

Aussprache

Consonants and Consonant Combinations (Part 2)

The Consonants *s* and *z;* Consonant Combinations *sp* and *st;* Consonant Combination *ch*

Übung 1 The Consonant *s*

When the letter **s** precedes a vowel or appears between two vowels, it is voiced, or pronounced, like the English *z.* Listen and repeat.

sehen	suchen
sieben	lesen
Sohn	Häuser
sehr	Musik

If the letter **s** does not precede a vowel, or if it is doubled, it is not voiced. It is pronounced like the *s* in the English name *Sam.* Listen and repeat.

was	Adresse
das	essen
aus	Sessel
Haus	müssen

The letter **ß** [ess tsett] is also pronounced like a double **s.** Listen and repeat.

Straße	weißt
Grüße	groß
heißen	Spaß

Übung 2 The Letter *z*

The letter **z** is pronounced in German like *ts* in the English word *nuts* and the *zz* in *pizza.* Listen and repeat.

zehn	Mozart
Zeit	Tanz
Zimmer	Schweiz
Anzeige	kompliziert

Contrast **s** and **z**. Listen and repeat.

sehen / **z**ehn	Sommer / **Z**immer
seit / **Z**eit	Schwei**ß** / Schwei**z**

Satzbeispiele: *s, ss, ß* und *z*. Listen and repeat.

1. Such**s**t du ein **Z**immer? Hier ist eine An**z**eige in der **Z**eitung.
2. Wie ist deine Adre**ss**e? Ach so, Sommer**s**traße **s**ieben.
3. Meine Großeltern kommen aus der Schwei**z**.
4. Am **S**am**s**tag sind wir zu Hau**s**e. Am **S**onntag fahren wir an den O**z**ean. Dort können wir **s**pa**z**ieren gehen.
5. Kommen Sie ins **S**igmund-Freud-Museum mit? Ja, e**s** ist nicht weit, Berggasse neun**z**ehn.

Übung 3 The Consonant Combinations *sp* and *st*

The consonant combinations **sp** and **st** are pronounced [shp] and [sht] at the beginning of a word or word stem in German. Listen and repeat.

sp	**st**
Sprache	**St**uhl
spielen	früh**st**ücken
spät	ver**st**ehen
Sport	Buch**st**abe

In other positions, the two combinations are pronounced as in English. Listen and repeat.

sp	**st**
li**sp**eln	Po**st**
We**sp**e	Touri**st**
knu**sp**ern	Fen**st**er
Ho**sp**ital	ko**st**en

Übung 4 The Consonant Combination *ch*

Two sounds represented by German **ch** have no equivalent in English. After **a, o, u,** and **au,** the **ch**-sound is guttural. That means the sound originates in the back of the throat (like the English *k*), with the tongue lowering to allow air to come through. This sound is also very close to the **r** that is trilled in the back of the throat. Listen and repeat.

a**ch**t	To**ch**ter
Na**ch**t	ko**ch**en
ma**ch**en	su**ch**en
do**ch**	Bu**ch**

A less throaty sound is produced when **ch** occurs after the vowels **e** and **i**, vowels with umlauts, the diphthongs **ei (ai)** and **eu (äu)**, and the consonants **l, n,** and **r**. The suffix **ig** and the diminutive suffix **-chen** are both pronounced with a soft **ch.** This sound originates a little farther forward in the mouth, on the soft palate, with the tongue raised very high, but leaving enough room for air to come through. Listen and repeat.

schle**ch**t	Kü**ch**e	i**ch**	ri**ch**tig
lei**ch**t	Dä**ch**er	dur**ch**	ruh**ig**
spre**ch**en	mö**ch**te	Mil**ch**	Mäd**chen**

Contrast soft-palate **ch** with guttural **ch.** Listen and repeat.

    a**ch** / i**ch**
    Na**ch**t / ni**ch**t
    Da**ch** / Dä**ch**er
    To**ch**ter / Tö**ch**ter

Be sure that you distinguish between the **ch** and **k/ck** sounds. The **k** and **ck** sounds are pronounced the same as in English. Listen and repeat.

    A**ch** / A**k**t
    Na**ch**t / na**ck**t
    di**ch** / di**ck**
    Ba**ch** / ba**ck**en

Satzbeispiele: *sp, st* **und** *ch.* Listen and repeat.

    1. Viel **Sp**aß beim Tennis**sp**ielen!
    2. Die **St**ühle sind re**ch**t billig, drei**ß**ig Euro pro **St**ück.
    3. Mün**ch**en und Züri**ch** sind Touristenstädte.
    4. Die **St**udenten **sp**rechen von ihrem Besu**ch** in Berlin.
    5. Das Mäd**ch**en ist ruh**ig**, aber au**ch** freundli**ch** und fröhli**ch**.

Alles klar?

Lena Schneider und ihr Mann Ben bekommen die Einladung, die Sie unten sehen. Überfliegen Sie den Text der Einladung. Sie hören dann ein Gespräch zwischen Lena und Ben. Markieren Sie auf der Einladung die Informationen, die Sie im Dialog hören. Nummerieren Sie von 1 bis 8.

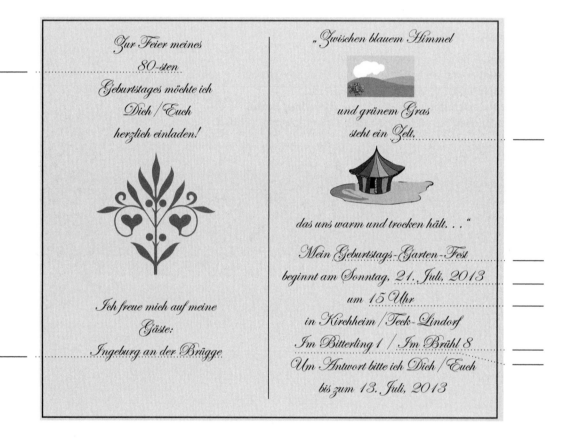

Zur Feier meines 80-sten Geburtstages möchte ich Dich / Euch herzlich einladen!

Ich freue mich auf meine Gäste: Ingeburg an der Brügge

„Zwischen blauem Himmel und grünem Gras steht ein Zelt, das uns warm und trocken hält. . .“

Mein Geburtstags-Garten-Fest beginnt am Sonntag, 21. Juli, 2013 um 15 Uhr in Kirchheim / Teck-Lindorf Im Bitterling 1 / Im Brühl 8 Um Antwort bitte ich Dich / Euch bis zum 13. Juli, 2013

Wörter im Kontext 🎧

Thema 1 Die Uhrzeit

Aktivität 1   Wann macht Gabriele das?

Sehen Sie sich die Uhren unten an und beantworten Sie die Fragen, die Sie hören.

    Sie hören: Wann frühstückt Gabriele?
    Sie sagen: Um Viertel vor sieben.

1.

2.

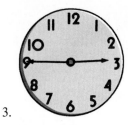
3.

4.

5.

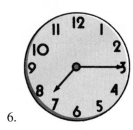
6.

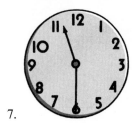
7.

Aktivität 2 Uhrwald*

Es ist drei Uhr in San Francisco. Wie spät ist es in den anderen Städten? Schauen Sie auf die Uhren.

> Sie hören: Wie spät ist es in San Francisco?
> Sie sagen: Es ist drei Uhr.

1. . . .   2. . . .   3. . . .   4. . . .   5. . . .   6. . . .

Thema 2 Pläne machen

Aktivität 3 Was machen wir morgen?

Monika und Dieter machen Pläne für morgen. Hören Sie gut zu und markieren Sie die richtigen Antworten. Sie hören den Dialog zweimal.

1. Monika möchte morgen Abend
   a. mit Doris und Frank ausgehen.
   b. ins Kino gehen.

---

*clock forest, a play on the German word **Urwald** (*primeval forest*)

2. Dieter möchte lieber seine Eltern
   a. besuchen.
   b. einladen.
3. Monika muss morgen früh
   a. ihre Wohnung aufräumen.
   b. ihre Garage aufräumen.
4. Dieter will mit Peter
   a. Tennis spielen
   b. Karten spielen
   und dann
   c. ins Café gehen.
   d. ins Kino gehen.
5. Vielleicht können Monika und Dieter
   a. Sonntagabend mit Doris und Frank ausgehen.
   b. Samstagabend mit Doris und Frank ausgehen.

Aktivität 4   Um wie viel Uhr macht Jörg das?

Wie sieht Jörgs Sonntag aus? Sehen Sie sich das Blatt aus Jörgs Kalender an und beantworten Sie die Fragen.

Sie hören: Um wie viel Uhr steht Jörg auf?
Sie sagen: Um acht steht er auf.

Sonntag
12 Mai

8 .00 aufstehen
9 .45 mit Helga frühstücken
10
11
12
13 .30 schwimmen gehen
14
15 .15 Tina anrufen

16 .00 Fußball spielen
17
18 .30 Tina im Café treffen
19
20 .00 Rockkonzert besuchen
21
22

1. ...   2. ...   3. ...   4. ...   5. ...   6. ...

Aktivität 5 Franks Stundenplan

Lesen Sie den Stundenplan ganz genau und beantworten Sie die Fragen.

Sie hören: Wie viele Stunden Deutsch hat Frank pro Woche?
Sie sagen: sechs Stunden

Zeit	Montag	Dienstag	Mittwoch	Donnerstag	Freitag	Samstag
8.00-8.45	Deutsch	Philos.	Mathe	Englisch	Mathe	Englisch
8.50-9.35	Deutsch	Philos.	Mathe	Englisch	Mathe	Deutsch
10.00-10.45	Mathe	Physik	Philos.	Deutsch	Erdkunde	Deutsch
10.50-11.35	Mathe	Latein	Erdkunde	Deutsch	Latein	
11.50-12.35	Sport	Latein	Erdkunde	Physik	Sport	
12.40-13.25	Sport			Physik		

1. ... 2. ... 3. ... 4. ... 5. ...

Thema 3 Kino, Musik und Theater

Aktivität 6 Pläne

Sabine und Stefan machen Pläne. Hören Sie zu und entscheiden Sie dann, was stimmt und was nicht stimmt. Sie hören den Dialog zweimal.

	DAS STIMMT	DAS STIMMT NICHT
1. Sabines Mutter kommt zu Besuch.	☐	☐
2. Es gibt einen neuen James Bond-Film.	☐	☐
3. Sabines Mutter hört nicht gern Musik.	☐	☐
4. Stefan will Karten für ein Fußballspiel kaufen.	☐	☐
5. Sie werden in das Musical „Mamma Mia" gehen.	☐	☐

Aktivität 7 Hin und her: Was machen sie am Wochenende?

A. Sagen Sie, was Rosi, Heiko und Jens, Rita und Lilo gern am Wochenende machen.

Sie hören: Was macht Rosi gern am Wochenende?
Sie sagen: Rosi spielt gern Karten.

	ROSI	HEIKO UND JENS	RITA	LILO	GABI	ROLF	KAI UND ANNE	SABINE	STEFAN
in der Disko tanzen		X							
schwimmen					X				
früh aufstehen									
Zeitung lesen									
ins Ballett gehen				X					
einkaufen gehen									
ins Kino gehen									
Karten spielen	X								
Eltern anrufen			X						

B. Fragen Sie jetzt, was Gabi, Rolf, Kai und Anne, Sabine und Stefan gern am Wochenende machen. Markieren Sie X in der richtigen Spalte. Dann bestätigen (*confirm*) Sie die Information.

Sie hören: Gabi
Sie fragen: Was macht Gabi gern am Wochenende?
Sie hören: Was macht Gabi gern am Wochenende? Gabi schwimmt gern.
Sie sagen: Also, Gabi schwimmt gern am Wochenende.

Grammatik im Kontext

Separable-Prefix Verbs

Übung 1 Antje und Tamara machen eine Verabredung.

Hören Sie zu, und ergänzen Sie den Dialog. Sie hören den Dialog zweimal.

ANTJE: Tamara, was _____¹ du heute Abend _____²?

TAMARA: Ich _____³ mit Sonja und Claire _____⁴. Kommst du

_____⁵?

ANTJE: Ja, gerne.

TAMARA: Wir _____⁶ um halb acht bei dir _____⁷.

ANTJE: Gut. Ich _____⁸ euch dann nachher zu einem Glas Wein _____⁹.

TAMARA: Wie nett! Ich _____¹⁰ jetzt Sonja und Claire _____¹¹.

ANTJE: Und ich _____¹² noch schnell meine Wohnung _____¹³.
Bis heute Abend!

Übung 2 Jeder verbringt° seine Zeit anders.   *spends*

A. Hören Sie zu und schreiben Sie das Verb, das Sie im zweiten Satzteil hören, im Infinitiv.

    Sie hören: Ich stehe immer spät auf, aber unser Mitbewohner steht immer früh auf.
Sie schreiben: Mitbewohner / früh ___*aufstehen*___

1. Herr und Frau Klinger / mittwochs _____

2. Inge / nächste Woche _____

3. Irmgard / gegen zehn Uhr _____

4. ich / schon um vier _____

5. Natalie / den Tag mit Ballett _____

B. Hören Sie noch einmal zu und beantworten Sie die Fragen mit Hilfe der Stichworte im Teil A.

Sie hören: Ich stehe immer spät auf, und unser Mitbewohner?
Sie sagen: Unser Mitbewohner steht früh auf.

1. . . .   2. . . .   3. . . .   4. . . .   5. . . .

Modal Auxiliary Verbs

Übung 3 Familie Schubert beim Frühstück

Hören Sie zu und ergänzen Sie die Sätze. Zuerst hören Sie vier neue Wörter. Sie hören den Dialog zweimal.

sich beeilen   *to hurry*
Haferflocken   *oatmeal*
Schatz   *sweetheart*, lit. *treasure* (term of endearment)

1. Die Kinder _____ sich beeilen.

2. Erik _____ keine Haferflocken.

3. Er _____ Brot mit Wurst.

4. Er _____ keine Wurst essen.

5. Frau Schubert _____ das Auto haben. Sie _____ einkaufen und am

   Nachmittag zur Musikschule fahren. Sie _____ von eins bis drei Klavierstunden geben.

6. Herr Schubert _____ mit dem Bus fahren.

7. Bettina _____ nach der Schule bei Antonia fernsehen.

8. Sie _____ aber ihre Schularbeiten fertig machen.

9. Familie Schubert _____ heute Abend ins Kino gehen.

Übung 4 Philipp und seine Freunde planen ein Picknick.

Wer soll was machen? Spielen Sie die Rolle von Philipp.

Sie hören: Wer tankt?
Sie sagen: Ich soll tanken.

	ICH	WIR	GABI UND FRANK	IHR	URSULA	ANDREAS
tanken	X					
Gabi und Frank texten		X				
Musik mitbringen			X			
etwas zum Essen und Trinken einkaufen				X		
den Picknickkorb packen					X	
den Kaffee kochen						X

Übung 5 Pläne für das Wochenende

Wann macht man das? Beantworten Sie die Fragen.

Sie hören: Wann kaufst du ein? Heute schon?
Sie sehen: wollen
Sie sagen: Ja, ich will heute schon einkaufen.

1. können
2. wollen
3. sollen
4. können
5. möchten
6. wollen

The Imperative

Übung 6 Im Klassenzimmer

Ihre Professorin gibt einige Anweisungen (*instructions*). Sagen Sie einer anderen Person, was die Professorin sagt. Benutzen Sie die **du**-Form des Imperativs.

Sie hören: Öffnen Sie bitte Ihr Buch!
Sie sagen: Öffne bitte dein Buch!

1. . . .   2. . . .   3. . . .   4. . . .   5. . . .   6. . . .

Übung 7 Sollen wir das?

Ihre Freunde fragen, ob sie bestimmte Aktivitäten tun sollen. Bestätigen (*Confirm*) Sie ihre Fragen. Benutzen Sie die **ihr**-Form des Imperativs.

Sie hören: Sollen wir hier warten?
Sie sagen: Ja, wartet bitte hier.

1. . . .   2. . . .   3. . . .   4. . . .   5. . . .

Sprache im Kontext

A. Eine Einladung. Lena und Ben möchten zum Geburtstag von Lenas Gastmutter, Frau an der Brügge, fahren. Lena skypt mit Frau an der Brügge an. Hören Sie zu und notieren Sie die Uhrzeit der Aktivitäten. Zuerst hören Sie zwei neue Wörter.

Umtrunk   *toast*
Bürgermeister   *mayor*

UHRZEIT

1. Aufstehen: _____

2. Frühstück: _____

3. Tennis: _____

4. Umtrunk: _____

5. Bürgermeister: _____

6. Musik: _____

7. Rede: _____

8. kaltes Büffet: _____

9. in den Schwarzwald: _____

B. Lesen Sie die folgenden Sätze. Hören Sie sich das Gespräch ein zweites Mal an. Stimmt die Information, oder stimmt sie nicht?

	DAS STIMMT	DAS STIMMT NICHT
1. Lena und Ben wohnen in Hamburg.	☐	☐
2. Frau an der Brügge muss schon um sechs Uhr aufstehen.	☐	☐
3. Jörg hatte die Idee, im Zelt zu feiern.	☐	☐
4. Jörg und Inge wollen Musik spielen.	☐	☐
5. Robert und Susanne können erst um eins kommen.	☐	☐
6. Der Bürgermeister kann erst um vier Uhr kommen.	☐	☐
7. Lena und Ben wollten um halb sieben in den Schwarzwald fahren.	☐	☐

Alles klar?

A. Was machen diese Studenten und Studentinnen?

1. Sie sind _____.
   - a. in einem Theater
   - b. im Kino
   - c. in einem Hörsaal

2. Dort hören sie _____.
   - a. Musik
   - b. den Professor
   - c. ein Konzert

3. Dort schreiben sie _____.
   - a. Bücher
   - b. Notizen
   - c. E-Mails

B. Wann machen Studenten und Studentinnen gewöhnlich was? Mehr als eine Antwort kann richtig sein.

(1) morgens, (2) vormittags, (3) mittags, (4) nachmittags, (5) abends

_____ aufstehen	_____ fernsehen	_____ in Vorlesungen gehen
_1, 2_ aufwachen	_____ Freunde besuchen	_____ Kaffee trinken
_____ einen Film sehen	_____ für morgen lernen	_____ tanzen
_____ essen	_____ ins Kino gehen	_____ über Politik diskutieren
_____ (Fahrrad) fahren	_____ ins Konzert gehen	_____ zur Universität gehen

Wörter im Kontext

Thema 1 Die Uhrzeit

Aktivität 1   Wie viel Uhr ist es?

A. Ergänzen Sie die fehlenden Wörter.

1. _____ hat 60 Sekunden.

2. _____ hat 60 _____.

3. _Ein Tag_____ hat 24 _____.

B. Schauen Sie sich jetzt die Uhren an, und ergänzen Sie die Sätze.

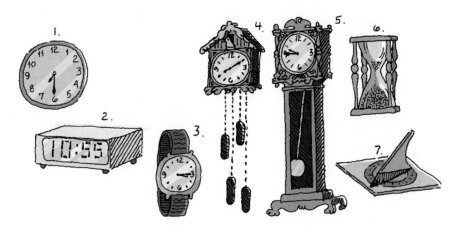

1. Es ist _____ acht.

2. Es ist fünf _____ elf.

3. Es ist _____ _____ drei.

4. Es ist zehn _____ acht.

5. Es ist _____ _____ zehn.

C. Wie nennt man diese Uhren? Markieren Sie die Antworten.

__3__ Das ist eine Armbanduhr.

_____ Das ist eine Digitaluhr.

_____ Das ist eine Kuckucksuhr.

_____ Das ist eine Küchenuhr.

_____ Das ist eine Sanduhr.

_____ Das ist eine Sonnenuhr.

_____ Das ist eine Standuhr.

D. Benutzen Sie die Namen für Uhren aus Teil C, und beantworten Sie die folgenden Fragen.

1. Was für Uhren haben Sie schon?

   _____

   _____

2. Was für eine Uhr brauchen oder möchten Sie?

   _____

   _____

Thema 2 Pläne machen

Aktivität 2 Die Tageszeiten

Wie heißen die Tageszeiten?

HEUTE

1. 12.00: _____

2. 22.00: _____

MORGEN

3. 6.00: _____

4. 17.00: _____

MONTAG

5. 11.00: _____

6. 14.00: _____

Aktivität 3 Was ist üblich?

Wann machen Menschen normalerweise was? Manchmal kann mehr als eine Antwort richtig sein.

BEISPIEL: ins Theater gehen: nachts (samstagnachmittags) (abends)

1. aufstehen: abends nachmittags morgens

2. frühstücken: vormittags morgens abends

3. Kollegen anrufen: nachts   mittags   morgens

4. einkaufen: morgens gegen sechs   nachts   samstags

5. spazieren gehen: morgens   nachmittags   abends

6. ins Kino gehen: montagmorgens   freitagabends   mittwochvormittags

7. fernsehen: morgens   abends   nachts

8. einschlafen: mittags   nachts   morgens

Aktivität 4 Was machen die zwei Familien?

Wählen (*Choose*) Sie die richtigen Verben.

fängt … an	sieht … aus	kocht
ruft … an	bekommt	kommt … mit
räumt … auf	kauft … ein	spricht
steht … auf	sieht … fern	geht … spazieren
geht … weg ✓	frühstückt	kommt … vorbei

Frau Fiedler

Josef

Maria

Herr Fiedler

Frau Jahn

Herr Jahn

Hänschen

Opa

Es ist halb acht, und Frau Fiedler __*geht*_____ jetzt __*weg*_____. Um Viertel nach

acht hat sie eine Verabredung mit zwei Kollegen. Ihr Sohn Josef _____ schon sein

Zimmer _____, und ihre Tochter Maria _____ jetzt

_____. Jeden Tag bleibt ihr Mann, Herr Fiedler, bis acht Uhr zu Hause. Heute Morgen

_____ er seine Mutter _____.

Die Familie Jahn ist heute Morgen auch noch zu Hause. Frau Jahn _____, und Herr

Jahn _____. Ihr Kind, das kleine Hänschen, _____. Frau Jahns Vater

_____ alle zwei Wochen _____.

Thema 3 Kino, Musik und Theater

Aktivität 5 Wohin gehen Sie? Was sehen Sie? Was hören Sie?

A. Schreiben Sie **ins** oder **in die.**

Wohin gehen Sie gern? Gehen Sie gern _____¹ Kino? _____² Disco?

_____³ Konzert? _____⁴ Theater? _____⁵ Oper?

B. Schreiben Sie die fehlenden Wörter.

1. Ein Film mit viel Horror ist ein _____.

2. Ein Film mit einem Detektiv ist ein _____.

3. Ein komisches Stück ist eine _____.

4. Ein tragisches Stück ist eine _____.

5. Ein Stück, in dem man singt, ist eine _____.

6. Ein Stück, in dem man tanzt, ist ein _____.

C. Beantworten Sie die folgenden Fragen mithilfe der Wörter und Ausdrücke von A und B.

1. Wohin gehen Sie, oder was machen Sie gern, freitagabends?

   _____

   _____

2. Ihre Freunde sehen heute Abend fern. Was machen Sie lieber?

   _____

   _____

3. Was für Filme sehen Sie gern oder nicht gern?

   _____

   _____

4. Was für Theateraufführungen (*theater performances*) sehen Sie am liebsten?

   _____

   _____

Grammatik im Kontext

Separable-Prefix Verbs

Übung 1   Anjas Alltag

Anja ist Studentin. Wie verbringt sie ihren Tag?

BEISPIEL: 6.30 Uhr / aufstehen → Um halb sieben steht sie auf.

1. 7.10 Uhr / frühstücken _____

   _____

2. 7.30 Uhr / schnell ihr Zimmer aufräumen _____

   _____

3. 8.20 Uhr / zur Universität gehen _____

   _____

4. 9.05 Uhr / ihre Englischstunde anfangen (*Note:* ihre Englischstunde *is the subject of this*

   sentence.) _____

   _____

5. 2.15 Uhr / nach Hause zurückkommen _____

   _____

6. 5.45 Uhr / ihre Freundin anrufen _____

   _____

7. 6.30 Uhr / fernsehen _____

   _____

8. von 8.00 bis 10.00 Uhr / Englisch lernen _____

   _____

The Sentence Bracket

Übung 2   Wann?

Schreiben Sie die Fragen und Antworten.

BEISPIEL: Wann / kommen / du // heute Morgen →
Wann kommst du?
Ich komme heute Morgen.
oder: Heute Morgen komme ich.

1. um wie viel Uhr / vorbeikommen / du // um zehn Uhr

   _____

   _____

2. um wie viel Uhr / abholen / Elias / uns // gegen elf

   _____

   _____

3. wann / ausgehen / wir // heute Nachmittag

   _____

   _____

4. wann / einkaufen / wir // gegen eins

   _____

   _____

5. wann / mitkommen / Sonja // morgen.

   _____

   _____

6. wann / zurückkommen / wir // morgen Abend

   _____

   _____

Übung 3   Der Bumerang

Lesen Sie den Comic-Strip und die folgende Erklärung. Unterstreichen Sie dann alle Verben mit trennbaren Präfixen.

Normalerweise wirft man einen Bumerang weg (wirft . . . weg *throws [away]*) und der Bumerang kommt von selbst (*by itself*) zurück. Im Cartoon wirft ein Mann den Bumerang energisch weg, aber der Bumerang trifft (*hits*) einen anderen Mann am Kopf (*head*). Dieser Mann kommt böse (*angrily*) von selbst zurück und bringt den Bumerang mit.

Übung 4   Was machen Sie gern wann?

Schreiben Sie vier Sätze.

BEISPIEL: Nachmittags kaufe ich gern ein.

morgens	Freunde anrufen
vormittags	fernsehen
mittags	mein Zimmer aufräumen
nachmittags	ausgehen
abends	einkaufen
samstags	spät aufstehen
?	spazieren gehen

1. _____

2. _____

3. _____

4. _____

Modal Auxiliary Verbs

The Present Tense of Modals

Übung 5 Vorschläge (*Suggestions*) für Touristen

Ergänzen Sie die richtigen Formen von **müssen**.

1. Im deutschen Mittelgebirge _____ Sie wandern.

2. In Berlin _____ du ins Theater gehen.

3. In Wien _____ ich in die Oper gehen.

4. In Düsseldorf _____ ihr in die Disco gehen.

5. In Bayern _____ wir die Alpen sehen.

6. In Zürich _____ man spazieren gehen.

Kulturspot

Although the alps dominate the landscape of southern Germany, low mountain ranges (**Mittelgebirge**) run through the central part of the country. The subtitle to the book by Manuel Andrack alludes to the gentle slopes by stating that one can hike without a walking stick (**Stock**) or hat (**Hut**).

Übung 6 Eine Autofahrt

Sie fahren von Köln nach Hamburg. Drei Freunde möchten mitkommen. Was fragen sie?

1. _____ wir mitfahren, oder _____ du lieber allein fahren? (dürfen/möchte)

2. _____ ich meine Freundin auch einladen? (dürfen)

3. Wo _____ man tanken? (können)

4. Um wie viel Uhr _____ ich morgen früh vorbeikommen? (sollen)

5. Warum _____ ihr diese Strecke nicht? Ich finde die Landschaft (*scenery*) interessant. (mögen)

6. Ich _____ die Staus (*traffic jams*) nicht. (mögen)

   Wie _____ wir sie vermeiden (*avoid*)? (können)

7. Wie _____ das Wetter morgen sein? (sollen)

8. Was _____ wir mitbringen? (können)

Übung 7   Der Alltagsstress

A. Bilden Sie Sätze.

BEISPIEL: wir: lieber fernsehen / möchte →
Wir möchten lieber fernsehen.

1. ihr: früher aufstehen / müssen

   _____

2. ich: so früh nicht aufwachen / können

   _____

3. du: dein Arbeitszimmer aufräumen / müssen

   _____

4. mein Freund: heute Abend vorbeikommen / sollen

   _____

B. Bilden Sie jetzt Fragen.

BEISPIEL: ihr: ins Kino gehen / möchte →
Möchtet ihr ins Kino gehen?

was / ihr: im Kino sehen / möchte →
Was möchtet ihr im Kino sehen?

1. du: mich gegen sieben anrufen / können

   _____

2. ihr: uns um halb acht abholen / können

   _____

3. warum / dein Freund: nicht in die Disco gehen / wollen

   _____

4. warum / ihr: abends immer ausgehen / wollen

   _____

5. warum / du: diesen Kaffee / nicht mögen

   _____

6. wo / ich: morgen frühstücken / sollen

   _____

The Imperative

Formal Imperative / Particles and *bitte* with the Imperative

Übung 8   Freundliche Vorschläge

Frau Siebert ist neu in der Stadt. Was schlägt Frau König vor (*does ... suggest*)? Schreiben Sie jede Frage neu als Imperativsatz. Benutzen (*Use*) Sie auch das Wort in Klammern.

BEISPIEL: Können Sie mich heute Abend anrufen? (bitte) →
   Rufen Sie mich bitte heute Abend an.

1. Möchten Sie morgen früh im Café frühstücken? (doch)

   _____

2. Möchten Sie morgen Nachmittag einkaufen gehen? (doch)

   _____

3. Möchten Sie durch den Park spazieren gehen? (mal)

   _____

4. Können Sie am Samstag vorbeikommen? (bitte)

   _____

Informal Imperative

Übung 9   Was müssen Kinder machen?

Schreiben Sie jeden Satz neu im Imperativ.

BEISPIEL: Ihr müsst euer Zimmer aufräumen. →
   Räumt euer Zimmer auf.

1. Du darfst jetzt nicht fernsehen.

   _____

2. Du musst deine Oma anrufen.

   _____

3. Du darfst noch nicht ausgehen.

   _____

4. Du musst nett sein.

   _____

5. Du musst dein Buch lesen.

   _____

6. Ihr müsst immer gut zuhören.

   _____

7. Ihr müsst vorsichtig (*careful*) sein.

   _____

8. Ihr müsst zum Einkaufen mitkommen.

_____

9. Ihr müsst sofort zurückkommen.

_____

10. Ihr müsst jetzt lernen.

_____

Übung 10   Mach es jetzt! Du musst das jetzt machen!

Martin und Josef sind Brüder. Heute hat Martin ein Problem: Josef schläft noch. Was sagt Martin?
Wählen Sie Verben aus der Kiste (*box*) und schreiben Sie sechs Satzpaare.

BEISPIEL: 1. a. Bleib nachts nicht so spät auf.
           b. Du sollst nachts nicht so spät aufbleiben.

aufbleiben   aufstehen   dürfen   frühstücken

sollen   ausgehen   einschlafen   aufwachen

fernsehen   Basketball spielen   lesen   können   müssen

Sprache im Kontext

Lesen

Lese-Info

When working with an authentic text such as the book advertisement shown here, remember a few tips. First, look at the pictures to give you clues about the topic. Then scan the text slowly and look for words that you know. Don't worry about unfamiliar words at first. You will quickly be on your way to understanding more than you thought possible.

A. Ergänzen Sie.

1. Der Titel des Buches ist _____
   _____.

2. Die Autorin heißt _____.

3. Das Buch ist keine Biografie. Es ist ein _____.

4. Das Buch hat _____ Seiten.

5. Es kostet _____ Euro.

6. Dieses Adjektiv beschreibt das Buch: _____

7. Das ändern manche Leute: _____

B. Schauen Sie sich das Bild jetzt an. Es ist von dem norwegischen Maler (*painter*) Edvard Munch und der Titel ist *Der Tanz des Lebens*.

	JA	NEIN
1. Kennen Sie dieses Werk von Munch?	☐	☐
2. Kennen Sie sein berühmtes (*famous*) Bild, *Der Schrei* (*The Scream*)?	☐	☐
3. Kennen Sie andere Werke von Munch?	☐	☐

[1]*dangerous*   [2]Manche … *Some people change their lives!*   [3]*story*   [4]*novel*

Munch painting on book cover: Edvard Munch, "The Dance of Life," 1899–1900. © 2006 The Munch Museum/The Munch-Ellingsen Group/Artists Rights Society (ARS), NY.

C. Lesen Sie jetzt den Text und beantworten Sie die Fragen.

1. Wie heißt die Protagonistin? _____

2. Wie ist ihr Leben äußerlich (*on the surface*)? _____

3. Wie viele Kinder hat sie? _____

4. Was für (*what kind of*) ein Haus hat sie? _____

5. Was für einen Beruf hat ihr Mann? _____

6. Wie ist sie innerlich (*inwardly*)? _____

> drei
> einen künstlerischen (*artistic*)
> mit Garten
> Eva
> fast idyllisch
> nicht unglücklich

D. Wie sagt man das auf Deutsch?

_____ 1. *Eva meets other people with openness.*

_____ 2. *This openness always puts her at the mercy of life.*

_____ 3. *One day she is standing in front of a painting by Edvard Munch.*

_____ 4. *She feels as if struck by lightning.*

a. Eines Tages steht sie vor einem Bild von Edvard Munch.
b. Eva begegnet anderen Menschen mit Offenheit.
c. Sie fühlt sich wie vom Blitz getroffen.
d. Diese Offenheit macht sie immer wieder zum Spielball des Lebens.

E. Kann ein Bild (oder ein Buch oder ein Film) das Leben ändern? Empfehlen (*recommend*) Sie jemandem (*someone*) so ein Buch oder so einen Film.

Du musst _____ lesen/sehen.

Das ist _____.

ein Bild / Foto von _____.
ein Porträt von _____.
ein Abenteuerbuch (*adventure book*) / Abenteuerfilm
eine Biografie
ein Dokumentarfilm
ein Drama
ein Horrorfilm
eine Komödie

eine Liebesgeschichte (*love story*)
ein Roman
eine romantische Komödie
ein Thriller
ein Sachbuch (*nonfiction book*)
?

Ich finde ihn/sie/es _____.

ausgezeichnet
eindringlich (*powerful*)
fantastisch
hochinteressant
sehr romantisch

überzeugend (*persuasive, convincing*)
urkomisch (*hilarious*)
sehr wichtig
?

Er/sie/es kann dein Leben ändern.

Na klar!

Nach der Vorlesung machen diese Studenten und Studentinnen Pläne für Freitagabend. Schreiben Sie ein Gespräch (*conversation*).

- Wer will wohin gehen? ins Kino? ins Konzert? in die Disco? in die Oper? ins Theater? __?__

- Wer möchte was sehen? einen Film? (einen Krimi? einen Horrorfilm?) ein Ballett? eine Oper? ein Theaterstück? (eine Komödie? eine Tragödie? ein Musical?) __?__

- Was planen sie zusammen?

- Wer soll wen anrufen?

- Wer soll wen abholen?

- Um wie viel Uhr kommt … vorbei?

- Wer kommt mit?

KULTURJOURNAL

A. Die Kulturszene in Deutschland

Kreuzen Sie an.

Hier gibt es:	IN DEUTSCHLAND	IN MEINEM LAND
großes Interesse an		
Film	☐	☐
Theater	☐	☐
Ballett	☐	☐
Musik	☐	☐
Oper	☐	☐
viele Theater in den		
Großstädten	☐	☐
Kleinstädten	☐	☐
staatsubventionierte Programme	☐	☐
Abonnements für Kulturveranstaltungen	☐	☐

B. Studentenleben in Deutschland

Wie ist das Unileben in Ihrem Land?

1. Die FernUni Hagen ist die erste öffentliche Universität zum Fernlernen in Deutschland. Gibt es seine Fernuniversität in Ihrem Land? Wenn ja: Wie heißt sie? _____

2. Die Fernuniversität Hagen wurde 1974 gegründet (*founded*)*. Die Universität Wien ist die älteste Universität in der deutschsprachigen Welt. Sie wurde 1365 gegründet. Wann wurde Ihre Universität oder Hochschule gegründet? _____ Wann wurde die älteste Universität in Ihrem land gegründet? _____

3. Was finden Sie als Student/Studentin besonders wichtig? Kreuzen Sie an.

   ☐ Fernlernen   ☐ neue Freunde
   ☐ Freizeit für Sport oder Partys   ☐ neue Stadt
   ☐ intensives Studium   ☐ niedrigere (*lower*) Studienkosten
   ☐ lebenslanges Lernen   ☐ Präsenzlernen
   ☐ Nebenjob

---

*The phrase **wurde gegründet** means "was founded." You will learn how to use forms such as this (called the passive voice) in **Kapitel 14**.

Mein Journal

Wie verbringen Sie Ihre Zeit? Write about your general routines and habits: what you do when.

- Begin by creating a **Stundenplan** for your scheduled weekday classes and activities, or refer to one you've already written out. The following list will give you additional ideas.

arbeiten	Chinesisch	Biologie
aufstehen	Deutsch	Chemie
aufwachen	Englisch	Geschichte (*history*)
frühstücken	Französisch	Kunst (*art*)
lernen	Japanisch	Literatur
?	Russisch	Mathe
	Spanisch	Musik
	?	Pause (*break*)
		Physik
		Religion
		Soziologie
		Sport
		?

- Next, consider your unscheduled activities, the things you like to do or need to do. Circle the activities in the following list that apply to you; cross out those that don't.

(Freunde) anrufen	kochen
arbeiten	laufen
(Zimmer/Wohnung) aufräumen	lernen
aufstehen	lesen
aufwachen	(Kreuzworträtsel) machen
ausgehen	mitkommen
(Freunde/Familie/ ?) besuchen	reisen
bleiben	(E-Mails) schreiben
einkaufen (gehen)	schwimmen
einschlafen	simsen
essen	spazieren gehen
(Auto/Motorrad) fahren	(Karten/ ?) spielen
feiern	(Deutsch/ ?) sprechen
fernsehen	im Internet surfen
frühstücken	(Kaffee/ ?) trinken
(ins Kino / ins ? / in die ?) gehen	wandern
Musik hören	zurückkommen

- Jot down appropriate time adverbs, qualifying words, or any other pertinent notes alongside some or all of the verbs you have circled. (You need not use all the words listed.)

TIME ADVERBS	QUALIFYING WORDS
jeden Tag	ich darf
montags, …	ich kann
morgens	ich möchte
mittags	ich muss
abends	ich soll
am Wochenende	ich will

- Number your circled verbs and notes in the sequence in which you want to present them.

The preceding steps will provide you with some thoughts and a rough outline for writing in your journal.

Kapitel

Einkaufen

Aussprache

Consonants and Consonant Combinations (Part 3)

Consonant Combinations; *r;* Unstressed *e* and *er; s*-Sounds; Word-Final Consonants

Übung 1 Consonant Combinations *kn, pf, zw, qu, tz, (t)zt,* and *ng*

The pronunciation of these combinations in German is fairly easy to master. Every letter you see is pronounced.

kn: Listen and repeat.

Kneipe	**Kn**opf
Knochen	**Kn**ackwurst
Knie	

pf: Listen and repeat.

Pfennig	**Pf**und
Pferd	**Pf**eife
Pfeffer	

zw: Listen and repeat.

zwei	**zw**ischen
zwölf	**zw**inkern
zwanzig	**Zw**erg

qu (sounds like German *kw*): Listen and repeat.

Quick	**Qu**alität
Quantität	**Qu**atsch
Quedlinburg	

tz (sounds like *ts*): Listen and repeat.

Pla**tz**	si**tz**en
Sa**tz**	unterschä**tz**en
se**tz**en	Si**tz**ordnung

Notice this sound in the suffix **-tion** as well. Listen and repeat.

Tradi**tion**	Por**tion**
interna**tion**al	Informa**tion**

(t)zt: Listen and repeat.

bese**tzt**	Ar**zt**
le**tzt**e	getan**zt**
je**tzt**	

ng: This combination is pronounced like the *ng* in the English word *spring*. Listen and repeat.

Übu**ng**	Prüfu**ng**
la**ng**weilig	Vorlesu**ng**
E**ng**lisch	Hu**ng**er

Satzbeispiele: Konsonantenkombinationen. Listen and repeat.

1. Mein Großvater kommt aus der **Pf**alz. Er raucht eine **Pf**eife.
2. Le**tz**te Woche bin ich zum Ar**zt** gega**ng**en.
3. Müssen wir die Übu**ng** machen? Sie ist la**ng**weilig.
4. Kann man in dieser **Kn**eipe **Kn**ackwurst bekommen?
5. Ist dieser Pla**tz** bese**tzt**? Nein. Se**tz**en Sie sich, bitte.
6. Hast du den Artikel in der „**Qu**ick" gelesen? Ja, es ist alles **Qu**atsch.
7. Im Kaffeehaus kann man la**ng**e si**tz**en und interna**ti**onale Zeitu**ng**en lesen.
8. **Zw**ei und **zw**anzig macht **zw**eiund**zw**anzig.

Übung 2 The Consonant *r*: Pronunciation Variations

The letter **r** is vocalized, or pronounced, as a schwa (sounding like the English *uh*) when it follows a vowel at the end of a syllable or word. Listen and repeat.

Arm	vorne
Karte	Wort
Ärztin	Durst
dir	Körper

Remember that the **r** is rolled or trilled at the beginning of a syllable or when followed by a vowel. Listen and repeat.

Rat	**r**eparieren
Rücken	Appa**r**at
inte**r**essieren	gebo**r**en
hö**r**en	beschwe**r**en

Übung 3 Unstressed *e* and *er*

In unstressed syllables the vowels **a, i, o,** and **u** retain their basic sound quality. The vowel **e** becomes weak and is pronounced as a schwa. English vowels have this tendency in unstressed syllables, also. Listen and repeat.

Aug**e**	Tag**e**
Nas**e**	fühl**e**
Stell**e**	müd**e**
Tisch**e**	gut**e**

The **er** combination in unstressed prefixes such as **er, ver,** and **zer** is pronounced as **e** plus schwa. Listen and repeat.

erholen	**ver**lieren
erkälten	**Zer**tifikat
verhüten	**zer**fallen

Übung 4   The Contrast *s, ß, z, tz*

As you have learned, the consonant *s* is pronounced like English *z* when it appears before a vowel or between two vowels. At the end of a word or when doubled, it is pronounced like English *s*. The consonant *ß* is always pronounced like the English *s*. The consonant *z* and the consonant combination *tz* are pronounced like the *ts* in *nuts* or the *zz* in *pizza*. Listen and repeat.

reisen	reißen	reizen
lasen	lassen	Latz
Muse	Muße	Mütze
heiser	heißer	heizen

Listen carefully and indicate with an X the word you hear pronounced. You will hear each word twice.

Sie hören: heißen
Sie kreuzen an: ☐ heizen   ☒ heißen

1. ☐ Masse   ☐ Matze
2. ☐ Grüße   ☐ Grütze
3. ☐ Fass   ☐ FAZ
4. ☐ Nüsse   ☐ nütze
5. ☐ Kasse   ☐ Katze

Halt! ⛄ Hör-Info

Some German words that are now spelled with **ss** were once spelled with the consonant **ß**. For example, according to the old German spelling rules the verb **muss** was spelled with **ß** (**muß**), even though the infinitive **müssen** is spelled with **ss**. However, since the spelling reform in the late 1990s, the word is now spelled **muss**. The spelling reform simplified the rules by reference to vowel length. To determine whether to use **ss** or **ß**, look at the preceding vowel. If it is a short vowel, then use **ss**; if it is a long vowel or diphthong (double vowels), then use **ß**.

SHORT VOWEL + **SS**	LONG VOWEL + **ß**	DIPHTHONG + **ß**
essen, Adresse		heißen, weiß
müssen, müsst	grüß	
Fass	Spaß, Straße	außer
isst, wissen	Spieß	
Schloss	groß	
muss	Gruß	

You will sometime read texts that still have **ß** where **ss** is now correct. Just remember this rule when you are writing German yourself.

Übung 5   Final *b, d, g*

When the consonants **b, d,** or **g** appear at the end of a word or syllable, they are pronounced as **p, t,** and **k,** respectively. Listen and repeat.

hab	Hand	mag
Stab	lud	leg
Stübchen	Mädchen	täglich

Remember, however, that the consonant combination **ng** is pronounced like the English *ng* in *sing*.

Alles klar?

Karstadt ist ein bekanntes Kaufhaus in vielen Städten in Deutschland. Jedes Kaufhaus hat einen Etagenplan, auf dem man sehen kann, wo alles zu finden ist. Schauen Sie sich den Etagenplan kurz (*briefly*) an. Die Familie Stüber plant einen Einkaufsbummel dort. Hören Sie zu und ergänzen Sie die Tabelle: Was braucht jede Person? In welcher Etage findet er/sie das?

(Note: the word **Etage** is often used instead of *Stock* or *Geschoss* to mean *floor* or *story*.)

WO FINDEN SIE WAS?		
PERSON	IN WELCHER ETAGE FINDET MAN DAS?	WAS BRAUCHT ER/SIE?
Herr Stüber		
Andreas		
Erik		
Frau Stüber		

Wörter im Kontext

Thema 1 Kleidungsstücke

Aktivität 1   Was soll ich tragen?

Horst will in die Oper gehen. Sagen Sie ihm, was er tragen und was er nicht tragen kann.

Sie hören: Ist eine Krawatte in Ordnung?
Sie sagen: Ja, du kannst eine Krawatte tragen.

1. . . .   2. . . .   3. . . .   4. . . .   5. . . .   6. . . .   7. . . .

Aktivität 2 Was nehmen Sie mit?

Sie wollen eine Reise nach Florida machen. Sehen Sie sich das Bild an, und sagen Sie, was Sie alles mitnehmen wollen.

> Sie hören: Nehmen Sie Sportschuhe mit?
> Sie sagen: Ja, ich will Sportschuhe mitnehmen.

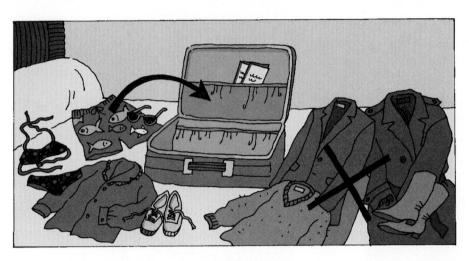

1. . . . 2. . . . 3. . . . 4. . . . 5. . . . 6. . . . 7. . . .

Aktivität 3 Was tragen Sie gewöhnlich?

Wählen Sie passende Kleidungsstücke von der Liste unten.

> Sie hören: Was tragen Sie gewöhnlich zur Arbeit?
> Sie sagen: Ich trage gewöhnlich ein Sporthemd und eine Hose zur Arbeit.

1. . . . 2. . . . 3. . . . 4. . . . 5. . . . 6. . . .

der Anzug
die Jeans
die Lederjacke
der Parka
der Bikini
der Schal
die Krawatte
der Mantel
die Tennisschuhe
die Badehose
der Rock
die Bluse
die Mütze

Thema 2 Beim Einkaufen im Kaufhaus

Aktivität 4   Neue Schuhe

Herr Schneider fährt in die Alpen und braucht neue Wanderschuhe. Hören Sie zuerst zu und lesen Sie dann die Sätze unten. Was stimmt und was stimmt nicht?

		DAS STIMMT	DAS STIMMT NICHT
1.	Herr Schneider möchte ein Paar Wanderschuhe aus Leder kaufen.	☐	☐
2.	Herr Schneider kennt seine Schuhgröße nicht genau.	☐	☐
3.	Der Verkäufer bringt Herrn Schneider ein Paar Schuhe.	☐	☐
4.	Die Schuhe gefallen Herrn Schneider gut.	☐	☐
5.	Die Schuhe sind sehr teuer.	☐	☐
6.	Herr Schneider soll an der Kasse zahlen.	☐	☐

Aktivität 5   Was brauchen die Leute?

In welcher Farbe und in welcher Größe? Sie hören vier kurze Dialoge. Ergänzen Sie die Tabelle mit der richtigen Information.

	WAS?	IN WELCHER GRÖSSE?	IN WELCHER FARBE?
1.			
2.			
3.			
4.			

Thema 3 Lebensmittel: Essen und Trinken

Aktivität 6   Wo kann man das kaufen?

Sagen Sie, wo man das kaufen kann.

> Sie hören: Wo kann man Salat kaufen?
> Sie sagen: Man kann Salat am Obst- und Gemüsestand kaufen.

1. . . .   2. . . .   3. . . .   4. . . .   5. . . .   6. . . .   7. . . .

Aktivität 7   Im Supermarkt

Sie hören ein Gespräch zwischen Barbara und einer Verkäuferin.

A. Hier ist Barbaras Einkaufszettel. Hat die Verkäuferin alles, was Barbara braucht? Kreuzen Sie an.

BARBARAS EINKAUFSZETTEL

	JA	NEIN		JA	NEIN
Butter	☐	☐	Käse	☐	☐
Brokkoli	☐	☐	Schinken	☐	☐
Karotten	☐	☐	Kartoffeln	☐	☐
Blumenkohl	☐	☐	Gurke	☐	☐

B. Spielen Sie den Dialog noch einmal. Ergänzen Sie die Sätze.

1. Barbara braucht _____ Karotten und

   _____ Blumenkohl.

2. Der Brokkoli ist _____ und nicht _____

3. Barbara braucht _____ Kartoffeln.

4. Schinken gibt es beim _____

Aktivität 8 Hin und her: Bei Edeka oder bei Tante Emmas Laden?

A. Sie und Ihr Freund Justus müssen einkaufen. Sie lesen eine Anzeige von Edeka, einer Supermarktkette in Deutschland. Ihr Freund Justus fragt Sie, was alles bei Edeka kostet. Beantworten Sie seine Fragen. Zuerst hören Sie zwei neue Wörter.

die Flasche, *pl.* **Flaschen**   *bottle*
die Packung   *package*

Sie hören: Was kostet Käse?
Sie sagen: Er kostet 79 Cent für 100 Gramm.

1. . . .   2. . . .   3. . . .   4. . . .   5. . . .

B. Justus kennt die Preise bei Tante Emmas Laden. Fragen Sie Justus, was alles kostet. Schreiben Sie die Preise auf.

    Sie hören: Käse

    Sie fragen: Was kostet Käse?

    Sie hören: Käse kostet 1 Euro 71 Cent für 200 Gramm.

Sie schreiben: *€ 1,71 für 200 Gramm*

1. Milch: _____

2. Mineralwasser: _____

3. Eistee: _____

4. Zucker: _____

5. Butter: _____

Tante Emmas Laden

Grammatik im Kontext

The Dative Case

Übung 1 Im Kleidergeschäft

A. Sie hören sieben Sätze. Schreiben Sie auf, wem (Dativobjekt) der Verkäufer was (Akkusativobjekt) empfiehlt.

    Sie hören: Er empfiehlt der Frau die Bluse.

Sie schreiben: *der Frau   die Bluse*

DATIVOBJEKT	AKKUSATIVOBJEKT
1. _____	_____
2. _____	_____
3. _____	_____
4. _____	_____
5. _____	_____
6. _____	_____
7. _____	_____

B. Welche Kleidungsstücke empfiehlt der Verkäufer den Kunden? Schauen Sie auf Ihre Liste (auf Seite 156) und beantworten Sie die Fragen. Benutzen Sie ein Personalpronomen für den Kunden.

> Sie hören: Was empfiehlt der Verkäufer der Frau?
> Sie sagen: Er empfiehlt ihr die Bluse.

Übung 2 Wem gehört was?

Jochens Familie hat viele Sachen. Sagen Sie, wem was gehört.

> Sie hören: Wem gehört die Uhr?
> Sie sagen: Die Uhr gehört seiner Mutter.

1. ... 2. ... 3. ... 4. ... 5. ... 6. ...

Übung 3 *Schmecken, passen, stehen, gefallen*

A. Was passt? Sie hören vier Beschreibungen. Ergänzen Sie die Sätze unten mit der richtigen Form von **schmecken, passen, stehen** oder **gefallen.**

1. Der Pullover ————————————— ihm nicht.

2. Röcke ————————————— ihr nicht.

3. Grün ————————————— ihm nicht.

4. Suppe ————————————— ihm nicht.

B. Jetzt sind Sie dran! Beantworten Sie die Fragen.

> Sie hören: Welche Farbe steht Ihnen?
> Sie sagen: Blau steht mir sehr gut.

1. ... 2. ... 3. ... 4. ... 5. ... 6. ...

Übung 4 Im Geschäft

Herr Blum kauft ein Hemd. Sie hören einen Dialog zwischen Herrn Blum und dem Verkäufer. Ergänzen Sie die passenden (*appropriate*) Verben. Sie hören den Dialog zweimal.

1. Der Verkäufer möchte Herrn Blum _____.

2. Das Hemd _____ Herrn Blum.

3. Es _____ Herrn Blum auch.

4. Der Verkäufer sagt: „Das Hemd _____ Ihnen sehr gut."

5. Dann fragt er: „_____ Ihnen die Jacke hier?"

6. Herr Blum _____ dem Verkäufer.

Übung 5 Im Einkaufszentrum

Karl und Marion sind im Einkaufszentrum. Hören Sie zu, und ergänzen Sie die Präpositionen und, wenn nötig (*if necessary*), die Artikel. Sie hören den Dialog zweimal.

MARION: Dieses Hemd hier ist aber schön! Schau mal, es ist _____[1] reiner (*pure*) Baumwolle.

KARL: Ja. Es ist aber nicht so billig wie das _____[2] Karstadt.

MARION: Gehen wir doch _____[3] Karstadt. Auf dem Weg kann ich auch das Buch

_____[4] Heinrich Böll kaufen. Ich will es schon _____[5] drei Monaten lesen.

KARL: Ist gut. Ich brauche auch Brot _____[6] Bäcker und Gemüse _____[7] Supermarkt.

MARION: In Ordnung. Ich komme mit. Aber dann muss ich unbedingt _____[8] Hause. Wenn du

Lust hast, kannst du _____[9] uns zu Abend essen.

Übung 6 Wo gibt es ...?

Schauen Sie sich die Bilder unten an. Überlegen Sie sich ...
ist das ein Markt, ein Einkaufszentrum, eine Bäckerei, eine
Metzgerei oder eine Konditorei? Hören Sie dann zu und
sagen Sie, wo man die folgenden Dinge kaufen kann.

> Sie hören: Wo kann man hier Blusen kaufen?
> Sie sagen: Blusen gibt es im Einkaufszentrum.

1.

2.

3.

4.

5.

6.

7.

Übung 7 Im Café

Dirk und Martina sind im Café und sprechen über Geschenke. Dirk hat viele Fragen. Antworten Sie immer negativ für Martina. Ersetzen Sie das Dativobjekt mit einem Pronomen.

> Sie hören: Schenkt Anja ihrem Vater einen Rucksack?
> Sie sagen: Nein, Anja schenkt ihm keinen Rucksack.

> 1. . . . 2. . . . 3. . . . 4. . . . 5. . . . 6. . . .

Interrogative Pronouns *wo*, *wohin*, and *woher*

Übung 8   Wo oder wohin?

Wo kauft man alles, oder wohin geht man einkaufen? Schauen Sie auf die Diagramme unten und beantworten Sie die Fragen.

Sie hören: Wo kauft man Mineralwasser?
Sie sagen: Mineralwasser kauft man im Getränkeladen.

oder   Sie hören: Frau Winter will Brot kaufen. Wohin geht sie?
Sie sagen: Sie geht in die Bäckerei.

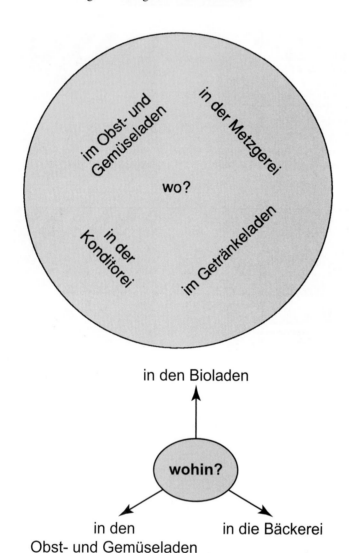

1. . . .   2. . . .   3. . . .   4. . . .   5. . . .

Übung 9   Wie bitte?

Sie können nicht alles hören, was man Ihnen sagt. Stellen Sie Fragen mit „woher" (*from where*) oder „wohin"
(*to where*).

	Sie hören:	Peter geht heute zum Markt.
	Sie sagen:	Wie bitte? Wohin geht Peter heute?
oder	Sie hören:	Martin kommt aus der Bäckerei.
	Sie sagen:	Wie bitte? Woher kommt Martin?

1. . . .   2. . . .   3. . . .   4. . . .   5. . . .   6. . . .

Sprache im Kontext

Andreas erzählt seiner Großmutter (Omi) vom Einkauf bei Karstadt. Wer kauft was, und wie viel kostet das?
Machen Sie Notizen.

	WER	WAS	PREIS
1.			
2.			
3.			
4.			

Lesen und Schreiben

Alles klar?

A. Was kann man hier machen? Kreuzen Sie an.

- ☐ einen Obststand sehen
- ☐ in eine Vorlesung gehen
- ☐ frisches Obst kaufen
- ☐ einen Film sehen
- ☐ Obst und Gemüse direkt vom Bauern (*farmer*) kaufen

- ☐ an der frischen Luft (*air*) sein
- ☐ frische Zutaten für das Mittagessen oder Abendessen suchen
- ☐ einen Vortrag hören
- ☐ einen Rucksack oder eine Tasche mitbringen

B. Wann geht man gewöhnlich auf den Markt?

- ☐ frühmorgens
- ☐ morgens
- ☐ vormittags

- ☐ nachmittags
- ☐ spätabends
- ☐ nachts

Wörter im Kontext

Thema 1 Kleidungsstücke

Aktivität 1 Bekleidung

Wie heißt jedes Kleidungsstück?

1. _der Anzug_____	9. _____
2. _____	10. _____
3. _____	11. _____
4. _____	12. _____
5. _____	13. _____
6. _____	14. _____
7. _____	15. _____
8. _____	

Aktivität 2   Wer trägt was?

Trachten
und Mode
für Damen,
Herren und Kinder

Wer trägt was im Bild? Kreuzen Sie an **Frau, Mann** oder **Frau und Mann.**

Wer trägt	FRAU	MANN
einen Hut?	☐	☐
eine Jacke?	☐	☐
eine Weste?	☐	☐
eine Bluse?	☐	☐
ein Hemd?	☐	☐
einen Rock?	☐	☐
eine Hose?	☐	☐
einen Gürtel?	☐	☐

Kulturspot

Some people in German-speaking countries still wear native dress (**Trachten**) for different occasions. Although the style varies by region, the clothing is traditionally made from natural fabrics such as cotton, wool, and leather plus adornment such as lace, fancy buttons, and, on a hat, feathers. The clothing shown in the ad comes from Bavaria.

Aktivität 3   Kleidungsstücke, die gut zusammenpassen

Schreiben Sie die Ausdrücke auf Deutsch.

1. *socks and shoes:* _____

2. *jeans and a T-shirt:* _____

3. *a shirt and (a pair of) pants:* _____

4. *a coat and a hat:* _____

5. *a suit and a tie:* _____

6. *a jacket and a scarf:* _____

Aktivität 4   Wanderkleidung

A. Schauen Sie sich das Bild an. Was trägt der Wanderer? Kreuzen Sie an.

B. Schauen Sie sich jetzt den Baum von Sportkleidung und Ausrüstung (*equipment*) an.

Träume . . .

. . . Leben.

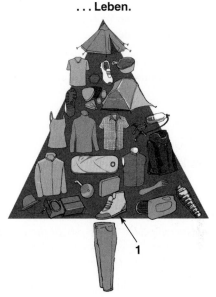

Er trägt ...

1. ☐ einen Pullover.
2. ☐ einen Gürtel.
3. ☐ eine Kappe.
4. ☐ Jeans.
5. ☐ eine Tank-Top.
6. ☐ einen Mantel.
7. ☐ Shorts.
8. ☐ eine Krawatte.
9. ☐ Wanderschuhe.
10. ☐ Cowboystiefel.
11. ☐ einen Koffer.
12. ☐ einen Rucksack.
13. ☐ zwei Schlipse.
14. ☐ zwei Wanderstöcke.

1. Suchen und nummerieren Sie die folgenden Sachen.

   (1) der Wanderschuh, (2) das Hemd, (3) die Hose, (4) der Hut, (5) die Jacke, (6) der Rennschuh, (7) der Rucksack, (8) der Schlafsack, (9) das Zelt (*tent*)

2. Jetzt schreiben Sie einen kurzen Absatz (*paragraph*) über Wandern. Was brauchen Sie für ein Wochenende draußen in der Natur? Was haben Sie schon? Was müssen Sie kaufen?

   _____

   _____

   _____

   _____

   _____

   _____

_____

_____

_____

Thema 2 Beim Einkaufen im Kaufhaus

Aktivität 5   Was sagt man im Kaufhaus?

Lesen Sie die Situationen. Was sagen oder fragen Sie? Oder was sagt oder fragt der Verkäufer / die Verkäuferin?

1. *You need to find the register.*
    a. Wo finde ich den Käse, bitte?   b. Wo ist die Kasse, bitte?

2. *You want to try on a shirt.*
    a. Darf ich dieses Hemd anprobieren?   b. Darf ich Ihnen dieses Hemd zeigen?

3. *You remark that the shoes fit you.*
    a. Diese Schuhe passen mir.   b. Diese Schuhe gefallen mir.

4. *A salesperson asks what color you want.*
    a. Welche Größe möchten Sie?   b. Welche Farbe möchten Sie?

5. *Say that a certain color suits you.*
    a. Diese Farbe steht mir gut.   b. Diese Farbe gefällt mir nicht.

6. *A salesperson tells you to pay at the counter.*
    a. Zahlen Sie bitte an der Kasse.   b. Zeigen Sie mir bitte die Kasse.

Aktivität 6   Im Modegeschäft

Was fragt der Verkäufer? Was sagt der Kunde? Ergänzen Sie die Sätze.

Der Verkäufer fragt:

1. _____ (*What size*) brauchen Sie?

2. Möchten Sie _____ (*striped*) oder _____ (*plaid*)?

3. Dieses Hemd ist wirklich _____ (*stylish*).

4. Möchten Sie es _____ (*try on*)?

Der Kunde sagt:

5. Dieses Hemd _____ (*fits*) mir.

6. Die Farbe _____ (*suits*) mir gut.

7. Dieses Hemd _____ (*pleases*) mir.

8. Wo ist die Kasse bitte? Ich möchte jetzt _____ (*pay*).

Thema 3 Lebensmittel: Essen und Trinken

Aktivität 7   Lebensmittel und Farben

Welche Farbe haben diese Lebensmittel gewöhnlich?

1. Tomaten und Erdbeeren sind _____.

2. Salz und Zucker sind meistens _____.

3. Gurken und Brokkoli sind gewöhnlich _____.

4. Pfeffer ist meistens _____.

5. Butter ist _____.

6. Karotten sind _____.

7. Kaffee ist dunkel _____, aber Kaffee mit Milch ist hell _____.

Aktivität 8   Was essen und trinken Sie?

A. Kreuzen Sie Ihre Antworten an.

1. Was für Säfte trinken Sie gern?
   ☐ Orangensaft
   ☐ Apfelsaft
   ☐ Tomatensaft

2. Was für Salate essen Sie gern?
   ☐ Kartoffelsalat
   ☐ Tomatensalat
   ☐ Gurkensalat
   ☐ Obstsalat
   ☐ Fleischsalat

3. Was für Kuchen essen Sie gern?
   ☐ Apfelkuchen
   ☐ Käsekuchen

4. Trinken Sie Wein? Trinken Sie
   ☐ Rotwein?
   ☐ Weißwein?

TRIER · Fahrstr. 9 · Tel. 06 51 - 4 05 75

...natürlich ökologisch

Natural-Life®

NATURMARKT · JONAS

5. Es gibt viele verschiedene (*different*) Brot- und Brötchensorten (*types of bread and rolls*). Welche kennen Sie?
   ☐ Weißbrot   ☐ Sesambrötchen   ☐ Käsebrötchen
   ☐ Schwarzbrot   ☐ Salzbrötchen   ☐ Milchbrötchen

6. Es gibt auch viele Wurst- und Würstchensorten. Kennen Sie zum Beispiel …
   ☐ Leberwurst?   ☐ Wiener Würstchen?
   ☐ Weißwurst?   ☐ Frankfurter Würstchen?
   ☐ Bratwurst?

B. Was essen und trinken Sie besonders (*especially*) gern? Schreiben Sie zwei Sätze mit Wörtern aus A.

1. _____

_____

2. _____

_____

Aktivität 9   Planen Sie ein Picknick!

Schreiben Sie die Einkaufsliste auf Deutsch.

_____ (*cold cuts*)   _____ (*cucumbers*)

_____ (*sausage*)   _____ (*apples*)

_____ (*cheese*)   _____ (*grapes*)

_____ (*bread*)   _____ (*cookies*)

_____ (*rolls*)   _____ (*drinks*)

Aktivität 10   Im Supermarkt

Herr Eckhardt kann die Lebensmittel im Supermarkt nicht finden. Was sagt er? Ergänzen Sie die bestimmten (*definite*) Artikel.

Wo ist _____ Blumenkohl? Ich kann _____ Blumenkohl nicht finden.

_____ Salz?   _____ Salz

_____ Pfeffer?   _____ Pfeffer

_____ Tee?   _____ Tee

_____ Wurst?   _____ Wurst

_____ Kaffee?   _____ Kaffee

_____ Mineralwasser? _____ Mineralwasser

_____ Brot?   _____ Brot

_____ Saft?   _____ Saft

Aktivität 11   Was und wo?

Ergänzen Sie die Sätze.

1. Ich brauche Medikamente. Wo kann ich _____ finden? (*a pharmacy*)

2. Eva braucht _____ und _____. (*bread / rolls*) Wo kann sie _____ finden? (*a bakery*)

3. Ich brauche _____ und _____. (*beef / pork*) Wo ist hier _____ ? (*a butcher shop*)

4. Meine Freunde kommen heute Abend vorbei. Ich möchte _____ für sie kaufen. (*a cake*) Wo kann

   ich eine gute _____ finden? (*pastry shop*)

5. Ist das _____ (*a drugstore [store for toiletries]*)? Gut, ich muss _____ kaufen. (*toothpaste*)

6. Heute muss ich _____ für die ganze Familie kaufen. (*groceries*) Wo kann ich _____ finden? (*a supermarket*)

7. Ich will _____ kaufen. (*beer*) Wo ist hier _____? (*a beverage store*)

8. Wo finde ich _____? (*a natural foods store*) Ich muss noch Biomilch, _____ und _____ haben. (*granola / yogurt*)

Grammatik im Kontext

The Dative Case

Personal Pronouns in the Dative

Übung 1   Wie geht es ... ?
Schreiben Sie die fehlenden Personalpronomen.

> Mir geht es gut. Dir auch?

A: Wie geht es Herrn Körner?

B: _____ geht es nicht so gut.

C: Wie geht es Frau Schuhmacher?

D: _____ geht es nicht schlecht.

E: Wie geht es Herrn und Frau Wollmann?

F: Es geht _____ sehr gut.

G: Wie geht es Familie Lessing?

H: Es geht _____ ganz gut.

I: Wie geht es Ihnen, Herr und Frau Koch?

J: Es geht _____ ausgezeichnet, danke.

Übung 2 Kleidungsstücke überall

Schreiben Sie jede Frage auf Deutsch.

1. *To whom do these articles of clothing belong?*

   _____

2. *Does this bathrobe belong to you?* (***Sie**-form*)

   _____

3. *Does this tie belong to him?*

   _____

4. *Does this scarf belong to her?*

   _____

5. *Does this jacket belong to you?* (***du**-form*)

   _____

6. *Do these T-shirts belong to them?*

   _____

7. *Do these shoes belong to you?* (***ihr**-form*)

   _____

Articles and Possessive Adjectives in the Dative

Übung 3 Wer schenkt wem was?

Schauen Sie sich die Tabelle an, und schreiben Sie Sätze.

	VATER	MUTTER	ONKEL	SOHN	BRUDER	ELTERN	OMA
Rudi					Gürtel		
Karin							Schal
Herr Lenz		Hut					
Peter	Krawatte						
Emilie			Hemd				
Herr und Frau Pohl				Anzug			
Frau Effe						Flasche Wein	

1. _Rudi schenkt seinem Bruder einen Gürtel._ _____

2. _____

3. _____

_____

4. _____

_____

5. _____

_____

6. _____

_____

7. _____

_____

The Dative Case for Indirect Objects

Übung 4   Nein, das stimmt nicht.

Schauen Sie sich die Tabelle in Übung 3 noch einmal an, und beantworten Sie dann jede Frage.

1. Schenkt Rudi seinem Vater den Gürtel?

   Nein, Rudi schenkt ihn seinem Bruder. _____

2. Schenkt Karin ihrer Mutter den Schal?

   _____

3. Schenkt Herr Lenz seiner Tochter den Hut?

   _____

4. Schenkt Peter seinem Onkel die Krawatte?

   _____

5. Schenkt Emilie ihrem Bruder das Hemd?

   _____

6. Schenken Herr und Frau Pohl ihrem Neffen den Anzug?

   _____

7. Schenkt Frau Effe ihrem Nachbarn (*neighbor*) die Flasche Wein?

   _____

Übung 5 Ja, das stimmt.

Frau Grünwald beantwortet jede Frage positiv. (Ja, ich …) Schreiben Sie ihre Antworten und ersetzen (*replace*) Sie jedes Substantiv mit einem Pronomen.

BEISPIEL: Sie schicken Ihrem Sohn diese Handschuhe, nicht wahr? →
Ja, ich schicke sie ihm.

Ihre Nachbarin fragt sie:

1. Sie kaufen Ihrer Tochter das Medikament, nicht wahr?

   _____

2. Sie zeigen Ihren Nichten diesen Kuchen, nicht wahr?

   _____

3. Sie geben uns diese Brötchen, nicht wahr? (***Sie**-form*)

   _____

Die Nachbarskinder fragen sie:

4. Sie geben uns diese Kekse, nicht wahr? (***ihr**-form*)

   _____

Ihr Neffe fragt sie:

5. Du schickst mir den Brief, nicht wahr? (***du**-form*)

   _____

Verbs with a Dative Object Only

Übung 6 Was sagt man in jeder Situation?

Schreiben Sie für jede Situation einen Ausdruck auf Deutsch.

1. *You are eating strawberries. Say that they taste good.*

   _____

2. *You are trying on a sweater. Say that it fits you well.*

   _____

3. *Your friend is wearing new jeans. Tell her they look good on her.*

   _____

4. *You are in a store and need assistance. Ask someone if he/she can please help you.*

   _____

5. *Tell your friend that you would like to thank him for the tea.*

   _____

6. *Your aunt recently sent you a cap. Tell her you like it.*

   _____

7. *You did something you now regret. Say that you are sorry.*

_____

8. *A salesperson wants you to buy a shirt. Tell him/her it's too expensive (for you).*

_____

9. *Your roommates want to know whether you prefer to see a movie in a theater or at home on DVD. Tell them you don't care.*

_____

Prepositions with the Dative Case

Übung 7   Metzgerei – Imbiss

Vervollständigen Sie die Fragen.

BEISPIEL: Existiert diese Metzgerei _seit einem Jahrhundert_
(seit / ein Jahrhundert)?

1. Kommen die Spezialitäten _____
   (aus / die Schweiz)?

2. Hört man oft _____ (von / diese
   Metzgerei)?

3. Ist die Atmosphäre _____ gemütlich
   (bei / die Metzgerei)?

4. Ist der Service _____ freundlich (bei / der
   Imbiss ([*fast-food stand*])?

5. Kommen Kunden _____ hier (nach / der
   Arbeitstag)?

6. Wer kommt gewöhnlich _____ und
   _____ (zu / die Metzgerei // zu /
   der Imbiss)?

Übung 8 Familiensachen

Ihre neue Mitbewohnerin Lara stellt Ihnen Fragen. Antworten Sie ihr mit den richtigen Informationen.

BEISPIEL: Kommt deine Tante aus Italien? (die Schweiz) →
Nein, sie kommt aus der Schweiz.

1. Arbeitet dein Onkel bei der Metzgerei? (der Supermarkt)

   _____

2. Sieht die Familie nach dem Frühstück fern? (das Abendessen)

   _____

3. Ist deine Kusine Tanja schon seit einer Woche hier? (ein Monat)

   _____

4. Hörst du oft von deiner Nichte Maxine? (mein Neffe Max)

   _____

5. Geht dein Bruder oft zum Bioladen? (die Bäckerei)

   _____

6. Gehst du gern mit deiner Familie aus? (meine Freunde)

   _____

7. Kommt deine Großmutter aus Polen? (die Slowakei)

   _____

Übung 9   Wer ist Richard? Was macht er?

Schreiben Sie vollständige Sätze.

1. Richard / sein / schon / seit / drei / Monate / in Münster

   _____

   _____

2. morgens / gehen / er / zu / die Uni

   _____

3. nachmittags / gehen / er / zu / die Arbeit

   _____

4. er / wohnen / bei / Herr und Frau Mildner

   _____

5. er / sprechen / oft / mit / ein Student / aus / die Schweiz

   _____

   _____

6. sie / sprechen / besonders gern / von / ihre Freunde

   _____

   _____

7. manchmal / gehen / Richard / mit / seine Freunde / zu / der Supermarkt

   _____

   _____

8. da / können / er / auch / Lebensmittel / aus / die USA (*pl.*) / finden

   _____

   _____

9. nach / das Einkaufen / fahren / Richard / mit / der Bus / nach / Hause

   _____

   _____

Interrogative Pronouns *wo, wohin,* and *woher*

Übung 10   Was sagt Erika? Was fragen Sie?

Erika spricht über sich und ihre Familie. Schreiben Sie Fragen mit **wo, woher** oder **wohin** und der **du-**Form des Verbs.

1. Ich arbeite bei einer Firma in der Stadtmitte.

    Wie, bitte? _____

2. Abends bleibe ich oft zu Hause.

    Wie, bitte? _____

3. Samstagnachmittags gehe ich gern ins Kino.

    Wie, bitte? _____

    _____

4. Meine Eltern wohnen jetzt in München.

    Wie, bitte? _____

5. Mein Bruder arbeitet manchmal in Regensburg.

    Wie, bitte? _____

6. Meine Freundin Maria studiert in Marburg.

    Wie, bitte? _____

7. Mein Freund Peter kommt aus der Schweiz.

    Wie, bitte? _____

8. Meine Kusine kommt aus Fulda.

    Wie, bitte? _____

9. Mein Onkel fährt nächste Woche nach Bonn.

    Wie, bitte? _____

10. Meine Tante will in die Türkei reisen.

    Wie, bitte? _____

Sprache im Kontext

Lesen

A. Schauen Sie sich die Fotos an, und beantworten Sie die
Fragen in vollständigen Sätzen.

    1.   Wer ist Erzieherin (*educator*) von Beruf?

    —————————————————————————

    —————————————————————————

    2.   Wer arbeitet als Redakteurin (*editor*)?

    —————————————————————————

    —————————————————————————

    3.   Was sind Russ und Nick von Beruf?

    —————————————————————————

    —————————————————————————

    —————————————————————————

    4.   Wie alt ist Nick? Und die anderen drei Menschen?

    —————————————————————————

    —————————————————————————

    —————————————————————————

    —————————————————————————

[1]*possibilities*
[2]*delicious*
[3]*a hot drink made of black tea with rum*
[4]*cuddling, snuggling*
[5]*fireplace*
[6]schlechtes ... *guilty conscience*
[7]verschneite ... *snow-covered woods*
[8]*grimy weather*
[9]schneebedeckten ... *snow-covered mountains*

DIE GANZE wahrheit

Winterschlaf für die Liebe. Was tut man dagegen?

Der Winter bietet tolle Möglichkeiten[1] zum Flirten! Nach dem Skifahren kommt man sich auf der Hütte schnell näher – speziell bei einem leckeren[2] Jagertee.[3] Außerdem wird's früh dunkel. Und was tut man, wenn's dunkel ist? Kuscheln[4] natürlich.

DUNJA, 28 ERZIEHERIN

Meine Heimat Kanada ist der ideale Ort für Winterromantik. Deshalb würde ich meine Freundin dorthin einladen. Und beim Skifahren bricht auch schnell das Eis. Wenn man doch zu sehr durchgefroren ist, taut man beim Kuscheln vorm Kamin[5] wieder auf.

RUSS, 28 MODEL

Ich finde den Winter geradezu ideal, um Gefühle aufleben zu lassen. Wenn es kalt und dunkel ist, kann man doch ohne schlechtes Gewissen[6] den ganzen Tag im Bett verbringen. Und was ist romantischer als ein Spaziergang durch verschneite Wälder[7]?

IRENE, 28, REDAKTEURIN

Ich liebe die Wärme und würde immer versuchen, dem Schmuddelwetter[8] Richtung Süden zu entfliehen – am besten natürlich mit der Liebsten. Wenn das nicht klappt, dann bleibt nur noch ein romantisches Häuschen in den schneebedeckten Bergen.[9]

NICK, 25 FITNESS-TRAINER

B. Wer …

		DUNJA	RUSS	IRENE	NICK
1.	kommt aus Kanada?	☐	☐	☐	☐
2.	trinkt gern Jagertee?	☐	☐	☐	☐
3.	fährt gern Ski?	☐	☐	☐	☐
4.	reist gern im Winter in den Süden?	☐	☐	☐	☐
5.	findet den Winter romantisch?	☐	☐	☐	☐
6.	liebt warmes Wetter?	☐	☐	☐	☐
7.	kuschelt gern?	☐	☐	☐	☐
8.	bleibt gern an Wintertagen im Bett?	☐	☐	☐	☐
9.	geht gern durch die Wälder spazieren?	☐	☐	☐	☐

Na klar!

Heute Abend gibt dieses Paar eine Party. Was sind ihre Pläne? Schreiben Sie drei Listen.

1. **Gäste:** Wen möchten sie einladen?
2. **Vorbereitungen** (*preparations*): Was müssen sie machen?
3. **Einkaufen:** Was essen und trinken ihre Gäste? Was müssen sie kaufen? Wo?

BEISPIEL:

GÄSTE	VORBEREITUNGEN	EINKAUFEN
seine Schwester Anna	Wohnung aufräumen	Salat: Markt
?	?	?

KULTURJOURNAL

A. Wo kauft man ein?

1. In Deutschland bleiben die meisten Unternehmen (*businesses*) am Sonntag geschlossen. Doch in den Großstädten haben immer mehr Geschäfte auch am Sonntag Öffnungszeiten. Sind die meisten Geschäfte in Ihrer Stadt sonntags offen oder geschlossen?

   _____

2. In Deutschland sind Geschäfte in kleineren Ortschaften noch während Mittagszeit von 12.00 bis 14.00 Uhr geschlossen. Haben Geschäfte in Ihrer Stadt eine Mittagspause?

   _____

3. Besonders in den Großstädten haben Käufer viele Optionen. Sie können in Einkaufsgalerien, Kaufhäusern, Supermärkten, Boutiquen, Spezialgeschäften und offenen Märkten einkaufen. Überall kann man auch Online-Einkäufe machen. Welche Option haben Sie lieber?

   _____

B. Wofür (*For what*) geben die Deutschen ihr Geld aus?

Telekommunikation	Verkehr und Verkehrsmittel (Auto, Bus, Bahn, Flugzeug)	Wohnen (Mieten, Energiekosten)	Unterhaltung in der Freizeit (Konzerte, Theater, Kino, Festivals, andere Veranstaltungen)	Essen – Nahrungsmittel (Restaurants, Cafes, Supermärkte, Metzgereien, Obstmärkte, Bioläden)
Hobbys	extra Unterricht (Musik, Yoga, …)	Nachtleben	Urlaub (Reisen, Hotels, …)	Kleidung
Möbel	Studienkosten	Sport		

Schreiben Sie vollständige Sätze. Benutzen Sie die Tabelle.

1. Wofür geben viele Deutsche ihr Geld aus? Wofür geben sie das meiste Geld aus? das wenigste?

   _____

   _____

   _____

2. Wofür müssen Sie Ihr Geld ausgeben?

_____

_____

_____

_____

3. Wofür möchten Sie Ihr Geld lieber ausgeben?

_____

_____

_____

_____

Mein Journal

Wählen Sie ein Thema. Machen Sie sich zuerst auf diesem Blatt (*page*) Notizen. Schreiben Sie dann mithilfe Ihrer Notizen in Ihr Journal.

Thema 1:   Wie finden Sie den Winter, wo Sie wohnen?

- Finden Sie diese Jahreszeit (*season*) romantisch? ideal? wirklich schön? zu kalt? miserabel?

- Was tragen Sie im Winter?

- Was machen Sie gern im Winter?

- Was essen und trinken Sie gern an Wintertagen?

- Wo möchten Sie den Winter verbringen? Warum?

Thema 2:   Ein Glücksbringer

Haben Sie einen Glücksbringer (*good-luck charm*) oder einen Talisman? Ist er vielleicht ein Ring, ein Ohrring oder ein Paar Ohrringe, eine Kette (*chain*), ein Armband (*bracelet*), eine Figur oder ein Stofftier (*stuffed animal*)?

- Tragen Sie den Talisman immer, oder bleibt er in Ihrem Zimmer oder in Ihrem Auto?

- Wie beschreiben Sie ihn? (Farbe, Größe, Aussehen [*appearance*] __?__)

- Woher kommt er? (aus welchem Land? aus welcher Stadt? aus welchem Geschäft? von wem __?__)

- Wie bringt er Ihnen Glück? Geben Sie ein Beispiel.

Thema 3:   Ein besonderer Einkaufstag (*special shopping day*).

Stellen Sie sich vor (*Imagine*): Sie gewinnen mehrere Millionen in der Lotterie. Planen Sie einen Einkaufstag.

- Wo wollen Sie einkaufen? (in welchem Land? in welcher Stadt? in welchen Geschäften __?__)

- Wie kommen Sie dorthin? (Fahren Sie mit dem Auto? mit dem Bus? mit einem Taxi? Fliegen Sie? Gehen Sie zu Fuß [*on foot*] __?__)

- Wer kommt mit?

- Was kaufen Sie alles? Für wen?

- Was machen Sie nach dem Einkaufen?

- ?

Kapitel

Wir gehen aus

Aussprache

Contrasting Vowel Sounds

Übung 1 Review of long and short umlauted vowels

Listen and repeat.

Langes ä		*Kurzes* ä	
erzählt	Läden	Märkte	Bäckerei
schläft	Väter	Mäntel	Geschäft
fährt	Gespräch	hässlich	Ausländer

Langes ö		*Kurzes* ö	
Größe	gewöhnlich	Wörter	Röcke
nötig	Söhne	möchte	Töchter
gehören	böse	können	zwölf

Langes ü		*Kurzes* ü	
Gemüse	früh	Würste	Gürtel
grün	gemütlich	Mütter	Glück
Brüder	Grüße	Strümpfe	müssen

Satzbeispiele: Kurze und lange Umlaute. Listen carefully and circle the long umlauted vowels. You will hear each sentence twice.

1. Trägst du lieber Röcke oder Kleider?
2. Wir müssen heute Brötchen, Käse, Obst und Gemüse kaufen.
3. Wo kann man hier Anzüge und Hüte kaufen?
4. Zum Frühstück gibt's gewöhnlich eine Schüssel Müsli mit Milch drüber.
5. Die Bekleidungsstücke hier sind nur für Mädchen.

Now listen to the sentences again and repeat them in the pauses provided.

Übung 2 Distinguishing Short *e* and *ö*

Listen and repeat.

kennen / können
bell / Böll
gelte / gölte
helle / Hölle

Übung 3   Distinguishing Short *i* and Short *ü*

Listen and repeat.

Mitte / Mütter	Kissen / küssen
misste / müsste	trimme / Trümmer

Listen carefully and indicate with an X the word you hear pronounced. You will hear each word twice.

Sie hören: gelte
Sie kreuzen an: ☒ gelte   ☐ gölte

1.   ☐ misste   ☐ müsste
2.   ☐ kennen   ☐ können
3.   ☐ helle   ☐ Hölle
4.   ☐ Kissen   ☐ küssen
5.   ☐ Mitte   ☐ Mütter
6.   ☐ bell   ☐ Böll

Übung 4   *ei* and *ie*

Listen and repeat.

ei		**ie**	
Fleisch	Wein	Zwiebel	Bier
Metzgerei	Kleid	Stiefel	genießen
Preis	Seide	sieht	kariert
zeigen	weiß	lieber	Dienstag

Say the following words as quickly as possible.

1.   feiert   4.   Freitag   7.   Fleisch
2.   viel   5.   leider   8.   ein niedliches Kleid
3.   Dienstag   6.   lieber   9.   dieser Wein

Satzbeispiele: *ei* und *ie.* Complete each sentence with the correct vowels. You will hear each sentence twice.

1.   L_____der sind zu v_____le Zw_____beln in d_____ser Suppe.

2.   W_____ß D_____ter, dass wir am D_____nstag h_____raten?

3.   Herr F_____dler muss am Fr_____tag all_____n arb_____ten.

4.   Ist das Kl_____d gestr_____ft oder kar_____rt?

5.   Ich gen_____ße _____ne gem_____nsame Mahlz_____t mit den M_____tern.

Now listen to the sentences again and repeat them in the pause provided.

Hören und Sprechen

Alles klar?

Schauen Sie sich die Anzeige für das Restaurant „Paddelweiher-Hütte" an. Sie hören eine Radiowerbung für dieses Restaurant. In welcher Reihenfolge (*sequence*) hören Sie die Informationen in der Anzeige? Nummerieren Sie sie.

Wörter im Kontext

Thema 1 Lokale

Aktivität 1 Zu Besuch in Berlin

Sie telefonieren mit vier Restaurants in Berlin. Hören Sie zu und ergänzen Sie die Tabelle! Wenn es keine Information gibt, schreiben Sie ein X.

RESTAURANT	GEÖFFNET	RUHETAG	SPEZIALITÄTEN	MUSIK
Bistro Parisien				
Zille-Stuben				
Conti-Fischstuben				
Tessiner-Stuben				

Aktivität 2 Gehen wir heute Abend aus!

Sie und einige Freunde verbringen ein paar Tage in Basel. Sie wollen heute Abend ausgehen. Stoppen Sie die Aufnahme (*recording*) und lesen Sie die Anzeigen. Empfehlen Sie dann ihren Freunden ein passendes Lokal.

> Sie hören: Ich habe Appetit auf etwas Leichtes. Wie wär's mit Ramen-Nudeln?
> Sie sagen: Dann gehen wir ins Nooch noodles & more.

Yoko Sushi-Bar
Steinentorstrasse 35
4051 Basel
Telefon +41 61 273 19 19
Fax +41 61 273 32 41

Sushi und Sashimi, auch Take Away und Hauslieferungen. Der Gast bedient sich selber, indem er die gewünschten Sushi vom Förderband nimmt. Die Tellerchen haben verschiedene Farben (Preiskategorien).

Restaurant
Manger et Boire
Gerbergasse 81
4001 Basel
Telefon +41 61 262 31 60
Fax +41 61 262 31 61

Manger et Boire - Essen und Trinken, beides kann man im gleichnamigen Lokal in der Gerbergasse. Auch wenn die Gäste vor allem auf einen Drink kommen. Auf jeden Fall entschleunigt die sympathische Kneipe auf angenehme Weise das Leben. Aus der Musikbox schallt überwiegend Jazz. Wem es unten zu laut ist, steigt hinauf in den ersten Stock. Dort wird eine ideenreiche Küche mit mediterranem Einschlag aufgetischt. Hausgemachte Pasta und Tapas. Sonntagsbrunch.

WeinWirtschaft
Der vierte König
Blumenrain 20
4051 Basel
Telefon +41 61 261 54 42
Fax +41 61 261 54 43

Wunderschöne Lage direkt am Rheinufer. Der Treffpunkt für Weinliebhaber. Weine aus vielen Ländern wie Schweiz, Frankreich, Italien, Spanien, Chile, Argentinien, Südafrika, Australien, Neuseeland. Geniessen Sie den Wein zu einem unserer feinen Gerichte oder kaufen Sie Ihren Lieblingswein zum Ladenpreis. Eingang von der Rheinpromenade her. Bankette bis 60 Personen.

Nooch noodles & more
Gerbergasse 73
4001 Basel
Telefon +41 61 261 67 80
Fax +41 61 261 67 81

Ramen- und Udon-Noodles in verschiedensten Variationen, stets frisch zubereitet mit marktfrischen Gemüsen und speziellen Gewürzen.

Leicht verdaulich und gesund. Bento-Boxen und Sushi. Take-Away und Lieferdienst möglich. Montag bis Samstag von 11 bis 24 Uhr, Sonntag von 16 bis 23 Uhr.

Restaurant Schnabel
Trillengässlein 2
Am Rümelinsplatz
4051 Basel
Telefon +41 61 261 21 21
Fax +41 61 261 21 05

Gemütliche Atmosphäre. Gutbürgerliche Küche und Basler Spezialitäten. Freundlicher und kompetenter Service. Separater Saal für jeden speziellen Anlass (keine Saalmiete, ca. 50 Personen). Partyservice und Eventorganisation. Wir freuen uns auf Ihren Besuch!

Brötli-Bar
im Hotel Stadthof
Gerbergasse 84
4001 Basel
Telefon +41 61 261 87 11
Fax +41 61 261 25 84

30 verschiedene Brötli - auch zum Mitnehmen! Kompromisslose Stadthof-Qualität: alle Brötli-Beläge werden laufend frisch produziert, das empfindliche Tartare beispielsweise alle 30 Minuten. Im gleichen Haus: stadtbekanntes Spezialitäten-restaurant, Pizzeria und Hotel. Wir bedienen Sie gerne. Sie merken das! 365 Tage pro Jahr - auch an Sonn- und Feiertagen.

---

1. . . .   2. . . .   3. . . .   4. . . .   5. . . .

Thema 2 Die Speisekarte, bitte!

Aktivität 3   Ein paar Spezialitäten

Sie sind in einem Restaurant. Einige Speisen stehen aber nicht auf der Speisekarte. Die Kellnerin sagt Ihnen, was Sie noch bestellen können. Kreuzen Sie an.

Gibt es ...	JA	NEIN
1. Tomatensuppe?	☐	☐
2. Wiener Schnitzel?	☐	☐
3. Blutwurst?	☐	☐
4. einen Grillteller?	☐	☐
5. eine Obsttorte?	☐	☐
6. Weißbier?	☐	☐

Aktivität 4   Hin und her: Speisekarten

A. Sie sind Austauschstudentin in Frankfurt. Sie und Ihre Freundin essen am liebsten im Restaurant Saladin. Sie haben die Speisekarte für Montag, und Ihre Freundin fragt sie, was es am Montag gibt.

Sie hören: Welche Vorspeise gibt es am Montag?
Sie sagen: Am Montag gibt es Tomatensuppe, Salat und Krabbencocktail.

	VORSPEISEN	HAUPTGERICHTE	BEILAGEN	NACHSPEISEN
Mo.	Tomatensuppe Salat Krabbencocktail	Geschnetzeltes Brokkoli Toast Bratwurst	Karteffelpüree Nudeln Gemischtes Gemüse	Pudding Käsekuchen Erdbeertorte
Di.	Brokkolisuppe			
	Tomaten mit Mozzarella			

B. Fragen Sie Ihre Freundin jetzt, was für Dienstag auf der Speisekarte steht. Ergänzen Sie die Tabelle.

Sie hören: Vorspeisen
Sie fragen: Welche Vorspeisen gibt es am Dienstag?
Sie hören: Welche Vorspeisen gibt es am Dienstag? Am Dienstag gibt es Brokkolisuppe und Tomaten mit Mozzarella.

Thema 3 Im Restaurant

Aktivität 5 Familie Müller geht ins Restaurant.

Hören Sie zu! Was passt? Sie hören den Dialog zweimal.

1. Der Kellner sagt:
2. Familie Müller braucht ...
3. Müllers möchten ...
4. Alle Fenstertische ...
5. Sie müssen ungefähr dreißig Minuten auf einen Fenstertisch …
6. Familie Müller sitzt ...
7. Der Kellner bringt ihnen gleich ...

a. am Fenster sitzen.
b. die Speisekarte.
c. einen Tisch für vier Personen.
d. Guten Tag!
e. neben der Bar.
f. sind besetzt.
g. warten.

Aktivität 6 Familie Müller möchte bestellen.

Hören Sie sich den Dialog an. Kreuzen Sie an, was Familie Müller bestellt.

GERICHTE

☐ Jägerschnitzel
☐ Gulasch mit Nudeln
☐ Bockwurst mit Kartoffelsalat
☐ Gulaschsuppe
☐ Schweinebraten
☐ Wiener Schnitzel
☐ Sauerbraten

GETRÄNKE

☐ Wein
☐ Bier
☐ Orangensaft
☐ Apfelsaft
☐ Schokolade
☐ Cola
☐ Sprudel

Aktivität 7 Lückendiktat

Frau Müller erzählt ihrer Nachbarin über das Restaurant. Ergänzen Sie den Text. Sie hören den Text zweimal.

Gestern Mittag haben wir mit der ganzen Familie in dem _____[1] Zum Weißen Schwan gegessen. Das Restaurant ist sehr zu _____[2]. Wir hatten einen schönen _____[3] direkt neben der Bar. Das Essen war gut und sehr preiswert. Alle _____[4] sind hausgemacht, und es hat nur € 56,50 gekostet. Die _____[5] war auch gut. Können Sie das glauben? Unser Hans _____[6] Bier trinken. Er ist doch erst 14 Jahre alt. Nach dem Essen haben wir „Alice im Wunderland" im _____[7] gesehen. Das Stück ist fantastisch. Das müssen Sie unbedingt sehen. Ich weiß, dass es für _____[8] noch Karten gibt.

Grammatik im Kontext

Two-Way Prepositions

Übung 1   Nach der Vorlesung

A. Sie möchten wissen, was Ihre Freunde nach der Vorlesung machen. Stellen Sie Fragen, und machen Sie sich Notizen.

      Sie hören: Ralf
      Sie fragen: Wohin gehst du, Ralf?
      Sie hören: Ich habe großen Durst. Ich gehe in den Biergarten.
  Sie schreiben: *in den Biergarten*

1. Julia: _____
2. Klaus: _____
3. Marina: _____
4. Jost: _____
5. Bettina: _____
6. Max: _____

B. Sie unterhalten sich mit Paul, und er fragt, wo Ihre Freunde heute Nachmittag sind. Beantworten Sie seine Fragen mit Hilfe der Liste oben.

  Sie hören: Wo ist Ralf?
  Sie sagen: Er ist im Biergarten.

Halt! ♟ Hör-Info

In the first part of this activity, you asked questions using **wohin**, so the preposition used in the answer required the accusative case. In this part you will hear questions with **wo**, so the preposition used in your answer will require the dative case.

1. . . .   2. . . .   3. . . .   4. . . .   5. . . .   6. . . .

Übung 2 Bei Familie Lehmann

Sie sind Gast bei Familie Lehmann in Hellersdorf, einem Stadtteil von Berlin. Ihre Gastfamilie wohnt in einem großen Wohnhaus mit fünf anderen Familien. Ihr Freund besucht Sie und fragt, wo die Familien wohnen. Schauen Sie auf das Bild unten, und beantworten Sie seine Fragen.

    Sie hören: Wo wohnt deine Gastfamilie, die Familie Lehmann?

    Sie sagen: Sie wohnt über der Familie Scholle und neben der Familie Fiedler.

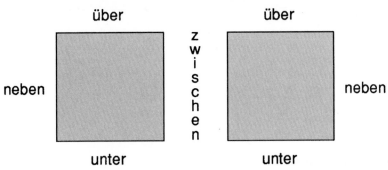

1. . . .   2. . . .   3. . . .   4. . . .   5. . . .

Describing Location

Übung 3   Alles durcheinander!°

A big mess!

Im Restaurant ist alles am falschen Platz. Sehen Sie sich das Bild genau (*carefully*) an. Beantworten Sie dann die Fragen! Zuerst hören Sie vier neue Wörter.

die Theke	*counter (in a bar)*	**die Vase**	*vase*
der Regenschirm	*umbrella*	**die Blumen**	*flowers*

Sie hören: Wo liegt die Speisekarte?
Sie sagen: Die Speisekarte liegt unter dem Tisch.

1. . . .   2. . . .   3. . . .   4. . . .   5. . . .   6. . . .

Describing Placement

Übung 4   Wo soll das sein? Wo kommt das hin?

Der Ober sagt, wo alles im Restaurant hin soll.

A. Hören Sie zu, und machen Sie sich Notizen.

     Sie hören: Die Weinflaschen stellen Sie hinter die Theke.
Sie schreiben: Weinflaschen: *hinter die Theke*

1. Weinflaschen: _____

2. Stühle: _____

3. Hunde: _____

4. Gabeln: _____

5. Speisekarten: _____

6. Blumen: _____

7. Vase: _____

8. Rechnung: _____

B. Beantworten Sie jetzt die Fragen.

1. . . .   2. . . .   3. . . .   4. . . .   5. . . .   6. . . .   7. . . .   8. . . .

Expressing Time with Prepositions

Übung 5 Rund um die Uhr

Was machen Sie gewöhnlich um diese Zeit? Benutzen Sie die Liste für Ihre Antworten.

Sie hören: Was machen Sie vor der Vorlesung?
Sie sagen: Ich frühstücke.

frühstücken	arbeiten	ein Video sehen
fernsehen	lernen	ein Glas Bier trinken
ausgehen	zu Abend essen	faulenzen
schlafen	einkaufen gehen	?

1. . . . 2. . . . 3. . . . 4. . . . 5. . . . 6. . . .

Expressing Events in the Past

Übung 6 Wo waren Sie und was hatten Sie?

Geben Sie persönliche Antworten auf die Fragen.

Sie hören: Wo waren Sie denn am Wochenende?
Sie sagen: Ich war mit Freunden auf einer Party.

oder Sie hören: Welche Seminare hatten Sie gestern?
Sie sagen: Ich hatte Deutsch und Biologie.

mit Freunden auf einer Party	im Bett
Deutsch	Philosophie
vier Seminare	in der Bibliothek
in Griechenland	im Bus
zu Hause	im Café
im Schwimmbad	?
in der Stadt	
im Kino	

1. . . . 2. . . . 3. . . . 4. . . . 5. . . . 6. . . .

Übung 7 Probleme im Restaurant

A. Marianne war am Wochenende mit ihrer Familie in einem Restaurant. Hören Sie zu. Was fehlt? Zuerst hören Sie einige neue Wörter.

die Reservierung   *reservation*
die Forelle   *trout*
der Trinkspruch   *toast*

Also, du! Ich _____[1] am Freitag mit der ganzen Familie im Restaurant „Zum Blauen

Ochsen". Wir _____[2] den Geburtstag von meiner Mutter feiern. Ich glaub', das war der

schlimmste Tag meines Lebens. Alles lief schief. Zuerst _____[3] die Bedienung unsere

Reservierung nicht finden. Dann _____[4] Klaus eine Forelle bestellen, aber die Küche hatte

keine mehr. Ich _____[5] einen Trinkspruch sagen, aber ich hatte meine Notizen zu Hause

vergessen. So eine Blamage. Dieter _____[6] ein großes Bier trinken, aber seine Frau

_____[7], dass er nach dem Essen Auto fährt. Also _____[8] er gar keinen

Alkohol trinken. Der war vielleicht sauer. Als wir unseren Nachtisch bestellen _____[9],

sagte der Kellner, dass es keinen Kuchen und kein Eis mehr gibt. Zuletzt haben meine Kinder beim Spielen

ein riesiges Fenster kaputt gemacht und ich _____[10] das Fenster bezahlen. Ich glaube, ich

gehe so schnell nicht wieder ins Restaurant.

B. Mariannes Freundin will wissen, was im Restaurant passierte (*happened*). Beantworten Sie die Fragen.

    1. . . .   2. . . .   3. . . .   4. . . .   5. . . .   6. . . .   7. . . .

Sprache im Kontext

Restaurant Paddelweiher-Hütte. Dr. Hans Eichele muss eine Betriebsfeier für seine Anwaltspraxis (*law firm*) planen. Er ruft beim Restaurant „Paddelweiher-Hütte" an. Sie hören das Gespräch zwischen Dr. Eichele und dem Manager. Notieren Sie Vorspeisen, Hauptspeisen, Beilagen, Preise, Unterhaltung und Reservierung. (*Note: Prices are not mentioned for everything.*)

Vorspeisen   Preise

_____   _____

_____   _____

_____   _____

Hauptspeisen

_____   _____

_____   _____

_____   _____

Beilagen

_____   _____

_____   _____

_____   _____

Unterhaltung (*entertainment*)

_____

_____

_____

Reservierung: Tag _____   Uhrzeit _____

Lesen und Schreiben

Alles klar?

Schauen Sie sich das Foto an. Was sehen Sie? Mehr als eine Antwort kann richtig sein.

1. Wen?

   ☐ nur Studenten

   ☐ Professoren

   ☐ viele Menschen

   ☐ nur Kinder

2. Was?

   ☐ Esstische und Stühle

   ☐ Tische und Bänke

   ☐ Zelte (*tents*)

   ☐ Beleuchtung (*lighting*)

3. Wo?

   ☐ bei einem Festival

   ☐ im Freien

   ☐ in einem Biergarten

   ☐ in einer Kneipe

4. Wann?

   ☐ am Mittag

   ☐ am Abend

   ☐ im Sommer

   ☐ im Winter

5. Welche Aktivitäten?

   ☐ feiern

   ☐ singen

   ☐ tanzen

   ☐ essen und trinken

Wörter im Kontext

Thema 1 Lokale

Aktivität 1 Sie haben die Wahl.

Schauen sie sich die drei Anzeigen an, und vervollständigen Sie die Sätze. Schreiben Sie dann als Kurzantwort auf jede Frage „B" für La Bodega, „K" für das Restaurant zum Klösterl oder „W" für das Restaurant zum Webertor.

1. Welches Restaurant hat keinen _____ (*closed day*)?

    KURZANTWORT: _____

2. Welches Restaurant ist montags, dienstags und samstags nicht _____ (*open*)?

    KURZANTWORT: _____

3. Welches Restaurant bietet internationale _____ (*cuisine*) und vegetarische

    _____ (*dishes*)?

    KURZANTWORT: _____

4. In welches Restaurant kann man _____ (*after the theater*) gehen?

    KURZANTWORT: _____

5. Welches Restaurant ist an Sonn- und Feiertagen _____ (*closed*)?

    KURZANTWORT: _____

6. In welchem Restaurant kann man nur _____ (*between*) 19 und 22 Uhr zu

    Abend essen?

    KURZANTWORT: _____

7. Welches _____ (*restaurant, pub*) hat eine Tapas Bar?

    KURZANTWORT: _____

8. In welchem Restaurant gibt es mittags _____ (*from*)

    11.30 _____ (*to*) 14 Uhr Mittagstisch?

    KURZANTWORT: _____

9. Und Sie? In welches Restaurant möchten Sie gehen? Warum?

    _____

    _____

    _____

Aktivität 2 Terminologie

Ergänzen Sie die Sätze auf der nächsten Seite mit den passenden Wörtern.

Speisekarte   Ober   Teller   Nachtisch   besetzt

Ist hier noch frei?   Tischreservierung   Kellnerin

Rechnung   getrennt   Imbiss

Ruhetag

1. Beim Einkaufen möchte man schnell essen. Man sucht also einen

   _____.

2. Am _____ ist ein Restaurant geschlossen.

3. Man will zu einer bestimmten Zeit in einem Restaurant essen. Man ruft das Restaurant an und macht

   eine _____.

4. Man sieht einen freien Platz an einem Tisch. Man will sich hier hinsetzen, aber zuerst fragt man die anderen Leute an diesem Tisch:

   _____?

5. Ein Platz ist schon _____. Das heißt, er ist nicht mehr frei.

6. Man sitzt in einem Restaurant und liest die _____. Dann bestellt man.

7. Nach dem Essen in einem Restaurant oder in einem anderen Lokal muss man die

   _____ zahlen.

8. Man gibt dem _____ oder der

   _____ das Geld.

Thema 2 Die Speisekarte, bitte!

Aktivität 3 Was steht auf der Speisekarte?

1. Welche Wörter sieht man wahrscheinlich (*probably*) nicht auf einer Speisekarte?

Servietten	Getränke	Rechnung	Suppen
Hauptgerichte	Sprudel	Plätze	Beilage
Gaststätten	Vorspeisen	Messer	Ruhetage
Nachtische	Ober	Hausspezialitäten	Salat
Speisen	Nachspeisen	Pfannengerichte	

2. Ergänzen Sie jetzt den folgenden Absatz mit der richtigen Form (Singular oder Plural) der übrigen (*remaining*) Wörter aus der Liste.

   In einem Restaurant nehmen sich die Gäste viel Zeit für ihre _____ (*foods*)

   und _____ (*beverages*). Da kann man zuerst eine

   _____ (*appetizer*) bestellen. Das kann oft eine

   _____ (*soup*) oder ein _____ (*salad*) sein.

   Dann wählt (*chooses*) man ein _____ (*main dish*) mit

   _____ (*side dish*). Das ist vielleicht ein Pfannengericht oder eine

   _____ (*house specialty*). Dazu wählt man auch ein

   _____ (*beverage*), wie zum Beispiel ein Bier oder ein Glas Wein oder

   sonst was. Nach diesem Gericht kann man eine _____ (*dessert*) bestellen

   – wenn man noch Hunger hat.

Aktivität 4 Eine Speisekarte

Markieren Sie die richtigen Satzendungen. Mehr als eine Antwort kann richtig sein.

1. Der Ramspauer Hof ist wahrscheinlich (*probably*)
   a. am Strand (*beach*).
   b. in oder in der Nähe von einer Großstadt.
   c. im Wald (*forest*) oder in der Nähe von einem Wald.

Herzlich willkommen
im
Ramspauer Hof

Zum Abschluss der romantischen Waldwanderung empfehlen wir Ihnen:

Getränke nach Wahl

Speisen:
Wiener Schnitzel mit Pommes frites und Salat
Jägerschnitzel mit Spätzle und Salat
Curry-Wurst mit Pommes frites
Wurstbrot
Käsebrot

---

2. Gäste kommen oft _____ zum Ramspauer Hof.
   a. nach dem Einkaufen
   b. nach dem Wandern
   c. nach dem Spazierengehen im Wald

3. Die Atmosphäre im Ramspauer Hof soll
   a. gemütlich sein.
   b. romantisch sein.
   c. kultiviert sein.

4. Auf der Speisekarte stehen
   a. zwei Gerichte mit Kalbsschnitzel.
   b. zwei Wurstgerichte.
   c. zwei Gerichte mit Brot.

5. Der Ramspauer Hof serviert
   a. keine Getränke.
   b. wahrscheinlich Bier, Wein, Mineralwasser, Tee und Kaffee.
   c. Getränke nach Wahl (*of your choice*).

6. Welches Gericht möchten Sie besonders gern im Ramspauer Hof bestellen?

Thema 3 Im Restaurant

Aktivität 5 Was steht auf dem Tisch?

Ergänzen Sie den folgenden Text mit passenden Wörtern aus dem Kasten.

Auf dem Tisch sehen wir ein Gedeck (*place setting*). Auf der linken Seite liegt _____[1]. Auf der

rechten Seite liegen _____[2] und _____[3]. _____[4] sind oft aus Papier.

Zwischen der Gabel und dem Messer steht ein Suppenteller (*soup bowl*) auf _____[5]. Über dem

Teller liegt _____[6]. Man isst _____[7] mit einem Suppenlöffel. Oben (*top*) rechts sehen

wir _____[8] auf einer Untertasse (*saucer*). Man trinkt _____[9] aus einer Teetasse.

_____[10] sind oft aus Keramik oder Porzellan. Auf diesem Tisch sehen wir kein _____[11].

Aktivität 6 Wer sagt was im Restaurant?

A. Schreiben Sie auf der linken Seite G für Gast, K für Kellner/Kellnerin.

_____ Vielen Dank. Auf Wiedersehen.   _____

_____ Ich möchte eine Pizza Margherita.   _____

_____ Die Speisekarte, bitte.   _____

_____ Ist hier noch frei?   __1__

_____ Was mochten Sie gern bestellen?   _____

_____ Zahlen, bitte.   _____

_____ Bedienung!   _____

_____ Guten Abend.   _____

_____ Einen Rotwein.   _____

_____ Danke. Auf Wiedersehen.   _____

_____ Und zu trinken?   _____

B. Bringen Sie jetzt auf der rechten Seite die vorhergehenden Sätze in die richtige Reihenfolge. Der erste Satz ist schon für Sie nummeriert.

Grammatik im Kontext

Two-way Prepositions

Übung 1 Was trägt man wann und wo?

1. Was trägt man wann?

   Was trägt man _____ (in / der Frühling)?

   _____ (an / der Abend)?

   _____ (an / das Wochenende)?

   _____ (in / die Sommermonate)?

   _____ (an / ein Wintertag)?

2. Und was trägt man wo?

   Was trägt man _____ (in / die USA [*pl.*]?

   _____ (in / die Großstadt)?

   _____ (auf / das Land)?

   _____ (auf / der Markt)?

   _____ (an / die Uni)?

Describing Location

Übung 2   Im Büro

Schauen Sie sich das Bild an und schreiben Sie Sätze.

1. in / dieses Zimmer / sitzen / ein Mann / hinter / sein Schreibtisch

_____

_____

2. er / sitzen / auf / ein / Bürostuhl

_____

_____

3. ein Teppich / liegen / unter / der Schreibtisch

_____

_____

4. hinter / der Mann / hängen / vier Uhren / an / die Wand

_____

_____

5. über / die Kuckucksuhr / lesen / man / die Worte „Gute alte Zeit"

_____

_____

6. drei Telefone / stehen / auf / der Schreibtisch

_____

_____

7. neben / ein Telefon / stehen / zwei Architekturmodelle

_____

_____

Describing Placement

Übung 3   Das Büro braucht Farbe!

Schreiben Sie Sätze.

BEISPIEL: stecken / Blumen / in / eine Vase → Stecken Sie Blumen in eine Vase.

1. stellen / die Vase / auf / der Tisch

_____

2. hängen / Bilder / an / die Wand

_____

3. legen / ein Teppich / vor / der Schreibtisch

_____

4. stellen / ein Sessel / zwischen / die Fenster

_____

5. stellen / eine Zimmerpflanze / neben / der Schreibtisch

_____

6. bringen / Farbe / in / das / Zimmer

_____

Übung 4   Wo und wohin?

Paul und Anna haben ein neues Restaurant. Was fragt Paul? Was sagt Anna? Ergänzen Sie Pauls Fragen mit dem richtigen Verb: **hängen; stecken; legen/liegen; setzen/sitzen; stehen/stellen.** Schreiben Sie dann Annas Antworten.

BEISPIEL: PAUL: Wohin soll ich dieses Foto hängen?
        ANNA: Über die Kasse.
        PAUL: Wo liegt meine Zeitung?
        ANNA: Unter den Speisekarten.

PAUL: Wohin soll ich die Gabeln _____?

ANNA: _____ (auf / die Tische)

PAUL: Wo _____ die Tassen?

ANNA: _____. (in / der Schrank [*cupboard*])

PAUL: Wo _____ der Schrank?

ANNA: _____. (in / das Foyer)

PAUL: Wohin soll ich die Servietten _____?

ANNA: _____. (in / die Schublade [*drawer*])

PAUL: Wohin soll ich die Blumen _____?

ANNA: _____. (in / diese Vase)

PAUL: Wo _____ das große Poster?

ANNA: _____. (zwischen / die Fenster)

PAUL: Wo _____ der kleine Teppich?

ANNA: _____. (vor / die Tür)

PAUL: Wohin soll ich die Stühle _____?

ANNA: _____. (an / die Tische)

PAUL: Wohin soll ich den ersten Gast _____?

ANNA: _____. (an / dieser Tisch)

PAUL: Wo können die Kellner und Kellnerinnen _____?

ANNA: _____. (an / der Tisch / neben / die Hintertür)

Expressing Time with Prepositions

Übung 5   Ein Telefongespräch

Thomas und Maria sprechen am Telefon. Ergänzen Sie den Dialog.

MARIA: Also, wir gehen heute Abend ins Theater, nicht?

THOMAS: Ja, wann soll ich vorbeikommen?

MARIA: _____. (in / eine Stunde)

THOMAS: Und um wie viel Uhr soll das sein?

MARIA: _____. (gegen / halb sechs)

Ich habe die Tickets _____ (in / das Internet)

gebucht. Sie liegen _____ (an / die Abendkasse)
für uns bereit.

THOMAS: Wann möchtest du essen? _____?
(vor oder nach / das Theater)

MARIA: Vielleicht können wir schnell etwas _____ essen.
(in / die Pause)

THOMAS: Wie lange läuft dieses Stück schon im Theater?

MARIA: _____. (seit / zwei Monate)

THOMAS: Nun, es soll sehr spannend sein. Bis dann.

MARIA: Wiederhören.

Übung 6 Ticket-Buchung Online

Wie gut kennen Sie die Präpositionen? Lesen Sie den Text. Suchen Sie alle Präpositionen und schreiben Sie jede Form unten mit A für Akkusativ oder D für Dativ.

Ticket - Buchung online :

www.deutsches-theater.de

Buchen Sie Ihre Tickets bequem am Computer!
Sie bezahlen online per Kreditkarte nach neuestem Sicherheitsstandard.[1]
Sie wählen zwischen Abholung oder Zusendung[2] Ihrer Tickets.
Bei Last-Minute-Buchung liegen die Tickets an der Abendkasse für Sie bereit!

DEUTSCHES
THEATER
Bühne der Stadt München

---

[1]*security means*   [2]*Abholung . . . picking up or sending*

BEISPIEL: am Computer (D)

1. _____

2. _____

3. _____

4. _____

5. _____

Expressing Events in the Past

The Simple Past Tense of *sein* and *haben*

Übung 7 Wo waren sie?

Schreiben Sie fünf Fragen und fünf Antworten mit den gegebenen Satzteilen (*sentence elements*).

FRAGEN			
wo	sein	1. deine Freunde	gegen / sieben Uhr
		2. du	vor / der Film
		3. ihr	nach / die Oper
		4. Sie	nach / das Abendessen
		5. Michael	an / Festtag

ANTWORTEN		
1. sie (*pl.*)	sein	in / eine Kneipe
2. ich		in / das Restaurant
3. wir		in / der Gasthof
4. ich		zu / Haus
5. er		auf / eine Party

1. F: *Wo waren deine Freunde gegen sieben Uhr?* _____

   A: *Sie waren in einer Kneipe,* _____

2. F: _____

   A: _____

3. F: _____

   A: _____

4. F: _____

   A: _____

5. F: _____

   A: _____

Übung 8 Das Abendessen im Restaurant

Herr Geisler, der Restaurantinhaber, befragt die Familie Schulze nach ihrem Abendessen in seinem Restaurant. Ergänzen Sie den Dialog mit den richtigen Formen von **haben** im Imperfekt.

HERR GEISLER: Was _____¹ Sie denn zum Abendessen, Herr Schulze?

HERR SCHULZE: Ich _____² das Wiener Schnitzel, meine Frau

_____³ die Hausspezialität, und meine drei Kinder

_____⁴ einen Wurstteller.

HERR GEISLER: Was _____⁵ ihr zum Nachtisch, Kinder?

LOUISA: Wir, das heißt Sara und ich, _____⁶ beide einen Eisbecher. Julius etwas anderes.

HERR GEISLER: Und du, Julius. Was _____⁷ du?

JULIUS: Ich _____⁸ ein Stück Apfelstrudel.

HERR GEISLER: Und wie war denn das alles?

HERR SCHULZE: Ausgezeichnet, wie immer.

HERR GEISLER: Vielen Dank, Herr Schulze.

The Simple Past Tense of Modals

Übung 9   Minidialoge über das Leben als Kind

Ergänzen Sie die Dialoge mit den richtigen Formen des jeweiligen (*respective*) Modalverbs im Imperfekt.

1. **müssen:**

   A: Am Abendtisch _____ wir den ganzen Teller leer essen. Du auch?

   B: Ja, ich _____ das auch. Und ihr?

   C: Nein, wir _____ das nicht, aber unsere Kusine

   _____ das.

2. **dürfen:**

   A: Im Sommer _____ wir bis zehn Uhr aufbleiben. Und ihr?

   B: Ich _____ im Sommer bis spät am Abend spielen.

   _____ du lange aufbleiben?

   C: Ich _____ nur bis neun aufbleiben, aber mein Bruder

   _____ bis zehn oder elf fernsehen.

3. **können:**

   A: Wir _____ freitagabends ins Kino gehen.

   _____ ihr oft ins Kino gehen?

   B: Ich _____ nur samstagnachmittags ins Kino gehen.

   _____ du abends ins Kino?

   C: Ich _____ nachmittags oder abends ins Kino gehen, aber mein bester

   Freund _____ nur selten mitkommen.

4. **sollen:**

A: Wir _____ jeden Samstag unser Zimmer aufräumen. Was

_____ ihr zu Hause machen?

B: Ich _____ manchmal für meine Mutter einkaufen, und meine

Brüder _____ sonntagmorgens das Frühstück für die Familie

machen. _____ du auch manchmal kochen?

C: Nein, nie.

5. **wollen:**

A: _____ du immer fernsehen?

B: Nein, ich _____ mit meinen Freunden Basketball oder Fußball

spielen. Was _____ ihr als Kinder machen?

C: Wir _____ jeden Tag im Park spielen, aber unsere Schwester

_____ zu Hause bleiben und lesen.

6. **mögen:**

A: _____ ihr als Kinder Gemüse?

B: Wir _____ nichts Grünes, aber unsere Eltern

_____ Brokkoli, Spinat, Spargel – alles, was grün ist.

_____ du Gemüse?

C: Ich _____ Gemüse, Obst, Brot, alles. Heute esse ich

meistens vegetarisch.

Sprache im Kontext

Lesen

A. Schauen Sie sich die Anzeige und Bilder an, und wählen Sie die richtigen Antworten. Mehr als eine Antwort kann richtig sein.

OPERA

GmbH & Co

Kapuzinerstraße 13 · 53111 Bonn

Tel. (0228) 694644 · Fax (0228) 690871

Öffnungszeiten:
täglich von 8.00–1.00 Uhr

Türkische Spezialitäten

Sie haben einen netten Einkaufsbummel[1] in der Bonner City gemacht, einen Spaziergang am Rhein oder sind noch beseelt[2] von Pucks Tanzkünsten im Sommernachtstraum – Wo kann man besser die schönen Erlebnisse[3] vom Tage oder Abend ausklingen lassen, als im Café Restaurant Opera!

Lassen Sie sich einfangen von der eleganten, gemütlichen Atmosphäre des citynah[4] in unmittelbarer[5] Nähe zur Oper gelegenen Restaurants. Feine türkische Köstlichkeiten[6] und ausgewählte Gastfreundschaft[7] erfreuen Gaumen und Seele, das weiß das bunt gemischte[8] Publikum zu schätzen. Ob Sie den Lammrücken mit frischen Pilzen genießen[9] oder den Sonntagmorgen mit einem exklusiven Brunch auf der begrünten Terrasse beginnen möchten – Ihre Erwartungen werden erfüllt.[10]

Liebevoll und mit organisatorischem Geschick[11] richtet das Opera-Team Ihre feierlichen Anlässe[12] aus, ob Firmenjubiläen,[13] Hochzeiten, Weihnachts- oder Silvesterfeiern oder bietet[14] Ihnen einen Außerhaus-Partyservice inklusive Personal, Geschirr,[15] Musik und Schmuck,[16] Bauchtanz[17] und Lifemusik.

Ausgezeichnet mit der exklusiven Feinschmecker-Urkunde[18] und Plakette 2000 gilt das Opera als eins der besten ausländischen Restaurants in Deutschland.

Filiz Tosun und Müslüm Balaban

[1] *shopping stroll*
[2] *inspired*
[3] *experiences*
[4] *near downtown*
[5] *immediate*
[6] *delicacies*
[7] *hospitality*
[8] *bunt …*
   colorfully
   diverse
[9] *enjoy*
[10] Ihre … *your*
   expectations
   will be met
[11] *skill*
[12] feierlichen …
   festive
   occasions
[13] *office parties*
[14] *offers*
[15] *dinnerware*
[16] *decorations*
[17] *belly dancing*
[18] *gourmet*
   certification

1. Das Restaurant heißt Opera. Wo liegt es wahrscheinlich?
   a. ganz in der Nähe von der Oper
   b. weit weg von Theatern
   c. an der Universität

2. Was kann man im Restaurant Opera bestellen?
   a. Spezialitäten aus der Türkei
   b. türkische Küche
   c. japanische Gerichte

3. In welcher Stadt findet man das Restaurant Opera?
   a. in Berlin
   b. in Bonn

4. Wann hat das Restaurant Opera Ruhetag?
   a. Restaurant Opera ist täglich geöffnet.
   b. Es hat keinen Ruhetag.
   c. donnerstags

B. Richtig oder falsch? Kreuzen Sie an.

	RICHTIG	FALSCH
1. Das Café Restaurant Opera liegt in der Nähe von Geschäften und Theatern.	☐	☐
2. Man kann ins Café Restaurant Opera nach einem Spaziergang am Rhein, nach einem Einkaufsbummel in der Innenstadt oder nach einem Theaterbesuch gehen.	☐	☐
3. Das Café Restaurant Opera ist täglich nur zum Mittagessen geöffnet.	☐	☐
4. Hier findet man Eleganz und Gemütlichkeit.	☐	☐
5. Filiz Tosun und Müslüm Balaban bieten ihren Gästen Gastfreundschaft und deutsche Köstlichkeiten.	☐	☐
6. Das Publikum genießt Gerichte wie Lammrücken mit frischen Pilzen.	☐	☐
7. Man kann täglich Brunch auf der Terrasse essen.	☐	☐
8. Hier kann man Firmenjubiläen, Hochzeiten, Weihnachten und Silvester feiern.	☐	☐
9. Café Restaurant Opera bietet keinen Außerhaus-Partyservice wie Geschirr, Musik, Schmuck oder Bauchtanz.	☐	☐

C. Wie beschreibt man das in der Anzeige?

_____ 1. Das Restaurant ist

_____ 2. Die Köstlichkeiten sind

_____ 3. Die Erlebnisse sind

_____ 4. Das Publikum ist

_____ 5. Der Brunch ist

_____ 6. Die Terrasse ist

_____ 7. Die Anlässe sind

_____ 8. Die Atmosphäre ist

a. elegant und gemütlich.
b. begrünt (mit Grünpflanzen dekoriert).
c. feierlich.
d. schön.
e. citynah gelegen.
f. bunt gemischt.
g. türkisch und fein.
h. sonntagmorgens.

D. Laut (*according to*) einer Feinschmecker-Urkunde und Plakette ist das Café Restaurant Opera eins der besten ausländischen Restaurants in Deutschland. Hat Ihre Stadt ausländische Restaurants? Welches finden Sie am besten?

_____

_____

_____

E. Schreiben Sie eine Anzeige für Ihr Lieblingsrestaurant, Ihr Lieblingscafé, Ihre Lieblingskneipe oder Ihr Lieblingslokal.

- Wie ist die Adresse? in welcher Stadt?
- Was sind die Öffnungszeiten?
- Gibt es einen Ruhetag?
- Welche Speisen und Getränke serviert man dort?
- Welches Gericht/Getränk ist dort besonders beliebt (populär)?
- Wie ist die Atmosphäre? die Küche? der Service?
- Wie sind die Preise?
- Wer kommt gern in dieses Restaurant? (in dieses Café? in diese Kneipe? in dieses Lokal?) Warum?
- Kann man dort essen und trinken? tanzen? live Musik hören? singen ___?___
- Wem empfehlen Sie dieses Restaurant? (dieses Café? diese Kneipe? dieses Lokal?)

Na klar!

Beschreiben Sie diese Szene mit den folgenden Informationen: wer, was, wo, wann, warum.

_____

_____

_____

_____

_____

_____

KULTURJOURNAL

A. Deutsche Küche

Essen Sie wie die Deutschen oder nicht? Erklären Sie Ihre Antwort. Essen Sie zum Beispiel regionale deutsche Küche? Wenn ja: Welche? Welche Spezialitäten aus Ihrer Region haben Sie besonders gern? Essen Sie auch Gerichte aus vielen anderen Ländern? Wenn ja: Was für Küche essen Sie und wie oft? Schreiben Sie einen kurzen Absatz und beschreiben Sie Ihre Essgewohnheiten (*eating habits*).

mexikanisch	manchmal
amerikanisch	selten
marokkanisch	oft
äthiopisch	nie
chinesisch	einmal oder zweimal im Jahr
japanisch	täglich
italienisch	einmal oder zweimal im Monat
französisch	einmal die Woche
deutsch	
indisch	
koreanisch	
ungarisch	
russisch	
vietnamesisch	
international	

_____

_____

_____

_____

_____

B. Essen und Trinken Wo essen oder trinken Sie was?

1. Wo trinken Sie gern einen Tee (einen Kaffee, eine Cola, einen Sprudel, ein Bier, einen Wein)? Wo würden (*would*) Sie diese Getränke in Deutschland bestellen? (In Deutschland würde ich …)

_____

_____

_____

2. Wo essen Sie gern eine Suppe (einen Salat, ein Wurstgericht, Vorspeisen, einen Nachtisch)? Wo würden Sie diese Gerichte in Deutschland bestellen?

_____

_____

_____

_____

Mein Journal

Feiern macht Spaß! Schreiben Sie Ihre Pläne für eine Party, ein Picknick oder ein Familienfest.

- Was feiern Sie? Warum? (den Semesteranfang? das Semesterende? einen Geburtstag? eine Hochzeit? Weihnachten? Silvester? __?__)

- Wann ist die Party / das Picknick / das Fest?

- Wer ist der Ehrengast (*guest of honor*)? Warum?

- Wen laden Sie ein?

- Wo feiern Sie? (im Restaurant? in einem Tanzlokal? am Strand [*beach*]? im Wald [*forest*]? an Bord eines Schiffes? im Park? in einem Schloss [*castle*]? __?__)

- Was tragen die Gäste? (Kostüme? Sportkleidung? Winterkleidung? Sommerkleidung? Gesellschaftskleidung [*formal wear*]? Badeanzüge? __?__)

- Welche Dekorationen brauchen Sie? (Ballons? Kerzen [*candles*]? Blumen wie Rosen, Chrysanthemen, Tulpen, Dahlien, Gladiolen oder etwas anderes?)

- Was essen und trinken die Gäste? Essen sie zum Beispiel mexikanisch? indisch? äthiopisch? __?__

- Was machen die Gäste?

Kapitel

7 Freizeit und Sport

Aussprache

Contrasting Consonant Sounds; Initial *ch*

Consonant Contrasts: *ch/r, l/r, ch/sch;*
Consonant Cluster *schst;* Initial *ch*

Übung 1   The Contrast *ch/r* and *l/r*

As you have learned, **r** can be pronounced either in the back of the throat or with the tip of the tongue. When **r** is pronounced in the back of the throat, it sounds similar to the guttural **ch,** as in **a*ch*t, au*ch*,** and **do*ch*.** When **r** is pronounced with the tip of the tongue, it resembles the **l** sound. Listen and repeat.

ch/r	**l/r**
a**ch** / Art	halt / hart
To**ch**ter / Torte	Geld / Gerd
Ba**ch** / Bart	wollt / Wort
Wo**ch**e / Worte	wild / wird

Übung 2   The Contrast *ch/sch*

The soft **ch,** the **ch**-sound in **mi*ch*** and **Mäd*ch*en,** is similar to the **sch**-sound in **Ti*sch*** and **S*ch*uss.** Listen and repeat.

ch/sch	
Fä**ch**er / fe**sch**er	wi**ch** / wi**sch**
mi**ch** / mi**sch**	wel**ch** / Wel**sch**

Listen carefully and indicate which word of the pair you hear pronounced. You will hear each word twice.

Sie sehen: ☐ welch   ☐ Welsch
Sie hören: Welsch
Sie markieren: ☒ Welsch

1. ☐ durch   ☐ dusch
2. ☐ Fächer   ☐ fescher
3. ☐ Fichte   ☐ fischte
4. ☐ Furche   ☐ forsche
5. ☐ keuche   ☐ keusche
6. ☐ Löcher   ☐ Löscher

Übung 3 The Consonant Cluster *schst*

When pronouncing the consonant cluster **schst**, take care to pronounce both the **sch** sound, as in **wi*sch***, and follow it with a distinct **st**-sound, as in **i*st*.** Listen and repeat.

for**schst**
lö**schst**
logi**schst**e
mi**schst**
wi**schst**

Übung 4 Initial *ch*

In words borrowed from other languages, initial **ch** is usually pronounced as it would be in the original language. Place names with an initial **ch** should be learned individually. Listen and repeat.

ENGLISH	FRENCH	GREEK	PLACE NAMES
Charter	Champagner	Chaos	Chemnitz
Chips	Charme	Charakter	Chiemsee
checken	Chef	Chor	Chur
	Chiffre	Christ	China
		Chemie	Chile
		Chirurg	Chicago

Hören und Sprechen

Alles klar?

Schauen Sie sich die Grafik zur Umfrage an und hören Sie dann ein Interview mit Antje, Mehmet, Kerstin und Dejan. Was machen sie in ihrer Freizeit **NICHT** mehr?

Große Hobby-Schwarzliste
WAS DIE MEISTEN DEUTSCHEN IN IHRER FREIZEIT NIEMALS TUN

Fernsehen, telefonieren, Radio hören und Zeitung lesen – das machen die Deutschen am liebsten in ihrer Freizeit. Aber welche Aktivitäten machen sie niemals? 3000 Menschen ab 14 Jahren antworten überraschend aber eindeutig. Von je 100 Befragten üben in ihrer Freizeit niemals aus:

Golf spielen	92 Prozent
Spielhalle besuchen	86 Prozent
Musik machen/musizieren	78 Prozent
sich in einer Bürgerinitiative engagieren	75 Prozent
Camping/Caravaning	75 Prozent
Fitnessstudio besuchen	75 Prozent
Videospiel spielen	74 Prozent
Jogging	68 Prozent
Stammtisch besuchen	66 Prozent
Handarbeiten	62 Prozent
ehrenamtliche Aufgaben übernehmen	62 Prozent
Rock-/Pop-Jazzkonzerte besuchen	61 Prozent
Onlineshopping	59 Prozent
Wellnessangebote nutzen	54 Prozent

Antje: _____

Antjes Mann Hans: _____

Kerstin: _____

Mehmet: _____

Dejan: _____

Wörter im Kontext

Thema 1 Sport

Aktivität 1 Welche Sportart°?

type of sport

Einige Leute sprechen über ihren Lieblingssport. Kreuzen Sie an, über welche Sportart sie sprechen.

	FUSSBALL	EISHOCKEY	GOLF	WANDERN	SEGELN
1.	☐	☐	☐	☐	☐
2.	☐	☐	☐	☐	☐
3.	☐	☐	☐	☐	☐
4.	☐	☐	☐	☐	☐
5.	☐	☐	☐	☐	☐

Aktivität 2 Hin und her: Sport und Freizeit an der Ostsee

A. **Was machen wir an der Ostsee?** Sie wollen einige Tage mit Ihrem Freund Uwe an der Ostsee verbringen. Diskutieren Sie, was Sie machen können. Schauen Sie auf den Stadtplan von Bansin (auf der nächsten Seite), einem Ferienort nördlich von Swinemünde. Beantworten Sie Uwes Fragen.

Sie hören: Können wir in Bansin Camping gehen?
Sie sagen: Nein, in Bansin können wir nicht Camping gehen.

1. . . .   2. . . .   3. . . .   4. . . .   5. . . .   6. . . .

B. Sie rufen bei der Information in Heringsdorf südlich von Bansin an und fragen, welche Sportarten man dort treiben kann. Kreuzen Sie die Aktivitäten an, die man in Heringsdorf machen kann.

Sie hören: Camping gehen
Sie fragen: Kann man in Heringsdorf Camping gehen?
Sie hören: Nein, in Heringsdorf kann man nicht Camping gehen.
   oder   Ja, in Heringsdorf kann man Camping gehen. (Markieren Sie „Camping gehen".)

☒ Camping gehen
☐ Golf spielen
☐ Tennis spielen
☐ Angeln
☐ ein Boot mieten
☐ Surfen

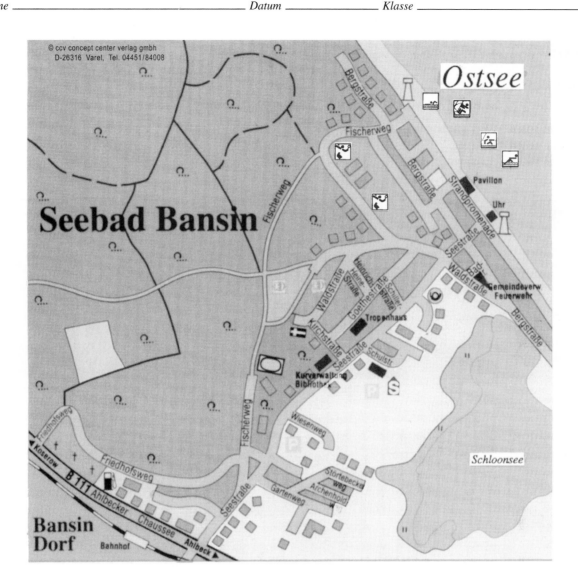

Sport, Freizeit und Sehenswürdigkeiten

Badestrand

Hallenbad

Segeln

Motorboote erlaubt

Surfing

Wasserski

Bootsverleih

Angeln erlaubt

Reiten

Golf

Minigolf

Tennis

Rundflug

Thema 2 Freizeit und Vergnügungen

Aktivität 3 Wie verbringt Lukas diese Woche seine Freizeit?

Sehen Sie sich die Bilder an, und sagen Sie, was Lukas macht. Sie hören die richtige Antwort.

Sie hören: Was macht Lukas am Montag?
Sie sehen: bloggen
Sie sagen: Er bloggt.

Montag	Dienstag	Mittwoch	Donnerstag	Freitag	Samstag	Sonntag
bloggen	Karten spielen	fernsehen	Gitarre spielen	Rad fahren	spazieren gehen / Fußball spielen	am Wagen arbeiten

1. . . .   2. . . .   3. . . .   4. . . .   5. . . .   6. . . .   7. . . .   8. . . .

Aktivität 4 Was schlagen Sie vor?

Ralf und Sie planen Aktivitäten für das Wochenende. Schauen Sie sich die Bilder an und beantworten Sie Ralfs Fragen.

> Sie hören: Was können wir denn am Wochenende machen, wenn es nicht regnet?
> Sie sagen: Wir können Fahrrad fahren.

Thema 3 Jahreszeiten und Wetter

Aktivität 5 Wie ist das Wetter?

Sie hören Wetterberichte aus drei Städten. Wie ist das Wetter in jeder Stadt? Notieren Sie auch die Temperaturen. Sie hören jeden Bericht zweimal.

	STOCKHOLM	MÜNCHEN	ROM
sonnig	☐	☐	☐
bewölkt	☐	☐	☐
Regenschauer	☐	☐	☐
Wind	☐	☐	☐
Temperatur	von ___°C bis ___°C	von ___°C bis ___°C	von ___°C bis ___°C

Aktivität 6 Globale Erwärmung und das Wetter in Deutschland

Durch die globale Erwärmung (*warming*) ist das Wetter in Europa anders geworden. Sie hören eine Wetterbeschreibung für Deutschland. Stimmen die Sätze oder stimmen sie nicht? Korrigieren Sie die falschen Sätze. Sie hören den Text zweimal. Zuerst hören Sie einige neue Wörter.

die Hitzewelle	*heat wave*
mild	*mild*
der Orkan	*hurricane*
trocken	*dry*

	DAS STIMMT	DAS STIMMT NICHT
1. Die Winter in Deutschland sind seit einigen Jahren kälter.	☐	☐
2. Es gibt mehr Schnee.	☐	☐
3. Die Temperatur im Mai ist oft 20 Grad Celsius.	☐	☐
4. Im Sommer ist es immer heiß und trocken.	☐	☐
5. Im Sommer gibt es morgens oft Gewitter.	☐	☐
6. Immer öfter gibt es ungewöhnliche Hitzewellen.	☐	☐
7. Es wird im Sommer über 50 Grad Celsius warm.	☐	☐
8. Die Herbstmonate sind neblig und regnerisch.	☐	☐

Grammatik im Kontext

Connecting Ideas: Coordinating Conjunctions

Übung 1 Was machen junge Leute gern?

Schauen Sie sich die Bilder (auf dieser und der nächsten Seite) an, und bilden Sie Sätze mit **und**.

Sie hören: Was machen junge Deutsche gern?
Sie sagen: Junge Deutsche spielen gern Fußball
und joggen gern.

Fußball spielen + joggen

1. diskutieren + Musik hören

2. Motorrad fahren + ins Kino gehen

3. tanzen + Musik machen

4. Auto fahren + wandern

5. Bücher lesen + im Internet surfen

Übung 2 Das SEZ° oder Fernsehen?

SEZ = Sport- und Erholungszentrum

Andreas und seine Freundin Nicole sprechen über ihre Pläne für den Abend. Hören Sie zu. Stimmt die Information unten, oder stimmt sie nicht?

		DAS STIMMT	DAS STIMMT NICHT
1.	Man kann beim SEZ schwimmen.	☐	☐
2.	Nicole schwimmt gern.	☐	☐
3.	Nicole bleibt zu Hause und sieht fern.	☐	☐
4.	Andreas spielt eine Stunde Tennis.	☐	☐
5.	Nicole will heute Abend mit Andreas Spanisch lernen.	☐	☐
6.	Andreas will um 9 Uhr zurück sein.	☐	☐
7.	Er soll Nicole ein Eis mitbringen.	☐	☐
8.	Nicole will Pommes frites mit Mayonnaise.	☐	☐

Expressing Events in the Past: The Present Perfect Tense

Übung 3 Ein schöner Abend

Karin und Peter sind gestern Abend ausgegangen und hatten eine lustige Begegnung. Stimmen die Sätze oder stimmen sie nicht? Korrigieren Sie bitte alle falschen Sätze! Sie hören den Text zweimal.

		DAS STIMMT	DAS STIMMT NICHT
1.	Karin und Peter sind ins Kino gegangen.	☐	☐
2.	Sie haben „Das Phantom der Oper" gesehen.	☐	☐
3.	Nach dem Musical waren sie in der Disco.	☐	☐
4.	Im La Mamma haben sie keinen Tisch bekommen.	☐	☐
5.	La Mamma ist bei Journalisten ein beliebtes Restaurant.	☐	☐
6.	Karin trinkt keine alkoholischen Getränke.	☐	☐
7.	Peter hat zur Pizza Rotwein getrunken.	☐	☐
8.	Nach der Pizza haben sie Obstsalat gegessen.	☐	☐

	DAS STIMMT	DAS STIMMT NICHT
9. Peter und Karin haben Stefan und Susanne in einem Eiscafé gesehen.	☐	☐

_____

_____

| 10. Peter und Susanne kennen sich nicht. | ☐ | ☐ |

_____

_____

Wissen Sie das? Warum haben Peter, Karin, Stefan und Susanne so gelacht?

_____

_____

Übung 4 Übers Wochenende

Sie hören einen Dialog zwischen zwei Freundinnen, Stefanie und Barbara. Ergänzen Sie den Text. Sie hören den Dialog zweimal.

STEFANIE: Hallo, Barbara. Was hast du am Wochenende _____[1]?

BARBARA: Hi, Stefanie. Am Samstag bin ich mit Paul in die Disco _____[2]. Wir sind aber

nicht lange _____[3]. Letzte Woche haben wir viele Prüfungen

_____[4] und wir waren beide sehr müde.

STEFANIE: Hast du dann am Sonntag lange _____[5]?

BARBARA: Ja, aber dann war ich am Nachmittag mit Ellen im Kino.

STEFANIE: Was habt ihr _____[6]?

BARBARA: „Das Parfum." Kennst du den Film?

STEFANIE: Nein, aber das Buch hab' ich _____[7]. Wie hat dir der Film

_____[8]?

BARBARA: Sehr gut, aber ein bisschen gruselig war er schon. Dustin Hoffman hat den Baldini

_____[9] und Tom Tykwer war der Regisseur.

STEFANIE: Wirklich? Ich kenne den Tykwer nur von dem Film „Lola rennt". Den Film hab' ich besonders

gut _____[10].

Übung 5 Was hat Antje gemacht?

Doris sagt Ihnen, was Antje am Wochenende machen wollte. Bestätigen Sie, dass Antje alles gemacht hat.

Sie hören: Antje wollte mit Melina frühstücken.
Sie sagen: Sie hat mit Melina gefrühstückt.

1. . . .   2. . . .   3. . . .   4. . . .   5. . . .   6. . . .

Übung 6   Viel gemacht!

Hören Sie zu und ergänzen Sie den Text. Sie hören den Text zweimal.

Letztes Wochenende habe ich einen tollen Film _____[1] – „Nosferatu" von Werner Herzog.

Danach _____[2] ich ein paar Bier mit meinen Freunden getrunken. Vorher habe ich

andere Freunde _____[3]. Das war Samstag. Sonntag _____[4] ich bis

12 Uhr im Bett geblieben. Um 9 haben meine Eltern _____[5]. Sie

_____[6] mich zum Abendessen eingeladen. Um 12 bin ich _____[7]

und habe _____[8]. Von 2 bis 4 _____[9] ich mit meiner Freundin

spazieren gegangen, und gegen 5 bin ich zu meinen Eltern _____[10]. Ich

_____[11] bis 9 dort geblieben. Ich war in einer Stunde wieder bei mir zu Hause, und

danach bin ich ins Bett _____[12].

Übung 7   Wann hat Birgit das zum letzten Mal gemacht?

A. Birgit erzählt Ihnen, was sie gern macht. Hören Sie zu, und schreiben Sie das Verb, das Sie hören, im Infinitiv.

Sie hören: Ich lade gern Freunde ein.
Sie schreiben: _einladen_____

1. _____

2. _____

3. _____

4. _____

5. _____

Halt! ╪ Hör-Info

In the first part of this activity Birgit uses the present tense to tell what she likes to do. You will use the *present perfect* tense to ask her when she did these things. Before you begin this next part of the activity, check the form of the past participle of the verbs Birgit used.

B. Wann macht Birgit alles? Sie hören noch einmal, was Birgit gern macht. Fragen Sie Birgit, wann sie das zum letzten Mal gemacht hat, und notieren Sie ihre Antwort.

Sie hören: Ich lade gern Freunde ein.
Sie fragen: Wann hast du zum letzten Mal Freunde eingeladen?
Sie hören: Letzten Samstag habe ich zum letzten Mal Freunde eingeladen.
Sie schreiben: _letzten Samstag_

1. _____   4. _____

2. _____   5. _____

3. _____

C. Jetzt sind Sie dran. Wann haben Sie das zum letzten Mal gemacht? Geben Sie eine persönliche Antwort auf die Fragen.

1. . . . 2. . . . 3. . . . 4. . . . 5. . . . 6. . . .

Expressing Comparisons: The Comparative

Übung 8 Wie finden sie das?

Einige Leute sprechen darüber, was sie bevorzugen (*prefer*). Schreiben Sie das Adjektiv, das Sie hören. Was machen diese Leute lieber?

Sie hören: —Herr Laube, welches Buch finden Sie interessanter, *Das Sakrileg* oder
Der Insektensammler?
—*Der Insektensammler* auf alle Fälle.
Sie schreiben: interessanter
Sie kreuzen an: ☒ *Der Insektensammler*

ADJEKTIV	WAS LIEBER?	
1. _____	☐ im Schwarzwald	☐ in den Alpen
2. _____	☐ ein Studentenwohnheim	☐ eine WG
3. _____	☐ Sandalen	☐ Stiefel
4. _____	☐ über die Autobahn	☐ über die Landstraße

Übung 9 Noch besser!

Bei einem Klassentreffen (*class reunion*) sprechen alte Schulfreunde miteinander. Jeder will seinen Gesprächs-partner übertreffen (*outdo*). Beantworten Sie die Fragen mit **noch** + Komparativ.

Sie hören: Heikes Wohnung ist groß. Und Leas?
Sie sagen: Leas Wohnung ist noch größer.

1. . . . 2. . . . 3. . . . 4. . . . 5. . . . 6. . . . 7. . . .

Übung 10 Und das ist genauso …

Beantworten Sie die Fragen wie im Beispiel.

Sie hören: Die *Herr der Ringe*-Filme sind spannend. Und die *Harry Potter*-Filme?
Sie sagen: Die *Harry Potter*-Filme sind genauso spannend wie die *Herr der Ringe*-Filme.

1. . . . 2. . . . 3. . . . 4. . . . 5. . . .

Übung 11 Das ist nicht so … wie …

Beantworten Sie die Fragen wie im Beispiel.

Sie hören: Michael ist groß. Und Stefan?
Sie sagen: Stefan ist nicht so groß wie Michael.

1. . . . 2. . . . 3. . . . 4. . . . 5. . . .

Sprache im Kontext

A. Antje, Kerstin, Mehmet und Dejan erzählen über ihre Freizeit. Hören Sie zu. Wer macht was? Zuerst hören Sie zwei neue Wörter.

Krimis   *crime novels*
die Gesundheit   *health*

	ANTJE	KERSTIN	MEHMET	DEJAN
1. treibt viel Sport	☐	☐	☐	☐
2. liest gern englische Bücher	☐	☐	☐	☐
3. kocht gern türkische Gerichte	☐	☐	☐	☐
4. spielt oft Videospiele	☐	☐	☐	☐
5. schwimmt im Sommer	☐	☐	☐	☐
6. hört am liebsten Rap	☐	☐	☐	☐
7. treibt wenig Sport	☐	☐	☐	☐
8. interessiert sich für Autos	☐	☐	☐	☐
9. hat einen Garten	☐	☐	☐	☐
10. macht Nordic Walking	☐	☐	☐	☐

B. Sie hören Antje, Kerstin, Mehmet und Dejan noch einmal. Was stimmt? Was stimmt nicht? Korrigieren Sie die falschen Informationen.

	DAS STIMMT	DAS STIMMT NICHT
1. Antje ist nicht sehr sportlich.	☐	☐
2. Antje liest am liebsten Science Fiction.	☐	☐
3. Antje trifft sich gern mit ihrer Freundin.	☐	☐
4. Kerstin wandert mit ihren Freunden.	☐	☐
5. Kerstin ist ihre Gesundheit sehr wichtig.	☐	☐
6. Kerstin geht gern mit ihrem Mann in exotische Restaurants.	☐	☐

	DAS STIMMT	DAS STIMMT NICHT
7. Mehmet hört am liebsten deutsche Rapper.	☐	☐
8. Mehmets Spezialität ist die deutsche Küche.	☐	☐
9. Mehmet hat Gemüse im eigenen Garten.	☐	☐
10. Dejan hat oft Stress.	☐	☐

C. Jetzt sind Sie dran. Beantworten Sie einige Fragen zu Ihrer Freizeit.

1. . . .   2. . . .   3. . . .   4. . . .   5. . . .   6. . . .

Lesen und Schreiben

Alles klar?

Was sehen Sie auf dem Foto? Geben Sie alle passenden Antworten.

1. Was spielen diese zwei Studenten?
   a. Schach
   b. Fußball
   c. Karten
   d. Tennis

2. Was tragen sie?
   a. Fußballschuhe
   b. Schlittschuhe
   c. Socken
   d. Fußballtrikots

3. Wo sind sie?
   a. auf einer Wiese
   b. auf einem Sportplatz
   c. im Wald
   d. auf einem Meer

4. Welche Jahreszeit ist es?
   a. Spätfrühling
   b. Spätherbst
   c. Sommer
   d. Winter

5. Wie ist das Wetter?
   a. Die Sonne scheint.
   b. Es regnet.
   c. Es schneit.
   d. Es ist teilweise (partly) bewölkt.

6. Wie ist die Temperatur?
   a. Es ist sehr kalt.
   b. Es ist angenehm.
   c. Es ist schön warm.

7. Was sehen Sie noch auf dem Foto?
   a. Berge
   b. einen Fluss
   c. eine Straße
   d. viel Gras

Wörter im Kontext

Thema 1 Sport

Aktivität 1 Wie und wo verbringen diese Leute ihre Freizeit?

A. Richtig oder falsch?

1. Drei Männer und eine Frau segeln auf dem Meer. _____

2. Kinder schwimmen im Fluss. _____

3. Zwei Menschen fahren mit dem Moped am Flussufer (*river bank*) entlang.

   _____

4. Eine Frau angelt auf dem See. _____

5. Ein Junge faulenzt am Flussufer. _____

6. Fünf Menschen fahren Kanu auf dem Fluss. _____

7. Eine Studentin joggt im Wald. _____

8. Ein Mann reitet über die Wiese. _____

B. Wo machen Sie gern was? Wo möchten Sie einmal was machen?

Schreiben Sie zwei Sätze. Benutzen Sie Ideen aus Teil A.

1. _____

   _____

2. _____

   _____

Aktivität 2   Wohin geht man? Was macht man dort?

Benutzen Sie die Satzteile und schreiben Sie fünf vollständige Sätze.

BEISPIEL: Man geht auf den Sportplatz und spielt Fußball.

auf den Sportplatz	und	Ski fahren
in den Wald		Bodybuilding machen
auf den Tennisplatz		schwimmen
ins Fitnesscenter		wandern
ins Schwimmbad		Fußball spielen
im Winter in die schneebedeckten Berge		Tennis spielen

1. _____

2. _____

3. _____

4. _____

5. _____

Aktivität 3   Sportarten

Was machen sie? Ergänzen Sie jeden Satz mit einem passenden Verb.

1. Viele Menschen _____ in Ihrer Freizeit Sport.

2. Unsere Freunde _____ oft und gern Fußball.

3. Die Jungen _____ gern Baseball-Karten.

4. Wir _____ im Sommer schwimmen.

5. Die Familie Hubner _____ jeden Winter Schlittschuh.

6. Herr Becker, Sie _____ jedes Wochenende Golf, nicht wahr?

7. Du _____ fast jeden Tag Rad, nicht wahr?

8. Ihr _____ manchmal Bodybuilding, nicht wahr?

Thema 2 Freizeit und Vergnügungen

Aktivität 4   Was machen sie gern in ihrer Freizeit?

Sagen Sie, was die Personen gern machen. Schreiben Sie Sätze.

BEISPIEL: *Annika: collects stamps* → Annika sammelt gern Briefmarken.

1. *Willi: works out (does bodybuilding)*

   _____

2. *Petra and her (female) friends: jog*

   _____

3. *Claudia: paints*

   _____

4. *Dirk: draws*

_____

5. *Christel: rides a bicycle*

_____

6. *Heike and Max: play chess*

_____

7. *Eva: dives*

_____

8. *Jürgen and his brothers: fish*

_____

9. *Monika: blogs*

_____

10. *Stefan: lies around doing nothing*

_____

Thema 3 Jahreszeiten und Wetter

Aktivität 5 Was für Wetter ist das?

A. Schreiben Sie das passende Substantiv zu jedem Bild.

1. *der Schauer* _____

2. _____

3. _____

4. _____

5. _____

6. _____

B. Wählen Sie jetzt ein Wort aus der vorhergehenden Aktivität und schreiben Sie ein Rätsel.

BEISPIEL: Ich komme im Frühling und bringe Wasser für Blumen. Ich bin kühl aber nicht unangenehm. Was bin ich?*

_____

_____

_____

_____

_____

Aktivität 6   Wie ist das Wetter?

Wie kann man das anders sagen?

BEISPIEL: Ist es sonnig? → Scheint die Sonne?

1. Heute ist es in Deutschland regnerisch.

_____

2. Gibt es morgen auch ein Gewitter?

_____

3. Vielleicht gibt es morgen Schnee.

_____

4. Gestern war es sonnig.

_____

5. Im Frühling ist es angenehm.

_____

_____

*Antwort: ein Schauer

Aktivität 7   Wie ist das Wetter in Deutschland?

Schauen Sie sich die Wetterkarte an, und schreiben Sie Kurzantworten.

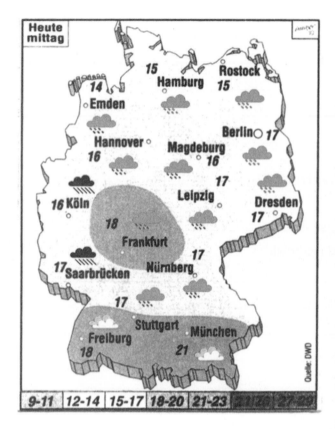

1. Wie ist das Wetter in Saarbrücken? _____

2. Was für Wetter gibt es in Dresden? _____

3. Wie ist das Wetter in Freiburg? _____

4. Was ist die Temperatur in Emden? _____

5. Sieht man heute in Deutschland die Sonne? _____

Aktivität 8 Wie finden Sie das Wetter?

Ein Reporter fragt diese Frau über das Wetter. Schreiben Sie passende Antworten.

REPORTER: Woher kommen Sie?

FRAU: _____

REPORTER: Regnet es oft dort?

FRAU: _____

REPORTER: So, wie gefällt Ihnen das Wetter heute in unserer Stadt?

FRAU: _____

_____

REPORTER: Was machen Sie an regnerischen Tagen gern?

FRAU: _____

_____

REPORTER: Was für Wetter haben Sie besonders gern?

FRAU: _____

_____

Grammatik im Kontext

Connecting Ideas: Coordinating Conjunctions

Übung 1 Pläne für einen Tag auf dem Land

Welches Satzende passt am besten zu welchem Satzanfang?

1. Die Sonne scheint heute früh, _____
2. Wir wollen nicht zu Hause bleiben, _____
3. Wir wandern im Wald, _____
4. Wir können ins Wirtshaus zum Mittagessen gehen _____
5. In dieser Jahreszeit sind die Wälder _____
6. Auch gibt es nicht so viele Touristen, _____
7. Ich rufe Karin _____
8. Vielleicht möchten sie mitkommen, _____
9. Wir können alle in meinem Auto fahren _____

a. sondern aufs Land fahren.
b. denn sie arbeiten heute nicht.
c. und Gerhard an.
d. oder wir können zwei Autos nehmen.
e. oder weiter aufs Land fahren.
f. aber es ist kühl und windig.
g. oder vielleicht segeln wir auf dem Kiessee.
h. und Wiesen besonders schön.
i. denn die Ferienzeit ist schon vorbei.

Expressing Events in the Past: The Present Perfect Tense

Weak Verbs

Übung 2 Freizeitaktivitäten

Zwei Frauen sprechen miteinander. Schreiben Sie das Gespräch neu im Perfekt.

FRAU WAGNER: Was machen Sie in Ihrer Freizeit?

FRAU HUBERT: Ich sammle Briefmarken und spiele Karten. Ich koche auch viel. Und Sie?

FRAU WAGNER: Ich zeichne, male und arbeite im Garten.

FRAU HUBERT: Hören Sie auch Musik?

FRAU WAGNER: Ja natürlich. Mein Mann und ich faulenzen auch. Dann hören wir gern Jazz.

FRAU WAGNER: _____

FRAU HUBERT: _____

_____

_____

FRAU WAGNER: _____

_____

_____

FRAU HUBERT: _____

FRAU WAGNER: _____

_____

_____

Strong Verbs

Übung 3   Was fragt man sie?

Viele Studenten und Studentinnen haben neben dem Beruf auch studiert. Was fragt man sie? Bilden Sie Fragen im Perfekt.

BEISPIEL: Gehst du am Abend oder Wochenende in die Hochschule? →
        Bist du am Abend oder Wochenende in die Hochschule gegangen?

1.   Sitzt du stundenlang vor dem Computer?

   _____

2.   Wie viele Stunden schläfst du pro Nacht?

   _____

3.   Sprecht ihr oft mit anderen Studenten und Studentinnen?

   _____

4.   Wie viele Bücher lest ihr pro Kurs?

   _____

5.   Wie viele Tassen Kaffee trinkst du pro Tag?

   _____

6. Bleibst du am Abend und Wochenende zu Hause?

_____

7. Wie oft fahrt ihr in der Freizeit aufs Land?

_____

8. Wie oft geht ihr ins Kino?

_____

9. Wie findet ihr die Kurse?

_____

The Use of *haben* or *sein* as Auxiliary

Übung 4 Der neue Millionär

Der Mann beschreibt, was er letztes Jahr als Millionär gemacht hat. Bilden Sie Sätze im Perfekt.

1. ich / machen / keine Arbeit mehr

   _____

2. wir / fliegen / zehn Wochen / nach Hawaii

   _____

3. ich / bleiben / fast nie zu Hause

   _____

4. ich / fahren / oft / in Österreich / Ski

   _____

5. wir / essen / oft / in Restaurants

   _____

   _____

6. meine Eltern / kommen / oft zu Besuch

   _____

7. wir / gehen / oft / in die Oper

   _____

   _____

Mixed Verbs / Past Participles of Verbs with Prefixes

Übung 5 Uwes Geburtstagsparty

Vervollständigen Sie alle Fragen im Perfekt.

1. Was _____ denn an deinem Geburtstag _____? (passieren)

2. Wie _____ du den Abend _____? (verbringen)

3. _____ du _____, (wissen) dass deine Freunde das ganze

   Restaurant für deine Party reserviert hatten?

4. Was _____ du zum Abendessen _____? (bestellen)

5. Wen _____ man _____? (einladen)

6. _____ du alle Partygäste _____? (kennen)

7. _____ deine Eltern viel _____? (fotografieren)

8. Was _____ du zum Geburtstag _____? (bekommen)

9. _____ Claudia dir ein Geschenk _____? (bringen)

10. Wann _____ du nachts _____? (einschlafen)

Übung 6 Ich habe das schon gemacht!

Tims Schwester glaubt, dass er deprimiert (*depressed*) ist und macht Vorschläge (*suggestions*), aber er hat das alles schon gemacht.

Mach mal Pause von Zuhause – geh in's KINO

HEIMGARTEN KINO mit Dolby Surround System
Oberammergau – **täglich geöffnet.**

Vorher oder nachher in das **Kino-Café**
Täglich geöffnet von 19 - 02 Uhr,
Fr. u. Sa. von 19 - 03 Uhr · Kein Ruhetag

Oberammergau · St. Lukasstr. 11 · Tel. 0 88 22/49 60

BEISPIEL: Steh auf. →
Ich bin schon aufgestanden.

1. Räum dein Zimmer auf.

    _____

2. Ruf deine Freunde an.

    _____

3. Mach mal Pause von Zuhause.

    _____

4. Geh ins Kino.

    _____

5. Komm mal mit deinen Freunden vorbei.

    _____

6. Fang ein Projekt an.

    _____

Expressing Comparisons: The Comparative

Übung 7   Wie ist es gewöhnlich?

BEISPIEL: Briefmarke / klein / Postkarte →
Eine Briefmarke ist kleiner als eine Postkarte.

1. Wiese / groß / Stadtpark

   _____

2. Gewitter / stark / Regenschauer

   _____

3. Pullover / warm / Hemd

   _____

4. Fluss / lang / Straße

   _____

5. Frühling / kühl / Sommer

   _____

6. Wintertage / kurz / Sommertage

   _____

Expressing Equality

Übung 8   Was sagt der Neinsager?

Schreiben Sie eine negative Antwort auf jede Frage. Verwenden Sie **nicht so … wie** und den Komparativ in Ihrer Antwort wie im Beispiel.

BEISPIEL: Ist es im Ausland <u>so schön wie</u> zu Hause? →
Nein, im Ausland ist es <u>nicht so schön wie</u> zu Hause. Zu Hause ist es <u>schöner</u>.

1. Ist es zu Hause so kalt wie hier?

   _____

   _____

2. Findest du Fußball so interessant wie Tennis?

   _____

   _____

3. Ist der Film so gut wie das Buch?

   _____

   _____

4. Isst du Gemüse so gern wie Schokolade?

_____

_____

5. Gefällt dir das Hotel so gut wie das Restaurant?

_____

_____

6. Macht dir Wandern so viel Spaß wie Schwimmen?

_____

_____

Sprache im Kontext

Lesen

A. Schauen Sie sich die Broschüre auf der nächsten Seite an und überfliegen Sie den Text. Was wissen Sie schon? Mehr als eine Antwort kann richtig sein.

1. Die Broschüre ist für
   a. ein Hotel.
   b. eine Brauerei.
   c. einen Gasthof.
   d. einen Biergarten.

2. Der Text beschreibt ...
   a. das Hotel und die Zimmer.
   b. die Heimatstadt Sulzbach-Rosenberg.
   c. die Umgebung (*vicinity*) von Sulzbach-Rosenberg.
   d. das Sulzbach-Rosenberger Stadtwappen (*coat of arms*).

B. Was kann man in Sulzbach-Rosenberg für den Körper, für den Geist (*mind*) und für das Gemüt (*soul, pleasure*) machen? Lesen Sie die Broschüre und füllen Sie die Tabelle aus.

WILLKOMMEN IM

**Brauereigasthof
Hotel**

Sperber **BRÄU**

"Unsere Heimat:"

Vielfältig wertvoll[1]

Ab vom hektischen *Trubel* der Zentren und dennoch[2] pulsierend im Leben..., so könnte man am besten unsere Heimat[3] beschreiben.[4]
Bei uns finden Sie:

... für den *Körper* die Sportanlage mit Tennis, Squash und Fitnesscenter, das Waldbad, golfen (auf 7 verschiedenen Plätzen), entspanntes[5] Wandern in der Umgebung oder Radeln[6] on Tour;

... für den *Geist* das 1. Bayerische Schulmuseum, das Literaturarchiv und im Stadtmuseum die Geschichte[7] der über 1000-jährigen Altstadt;

... für's *Gemüt* vielfältige Aktivitäten der örtlichen[8] Vereine und Institutionen.

Nah gelegene Ziele[9] wie Bayreuth, Regensburg, Nürnberg, München, Prag, Weiden oder Amberg sind einen Tagesausflug wert.[10]

Übrigens ist die *Nürnberg Messe* sehr schnell und günstig über die Nahverkehrsanbindung in ca. 45 Min. mit der Bahn zu erreichen.

Wenn Sie möchten arrangieren wir gerne für Sie alles weitere.

Sulzbach-Rosenberger
Stadtwappen

[1]Vielfältig ... *valuable in many ways*
[2]*nonetheless*
[3]*home town*
[4]*describe*
[5]*relaxed*
[6]Rad fahren
[7]*history*
[8]*local*
[9]*destinations*
[10]Tagesausflug ... *worth a day trip*

Was gibt's in Sulzbach-Rosenberg?

FÜR DEN KÖRPER	FÜR DEN GEIST	FÜR DAS GEMÜT

C. Welche Städte liegen in der Nähe von Sulzbach-Rosenberg?

a. _____ e. _____

b. _____ f. _____

c. _____ g. _____

d. _____

D. Wie weit ist Nürnberg von Sulzbach-Rosenberg mit der Bahn?

_____

Kulturspot

With 150,000 square meters of exhibition space and an outdoor area of 76,000 square meters, the exhibition venue in Nuremberg hosts many international trade fairs and congresses throughout every year. A particularly well-known **Nürnberg Messe** is the annual international **Spielwarenmesse** (*toy fair*), which draws exhibitors, industry leaders, and visitors from all over the world.

E. Lesen Sie die folgende Beschreibung von einem Wochenende in Sulzbach-Rosenberg. Schreiben Sie sie im Perfekt neu.

Am Wochenende fahren wir von München nach Sulzbach-Rosenberg, denn wir suchen Ruhe. Max und Sonja spielen Tennis, und ich gehe ins Fitnesscenter. Dann fährt Max mit der Bahn nach Nürnberg, aber Sonja und ich bleiben in Sulzbach-Rosenberg. Max besucht die Nürnberg Messe (*trade fair*), aber Sonja und ich verbringen zwei Stunden im Stadtmuseum. Wir sehen dort viel, und wir hören auch die Geschichte der Altstadt. Das Hotel arrangiert alles für uns.

Na klar!

Wer ist dieser Mensch? Schauen Sie sich das Foto an und spekulieren Sie. Schreiben Sie einen kurzen Bericht mit den folgenden Informationen.

- Wie heißt er?

- Wie alt ist er?

- Studiert er? Wenn ja: wo?

- Woher kommt er?

- Er spielt gern Fußball. Treibt er auch andere Sportarten? Wenn ja: welche?

- Jetzt ist es schön warm und er kann Fußball spielen. Wie hat er den Winter verbracht?

KULTURJOURNAL

A. Wie ist das Wetter?

1. Die Wettervorhersage ist eines der wichtigsten Tagesthemen im deutschen Fernsehen und Radio. Warum? Ist das auch so, wo Sie wohnen? Warum (nicht)?

   _____

   _____

   _____

2. Klagen Menschen in Ihrer Gegend (*area*) über das Wetter? Wenn ja: Was sagen sie? Wenn nein:

   Warum nicht? _____

   _____

3. Was macht man in Deutschland, wenn das Wetter schlecht ist? Und in Ihrer Gegend?

   _____

   _____

   _____

   _____

B. Sport in Deutschland

1. Haben Sie lieber Winter- oder Sommersport? _____

2. Nehmen Sie lieber am Aktiv- oder Passiv-Sport teil? _____

3. Viele Deutsche treiben gern Sport wie Fußball, Radfahren, Schwimmen, Wandern oder Skilaufen.

   Welche von diesen Sportarten treiben Sie gern? _____

   _____

4. Welche Sportarten sehen die Deutschen regelmäßig im Fernsehen? Und Sie?

   _____

   _____

   _____

   _____

Mein Journal

Was haben Sie letztes Wochenende gemacht? Schreiben Sie darüber. Die folgenden Fragen geben Ihnen vielleicht einige (*some*) Ideen.

- Sind Sie zu Hause geblieben?

  Wenn ja: Waren Sie krank (*sick*)?

  War jemand (*someone*) bei Ihnen zu Gast?

  Hatten Sie viel Arbeit?

  Haben Sie für Ihre Kurse gearbeitet? lange geschlafen? ferngesehen? Videos gesehen? gekocht?

  Briefe geschrieben? Freunde angerufen? E-Mails geschickt? Bücher oder Zeitung gelesen? ___?___

- Sind Sie ausgegangen?

  Wenn ja: Wohin sind Sie gegangen? ins Kino? ins Restaurant? ins Rockkonzert? in die Oper?

  ins Theater ___?___

  Wie war der Film? das Essen? das Konzert? die Oper? das Schauspiel (*play*)?

- Sind Sie vielleicht auf eine Party gegangen?

  Wenn ja: Wer war dabei?

  Was haben Sie gegessen und getrunken?

  Haben Sie Musik gehört? getanzt?

- Sind Sie irgendwohin (*somewhere*) mit dem Auto, mit dem Bus oder mit dem Flugzeug gefahren?

  Wenn ja: Ist jemand mitgefahren oder sind Sie allein gefahren?

  Haben Sie Freunde oder Familie besucht?

  Was haben Sie mit ihnen unternommen?

- Haben Sie eingekauft?

  Wenn ja: Wohin sind Sie einkaufen gegangen?

  Was haben Sie gekauft?

  Haben Sie jemandem etwas geschenkt?

Kapitel

Wie man fit und gesund bleibt

Aussprache

Interference from Cognates and Common Foreign Words

Although the many cognates common to both German and English make it easy for the English speaker to learn German vocabulary, some similarities can cause interference with correct pronunciation.

Übung 1   The Letter *g*

As you have learned, the letter **g** in most German words is produced in the back of the throat with a sudden release of air. This **g** also occurs in many English words, for example *got*. Also common in English is a dental **g** sound produced at the front of the mouth with the air vibrating as it passes between the teeth, as in the word *gentle*. Listen and repeat.

ENGLISH	GERMAN
region	Region
Norwegian	Norwegisch
evangelist	Evangelist
register	Register
vegetarian	Vegetarier

In some borrowed words, the **g** is soft like in English. Listen and repeat.

Garage	Gelee
Gendarm	Rage
Genie	Genre

Übung 2   The Letter *j*

Although **j** is pronounced as an English *y*, in some borrowed words the **j** is also pronounced as a soft **g.** Listen and repeat.

Jackett	Jalousie
Jargon	Jongleur
jonglieren	Journal

Übung 3   The Diphthong *eu*

English and German share many words borrowed from Greek that begin with **eu.** In German **eu** is pronounced similar to *oy* in the English words b*oy* or t*oy*. Listen and repeat.

ENGLISH	GERMAN
*Eu*rope	**Eu**ropa
*eu*calyptus	**Eu**kalyptus
*eu*phemism	**Eu**phemismus
*eu*phoria	**Eu**phorie
*eu*thanasia	**Eu**thanasie

Übung 4   Vocalic *y*

The **y** in words borrowed from Greek is usually pronounced as a short *i* in English. In German it is pronounced as a long or short **ü.** Listen and repeat.

ENGLISH	GERMAN
analysis	Analyse
lyric	Lyrik
physics	Physik
typical	typisch
gymnastics	Gymnastik
symbol	Symbol
symphony	Symphonie
dynamic	dynamisch

Übung 5   Word and Syllable Division

Students learning German often have problems determining word or syllable division in compound words. This results in slurring together letters that belong to separate words and should be pronounced separately. A common mistake is pronouncing the **sh,** in **Landshut,** like the English consonant cluster. First scan the following words and try to determine the two elements of the compound and mark their division. Then listen to the pronunciation and correct any mistakes. Listen and repeat.

Gundelsheim	Vereinshalle
Arbeitstag	Ludwigshafen
Ausbildungsplatz	Ausgangspunkt
Besatzungstruppen	Berufsheer
Vergnügungsort	Geburtsort
Zukunftsaussichten	Verkehrsamt

Übung 6 The Glottal Stop

The glottal stop is used in both English and German to avoid running words together. A glottal stop is made when the glottis, the space between the vocal cords at the upper part of the larynx, closes then quickly reopens. In English, we occasionally use the glottal stop, for example, to distinguish between *nitrate* and *night rate*. German uses the glottal stop much more frequently, especially in front of all vowels at the beginning of a syllable or word, e.g., **ein alter Opa.** Americans tend to run these words together (einalteropa).

You will hear short sentences read two times each. Indicate which reader uses the glottal stop.

1. a. ☐ b. ☐
2. a. ☐ b. ☐
3. a. ☐ b. ☐
4. a. ☐ b. ☐
5. a. ☐ b. ☐

Satzbeispiele. Listen to the following sentences. Repeat, using the glottal stop where indicated by the asterisk. Each sentence will be read twice.

1. Im *April hat *Andy *ein *aufregendes *Abenteuer *erlebt.
2. Er wollte *in *Österreich *angeln.
3. Er *ist *auf der *Autobahn von *Aachen nach *Innsbruck gefahren.
4. Am Morgen war das Wetter *angenehm, *aber gegen *Abend hat *es geschneit.
5. Er *ist weitergefahren *und musste *im *Auto *übernachten.
6. Ein *Autofahrer hat *ihn *entdeckt *und hat *ihm geholfen.

Alles klar?

Lesen Sie die Informationen über das bekannte Kurbad Bad Füssing in Bayern. Dann hören Sie eine Werbung für diesen Ort. Kreuzen Sie die Aktivitäten an, die Sie in der Werbung hören.

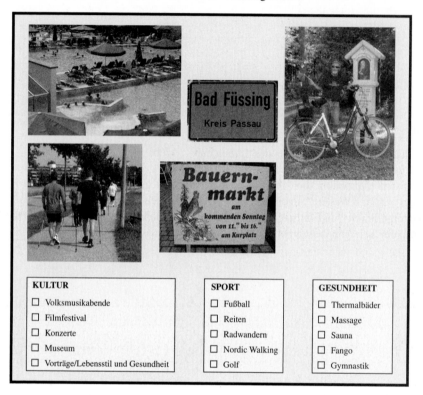

KULTUR	SPORT	GESUNDHEIT
☐ Volksmusikabende	☐ Fußball	☐ Thermalbäder
☐ Filmfestival	☐ Reiten	☐ Massage
☐ Konzerte	☐ Radwandern	☐ Sauna
☐ Museum	☐ Nordic Walking	☐ Fango
☐ Vorträge/Lebensstil und Gesundheit	☐ Golf	☐ Gymnastik

Wörter im Kontext

Thema 1 Fit und gesund

Aktivität 1   Annes Fitnessroutine

Anne sagt, was sie macht, um fit und gesund zu bleiben. Hören Sie zu und kreuzen Sie an, was Anne macht.

☐ Stress reduzieren

☐ nicht rauchen

☐ viel zu Fuß gehen

☐ viel Gemüse essen

☐ keinen Alkohol trinken

☐ jeden Tag laufen oder joggen

☐ regelmäßig ins Fitnesscenter gehen

☐ vegetarisch essen

☐ meditieren

☐ zweimal im Jahr Urlaub machen

Aktivität 2 Meine Fitnessroutine

Was tun Sie für Ihre Gesundheit, und wie oft? Beantworten Sie die Fragen, die Sie hören. Schauen Sie sich die Listen unten an, und sagen Sie auch, warum Sie etwas tun oder warum nicht!

Sie hören: Meditieren Sie?
Sie sagen: Ja, ich meditiere einmal am Tag. Meditieren reduziert Stress.
 oder Nein, ich meditiere nicht. Ich habe keine Zeit dazu.

WIE OFT?	WARUM?
nie/selten	macht mir (keinen) Spaß
ab und zu	ist gut/schlecht für die Gesundheit
manchmal	macht krank
regelmäßig	kostet zu viel Geld
einmal/zweimal die Woche	habe keine Zeit/Lust dazu
mindestens	ist zu anstrengend
höchstens (*at most*)	ist gesund / ist ungesund

1. . . . 2. . . . 3. . . . 4. . . . 5. . . . 6. . . . 7. . . .

Thema 2 Der menschliche Körper

Aktivität 3 So bin ich!

Drei Personen beschreiben sich. Ergänzen Sie die Tabelle. Sie hören jeden Text zweimal. Sie hören zuerst drei neue Wörter.

breit   *broad*
schwach   *weak*
stark   *strong*

	PERSON A	PERSON B	PERSON C
Wie groß ...?	1,65 m		
Haare		blond	
Augen			grün
Hände und Füße			
Muskeln			
Schultern			
Beine			

Aktivität 4 Gute Besserung!

Andreas ist krank und liegt im Bett. Gabi kommt vorbei und will ihm helfen. Hören Sie zu. Was stimmt? Was stimmt nicht? Korrigieren Sie alle falschen Sätze.

	DAS STIMMT	DAS STIMMT NICHT
1. Gabi ist krank.	☐	☐
2. Andreas hat Halsschmerzen.	☐	☐
3. Andreas soll in die Sauna gehen.	☐	☐
4. Er soll heißen Tee trinken.	☐	☐
5. Andreas will heute ins Kino gehen.	☐	☐
6. Gabi hält Tabletten nicht für gesund.	☐	☐
7. Gabi muss nächste Woche eine Arbeit an der Uni abgeben.	☐	☐

Aktivität 5   Was fehlt dir denn?

Ihre Freunde sind krank und beschreiben Ihnen ihre Symptome. Fragen Sie noch einmal nach und geben Sie dann Rat. Benutzen Sie dazu die Liste. Sie hören zuerst die Ratschläge. Hören Sie zu und sprechen Sie nach (*repeat*).

> Nimm ein paar Aspirin.
> Geh zum Arzt.
> Leg dich ins Bett.
> Trink heißen Tee mit Rum.
> Trink einen Kräuterschnaps (*herbal schnapps*).
> Nimm ein heißes Bad.
> Geh zum Zahnarzt.
> Trink Kamillentee.
> Nimm eine Baldriantablette (*valerian tablet*).

Sie hören: Ich fühle mich so schlapp.
Sie sagen: Du fühlst dich so schlapp?
                   Nimm täglich eine Multivitamintablette!

1. . . .   2. . . .   3. . . .   4. . . .   5. . . .   6. . . .   7. . . .   8. . . .

Thema 3 Morgenroutine

Aktivität 6   Was macht Sabine morgens?

A. Hören Sie zu und bringen Sie die Bilder in die richtige Reihenfolge von 1–8. Sie hören den Text zweimal.

B. Beantworten Sie jetzt die Fragen.

1. . . .   2. . . .   3. . . .   4. . . .   5. . . .   6. . . .   7. . . .   8. . . .

Grammatik im Kontext

Connecting Sentences

Übung 1 Was meinen Sie?

Nehmen Sie Stellung zu den Äußerungen, die Sie hören. Was glauben Sie? Was glauben Sie nicht? Sie hören zuerst zwei neue Wörter:

beruhigen   *to calm*
verderben   *to upset* (in diesem Kontext)

Sie hören: Bananen stärken das Kurzzeitgedächtnis (*short-term memory*).
Sie sagen: Ja, ich glaube, dass Bananen das Kurzzeitgedächtnis stärken.
     oder   Nein, ich glaube nicht, dass Bananen das Kurzzeitgedächtnis stärken.

1. . . .   2. . . .   3. . . .   4. . . .   5. . . .

Übung 2 Warum nicht?

Beantworten Sie die Fragen. Sagen Sie, warum die anderen nicht mitmachen wollen.

Sie hören: Warum gehst du nicht kegeln? Hast du Rückenschmerzen?
Sie sagen: Ja, ich gehe nicht kegeln, weil ich Rückenschmerzen habe.

1. . . .   2. . . .   3. . . .   4. . . .   5. . . .   6. . . .

Übung 3 Was tut man in dieser Situation?

A. Einige Leute sagen, was sie in verschiedenen Situationen tun. Hören Sie zu, und machen Sie sich Notizen.

Sie hören: —Manuela, was tust du, wenn du schlecht gelaunt bist?
              —Wenn ich schlecht gelaunt bin, bleibe ich im Bett.
Sie schreiben: Wenn Manuela schlecht gelaunt ist, _bleibt sie im Bett_.

1. Wenn Benjamin deprimiert ist, _____.

2. Wenn Doris Bewegung braucht, _____.

3. Wenn Frank gestresst ist, _____.

4. Wenn Beate Langeweile hat, _____.

5. Wenn Bärbel müde ist, _____.

6. Wenn Karola Urlaub machen will, _____.

B. Und was machen Sie in diesen Situationen? Geben Sie Ihre eigene Antwort auf die folgenden Fragen.

1. . . .   2. . . .   3. . . .   4. . . .   5. . . .   6. . . .

Übung 4 Seine Eltern wollten wissen, …

Wolfgang will mit seinen Freunden ins Rockkonzert. Was wollten seine Eltern darüber wissen?

Sie hören: Welche Gruppen spielen?
Sie sagen: Seine Eltern wollten wissen, welche Gruppen spielen.

1. . . .   2. . . .   3. . . .   4. . . .   5. . . .   6. . . .   7. . . .

Reflexive Pronouns and Verbs

Übung 5   Beim Arzt

Frau Berger ist bei Herrn Dr. Stephan in der Sprechstunde und spricht mit ihm über ihre Probleme. Hören Sie das Gespräch zwischen Dr. Stephan und Frau Berger. Markieren Sie dann die richtige Antwort.

1. Frau Berger _____ so schlapp.
   a. beschwert sich   b. fühlt sich   c. bewegt sich

2. Sie soll sich endlich vom Arzt _____ lassen.
   a. informieren   b. untersuchen   c. unternehmen

3. Sie _____ über Kopfschmerzen und Nervosität.
   a. bedankt sich   b. beschwert sich   c. freut sich

4. Sie _____ nie; sie arbeitet im Büro und im Haushalt.
   a. wäscht sich   b. freut sich   c. entspannt sich

5. Sie soll sich drei Wochen im Odenwald _____.
   a. erholen   b. fit halten   c. leisten

Übung 6   Ein toller Urlaub

Das Semester ist bald zu Ende, und Laura spricht mit Bettina über ihre Pläne. Hören Sie sich den Dialog an, und ergänzen Sie die Sätze mit der richtigen Form der Reflexivverben. Sie hören zuerst ein paar neue Wörter:

Langlauf	*cross-country skiing*
Schlittschuh laufen	*to skate*
die Bergbahn	here: *cogwheel train*
Schlitten	*sleigh*

1. Laura muss _____ _____.

2. Laura und Karl _____ _____ mit Freunden in Braunwald in den Alpen.

3. Sie können _____ nach dem Skifahren im Thermalbad _____.

4. Auf keinen Fall wollen sie _____ _____.

5. Bettina will _____ über einen Urlaub _____.

Übung 7 Ratschläge

Sagen Sie Ihren Freunden, was sie tun sollen.

Sie hören: Wie kann ich mich entspannen?
Sie sehen: in der Sauna
Sie sagen: Entspanne dich in der Sauna!

in der Sauna

1. an der Ostsee

2. aufs Sofa

3. auf den Stuhl

4. im Bad

5. mit Yoga

6. bei Professor Bergel

Übung 8 Was macht man alles?

Hören Sie sich die Mini-Dialoge an, und notieren Sie das Subjekt und das Reflexivpronomen.

Sie hören: A: Wir fahren in fünf Minuten los.
B: Warte mal, ich muss mir die Haare kämmen.

Sie schreiben: _ich_ _mir_

SUBJEKT	REFLEXIVPRONOMEN
1. A: _____	_____
B: _____	_____
2. A: _____	_____
3. A: _____	_____
4. A: _____	_____
B: _____	_____
5. A: _____	_____
6. A: _____	_____
B: _____	_____

Übung 9 Probleme, Probleme

Es gibt einige Probleme. Finden Sie zu jedem Problem die passende Lösung (*solution*) unten. Sie hören zuerst ein neues Wort.

Gummibärchen   *gummy bears*

Sie hören: Ich habe am Auto gearbeitet, und meine Hände sind schmutzig.
Sie sagen: Ich wasche mir die Hände.

1. ____
2. ____
3. ____
4. ____
5. ____
6. ____
7. ____

a. Ich ziehe mir einen Pullover an.
b. Sie macht sich einen Tee mit Rum.
c. Ich wasche mir die Hände.
d. Wir kaufen uns Bier.
e. Wir kaufen uns einen Honda.
f. Sie müssen sich die Zähne putzen.
g. Ihr macht euch eine Pizza.

Sprache im Kontext

A. Karola Grunert war im Sommer zwei Wochen in Bad Füssing. Hören Sie zu, wie sie ihrer Freundin Hannah von dem Urlaub erzählt. Ergänzen Sie die Sätze mit den Informationen, die Sie hören.

1. Karola hat sich im Urlaub gut _____.

2. Im Frühjahr hatte Karola schlimme _____.

3. Karola ist nach Bad Füssing gefahren, weil _____ den Kurort empfohlen hat.

4. Im Hotel hat es ein _____ und ein _____ gegeben.

5. Karola _____ jeden Tag eine halbe Stunde _____.

6. Karola ist in zwei Wochen kaum _____ _____. Nachmittags hat sie

   oft eine _____ gemacht.

7. Jeden Nachmittag um _____ hat es ein _____ im Kurpark gegeben.

8. Auf dem Bauernmarkt hat sie _____ und _____ geholt. Und einen

   besonders guten _____ hat sie dort entdeckt.

B. Schauen Sie sich die Sätze noch einmal an und beantworten Sie die Fragen.

   1. . . .   2. . . .   3. . . .   4. . . .   5. . . .   6. . . .

Lesen und Schreiben

Alles klar?

Identifizieren Sie die Körperteile mit Wörtern und Nummern.

1. *head*: *der Kopf* _____

2. *face*: _____

3. *eye*: _____

4. *nose*: _____

5. *mouth*: _____

6. *chin*: _____

7. *stomach*: _____

8. *leg*: _____

9. *knee*: _____

10. *foot*: _____

11. *finger*: _____

12. *hand*: _____

13. *arm*: _____

14. *elbow*: _____

15. *chest*: _____

16. *shoulder*: _____

17. *throat, neck*: _____

Wörter im Kontext

Thema 1 Fit und gesund

Aktivität 1 Die Gesundheit

1. Streichen Sie in jeder Reihe das Wort, das nicht passt.

   a. Gesundheit   Grippe   Erkältung
   b. Fieber   Rat   Kopfschmerzen
   c. Termin   Luft   Sprechstunde
   d. Arbeit   Bioladen   Biolebensmittel
   e. Arzt   Schmerzen   Husten

2. Ergänzen Sie jetzt die Sätze mit den passenden Wörtern.

   a. Wenn man krank ist, ruft man einen _____ an.

   b. Wenn man die Grippe hat, hat man oft _____

      und _____.

   c. Im Bioladen kann man _____ kaufen.

   d. Man soll einen _____ haben, bevor man zum Arzt oder zur Ärztin geht.

Aktivität 2 Gute Ratschläge für ein gesundes Leben

Ergänzen Sie die Sätze. Nicht alle Verben passen. Manchmal kann mehr als ein Verb richtig sein.

klingen   verschreiben   gehen   achten
meditieren   reduzieren   verbringen
machen   rauchen   schlucken   essen

1. _____ Sie auf das Gewicht.

2. _____ Sie Stress im Alltag.

3. _____ Sie öfter vegetarisch.

4. _____ Sie oft zu Fuß.

5. _____ Sie mindestens einmal im Jahr Urlaub.

6. _____ Sie regelmäßig.

7. _____ Sie mindestens eine Stunde am Tag draußen an der frischen Luft.

8. _____ Sie nicht.

Thema 2 Der menschliche Körper

Aktivität 3 Körperteile

Schreiben Sie die Paare auf Deutsch.

1. *head and hair* _____

2. *eyes and ears* _____

3. *nose and mouth* _____

4. *face and chin* _____

5. *neck and shoulders* _____

6. *stomach and back* _____

7. *arms and legs* _____

8. *hands and feet* _____

9. *elbows and knees* _____

10. *fingers and toes* _____

Thema 3 Morgenroutine

Aktivität 4 Aktivitäten aus dem Alltag

Was machen diese Menschen?

Hans Christian

Herr Otto

Hanna   Matthias

Frau Schubert
Herr Steckel
Frau Röttger

Gabriele

Frau Henze

1. Hans Christian _____.

2. Herr Otto _____.

3. Hanna und Matthias _____.

4. Frau Schubert, Herr Steckel und Frau Röttger _____.

5. Gabriele _____.

6. Frau Henze _____.

Aktivität 5 Und Sie?

Beantworten Sie jede Frage. (*Notice that the pronoun* sich [*yourself*] *becomes* mich [*myself*] *in the answer.*)

BEISPIEL: Duschen Sie sich jeden Tag?
    Ja, ich dusche mich jeden Tag.
  oder Nein, ich dusche mich nicht jeden Tag.

1. Kämmen Sie sich jeden Morgen?

   _____

2. Strecken Sie sich oft?

   _____

3. Verletzen Sie sich manchmal?

_____

4. Müssen Sie sich immer beeilen?

_____

5. Können Sie sich am Abend entspannen?

_____

6. Möchten Sie sich fit halten?

_____

7. Fühlen Sie sich immer gesund?

_____

8. Erkälten Sie sich leicht?

_____

Aktivität 6 Wie sagt man das auf Deutsch?

Schreiben Sie den Dialog auf Deutsch.

JAN: *You sound depressed, Sara.*
SARA: *I feel sick as a dog.*
JAN: *I'm sorry about that. What's the matter with you?*
SARA: *I have the flu. My throat hurts, and I can hardly swallow.*
JAN: *Do you have (a) fever?*
SARA: *Yes, also (a) cough.*
JAN: *What bad luck. Have you called your doctor?*
SARA: *I'm going to do that today.*
JAN: *Well, get well.*
SARA: *Thanks.*

JAN: _____

SARA: _____

JAN: _____

SARA: _____

_____

JAN: _____

SARA: _____

JAN: _____

SARA: _____

JAN: _____

SARA: _____

Grammatik im Kontext

Connecting Sentences

Subordinating Conjunctions

Übung 1 Warum machen Sie das?

A. Schreiben Sie Sätze mit **ich** und **weil.**

BEISPIEL: lesen / sich informieren wollen
Ich lese, weil ich mich informieren will.

1. lesen / immer etwas lernen wollen

_____

_____

2. reisen / andere Länder sehen wollen

_____

_____

3. Biolebensmittel essen / gesund bleiben wollen

_____

_____

4. laufen / fit werden wollen

_____

_____

5. manchmal zum Arzt gehen / Rat brauchen

_____

_____

6. leicht einschlafen / oft müde sein

_____

_____

Ich lese das Journal, weil ...

Foto: Randy Kühn

B. Lesen Sie die Sätze in **A.** Wenn es bei Ihnen auch so ist, schreiben Sie im Rand (*margin*) **Ja!** Wenn nicht, schreiben Sie **Nein!**

Übung 2 Ausdrücke

A. Schreiben Sie die Ausdrücke als Sätze mit **dass.**

BEISPIEL: Schön. / Sie waren bei uns. →
Schön, dass Sie bei uns waren!

1. Schön. / Ich war im Frühling hier.

_____

2. So ein Pech. / Du hast dich verletzt.

_____

3. Macht nichts. / Ihr seid spät angekommen.

_____

4. Es ist selbstverständlich (*only natural*). / Wir haben Getränke mitgebracht.

_____

_____

5. Schön. / Unsere Freunde verbringen den Sommer bei uns.

_____

_____

6. Macht nichts. / Du hast schon etwas vor.

_____

B. Schreiben Sie an jemanden nur eine Zeile. Beginnen Sie Ihren Satz mit **Schön, dass** oder **So ein Pech, dass.**

Übung 3 Tim und Julia wissen nicht, was sie wollen.

Sprach-Info

The German words **die Ferien** (*pl.*) and **der Urlaub** both correspond to the English word *vacation*. **Ferien** refers to all holidays and school *vacations*, whereas **Urlaub** generally refers to the vacation time that one earns from a job.

"Jetzt sind schon drei Urlaubstage um, und wir wissen immer noch nicht, wo wir eigentlich hinwollen"

Schreiben Sie die Sätze neu als Absatz mit keinen Nummern. Benutzen Sie die Konjunktionen in Klammern. (*Hint: When using the conjunction* dass, *remember to omit the word* das *in the preceding sentence.*)

1. Tim und Julia haben Urlaub. (aber) Sie haben noch keine Pläne.
2. Sie wissen das. (dass) Sie wollen den ganzen Urlaub nicht im Hotelzimmer verbringen.
3. Tim liest laut aus Reisebroschüren. Julia spricht nicht. (sondern) Sie hört zu.
4. Die beiden können nicht in die Oper gehen. (denn) Sie haben nicht genug Geld dafür.
5. Sie können nicht schwimmen gehen. (weil) Das Hotel hat kein Schwimmbad.
6. Tim weiß das. (dass) Julia möchte durchs Einkaufszentrum bummeln. (aber) Er will nicht mitgehen.
7. Julia weiß das. (dass) Tim möchte gern ein Fußballspiel im Stadion (*stadium*) sehen. (aber) Sie interessiert sich nicht dafür.
8. Julia sagt: (wenn) „Du gehst ins Stadion. Ich gehe einkaufen." (aber) Tim sagt: „Wir sind in Urlaub. (und) Wir sollten (*should*) die Zeit zusammen verbringen."

_____

_____

_____

_____

_____

_____

_____

_____

_____

_____

_____

Übung 4 Was darf das Kind (nicht) machen, wenn ...?

Schreiben Sie Sätze mit **wenn** und Modalverben.

BEISPIEL: (wenn) Ich bin schön brav. / (dürfen) Ich sehe mit meinem Bruder fern. →
Wenn ich schön brav bin, darf ich mit meinem Bruder fernsehen.

1. (wenn) Ich räume mein Zimmer auf. / (dürfen) Ich gehe mit Papi aus.

   _____

   _____

2. (wenn) Ich mache meine Hausaufgaben. / (können) Ich spiele draußen.

   _____

   _____

3. (wenn) Ich stehe samstags früh auf. / (können) Wir fahren aufs Land.

   _____

   _____

4. (wenn) Ich esse mein Gemüse. / (dürfen) Ich habe Schokolade.

   _____

   _____

5. (wenn) Ich wasche mir die Hände nicht. / (dürfen) Ich esse nicht am Tisch.

   _____

   _____

Indirect Questions

Übung 5 Das weiß ich nicht.

Beantworten Sie die Fragen wie im Beispiel.

BEISPIEL: Warum bin ich krank? →
Ich weiß nicht, warum du krank bist.

1. Warum habe ich keine Energie?

   _____

   _____

2. Was fehlt mir?

   _____

3. Wen soll ich anrufen?

   _____

4. Wie kann ich wieder fit und gesund werden?

   _____

   _____

5. Wann fühle ich mich wieder wohl?

   _____

   _____

Reflexive Pronouns and Verbs

Verbs with Accusative Reflexive Pronouns

Übung 6 Fit und Gesund

Schreiben Sie Sätze wie im Beispiel.

BEISPIEL: sie (*sg.*) / sich erholen müssen →
Sie muss sich erholen.

1. ich / sich regelmäßig strecken sollen

   _____

2. du / sich nicht beeilen sollen

   _____

3. wir / sich nicht erkälten dürfen

   _____

4. ihr / sich hier hinsetzen dürfen

   _____

5. Sie / sich über Vitamine informieren müssen

_____

6. er / sich nicht entspannen können

_____

Übung 7   Ein Rezept für ein langes, gesundes Leben

Herr Kahn ist ein Gesundheitsfanatiker. Vor dreißig Jahren hat er zu seinem Enkel gesagt:

Ich halte mich fit. Ich esse gesund und trinke viel Wasser. Ich treibe regelmäßig Sport. Zweimal pro Woche spiele ich Tennis. Ich gehe jeden Morgen schwimmen, und jedes Wochenende laufe ich. Ich rauche nie und nehme nur selten Medikamente. Manchmal erkälte ich mich. Dann nehme ich Vitamintabletten ein und trinke viel Orangensaft. Ich bleibe zu Hause und erhole mich. Bald werde ich wieder gesund. Einmal pro Jahr gehe ich zum Arzt. Ich halte die Gesundheit für wichtig.

Heute ist Herr Kahn fast neunzig Jahre alt. Er erklärt seinen Urenkelkindern jetzt, was er früher gemacht hat, um (*in order*) ein langes, gesundes Leben zu haben. Schreiben Sie den vorhergehenden Absatz im Perfekt.

_____
_____
_____
_____
_____
_____
_____
_____
_____
_____
_____
_____
_____

Verbs with Reflexive Pronouns in the Accusative or Dative

Übung 8   Minidialoge

Setzen Sie die fehlenden Reflexivpronomen ein.

A: Was wünschst du _____ zum Geburtstag?

B: Ich wünsche _____ ein Fahrrad.

C: Wo hast du _____ erkältet?

D: Ich habe _____ letzte Woche beim Schwimmen erkältet.

E: Bevor ich _____ morgens dusche, putze ich _____ die Zähne. Danach

ziehe ich _____ an.

F: Interessiert ihr _____ für Tennis?

G: Nein, wir interessieren _____ nur für Fußball.

H: Wo hast du _____ den Trainingsanzug gekauft?

I: Den habe ich _____ nicht gekauft, sondern als Geschenk bekommen.

Übung 9   Freundlicher Rat?

Schreiben Sie die Sätze auf Deutsch.

BEISPIEL: *Why don't you put on a sweater?* →
        Zieh dir doch einen Pullover an.

1. *Why don't you comb your hair?*

   _____

2. *Why don't you wash your hands?*

   _____

3. *Why don't you brush your teeth?*

   _____

4. *Why don't you relax more often?*

   _____

5. *Why don't you put your coat on?*

   _____

6. *Why don't you get dressed?*

_____

7. *Why don't you make yourself some tea?*

_____

8. *Why don't you lie down on the sofa?*

_____

9. *Why don't you shave?*

_____

10. *Why don't you hurry?*

_____

11. *Why don't you put your shoes on?*

_____

Expressing Reciprocity

Übung 10   Die Liebe

Sofies Großmutter stellt ihr Fragen über sie und ihren Freund Lukas. Schreiben Sie die Fragen auf Deutsch. Benutzen Sie die **ihr**-Form.

1. *How often do you see each other?*

_____

2. *Do you often call each other?*

_____

3. *Where do you like to meet?*

_____

4. *Do you love each other?*

_____

5. *How long have you known each other?*

_____

Sprache im Kontext

Lesen

---

10 Fragen an Christian Wolff

„Stress lasse ich nicht an mich ran[1]"

1. **Wann hatten Sie zuletzt richtig Spaß am Leben?**
Vorhin beim Spaziergang mit meiner Frau und unseren Hunden.

2. **Welchem Genuss[2] können Sie nicht widerstehen[3]?**
Einem guten Rotwein.

3. **Wie reagieren Sie auf Stress?**
Ich lasse ihn gar nicht erst an mich ran.

4. **Welche Erfahrungen[4] haben Sie mit Diäten?**
Ich muss mich cholesterinbewusst ernähren[5]: Keine Eier, keine Butter – wenig tierische Fette. Und daran halte ich mich auch konsequent[6].

5. **Was ist Ihr dominierender Charakterzug[7]?**
Mein Gerechtigkeitssinn[8].

6. **Welche Dinge machen Sie „krank"?**
Unprofessionalität und Unordnung[9].

7. **Was ist Ihr schönstes Urlaubsziel und warum?**
Italien – wegen seiner Landschaft, der Menschen, der Küche und der Nähe.

8. **Was ist Ihr größtes Versäumnis[10]?**
Dass ich nie ein Musikinstrument erlernt habe.

9. **Mein schönster Grund morgens aufzustehen ...[11]**
Der Blick[12] durchs Schlafzimmerfenster in die Natur.

10. **Ihr Lebensmotto?**
Wer in die Vergangenheit blickt, verdient keine Zukunft[13].

[1]Stress ... *I don't let stress get to me* [2]*pleasure*
[3]*resist* [4]*experiences* [5]*nourish* [6]Und ... *And I do that consistently* [7]*character trait* [8]*sense of justice*
[9]*untidiness, disorder* [10]*regret (having neglected to do something)* [11]Mein ... *My main reason for getting up in the morning* [12]*view* [13]Wer ... *He who looks to the past deserves no future.*

Kulturspot

Viele Jahre spielte Christian Wolff die Rolle des Försters Martin Rombach in der Familienserie „Forsthaus Falkenau". Diese beliebte TV-Serie lief (*ran*) mit 321 Episoden und 24 Staffeln (*seasons*) von 1988 bis Ende 2013. Wie heißt eine beliebte Familienserie in Ihrem Land? Sehen Sie sie noch im Fernsehen?

A. Schauen Sie sich das Bild an und lesen Sie die Bildunterschrift (*caption*) und die Überschriften (*headings*). Vervollständigen Sie dann die Sätze.

1. _____ ist Schauspieler (Fernsehstar).

2. Er spielt die Rolle von einem _____ (*forest ranger*).

3. Sein Charakter hat einen _____. Christian Wolff hat auch selbst Hunde.

4. Die Fernsehserie heißt _____.

5. Hier stellt man zehn _____ an Christian Wolff.

6. Für Christian Wolff ist _____ kein Problem.

B. Lesen Sie nur die zehn Fragen im Artikel. Lesen Sie dann jede Frage mit Antwort mindestens zweimal. Lesen Sie dann den ganzen Artikel noch einmal durch, und füllen Sie die Tabelle aus.

	Christian Wolff	ich
1. Was bringt Ihnen Spaß am Leben?		
2. Welchem Genuss können Sie nicht widerstehen?		
3. Wie reagieren Sie auf Stress?		
4. Welche Erfahrungen haben Sie mit Diäten?		
5. Welche Eigenschaft beschreibt Sie besonders gut?	Gerechtigkeitssinn; ich will immer fair sein.	
6. Was macht Sie „krank"?		
7. Wo möchten Sie Urlaub machen? Warum?		
8. Was haben Sie noch nicht gemacht?		
9. Was ist Ihr schönster Grund, morgens aufzustehen?		
10. Was ist Ihr Lebensmotto?	Ich sehe nicht in die Vergangenheit, sondern in die Zukunft.	

Na klar!

Stellen Sie sich vor: Sie sind Journalist/Journalistin. Machen Sie ein Interview mit dieser Frau. Fragen Sie zum Beispiel, warum sie Yoga macht und wie sie sich fit hält. Was ist ihr Rezept für ein gesundes Leben? Schreiben Sie Ihre Interviewfragen und wie sie auf die Fragen antwortet.

_____

_____

_____

_____

_____

_____

_____

_____

_____

_____

KULTURJOURNAL

A. Kurorte

1. Was bieten Kurorte?

    ☐ medizinische Therapie

    ☐ Jobs und Arbeit

    ☐ Freizeitaktivitäten

    ☐ Kunst und Kultur

    ☐ viel Stress

    ☐ einen Urlaub für die Gesundheit

    ☐ gesundes Essen

    ☐ mineralhaltiges Heilwasser

    ☐ die Routine des Alltagslebens

2. Deutschland hat viele schöne Kurorte. Wo in Deutschland möchten Sie einen Urlaub für die Gesundheit machen? Warum? Schreiben Sie einen kurzen Absatz.

☐ am Meer

☐ an einem See

☐ in den Bergen

☐ in den Wäldern

_____

_____

_____

_____

_____

_____

B. Wo lebt man gesund?

1. Was macht eine Stadt gesund? Was finden Sie wichtig?

☐ saubere Luft

☐ sauberes Trinkwasser

☐ viele Parks und Gärten

☐ medizinische Versorgung

☐ schöne Landschaften

☐ viele Sportplätze und Fahrradwege

☐ _____

2. Welche Stadt finden Sie besonders gesund in Ihrem Land? Warum?

_____

_____

_____

Mein Journal

Schauen Sie sich den Cartoon an. Was sagt das erwachsene Mondwesen (*moon creature*) zu den Kleinen? Wie verhält sich (*behaves*) der Mensch auf dem Mond? Verhält er sich total anders (*differently*) auf der Erde? Wählen Sie ein Thema, und schreiben Sie darüber.

Thema 1: Sie als Mensch. Schreiben Sie über einige oder alle der folgenden Aspekte Ihres Lebens auf der Erde.

- Aussehen: wie Sie als Mensch aussehen
- Orte: woher Sie kommen, wo Sie wohnen, wohin Sie reisen
- tägliche Routine: was Sie jeden Tag machen müssen
- Freizeitaktivitäten: was Sie gern machen
- soziales Leben: Familie und Freunde
- Berufspläne: was Sie von Beruf sind oder sein möchten und warum
- Träume: was Sie wollen, was für Sie im Leben wichtig ist

Thema 2: Der Mensch. Beschreiben Sie so ausführlich wie möglich (so ... *as fully, in as much detail as possible*) das menschliche Leben.

- wie ein Mensch aussieht
- wie ein Mensch sich verhält
- was ein Mensch im Leben macht oder will
- die Beziehungen (*relationships*) zwischen Menschen
- ?

MIT PAPAN

„NEIN, NEIN, KINDER !! IN SEINEM NATÜRLICHEN LEBENSRAUM VERHÄLT SICH DER MENSCH NATÜRLICH TOTAL ANDERS!"

Kapitel

In der Stadt

Hören und Sprechen

Alles klar?

Die Klassikerstadt Weimar ist für viele Touristen zum Symbol Deutschlands geworden. Stoppen Sie die Aufnahme und lesen Sie die folgenden Informationen von der Tourist-Information Weimar. Hören Sie dann zu, wie fünf Touristen nach Informationen fragen. Welches Gespräch passt zu welchem Service?

weimar
Kulturstadt Europas

Der freundliche Rund-um-Service

Die Mitarbeiter und Mitarbeiterinnen der Tourist-Information wissen auf jede touristische Frage eine Antwort.

Unser Service

—— ▪ Karten für öffentliche Stadtführungen
—— ▪ Vermittlung von thematischen Stadtführungen
—— ▪ Vermittlung von Hotel-, Pensions- und Privatzimmern sowie Ferienwohnungen
—— ▪ Organisation von touristischen Programmen für Gruppen
—— ▪ Ticket-Service für überregionale und regionale Veranstaltungen
—— ▪ Verkauf der WeimarCard
—— ▪ Verkauf der ThüringenCard
—— ▪ Verkauf der Karten für den Belvedere-Express
—— ▪ Souvenirverkauf
—— ▪ Restaurantvermittlungen
—— ▪ Event- und Locationservice

Tourist-Information
03643/745-0

Weimar **Shop**

basic
weimar card

http://www.weimar.de

Wörter im Kontext

Thema 1 Unterkunft online buchen

Aktivität 1   Bei der Touristen-Information in Wiesbaden

Drei Leute suchen eine Unterkunft. Hören Sie zu und ergänzen Sie die Tabelle. Markieren Sie ein X, wenn es keine Information gibt.

	HOTELTYP	ZIMMERTYP	PREIS	WIE LANGE	WAS MAN NOCH BRAUCHT
1.					
2.					
3.					

Aktivität 2   Hotel am Altenberg

Thomas Müller und seine Frau Susanne haben vor, die Weihnachtstage im Erzgebirge zu verbringen. Thomas erzählt Susanne was er im Internet gefunden hat. Was fehlt?

Es tut mir leid Schatz, im _____[1] Felsenberg, wo wir vor zwanzig Jahren gewohnt haben, sind in der Weihnachtszeit keine _____[2] frei. Aber ich habe im Internet eine interessante Alternative gefunden – Das Hotel am Altenberg. Es ist nicht so weit _____[3] von Dresden, man fährt etwa eine Stunde. Es liegt auch _____[4] von Seiffen, wo wir damals den schönen Nussknacker gekauft haben. Ein _____[5] mit Bad für Nichtraucher ist frei. Das Zimmer ist im ersten _____[6] und hat einen kleinen Balkon mit einem herrlichen Ausblick auf die Berge. Alle Zimmer im Haus haben freien _____[7]. Drei Übernachtungen inklusive Frühstück kosten _____[8] Euro. Auf der Website des Hotels sind sehr schöne Bilder. Das Restaurant im _____[9] ist ein Wintergarten mit typischen Weihnachtsdekorationen aus dem Erzgebirge. Der _____[10] sieht auch sehr festlich aus. Bestimmt bekommen wir im Restaurant eine Gänsekeule mit Rotkohl, dein Lieblingsessen zu Weihnachten. Ich glaube, ich buche heute noch und bezahle gleich mit _____[11].

Thema 2 Im Hotel

Aktivität 3 Ankunft

Frau Steiger kommt im Katharinenhof an. Sie muss sich bei der Rezeption anmelden. Hören Sie zu und ergänzen Sie die Informationen unten.

1. Länge des Aufenthalts: _____

2. Hotel/Pension/Wohnung: _____

3. Stock: _____

4. Zimmernummer: _____

5. Frühstück: _____

6. Anzahl der Gäste: _____

Aktivität 4 Der Katharinenhof

Sie hören jetzt einige Informationen über den Katharinenhof. Kreuzen Sie an, was man in der Wohnung findet und was es sonst auf dem Hof gibt.

IN DER WOHNUNG

☐ Balkon
☐ Fernseher
☐ Internetzugang
☐ Kühlschrank
☐ Schlafcouch
☐ Telefon

AUF DEM HOF

☐ Faxservice
☐ Liegewiese
☐ Restaurant
☐ Sauna
☐ Stellplätze für Wohnmobile
☐ Weinkellerei

Aktivität 5 Abreise

A. Frau Steiger reist ab. Sie geht an die Rezeption. Hören Sie sich den Dialog an und vergleichen (*compare*) Sie die Aussagen mit der Information auf der Rechnung.

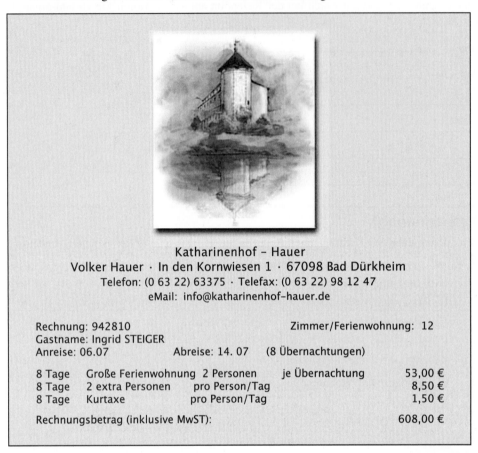

Katharinenhof – Hauer
Volker Hauer · In den Kornwiesen 1 · 67098 Bad Dürkheim
Telefon: (0 63 22) 63375 · Telefax: (0 63 22) 98 12 47
eMail: info@katharinenhof-hauer.de

Rechnung: 942810   Zimmer/Ferienwohnung: 12
Gastname: Ingrid STEIGER
Anreise: 06.07   Abreise: 14. 07   (8 Übernachtungen)

8 Tage	Große Ferienwohnung	2 Personen	je Übernachtung	53,00 €
8 Tage	2 extra Personen	pro Person/Tag		8,50 €
8 Tage	Kurtaxe	pro Person/Tag		1,50 €

Rechnungsbetrag (inklusive MwST):   608,00 €

B. Sie hören den Dialog noch einmal. Beantworten Sie dann die Fragen, die Sie hören.

1. . . .   2. . . .   3. . . .   4. . . .   5. . . .   6. . . .   7. . . .

Thema 3 Ringsum die Stadt

Aktivität 6 Wie kommen wir zum Museum?

Manfred und Helga sind zu Besuch in Weimar und möchten ins Goethe-Museum gehen. Sie wissen aber nicht, wie sie dahin kommen. Hören Sie sich den Dialog an, und ergänzen Sie die Lücken. Sie hören den Dialog zweimal.

MANFRED: Du, Helga, wollen wir heute Nachmittag ins Goethe-Museum gehen?

HELGA: Gute Idee. Weißt du, wo es _____[1]?

MANFRED: Ich glaube, es ist _____ _____ _____[2] hier,

in der Nähe des Parks. Ich frage mal bei der _____[3]. . . .

_____[4]. . . .

FRAU: Ja, bitte, wie kann ich Ihnen helfen?

MANFRED: Wie kommen wir am besten von hier zum Goethe-Museum?

FRAU: Das ist ganz einfach. Es liegt in der Nähe. Sie können _____

_____⁵ gehen. Gehen Sie zuerst nach _____⁶ bis zur

ersten _____⁷, dann wieder _____⁸. Da sehen Sie

_____⁹ schon den Park an der Ilm. Dann gehen Sie

_____¹⁰ bis zum Frauenplan. Dort steht Goethes Wohnhaus

und das _____¹¹.

MANFRED: Vielen Dank.

FRAU: Bitte sehr. Und wenn Sie sich für Goethe interessieren, sollten Sie auch die Goethe-und-

Schiller-Gruft auf dem Friedhof und das Gartenhaus im _____¹² besuchen.

Aktivität 7 Hin und her: Interlaken

A. Sie sind nach Interlaken/Schweiz zu den Wilhelm-Tell-Freilichtspielen (*outdoor performances*) gefahren. Sie stehen vor dem Bahnhof und fragen nach dem Weg zum Tellspiel, zum Jungfrau-Camp und zum Strandbad. Zeichnen Sie (*Draw*) den Weg, so wie Sie ihn hören, auf dem Plan ein.

Sie hören: Post
Sie sagen: Wie komme ich zur Post?
Sie hören: Wie kommen Sie zur Post? Gehen Sie die Bahnhof-Straße geradeaus. Die Post ist dann links.

INTERLAKEN

B. Sie sind schon einige Tage in Interlaken und wissen, wo alles ist. Sie stehen vor dem Kursaal, und ein Tourist fragt Sie nach dem Weg zu einigen Orten. Stoppen Sie die Aufnahme (*recording*) und finden Sie auf dem Stadtplan den Weg zum Jungfrau Camp, Alpenwildpark und zur Segelschule. Beantworten Sie die Fragen des Touristen.

Sie hören: Wie komme ich zum Gymnasium?
Sie sagen: Gehen Sie den Hoheweg geradeaus, dann die Allmendstraße rechts, und das Gymnasium ist dann links, Ecke Obere Bönigstraße.

1. . . . 2. . . . 3. . . .

Aktivität 8 Wie kommt man dahin?

Sie essen im Hotel „Goldener Löwe" zu Abend. Ein neuer Hotelgast fragt Sie nach dem Weg. Sehen Sie auf den Plan und sagen Sie ihm, wie er gehen muss.

Sie hören: Wie komme ich zur Bank?
Sie sagen: Gehen Sie zwei Straßen geradeaus, dann rechts.

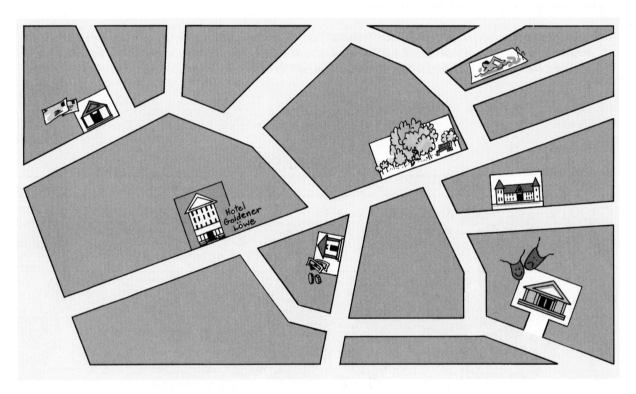

1. . . . 2. . . . 3. . . . 4. . . . 5. . . .

Grammatik im Kontext

The Genitive Case

Übung 1 Fotos meiner Familie und meiner Freunde

Sehen Sie auf die Bilder und sagen Sie, wessen Foto das ist.

Sie hören: Und das Foto da?
Sie sagen: Das ist ein Foto meiner Schwester.

Schwester

1. Mutter

2. Vater

3. Hund

4. Mitbewohnerin

5. Großeltern

6. Professor

7. Freunde

Übung 2   Familie Göttges besucht München.

Familie Göttges kommt am Bahnhof an und fährt dann mit einem Taxi zum Hotel. Hören Sie das Gespräch mit dem Taxifahrer und ergänzen Sie die Sätze.

1. Die Pension Diana liegt nicht außerhalb _____.

2. Die Pension Diana liegt in der Nähe _____.

3. Der Taxifahrer macht wegen _____ einen Umweg.

4. Der Taxifahrer gibt Herrn Göttges während _____ einen Tipp.

5. Herr Göttges möchte wissen, was die schönsten Museen _____ sind.

6. Die Familie sollte wegen _____ zum Deutschen Museum gehen.

7. Das Spielzeugmuseum liegt am Ende _____, in der Nähe

    _____.

8. Herr Göttges sagt: „Seien Sie bitte vorsichtig mit der schwarzen Tasche

    _____."

Attributive Adjectives

Übung 3   Dieters Heimatstadt

Dieter beschreibt seine Heimatstadt (hometown) Düsseldorf. Hören Sie gut zu, und ergänzen Sie die Adjektivendungen. Sie hören den Text zweimal.

Meine Heimatstadt Düsseldorf liegt im Westen Deutschlands am berühmt_____[1] Rhein (m.). Es ist eine

alt_____[2] Stadt mit interessant_____[3] Sehenswürdigkeiten, z.B. dem hoh_____[4] Fernsehturm (m.). und der

schön_____[5], modern_____[6] Rheinpromenade (f.). Im historisch_____[7] Zentrum (n.) liegt die

romantisch_____[8] Altstadt mit gemütlich_____[9] Kneipen und teur_____[10] Restaurants. Es gibt auch

einig_____[11] Museen, eine jung_____[12] Universität und ein bekannt_____[13] Theater in Düsseldorf.

Übung 4   Gastfreundlichkeit an der Mosel

Sie hören Werbungen für ein Restaurant, ein Café und ein Hotel in einer Stadt an der Mosel. Vergleichen Sie die Information, die Sie hören, mit der Liste unten, und sagen Sie dann, was es wo gibt.

Sie hören: gemütlicher Speisesaal
Sie sagen: Das Restaurant Goldkanne hat einen gemütlichen Speisesaal.

	RESTAURANT GOLDKANNE	*KONDITOREI HANSEN*	*HOTEL ZUR POST*
gemütlicher Speisesaal	*x*		
freundliche Bedienung	*x*		
gute Küche	*x*		
kleines Café		*x*	
kleiner Mittagstisch		*x*	
vormittags Kuchenverkauf		*x*	
zentrale Lage			*x*
herrlicher Blick auf die Mosel			*x*
ein großes Frühstücksbuffet			*x*

Übung 5   Wofür ist Amerika bekannt?

Sie sprechen mit einem deutschen Touristen über Amerika. Bestätigen (*Confirm*) Sie, was er sagt.

Sie hören: Man sagt, dass die Autos in Amerika groß sind.
Sie sagen: Ja, Amerika ist für seine großen Autos bekannt.

1. . . .   2. . . .   3. . . .   4. . . .   5. . . .   6. . . .

Übung 6   Wir servieren immer das Beste!

Die Gäste im Restaurant „Waagehaus" sind sehr wählerisch (*picky*). Was antwortet die Kellnerin? Beantworten Sie die Fragen. Sie hören zuerst drei neue Wörter.

ausgepresst   *squeezed*
selbst gebraut   *home-brewed*
gewürzt   *spicy*

Sie hören: Ist der Kaffee heiß?
Sie sagen: Wir servieren immer heißen Kaffee.

Halt! 🚶 Hör-Info

Die Endungen der Adjektive sind entweder **-e**, **-en** oder **-es**.

1. . . .   2. . . .   3. . . .   4. . . .   5. . . .   6. . . .   7. . . .

Übung 7 Werbungen für Restaurants und Hotels

Hören Sie zu, und ergänzen Sie alle Adjektivendungen. Sie hören jeden Text zweimal.

Alte Kanzlei

Ein gut_____¹ Weinkeller und eine gut_____² Küche mit national_____³ und international_____⁴ Gerichten

sorgen für Ihr leiblich_____⁵ Wohlbefinden. Eine romantisch_____⁶ Weinstube steht dem Liebhaber guter

Weine zur Verfügung. Warm_____⁷ Küche gibt es täglich von 11 Uhr 30 bis 23 Uhr.

Hotel Doktor-Weinstuben

In diesem historisch_____⁸ Haus finden Sie die kultiviert_____⁹ Atmosphäre best_____¹⁰ europäisch_____¹¹

Gastlichkeit – selbstverständlich auch mit all_____¹² modern_____¹³ Komfort.

Hotel Binz

In der Mitte der berühmt_____¹⁴ Altstadt, mit Blick auf das historisch_____¹⁵ Rathaus, liegt unser

gepflegt_____¹⁶ Familienhotel. Mehrer_____¹⁷ modernisiert_____¹⁸ Zimmer mit Dusche und Toilette,

Telefon und Farbfernseher bieten auch dem anspruchsvoll_____¹⁹ Gast Ruhe und Erholung. In unserem

gemütlich_____²⁰ Restaurant und der romantisch_____²¹ Weinstube können Sie die best_____²²

international_____²³ Gerichte bestellen. Wählen Sie bei ein_____²⁴ ausgezeichnet_____²⁵ Wein, was

Ihnen schmeckt!

Sprache im Kontext 🎧

A. Wer Weimar besucht, sollte wenigstens die vom Tourismus-Service empfohlenen „Top Ten" Attraktionen
sehen. Sie hören eine Reportage über diese „Top Ten" Angebote. Hören Sie zu und machen Sie sich Notizen. Zuerst hören Sie einige neue Wörter.

die Stadtführung	*city tour*
die Designhochschule	*school of design*
die Gedenkstätte	*memorial*
das Konzentrationslager	*concentration camp*
töten	*to kill*
neoklassizistisch	*neoclassical*

1. STADTFÜHRUNG

   Wie lange? _____

   Wie teuer? _____

2. GOETHE-NATIONALMUSEUM

   Wer hat hier gewohnt? _____

   Wie lange? _____

3. BAUHAUS

   Was ist das? _____

   Wann geöffnet? _____

4. SCHLOSSHOF

   Wie viele Stockwerke? _____

   Wann geschlossen? _____

5. GEDENKSTÄTTE BUCHENWALD

   Was? _____

   Wie viele Tote? _____

6. SONDERAUSSTELLUNG WEIMARER REPUBLIK

   Wann? _____

   Kartenpreis für Erwachsene? _____

7. DEUTSCHES NATIONALTHEATER

   Welcher Stil? _____

8. HERZOGIN ANNA AMALIA BIBLIOTHEK UND ROKOKOSAAL

   Was? _____

   Bedeutendster Bibliothekar? _____

9. ESSEN

   Was? _____

10. TRINKEN

    Was? _____

B. Schauen Sie sich Ihre Antworten in Teil A an. Hören Sie zu und beantworten Sie die Fragen.

Sie hören: Wie lange dauert die Stadtführung?
Sie sagen: Zwei Stunden.

1. . . .   2. . . .   3. . . .   4. . . .   5. . . .   6. . . .

Alles klar?

Schauen Sie sich dieses Foto von Bonn an. Hier sehen Sie den Münsterplatz mit einem Denkmal (*monument*) von Beethoven vor dem Postamt. Was sehen Sie sonst auf diesem Foto? Kreuzen Sie an.

		JA	NEIN	VIELLEICHT
1.	eine Füßgängerzone	☐	☐	☐
2.	Autos und Busse	☐	☐	☐
3.	eine Kirche	☐	☐	☐
4.	die Innenstadt	☐	☐	☐
5.	viele Passanten	☐	☐	☐
6.	einen Parkplatz	☐	☐	☐
7.	Geschäfte	☐	☐	☐
8.	Hotels und Restaurants	☐	☐	☐
9.	einen Bahnhof	☐	☐	☐
10.	ein Straßencafé	☐	☐	☐
11.	Schnee auf der Straße	☐	☐	☐
12.	eine Ampel	☐	☐	☐

Wörter im Kontext

Thema 1 Unterkunft online buchen

Aktivität 1   Was für Unterkunft sucht man?

Hier sehen Sie ein altmodisches (*old-fashioned*) Hotelzimmer. Identifizieren Sie jedes Objekt und schreiben Sie die Wörter mit Pluralform in die Liste.

1. *das Einzelzimmer, -* _____
2. _____
3. _____
4. _____
5. _____
6. _____
7. _____
8. _____
9. _____

10. _____
11. _____
12. _____
13. _____
14. *die Heizung* _____
15. *die Klimaanlage, -n* _____
16. _____
17. *die Toilette, -n* _____
18. _____

Welche Wörter und Ausdrücke beschreiben das Zimmer auf Seite 293? Kreuzen Sie an.

☐ Einzelzimmer ohne Bad

☐ Fernseher

☐ Dusche und WC

☐ Einzelzimmer mit Bad

☐ Klimaanlage und Heizung

☐ Mehrbettzimmer mit WC

Aktivität 2   Unterkunft in der Stadt

Ergänzen Sie die Sätze.

1. Die Stadtmitte heißt auch die _____.

2. Ein Hotel hat eine günstige _____, wenn es in der Nähe von Restaurants, Kinos, Museen usw. liegt.

3. Man kann das Auto auf einen _____ stellen.

4. Junge Leute können billige Unterkunft in einer _____ finden.

5. Ein Zimmer mit zwei Betten heißt ein _____.

6. Ein Zimmer mit nur einem Bett heißt ein _____.

Thema 2 Im Hotel

Aktivität 3   Lisa besucht Koblenz.

Vervollständigen Sie die Sätze mit den richtigen Wörtern.

Aufenthalt   Aufzug   Unterschrift   Erdgeschoss   Stockwerke

Frühstücksraum   Reisepass   Reiseschecks   Unterkunft

Stock   Einzelzimmer mit Bad   Anmeldeformular

1. Lisa will das Wochenende in Koblenz verbringen. Sie braucht eine _____.

   Sie ruft ein Hotel an und fragt: Haben Sie ein _____?

2. Lisa geht an die Rezeption des Hotels in Koblenz und meldet sich an. Die Rezeption ist im

   _____ des Hotels. Das Hotel hat sechs _____.

   Lisas Zimmer liegt im fünften _____.

3. Die Frau sagt: Füllen Sie bitte dieses _____ aus.

4. Lisa will jetzt aufs Zimmer gehen. Sie fragt: Entschuldigen Sie, wo ist der _____?

5. Am Morgen will Lisa frühstücken. Sie sagt: Entschuldigung, wo finde ich den

   _____?

Aktivität 4   Was macht man, wenn man reist?

Bringen Sie die folgenden Sätze in die richtige Reihenfolge.

_____ Dann bekommt man einen Schlüssel zum Hotelzimmer.

_____ Am Morgen geht man in den Frühstücksraum.

_____ Man füllt ein Anmeldeformular aus.

_____ Man geht an die Rezeption und bezahlt die Rechnung.

_____ Man reist dann ab und fährt zum nächsten Reiseziel oder zurück nach Hause.

_____ Man sucht ein Hotel in einer günstigen Lage.

_____ Ein Gepäckträger / Eine Gepäckträgerin bringt das Gepäck aufs Zimmer.

_____ Man kommt in einer Stadt an.

_____ Hier bekommt man ein sogenanntes „kontinentales Frühstück".

_____ Man geht an die Rezeption und meldet sich an.

Thema 3 Ringsum die Stadt

Aktivität 5   Kleinstadt, Großstadt

Was findet man in oder in der Nähe von einer Stadt? Ergänzen Sie die Sätze.

Eine Kleinstadt oder ein Dorf
(*village*) hat vielleicht

eine _____ Ampel,

_____ Kreuzung,

_____ Bank,

_____ Jugendherberge,

_____ Hotel,

_____ Pension,

_____ Kirche,

_____ Museum

und _____ Bahnhof.

Eine Großstadt wie Berlin hat viele

Ampeln _____,

_____,

_____,

_____,

_____,

_____,

_____,

_____

und _____,

Aktivität 6   Der Weg zum Museum

Sie wollen das Museum besuchen und fragen einen Passanten nach dem Weg. Schreiben Sie alle Sätze auf Deutsch.

1. *Excuse me. Is the museum far from here?*

   _____

2. *No. It's only about ten minutes by foot.*

   _____

3. *What's the best way to get there?*

   _____

4. *Walk here along Schotten Street.*

   _____

5. *Go straight until the traffic light.*

   _____

6. *Then turn left into Schützen Street.*

   _____

7. *Keep on going straight ahead.*

   _____

8. *The museum is located across from the Christ Church.*

   _____

9. *Many thanks.*

   _____

Grammatik im Kontext

The Genitive Case

Übung 1   Was für ein Haus ist das?

A. Lesen Sie die Anzeige durch. Lesen Sie sie dann noch einmal und unterstreichen Sie alle fünf Artikel im Genitiv.

NÜTZLICHE WÖRTER

Kultur *(f.)*	*culture*
Welt *(f.)*	*world*
Beziehung *(f.)*	*relationship*
Veranstaltung *(f.)*	*event*
Kunst *(f.)*	*art*

Haus der Kulturen der Welt

An einem „Netzwerk der Beziehungen zwischen den Kulturen"
arbeitet das Haus der Kulturen der Welt in Berlin seit 1989.
Mit jährlich 780 Veranstaltungen zu Musik, Tanz, Theater, Kunst,
Film und Literatur aus Afrika, Asien und Lateinamerika ist
daraus inzwischen ein engmaschiges Geflecht geworden.

www.hkw.de

B. Vervollständigen Sie jetzt den folgenden Satz.

Ich möchte die Musik _____ (das Land) hören, die Kunst

_____ (die Kinder) ansehen, die Literatur _____ (die Periode)

lesen und die Filme _____ (der Kontinent) sehen.

Übung 2 Das gehört den Zeiten.

A. Schreiben Sie Substantive im Genitiv.

der buchstabe des tages.

k

wie „kasimir und karoline",
bühnenstück von georg büchner,
gestorben mit 24 jahren.

das montags in der süddeutschen zeitung liegt.

jetzt

das heft

BEISPIEL: der Buchstabe / der Tag → der Buchstabe des Tages

1. das Foto / der Moment   _____

2. das Wort / die Stunde   _____

3. das Buch / die Woche   _____

4. der Roman (*novel*) / der Monat _____

5. der Film / das Jahr   _____

6. das Symbol / die Zeiten   _____

B. Schreiben Sie jetzt jede Frage auf Deutsch.

1. *Have you seen the film of the month?* (**ihr**-Form)

   _____

2. *Have you read the novel of the year?* (**du**-Form)

   _____

Übung 3 Wem gehört das?

Schreiben Sie jeden Satz neu.

BEISPIEL: Der Koffer gehört unserem Gast. →
Das ist der Koffer unseres Gastes.

1. Das Auto gehört meinem Onkel.

   _____

2. Der Schlüssel gehört deiner Freundin.

   _____

3. Das Gepäck gehört meinen Freunden.

   _____

4. Die Kreditkarte gehört eurem Vater.

   _____

5. Das Anmeldeformular gehört diesem Herrn.

   _____

6. Das Geld gehört Ihrem Mann.

   _____

7. Die Fotos gehören diesen Männern. (Das sind …)

   _____

8. Die DVDs gehören einem Studenten aus Kanada. (Das sind …)

   _____

Übung 4 Was fragt man im Hotel?

Ergänzen Sie die Fragen mit den Interrogativpronomen **wer, wen, wem** oder **wessen.**

1. _____ will meinen Reisepass sehen?

2. _____ Koffer ist das vor der Rezeption?

3. _____ sehen Sie an der Rezeption?

4. _____ soll das Anmeldeformular ausfüllen?

5. _____ Name steht auf dem Formular?

6. _____ gibt man das Formular?

7. Für _____ ist dieser Schlüssel?

8. _____ bringt das Gepäck aufs Zimmer?

9. Mit _____ sollen die Touristen sprechen?

10. _____ kann die Klimaanlage reparieren?

11. _____ Fernseher funktioniert nicht?

12. _____ empfehlen Sie dieses Hotel?

Proper Names in the Genitive

Übung 5 Beethoven in Bonn und in Wien

Ergänzen Sie die Sätze über Beethoven und die Stadt Bonn mit den passenden Genitivformen.

Das Haus _____ (die Familie

Beethoven) steht in Bonn. Hier wurde Ludwig van Beethoven 1770

geboren. Dieses Haus ist für viele Besucher ein wichtiges Symbol

_____ (die Stadt) Bonn. Die

zweite Heimat _____ (der

Komponist [-en *masc.*]) war Wien, und im „Wiener Zimmer"

_____ (das Beethoven-Haus) kann

man Dokumente über sein Leben und seine Werke in Wien sehen.

   Die moderne Beethovenhalle dient seit 1959 als Konzerthalle, und

sie ist eigentlich die dritte _____

(dieser Name) in Bonn. Das Orchester

_____ (die Beethovenhalle) spielt

eine große Rolle im kulturellen Leben

_____ (diese Musikstadt) am Rhein. Es hat auch wichtige Funktionen

im Rahmen (im ... *as part of*) _____ (die Beethovenfeste) in Bonn.

   Das erste Beethovenfest fand an _____ (Beethoven) 75. Geburtstag

statt (fand ... statt *took place*). Der Komponist Franz Liszt war ein Mitglied (*member*)

_____ (das Festkomitee). Man hat zu diesem Fest eine Bronzefigur

von Beethoven, das Beethoven-Denkmal, errichtet.

   Ein neues Symbol _____ (die Beethovenstadt) Bonn ist „Beethon",

eine Skulptur aus Beton (Zement). „Beethon" ist das Werk _____ (ein

Künstler [*artist*]) aus Düsseldorf, Professor Klaus Kammerichs.

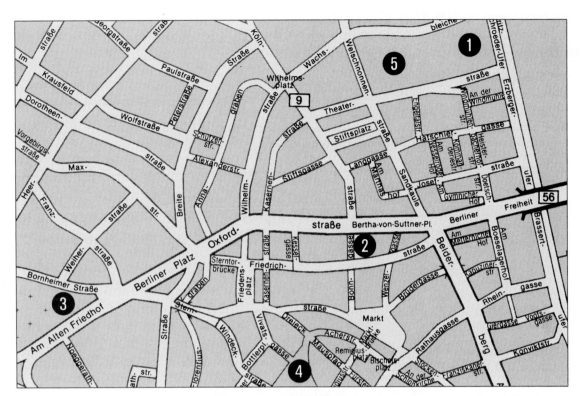

BONN

1 Die Beethovenhalle

2 Das Beethoven-Haus

3 Das Grab der Mutter Beethovens

4 Das Beethoven-Denkmal

5 „Beethon"

Man findet das Grab _____ (die Mutter)

_____ (Beethoven) auf dem Alten Friedhof in Bonn. Ludwig van

_____ (Beethoven) Mutter wurde als Maria Magdalene Keverich

geboren. Sie starb (*died*) am 17. Juli 1787. Auf dem Grabstein _____

(diese Frau) stehen die Worte: „Sie war mir eine so gute liebenswürdige Mutter, meine beste Freundin."

Das Grab _____ (ihr Sohn) findet man in Wien.

Prepositions with the Genitive

Übung 6   Eine Woche in Frankfurt

Vervollständigen Sie die Sätze.

1. _____ (*Within a week*) haben wir in Deutschland viel gemacht.

2. _____ (*During our stay*) in Frankfurt sind wir in die Festhalle gegangen und haben eine Show mit Pferden gesehen.

3. _____ (*Because of the Internet access*) war es kein Problem, unsere Tickets online zu buchen.

4. _____ (*In spite of the weather*) haben wir

   _____ (*within the pedestrian zone*) Spaziergänge gemacht.

5. _____ (*Because of the location of the hotel*) konnten wir zu Fuß ins Museum gehen.

6. Am letzten Tag haben wir _____ (*outside of the city*) eine Ballonfahrt gemacht.

Attributive Adjectives

Adjectives after a Definite Article

Übung 7   Wie heißt ...?

Lesen Sie die Anzeige, und schreiben Sie dann Fragen in verschiedenen Variationen.

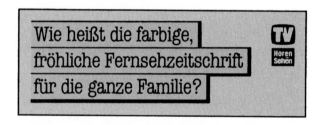

BEISPIEL: Auto / Mann →
        Wie heißt das neue, preiswerte Auto für den praktischen Mann?
oder   Wie heißt das schnelle, sportliche Auto für den modernen Mann?
oder   ?

alt	deutsch	interessant	praktisch	sonnig
amerikanisch	fröhlich	jung	preiswert	sportlich
beliebt	gemütlich	klein	ruhig	vorsichtig
bequem	gesund	konservativ	schnell	warm
berühmt	groß	modern	schön	?

1. Wagen / Frau:

   _____

   _____

2. Ferieninsel / Familie:

_____

_____

3. Fahrrad / Studentin:

_____

_____

4. Reisebüro / Tourist:

_____

_____

5. Kurort / Leute:

_____

_____

6. Mode / Student:

_____

_____

Übung 8   Richards Aufenthalt in der Stadt

Schreiben Sie die richtigen Formen der Adjektive.

1. Ich habe hier in dieser _____ _____ Stadt schon sehr viel
   gemacht. (schön / deutsch)

2. Ich habe das _____ Rathaus, die _____ Kirchen und den

   _____ Marktplatz fotografiert. (groß / alt / historisch)

3. Ich habe die _____ Museen besucht. (interessant)

4. Ich habe jeden Morgen in dem _____ Frühstücksraum des Hotels gesessen und

   mit den _____ Gästen gesprochen. (gemütlich / freundlich)

Adjectives after an Indefinite Article

Übung 9   Pause

Ergänzen Sie den Aufsatz mit den richtigen Formen der entsprechenden Adjektive.

1. jung	6. weiß	11. zehnjährig
2. bequem	7. blau	12. rot
3. rund	8. grau	13. gelb
4. gemütlich	9. alt	14. sechsjährig
5. klein	10. groß	15. stressfrei

Stadt statt Streß!

Münster erfahren

Sprach-Info

Inviting visitors to experience the city of Münster, the ad offers a play on words with the similarity in sound between **Stadt** and **statt**. Note that the ad uses the old spelling of the word **Stress**.

Ein _____¹ Mann sitzt auf einem _____² Stuhl an einem

_____³ Tisch in einem _____⁴ Café. Nichts als eine

_____⁵ Tasse Kaffee steht auf dem Tisch. Der Mann trägt ein _____⁶

Hemd, eine _____⁷ Krawatte und eine _____⁸ Hose. Neben dem

Stuhl stehen seine _____⁹ Brieftasche und eine _____¹⁰

Einkaufstasche. Er hat seiner _____¹¹ Nichte einen _____¹² Pullover

zum Geburtstag gekauft. Er hat auch ein _____¹³ T-Shirt für seinen

_____¹⁴ Neffen gekauft. Jetzt entspannt er sich. Dann macht er eine

_____¹⁵ Busfahrt nach Hause.

Übung 10   An der Rezeption im Hotel

Wählen Sie Adjektive aus der Liste, und ergänzen Sie die Sätze. *(Use your imagination.)*

blau	alt	elegant	(un)freundlich
braun	jung	international	gemütlich
gelb	groß	modern	nett
grün	klein	traditionell	(un)sympathisch
rot			?

Eine _____, _____ Frau kommt an die Rezeption

im Hotel Eden. Sie trägt zwei _____, Koffer. Sie hat

_____ Haar und trägt ein _____ Sommerkleid

und _____ Ohrringe. Die _____ Atmosphäre des

_____ Hotels gefällt ihr. Sie spricht mit dem _____

Empfangschef (*desk clerk*), aber er kann ihr nicht helfen, weil das _____ Hotel

für heute Nacht leider keine Zimmer frei hat.

Adjectives without a Preceding Article

Übung 11   Kurstädte

Vervollständigen Sie die Sätze mit den richtigen Formen der Adjektive.

1. Es gibt _____ _____ Kurstädte in Deutschland. (viel / schön)

2. Hier genießt (*enjoys*) man _____ Sonnenschein und _____ Luft.
   (warm / frisch)

3. Eine Kurstadt hat gewöhnlich _____ Gaststätten mit _____
   Zimmern. (historisch / gemütlich)

4. Man findet auch _____ Hotels mit _____ Zimmern in den
   _____ Kurstädten. (luxuriös / elegant / berühmt [*famous*])

5. Natürlich haben _____ Hotels eine Schwimmhalle und eine Sauna. (groß)

6. Man findet in jeder Stadt _____ Restaurants mit _____ oder
   _____ Küche. (gut / deutsch / international)

7. Gäste gehen gern in den _____ Gärten spazieren und wandern gern in den

_____ Wäldern. (schön / ruhig)

8. Leute aus aller Welt verbringen _____ Tage und _____ Nächte

in _____ Kurstädten. (fröhlich [*happy*] / zauberhaft [*magical*] / deutsch)

Adjectives Referring to Cities and Regions

Übung 12   Wo? In welcher Stadt?

Schreiben Sie eine positive Antwort auf jede Frage.

BEISPIEL: Haben Sie in der Altstadt in Freiburg übernachtet? →
Ja, ich habe in der Freiburger Altstadt übernachtet.

1. Haben Sie schon die neue Show in der Festhalle in Frankfurt gesehen?

   _____

   _____

2. Haben Sie das Rathaus in Hamburg fotografiert?

   _____

   _____

3. Haben Sie die Oper in Berlin besucht?

   _____

   _____

4. Haben Sie die Philharmoniker in Wien gehört?

   _____

   _____

5. Haben Sie das Schloss in Heidelberg gesehen?

   _____

   _____

6. Kennen Sie das Stadtwappen (*city coat of arms*) von Lüneburg?

   _____

   _____

Sprache im Kontext

Lesen

A. Die folgenden Phrasen kommen direkt aus dem Text „Mindelheim – Stadt der Lebensfreude". Wie sagt man das auf Englisch?

1. __h__ Mindelheim – Stadt der Lebensfreude

2. _____ Mindelheims Altstadt

3. _____ Rendezvous der Sinne

4. _____ den Zauber geschichtlicher Bedeutung

5. _____ (den Zauber) neuzeitlicher Mittelpunktfunktion der Kreisstadt des Unterallgäus

6. _____ mit breitem Warenangebot nobler Fachgeschäfte

7. _____ (mit) den handwerklichen Qualitäten lokaler Familienbetriebe

8. _____ herzhaft-schwäbische Küche und kulinarische Köstlichkeiten nahezu aller Provenienzen

a. *with a broad offering of wares from fine specialty shops*
b. *hearty Swabian cuisine and culinary delicacies from almost everywhere*
c. *Mindelheim's old town*
d. *the magic of historical significance*
e. *(with) the handcrafted quality goods of local family businesses*
f. *rendezvous of the senses*
g. *(the magic) of the modern administrative hub of the county seat of the Unterallgäu (in southwestern Bavaria)*
h. *Mindelheim—city with zest for life*

B. Unterstreichen Sie jetzt alle Wörter in **A,** die Genitivendungen haben.

BEISPIEL: 1. Mindelheim – Stadt <u>der</u> Lebensfreude

C. Was wissen Sie schon über Mindelheim? Mehr als eine Antwort kann richtig sein.

  1. Mindelheim ist _____.
     a. eine Kreisstadt
     b. eine Landeshauptstadt
     c. eine Kleinstadt

  2. Mindelheim liegt _____.
     a. in Norddeutschland
     b. in Bayern
     c. im Unterallgäu

  3. Mindelheim bietet (*offers*) _____.
     a. Geschäfte mit lokalem Handwerk
     b. schwäbische Küche
     c. historische Sehenswürdigkeiten (*sights*)

Mindelheim - Stadt der Lebensfreude

Mindelheims Altstadt lädt ein zum Rendezvous der Sinne! Flaniert[1] man durch die gute Stube,[2] entlang an historischen Häusern mit farbenfrohen Fassaden, spürt[3] man den Zauber geschichtlicher Bedeutung und neuzeitlicher Mittelpunktfunktion der Kreisstadt des Unterallgäus.[4]

Die Gassen[5] zwischen alten Stadtmauerresten und Toren locken[6] zur Entdeckungsreise,[7] belohnen[8] mit romantischen Winkeln, künstlerischen Details und überraschen[9] mit unerwarteten Ein- und Ausblicken. Dass dieses Ambiente zu zahlreichen Festen verleitet,[10] versteht sich: ob nun das große historische Frundsbergfest, das Weinfest auf der Mindelburg, Stadtgrabenfest oder Vollmond-Party, Töpfer-[11] oder Christkindles-Markt – Gastlichkeit hat reiche Tradition.

Die freundliche Einkaufsstadt verführt[12] mit breitem Warenangebot nobler Fachgeschäfte und den handwerklichen Qualitäten lokaler Familienbetriebe.

Eine wahrhaft bemerkenswerte Gastronomie serviert herzhaft-schwäbische Küche und kulinarische Köstlichkeiten nahezu aller Provenienzen. Hotels und Privatvermieter bieten allen Gästen niveauvolle und gemütliche Unterkunft in gepflegter und heimeliger Atmosphäre.

Blick vom Einlasstor in die Fußgängerzone

¹*strolls* ²gute ... *front room* (figurative) ³*feels* ⁴a county in southwestern Bavaria ⁵*alleys* ⁶*lure*
⁷*journey of discovery* ⁸*reward* ⁹*surprise* ¹⁰*leads* ¹¹*pottery* ¹²*tempts*

D. Lesen Sie jetzt den Text. Schreiben Sie dann die Adjektive (ohne Endungen), die die Attraktionen der Stadt beschreiben.

BEISPIEL: Häuser: *historisch*

1. Fassaden: _____

2. Bedeutung (*significance*): _____ (*historical*)

3. Mittelpunktfunktion: _____

4. Stadtmauerresten (*remains of city walls*) und Toren (*gates*): _____

5. Winkeln (*nooks*): _____

6. Details: _____

7. Ein- und Ausblicken (*insights and views*): _____ (*unexpected*)

8. Feste: _____ (*numerous*)

9. Frundsbergfest: _____, _____

10. Tradition: _____

11. Einkaufsstadt: _____

12. Warenangebot: _____

13. Fachgeschäfte: _____

14. Qualitäten: _____

15. Familienbetriebe: _____

16. Gastronomie: _____

17. Küche: _____

18. Köstlichkeiten: _____

19. Unterkunft: _____ (*full of quality*) und _____

20. Atmosphäre: _____ (*cultured*)

    und _____ (*cozy*)

E. Sie haben jetzt ein bisschen über Mindelheim gelesen. Was möchten Sie noch wissen, bevor Sie diese Stadt eines Tages besuchen? Vielleicht haben Sie Fragen über Hotels, Lokale, Feste, Sport- und Freizeitaktivitäten, Geschäfte, Kultur, Wetter oder sonst noch was. Schreiben Sie mindestens sechs Fragen, die Sie den Mindelheimern stellen möchten.

Na klar!

Was sehen Sie auf diesem Foto von Bonn? Beschreiben Sie die Szene, das Wetter, die Gebäude (*buildings*), die Menschen und ihre Aktivitäten. Benutzen Sie viele Adjektive in Ihrem Aufsatz.

KULTURJOURNAL

A. Lutherstadt Wittenberg: Ein Blick in die Geschichte

1. Die Namen Martin Luther und Lucas Cranach sind mit der Lutherstadt Wittenberg assoziiert. Kennen Sie andere Namen und Städte?

Die Brüder Grimm

Hanau

Wolfgang Amadeus Mozart

Salzburg

Welche Stadt ist mit jeder der folgenden berühmten deutschsprachigen Personen verbunden? (Forschen Sie im Internet.)

1. Doris Dörrie _____

2. die Brüder Grimm _____

3. Wolfgang Amadeus Mozart _____

4. Anne-Sophie Mutter _____

5. Albert Einstein _____

6. Heidi Klum _____

7. Clara Schumann _____

8. Albrecht Dürer _____

9. Steffi Graf _____

10. Angela Merkel _____

a. Salzburg
b. Nürnberg
c. Leipzig
d. Hamburg
e. Hanau
f. Mannheim
g. Hannover
h. Rheinfelden
i. Ulm
j. Bergisch Gladbach

2. Welche Namen und welche Städte in Aktivität 1 kennen Sie? Wählen Sie einen Namen und schreiben Sie ein paar Sätze mit Informationen über diese Person und seine oder ihre Geburtsstadt.

_____

_____

_____

_____

_____

B. Die Stadt damals und heute Beantworten Sie die folgenden Fragen.

1. Wie alt ist Ihre Stadt? In welchem Jahr oder Jahrhundert hat man sie gegründet?

_____

_____

2. Welche Bauten und Denkmäler sieht man auf einem Stadtplan von Ihrem Stadt?

_____

_____

3. Was ist das älteste Gebäude in Ihrer Stadt? Vergleichen Sie dieses Gebäude mit einem historischen Gebäude in einer deutschen Stadt.

_____

_____

_____

_____

Mein Journal

Mindelheim ist eine Stadt der Lebensfreude. Ist Ihre Heimatstadt auch eine Stadt der Lebensfreude? eine Stadt der Musik und Kultur? eine Stadt der Feste? eine Stadt der Möglichkeiten? eine Stadt des Familienlebens? eine Stadt der Sport- und Freizeitaktivitäten? eine Stadt der Gastronomie? Wieso? Welche Adjektive beschreiben Ihre Stadt? Welche Feste feiert man? Welche Attraktionen finden Touristen und Touristinnen aus deutschsprachigen Ländern besonders interessant? Wie sind die Hotels und Restaurants? Schreiben Sie über Ihre Heimatstadt.

> Check any of the following items that apply to your city, modifying them as necessary to make them accurate. Use the extra space next to the items to jot down names, adjectives, phrases, or other facts that you might want to mention.
>
> Think about which ideas you want to include and how you want to organize your journal entry. Finally, write! Advertise your city!

Was für Attraktionen hat Ihre Stadt? Hat sie ...?

- ☐ viele interessante, historische Gebäude (*buildings*)
- ☐ einen Hafen (*harbor*)
- ☐ einen Bahnhof
- ☐ einen Flughafen
- ☐ ein Rathaus
- ☐ Kirchen aller Glaubensrichtungen (*faiths*)
- ☐ viele Hotels
- ☐ eine alte Innenstadt
- ☐ große Schwimmhallen
- ☐ Sportstadien, Sporthallen und Sportplätze
- ☐ Tennisplätze
- ☐ Golfplätze
- ☐ internationale Restaurants
- ☐ Kinos
- ☐ Theater
- ☐ ein Opernhaus
- ☐ Bars und Kneipen
- ☐ Geschäfte
- ☐ Bäckereien und Konditoreien
- ☐ eine Fußgängerzone
- ☐ Einkaufszentren
- ☐ Supermärkte
- ☐ Parks und Gärten
- ☐ Schulen und Universitäten

☐ _____

Kann man dort überallhin (*everywhere*) ...?

☐ mit dem Bus fahren

☐ mit dem Taxi fahren

☐ mit der Straßenbahn fahren

☐ mit der U-Bahn fahren

☐ mit dem Fahrrad fahren

☐ zu Fuß gehen

☐ _____

Wo liegt Ihre Stadt?

☐ In den Bergen.

☐ In der Mitte des Landes.

☐ An der Küste (*coast*).

☐ Im Süden (im Norden, im Westen, im Osten) des Landes.

☐ Südlich von _____.

☐ Nördlich von _____.

☐ Westlich von _____.

☐ Östlich von _____.

☐ In der Nähe von _____.

☐ _____

Ist Ihre Stadt ...?

☐ die Hauptstadt des Staates

☐ die Hauptstadt des Landes

☐ eine Großstadt

☐ eine Kleinstadt

☐ eine Universitätsstadt

☐ ein Ferienort

☐ _____

Wie ist das Wetter in Ihrer Stadt?

☐ Schneit es im Winter?

☐ Regnet es im Herbst?

☐ Ist es im Frühling kalt und windig?

☐ Ist es im Sommer heiß und schwül?

☐ Ist es kühl und neblig?

☐ Ist es meistens heiter und sonnig?

☐ _____

Kapitel

10 Auf Reisen

Hören und Sprechen

Alles klar?

A. Sie hören drei Gespräche über den Urlaub. Entscheiden Sie, welche von den vier Anzeigen zu welchem Gespräch passt, und schreiben Sie die Nummer des Gesprächs neben die entsprechende Anzeige.

suchen + buchen

Reisen in alle Welt
supergünstige Restplätze
Wachmannstr. 48

☎ 34 00 66

Lahn tours

Natur erleben
aktiv reisen
Urlaub mit dem Kanu

Letzte Plätze frei im
Aktiv-Sommerprogramm

Frankreich
Dordogne Fahrrad-Kanu	09. 07. - 23. 07.
Dordogne Wandern-Kanu	07. 08. - 21. 08.
Dordogne Kanu-Classic	24. 07. - 06. 08.
Dordogne-Ardèche-Kanu	05. 09. - 18. 09.
Allier-Kanu	22. 08. - 04. 09.

Schweden — Abreise jede Woche

Masurische Seenplatte
Kanutour Czarna Hancza	09. 07. - 15. 07.
	23. 07. - 29. 07.
Kanutour Krutynia	03. 08. - 12. 08.
	17. 08. - 26. 08.
Radtouren Masuren	31. 07. - 14. 08.
	21. 08. - 04. 09.

Toskana
Fahradtour	20. 10. - 30. 10.

KANUtouren auf der Lahn und KANUverleih. KANUtouren auf der Mecklenburger
Seenplatte und KANUverleih. Eltern-
Kind-Touren. Betriebsausflüge – Klas-
senfahrten – Gruppenreisen.

LT-AKTIVREISEN
Lahntalstraße 45 · 35 096 Roth
☎ (0 64 26) 56 26 · Fax (0 64 26) 18 19

MITFAHRBÜRO
KÖRNERWALL
✆ 7 20 11 ✆ 7 20 22
✆ **19 440**
City-ADM-Line

Spanisch lernen
direkt am Atlantik
■ inkl. Unterkunft in Appartements
■ 4 Niveaus in kleinen Gruppen
■ als Bildungsurlaub anerkannt

Galicien:		**Andalusien:**	
3 Wo. El Grove	€ 400	2 Wo. Conil	€ 500
3 Wo. Portonovo	€ 500	**Ecuador:**	
		2 Wo. Quito	€ 520

Academia **Atlántika** Elebeken 7 · 2 Hamburg 60
☎ 040 / 47 75 87 · Fax: 46 58 85 · 14—19 Uhr

cultura

Segelferien auf Elba
Jollen- und Yachtsegeln, Surfen, Chartern,
DSV-Ausbildung für A, BR und BK-Schein.

Italienisch lernen in Italien
Ferien- und Intensivkurse in Rom, Florenz,
Lucca, Cortona, Poppi, am Meer, auf Elba.

Kaiserdamm 95 · 14057 Berlin
Tel. 030/301 90 81 · Fax 301 90 80

B. Spielen Sie die Gespräche noch einmal. Kreuzen Sie auf der Tabelle unten an, was stimmt und was nicht stimmt.

	DAS STIMMT	DAS STIMMT NICHT
1. Ulf war in Frankreich und hat Französisch gelernt.	☐	☐
2. Er hat in der Nähe vom Strand gewohnt.	☐	☐
3. Morgens war er in der Schule.	☐	☐
4. Er hat für vier Wochen € 400 bezahlt.	☐	☐
5. Claudia hat im Urlaub gefaulenzt.	☐	☐
6. Sie hat den Urlaub selbst geplant.	☐	☐
7. Anja hat mit ihrem Freund Urlaub gemacht.	☐	☐
8. Sie hat auf dem Wannsee gesegelt.	☐	☐
9. Herr König faulenzt gern im Urlaub.	☐	☐

Wörter im Kontext

Thema 1 Ich möchte verreisen

Aktivität 1 Wie fährt man dorthin?

Ein Studienkollege möchte gemeinsam mit Ihnen etwas unternehmen. Schauen Sie sich die Bilder an, und antworten Sie auf seine Fragen mit einem Vorschlag.

Sie hören: Wollen wir im Sommer nach Mexiko?
Sie sagen: Gute Idee, lass uns doch mit dem Auto hinfahren.

1.
2.
3.

4.
5.

Aktivität 2 Was nimmt man mit?

Beantworten Sie die Fragen mithilfe der Checkliste.

Sie hören: Du fliegst Weihnachten nach Hawaii? Was nimmst du mit?
Sie sagen: Ich nehme Sonnencreme, einen Badeanzug und ein gutes Buch mit.

CHECKLISTE

☐ Buch	☐ Smartphone	☐ Skier
☐ Sonnencreme	☐ Rucksack	☐ Abendkleid/Anzug
☐ Wanderschuhe	☐ Badeanzug/Badehose	☐ warme Kleidung und Schuhe
☐ Reiseführer-USA	☐ Notizheft	☐ Wörterbuch
☐ bequeme Schuhe	☐ Sonnenbrille	☐ Handy

1. . . .   2. . . .   3. . . .   4. . . .   5. . . .

Aktivität 3 Hin und her: Auf Reisen

A. Beantworten Sie die Fragen mithilfe der Information, die Sie in der Tabelle finden. Sie hören drei Fragen pro Person.

Sie hören: Wohin fährt Henning Schmidt in den Urlaub?
Sie sagen: Henning Schmidt fährt in den Schwarzwald.

	WER?	WOHIN FAHREN?	WAS DORT MACHEN?	WAS MITNEHMEN?
1.	Henning Schmidt	Schwarzwald	wandern	Rucksack Regenmantel Wanderschuhe
2.	Reiko Carstens	Frankreich	Französisch lernen	Wörterbuch Smartphone

B. Stellen Sie jetzt Fragen zu den nächsten drei Personen und tragen Sie die Information, die Sie hören, in die Tabelle ein. Stellen Sie drei Fragen pro Person.

Sie hören: 1.
Sie fragen: Wohin fährt Diana Schwalm in Urlaub?
Sie hören: Wohin fährt Diana Schwalm in Urlaub? Sie fährt ans Mittelmeer.
Sie schreiben: ans Mittelmeer

WER?	WOHIN FAHREN?	WAS DORT MACHEN?	WAS MITNEHMEN?
Diana Schwalm	1. *ans Mittelmeer*	2.	3.
Timo Paul	4.	5.	6.

Thema 2 Im Reisebüro

Aktivität 4 Im Reisebüro

Frau Kuhn möchte verreisen. Sie geht ins Reisebüro und möchte mehr Information. Stimmt die Information, oder stimmt sie nicht? Korrigieren Sie die Sätze, die nicht stimmen.

		DAS STIMMT	DAS STIMMT NICHT
1.	Frau Kuhn hat im August zwei Wochen Urlaub.	☐	☐
2.	Sie möchte einen Abenteuerurlaub machen.	☐	☐
3.	Die Dame im Reisebüro hat einige Sonderangebote.	☐	☐
4.	Bei dem Sonderangebot für Teneriffa bekommt Frau Kuhn kein Frühstück.	☐	☐
5.	Der Flug gehört mit zum Sonderangebot.	☐	☐
6.	An die Nordsee muss Frau Kuhn mit dem Auto fahren.	☐	☐
7.	In dem Hotel an der Nordsee gibt es Frühstück und Mittagessen.	☐	☐
8.	Frau Kuhn will heute Nachmittag nochmal im Reisebüro anrufen.	☐	☐

Aktivität 5 Urlaubsangebote

Sie hören vier Urlaubsangebote. Ergänzen Sie die Tabelle.

	WO?	WAS?	ÜBERNACHTUNG?	WIE LANGE?	WIE TEUER?
1.	Südfrankreich				
2.		Sprachkurs			
3.			Zelt		
4.				drei Wochen	

Aktivität 6 Wohin sollen wir verreisen?

Familie Huber (Herr und Frau Huber, ihre Kinder Thomas und Carola) macht Pläne für den Urlaub. Hören Sie zu und beantworten Sie dann die Fragen.

1. Wohin will Familie Huber dieses Jahr verreisen?

   _____

2. Was will Thomas tun?

   _____

3. Was sagt die Mutter dazu?

   _____

4. Wo will Thomas mit seinen Freunden übernachten?

   _____

5. Was dürfen fast alle Schüler in Thomas' Klasse?

   _____

6. Was denkt Herr Huber über Thomas' Plan?

   _____

7. Und was denken Sie? Soll Thomas mit seinen Freunden oder mit seiner Familie in Urlaub fahren? Warum?

   _____

Thema 3 Eine Fahrkarte, bitte!

Aktivität 7 Wohin fährt Norbert?

Norbert will mit dem Zug fahren. Hören Sie zu, und ergänzen Sie die Lücken.

Norbert kauft eine _____[1] von Köln nach Nürnberg. Er möchte dort seine

_____[2] besuchen. Er fährt mit dem _____[3] und kauft eine

Rückfahrkarte. Er muss auch Zuschlag bezahlen. Sein _____[4] fährt in 35 Minuten auf

_____[5] 22 ab. In Frankfurt hat Norbert eine _____[6] Aufenthalt.

Er muss dort _____[7].

Aktivität 8 Am Fahrkartenschalter

Sie sind am Fahrkartenschalter und möchten eine Fahrkarte kaufen. Sie können den Beamten nicht gut verstehen. Was fragen Sie?

Sie hören: Eine Fahrkarte nach Braunschweig kostet 50 Euro.
Sie fragen: Wie bitte, was kostet eine Fahrkarte nach Braunschweig?

1. . . . 2. . . . 3. . . . 4. . . . 5. . . . 6. . . .

Aktivität 9 Auf dem Bahnhof

Sie hören fünf Bahnhofsansagen. Hören Sie zu, und ergänzen Sie die Lücken. Sie hören jede Ansage zweimal.

1. Karlsruhe Hauptbahnhof. Abfahrt nach _____ um 12.46 Uhr.

2. Ankunft des Zuges aus Halle auf Gleis _____.

3. InterCity nach Leipzig, _____ bitte!

4. Die _____ schließen! Vorsicht bei der _____.

5. Vorsicht am _____, Abfahrt InterCity nach Leipzig!

Grammatik im Kontext

Expressing Comparisons: The Superlative

Übung 1 Beim Einkaufen im Kaufhaus

Hören Sie zu und beantworten Sie die Fragen im Superlativ. Zuerst hören Sie ein neues Wort.

Zeitschrift   *magazine*

Sie hören: Der Sessel ist bequemer als der Stuhl, aber das Sofa?
Sie sagen: Das Sofa ist am bequemsten.

1. . . . 2. . . . 3. . . . 4. . . . 5. . . .

Attributive Adjectives in the Comparative

Übung 2   Vergleiche

Schauen Sie sich die Bilder (auf dieser und der nächsten Seite) an, und beantworten Sie die Fragen.

Sie hören: Wer hat ein größeres Auto?
Sie sagen: Horst hat ein größeres Auto.

1.

2.   Egon   Max

3.

4.

5.

6.

Attributive Adjectives in the Superlative

Übung 3 Neu in der Stadt

Hören Sie zu und ergänzen Sie die Sätze.

Kaufland ist das _____¹ und

_____² Geschäft für Lebensmittel.

Fleisch und Auschnitt ist _____³ und

_____⁴ bei Bolle und Reichelt. Der Balkan-Grill

ist das _____⁵ Restaurant. Die

_____⁶ Kneipe liegt direkt gegenüber. Schuhe und

Kleider sind bei Hertie am _____⁷. Herr Streichhahn ist

der _____⁸ Mieter. Er ist über 80 Jahre alt.

Übung 4   Was ist am besten? Was ist das Schönste?

A. Einige Leute sprechen darüber, was am besten ist. Schreiben Sie das Adjektiv, das Sie hören und schreiben Sie dann, was am besten ist.

Sie hören: —Was finden Sie am interessantesten? Eine Radtour, eine Wanderreise oder eine Kreuzfahrt?
—Ich finde eine Kreuzfahrt am interessantesten.

Sie schreiben: *am interessantesten*_____   *eine Kreuzfahrt*_____

1. _____   _____

2. _____   _____

3. _____   _____

4. _____   _____

5. _____   _____

B. Jetzt sind Sie dran. Was finden Sie am besten?

1. . . .   2. . . .   3. . . .   4. . . .   5. . . .

Narrating Events in the Past: The Simple Past Tense

Übung 5   Damals und heute

Ihre Tante Ingrid erzählt Ihnen von ihrer Studienzeit in Wien. Es ist jetzt alles anders als damals. Beantworten Sie die Fragen mithilfe der Liste. Sagen Sie, was anders ist.

Sie hören: Ich hatte eine Wohnung außerhalb der Stadt. Und du?
Sie sehen: ein Zimmer im Studentenwohnheim
Sie sagen: Ich habe ein Zimmer im Studentenwohnheim.

1. mit dem Rad
2. meistens nur nachmittags
3. keine Pausen
4. in der Studentenkneipe
5. ins Kino
6. Feten

Übung 6 Ein Märchen

Hören Sie zu und ergänzen Sie die Verben im Präteritum.
Zuerst hören Sie fünf neue Wörter.

sterben (starb)	*to die*
heiraten (heiratete)	*to marry*
der Herd	here: *hearth*
der König	*king*
die Fee	*fairy*

Es _____[1] einmal ein reicher Mann. Eines Tages _____[2]

seine Frau. Die beiden _____[3] eine Tochter, und der Mann

_____[4] eine Mutter für sie. Deshalb _____[5] er eine Frau mit

zwei Töchtern. Da _____[6] eine schlimme Zeit für die Tochter an. Sie

_____[7] für die anderen arbeiten und _____[8] nur alte, graue

Kleider tragen. Sie _____[9] nicht im Bett, sondern _____[10]

neben dem Herd in der Asche. Darum _____[11] sie Aschenputtel.

Eines Tages _____[12] der König ein großes Fest. Alle Mädchen des Landes

_____[13] zum Tanz kommen, denn der Sohn des Königs

_____[14] eine Frau. Die beiden Stiefschwestern _____[15] ihre

besten Kleider an. Die Stiefmutter _____[16] zu Aschenputtel: „Du darfst nicht mitge-

hen, denn du hast keine Kleider und kannst nicht tanzen." Und sie _____[17] ohne

Aschenputtel zum Fest. Aschenputtel _____[18] aber von einer guten Fee ein schönes

Kleid und Schuhe aus Gold. Sie _____[19] in einer eleganten Kutsche zum Fest, und

der Königssohn _____[20] den ganzen Abend nur mit ihr. Um Mitternacht

_____[21] sie aus dem Saal, und _____[22] dabei einen goldenen

Schuh. Der Königssohn _____[23] ihn und _____[24]: „Ich muss

wissen, wem dieser goldene Schuh passt. Keine andere soll meine Frau werden."

Sie wissen ja, wie die Geschichte endet. Der Schuh _____[25] Aschenputtel, und

der Prinz _____[26] sie auf sein Schloss.

Und wissen Sie nun, wie diese Geschichte auf Englisch heißt? Können Sie es raten?

_____[27]

Übung 7 Familiengeschichte

A. Beantworten Sie die Fragen. (*Use the simple past tense in your answer.*)

Sie hören: Wann hast du laufen gelernt?
Sie sagen: Ich war ein Jahr alt, als ich laufen lernte.

1. zwei Jahre alt
2. fünf Jahre alt
3. acht Jahre alt
4. neun Jahre alt
5. achtzehn Jahre alt
6. siebzehn Jahre alt
7. neunzehn Jahre alt

B. Sie hören die Fragen noch mal. Was passt zu wem? Schreiben Sie die Nummer unter das Bild.

a. _____

b. _____

c. _____

d. _____

e. _____

f. _____

g. _____

The Past Perfect Tense

Übung 8   Wann hat Anna alles gemacht?

Anna war heute sehr beschäftigt. Sehen Sie sich die Bilder an, und beschreiben Sie, wann Anna alles gemacht hat.

Sie hören: Wann hat Anna gefrühstückt?
Sie sagen: Nachdem sie aufgestanden war.

1. . . .   2. . . .   3. . . .   4. . . .   5. . . .   6. . . .   7. . . .

Sprache im Kontext

A. Ein Reisebericht auf YouTube: Familie Renner macht eine Donaukreuzfahrt. Hören Sie zu und machen Sie Notizen. Ergänzen Sie dann die Sätze.

1. Die Familie Renner machte _____ eine Kreuzfahrt auf der Donau.

2. Die Kreuzfahrt _____ in Passau.

3. In der Lounge gab es _____ und _____.

4. Vom Deck _____ die Passagiere viele _____ sehen.

5. Passau nennt man auch die _____.

6. Die Passagiere konnten die grüne _____ bewundern.

7. Im Speisesaal begrüßten die Köche und _____ die Passagiere.

8. Am _____ der Kreuzfahrt war die Familie in Melk.

9. Die Familie packte ihre Rucksäcke mit Wasser, Kamera und _____.

10. Die _____ sollten 35 Grad Celsius erreichen.

11. _____ brachten die Passagiere zum Kloster.

12. Im Kloster gab es eine _____ und ein _____.

13. Die Familie machte einen _____ durch die Schlossgärten.

14. Die _____ ging dann weiter in die berühmte Wachau.

B. Ein Freund interessiert sich für die Kreuzfahrt und hat einige Fragen. Sehen Sie sich Ihre Notizen noch einmal an, und beantworten Sie die Fragen.

1. . . . 2. . . . 3. . . . 4. . . . 5. . . . 6. . . .

Lesen und Schreiben

Alles klar?

Alles falsch! Schauen Sie sich das Foto an. Lesen Sie dann die Sätze. Die Sätze enthalten falsche Informationen. Schreiben Sie sie mit den richtigen Informationen.

BEISPIEL: Diese Leute machen eine Flugzeugreise. →
Diese Leute machen eine Zugreise.

1. Der Zug ist noch nicht angekommen.

_____

2. Die Leute müssen nicht mehr auf den Bus warten.

_____

3. Der Zug ist schon vom Bahnhof abgefahren.

_____

4. Der Zug steht auf dem Bahnsteig.

_____

5. Das Flugzeug ist sehr modern.

_____

6. Die Leute steigen jetzt aus.

_____

7. Sie tragen kein Handgepäck: keine Koffer, keine Kameras, keine Rucksäcke.

_____

_____

8. Sie reisen wahrscheinlich im Winter, weil sie Winterkleidung tragen.

_____

_____

9. Diese Leute reisen wahrscheinlich geschäftlich (*on business*), weil sie Anzüge tragen.

_____

_____

Wörter im Kontext

Thema 1 Ich möchte verreisen

Aktivität 1 Auf Reisen

A. Welches Wort passt nicht? Streichen Sie dieses Wort aus.

BEISPIEL:

_____ Schiff _____ Bahn _____ ~~Reiseprospekt~~ _____ Fahrrad

1. _____ Bus _____ Angebot _____ Zug _____ Flugzeug
2. _____ Handgepäck _____ Fahrkarte _____ Platzkarte _____ Personalausweis
3. _____ Reisebüro _____ Handschuh _____ Busreise _____ Reiseführer
4. _____ Anschluss _____ Abfahrt _____ Auskunft _____ Ankunft
5. _____ Gleis _____ Bahnhof _____ Bahnsteig _____ Bargeld
6. _____ Taxi _____ Bahnhof _____ Busse _____ Auto

B. Schreiben Sie jetzt den bestimmten Artikel für jedes Wort.

BEISPIEL:

das Schiff *die* Bahn *der* Reiseprospekt *das* Fahrrad

C. Schreiben Sie eine vollständige Antwort auf jede Frage.

BEISPIEL: Sind Sie schon einmal mit dem Schiff gereist? Wenn ja: Wann? →
   Ja, ich bin vor drei Jahren mit dem Schiff gereist.
oder Nein, ich bin noch nie mit dem Schiff gereist.
oder ?

1. Sind Sie schon einmal mit dem Zug gefahren? Wenn ja: Wohin? Wenn nein: Wohin möchten Sie mit dem Zug fahren?

   _____

   _____

2. Fahren Sie oft mit dem Bus? Wenn ja: Wie oft und wohin? Wenn nein: Warum nicht?

   _____

   _____

3. Wann und wohin sind Sie zum letzten Mal mit dem Flugzeug gereist? Wenn Sie noch nie eine Flugreise gemacht haben, wohin möchten Sie mit dem Flugzeug reisen und warum?

   _____

   _____

Aktivität 2 Antonyme und Synonyme

A. Schreiben Sie die Antonyme.

1. inaktiv: _____

2. langsam: _____

3. sicher: _____

4. alt: _____

B. Schreiben Sie die Synonyme.

1. die Bahn: _____

2. der Fotoapparat: _____

3. die Information: _____

4. das Ticket: _____

C. Ergänzen Sie die Sätze mit Wörtern, die (*which*) Sie in Teil B geschrieben haben.

1. Philip fährt gern mit _____, denn er kann sich wirklich entspannen und die Landschaft anschauen.

2. Bald macht er eine Zugreise nach Italien. Er hat schon _____ über

   Unterkunft und Verpflegung bekommen und _____ gekauft.

3. Bestimmt nimmt er _____ mit, um alles zu fotografieren.

Thema 2 Im Reisebüro

Aktivität 3 Auskunft über Thüringen

Lesen Sie die folgende Anzeige für Thüringen.

Thüringen Bustour zu historischen Stätten

● Deutsche Geschichte, wohin man kommt: uraltes Glasbläser-Handwerk, Goethe-Gedenkstätten, Schillers Wohnhaus, Martin Luthers Studierstube – Thüringen lockt als historisches Kulturzentrum. Stadtjuwel Weimar, Eisenach mit Wartburg, Erfurt und Gotha zählen u. a. zu den Stationen einer Bustour vom 18. bis 21. 8., die für 260 Euro mit Halbpension und Busfahrt ab München zu buchen ist. Näheres bei: Schmetterling Reisen, Maxstr. 26, 83278 Traunstein.

A. Markieren Sie jetzt alle passenden Antworten. Mehr als eine Antwort kann richtig sein.

1. Thüringen ist
   a. ein deutsches Bundesland.   b. eine Stadt in Deutschland.   c. ein Bundesland in Österreich.

2. Diese Anzeige ist für
   a. eine Bahnreise durch Thüringen.   b. eine Bustour durch Thüringen.
   c. eine Reise mit dem Flugzeug nach Thüringen.

3. Goethe und Schiller waren
   a. deutsche Komponisten der klassischen Periode.   b. deutsche Architekten der Barockzeit.
   c. deutsche Autoren der Klassik und Romantik.

4. Weimar, Eisenach, Erfurt und Gotha sind alle
   a. Städte in Thüringen.   b. Bundesländer in Deutschland.   c. historische Stätten (*places*) in Thüringen.

5. Die Wartburg ist
   a. eine Stadt in der Nähe von Weimar.   b. eine Burg (*castle, fortress*) in der Nähe von Eisenach.
   c. eine große Attraktion in Thüringen.

6. Das Angebot ist für
   a. eine zweitägige Tour.   b. eine viertägige Tour.   c. eine sechstägige Tour.

7. Auf dieser Tour braucht man bestimmt
   a. kein Zelt.   b. kein Sonnenschutzmittel.   c. keinen Flugschein.

B. Was fragen oder sagen Ihre Freunde? Schreiben Sie alles auf Deutsch. Benutzen Sie die *du*-Form.

1. *Do you have the travel brochure?*

   _____

2. *Have you already booked the tour?*

   _____

3. *Have you already bought your ticket?*

_____

4. *Don't forget your camera.*

_____

Aktivität 4   Urlaub in Gifhorn

A. Schauen Sie sich die Anzeige an, und lesen Sie den Text.

B. Jeder Satz hat genau zwei richtige Antworten. Kreuzen Sie sie an.

1. Gifhorn liegt
    - ☐ an der Aller (*a river in northern Germany*).
    - ☐ in der Heide (*heath*) im Bundesland Niedersachsen.
    - ☐ in den bayrischen Alpen.

2. In oder in der Nähe von Gifhorn kann man
    - ☐ segeln.
    - ☐ wandern.
    - ☐ Ski laufen.

3. Hier findet man
    - ☐ eine idyllische Landschaft.
    - ☐ hohe Berge.
    - ☐ 80 Kilometer markierte Wanderwege.

4. Hier könnte man vielleicht
    - ☐ einen Segelkurs machen.
    - ☐ in der Ostsee schwimmen.
    - ☐ tagelang wandern.

5. Gifhorn ist besonders für
   ☐ seinen internationalen Mühlenpark bekannt.
   ☐ breite Sandstrände bekannt.
   ☐ viele Windmühlen bekannt.

6. Die Stadt bietet Besuchern/Besucherinnen auch
   ☐ viele Luxushotels.
   ☐ eine historische Altstadt.
   ☐ behagliche (*comfortable*) Gastlichkeit (*hospitality*).

7. In dieser Region findet man Attraktionen wie
   ☐ Wälder.
   ☐ Flüsse.
   ☐ die Alpen.

8. Man kann an die Stadt Gifhorn schreiben und
   ☐ Auskünfte bekommen.
   ☐ Reiseprospekte bekommen.
   ☐ Personalausweise bekommen.

9. Man sollte auch nach
   ☐ Pauschalangeboten (*package deals*) fragen.
   ☐ Tiefseetauchen fragen.
   ☐ Unterkunft fragen.

C. Ergänzen Sie den Dialog. Schreiben Sie Daniels Antworten mithilfe der Anzeige und den Sätzen in Teil B.

ANNA: Dieses Jahr möchte ich einen schönen, entspannenden Urlaub machen. Was schlägst du vor?

DANIEL: Hast du diese Anzeige für Gifhorn gesehen? Vielleicht möchtest du dort einen Aktivurlaub im Freien (*outdoors*) machen.

ANNA: Wo liegt denn Gifhorn?

DANIEL: _____

_____

ANNA: Was kann man in Gifhorn machen?

DANIEL: _____

_____

_____

_____

ANNA: Was für Attraktionen und Sehenswürdigkeiten (*sights*) gibt es in Gifhorn?

DANIEL: _____

_____

_____

_____

Aktivität 5 Reisefragen

Welche Satzteile passen zusammen?

1. Was kostet _____

2. Fahren Sie manchmal mit dem Bus, _____

3. Ist die Platzkarte so teuer _____

4. Wie komme ich möglichst schnell _____

5. Möchten Sie mit Stil reisen _____

6. —Möchtest du eine Woche _____

7. —Willst du per Autostop reisen?

   —Vielleicht, _____

8. Wann fährt der nächste Zug _____

a. und in Luxushotels übernachten?
b. auf dem Land verbringen?
   —Ja, das klingt gut.
c. aber ist das nicht gefährlich?
d. nach Basel ab?
e. oder gehen Sie immer zu Fuß?
f. zum Flughafen?
g. wie die Fahrkarte?
h. das alles pro Person?

Thema 3 Eine Fahrkarte, bitte!

Aktivität 6 Eine Reise mit der Bahn

A. Identifizieren Sie alles auf dem Bild.

1. _der Bahnhof_ _____

2. _____

3. _____

4. _____

5. _____

6. _____

7. _____

B. Ergänzen Sie jetzt die Sätze mit Wörtern aus der Liste in Teil A.

Frau Lüttge macht eine Reise mit dem _____. Sie ist mit einem Taxi zum

_____ gefahren. Dann trägt sie ihr Handgepäck in die Bahnhofshalle. Sie geht

gleich an den _____, wo sie ihre Fahrkarte kauft.

Sie isst etwas im Bahnhofsrestaurant und geht dann zum _____, wo ihr

Zug zehn Minuten später auf _____ 4 abfährt.

Aktivität 7 Was sagt man am Fahrkartenschalter?

Schreiben Sie die Sätze auf Deutsch.

A: *Three tickets to Wiesbaden, please.*

_____

B: *Are you traveling together?*

_____

A: *Yes, we're traveling as a threesome.*

_____

B: *One-way or round-trip?*

_____

A: *Round-trip. Second class.*

_____

B: *The next train leaves in forty minutes.*

_____

_____

A: *Do we have to change trains?*

_____

B: *Yes, you have a connection in Frankfurt.*

_____

Aktivität 8 Eine Zugreise von Berlin nach Westerland

Stellen Sie sich vor (*imagine*), Sie fahren mit dem Zug von Berlin nach Westerland auf Sylt. Bringen Sie die folgenden Aktivitäten in die richtige Reihenfolge.

_____ in Hamburg umsteigen

_____ an den Fahrkartenschalter gehen

___1___ Broschüren über Westerland auf Sylt besorgen

_____ von Berlin abfahren

_____ in den Zug einsteigen

_____ in den Broschüren über Westerland lesen

_____ einen Spaziergang am Strand machen

_____ Touristen-Information am Bahnhof in Westerland suchen

_____ eine Fahrkarte kaufen

_____ Ankunft in Westerland auf Sylt

_____ auf den Bahnsteig gehen

_____ zum Bahnhof gehen

_____ mit dem Taxi zum Hotel fahren

Grammatik im Kontext

Expressing Comparisons: The Superlative

Übung 1 Wer unter uns ... ?

Schreiben Sie die Fragen auf Deutsch.

1. *Who drives the fastest?*

_____

2. *Who is the friendliest?*

_____

3. *Who travels the most?*

_____

4. *Who is the most interesting?*

_____

5. *Who speaks the loudest?*

_____

Attributive Adjectives in the Comparative

Übung 2   Gibt es andere Möglichkeiten?

Ergänzen Sie die Fragen.

Gibt es … 1. _____? (*a faster bus*)

2. _____? (*cheaper tickets*)

3. _____? (*a better GPS*)

4. _____? (*a smaller camera*)

5. _____? (*a bigger tent*)

6. _____? (*a more beautiful beach*)

Attributive Adjectives in the Superlative

Übung 3   Tatsache° oder Meinung?

fact

Ergänzen Sie die Fragen und Antworten.

BEISPIEL: a. Wo findet man den ___*besten*___ Wein? (gut)

b. Der Wein in Rheinland-Pfalz ist ___*am besten*___ .

1. a. Wo ist der _____ Messeturm? (hoch)

   b. Der Frankfurter Messeturm ist

   _____.

2. a. Wo sind die _____ Ruinen? (alt)

   b. Die Ruinen in Trier sind

   _____.

3. a. Wo findet man die _____

   Architektur? (interessant)

   b. Die Architektur der Kirchen ist

   _____.

4. a. Wie heißt der _____ See? (groß)

   b. Der Bodensee ist _____.

5. a. Wie heißen die _____ Züge? (schnell)

   b. Die ICE-Züge sind _____.

6. a. Wie heißt der _____ Fluss? (lang)

   b. Der Rhein ist _____.

Übung 4 Dialoge über Unterkünfte

Ergänzen Sie die Sätze mit den angegebenen Adjektiven.

A: Können Sie mir ein _____ Hotel empfehlen? (*good*)

B: Die _____ Hotels liegen in der Innenstadt. „Die Krone"

ist vielleicht das _____ Hotel. (*better / best*)

C: Ich finde unser _____ Zelt ganz gemütlich. (*klein*)

D: Gemütlich ja, aber für nächsten Sommer möchte ich ein _____ Zelt kaufen, vielleicht das

_____ Zelt im Geschäft. (*bigger / biggest*)

E: Darf man in einem _____ Schloss übernachten? (*old*)

F: Ja, meine _____ Übernachtung war in dem _____ Schloss
Deutschlands. (*most beautiful, oldest*)

G: Was hat dieser Urlaubsort für die _____ Gäste? (*youngest*)

H: _____ Kinder verbringen viel Zeit im Schwimmbad, und

_____ Kinder wandern oder reiten gern. (*Younger / older*)

Übung 5 Vergleiche

Bilden Sie Sätze mit den Adjektiven im Positiv, im Komparativ und im Superlativ.

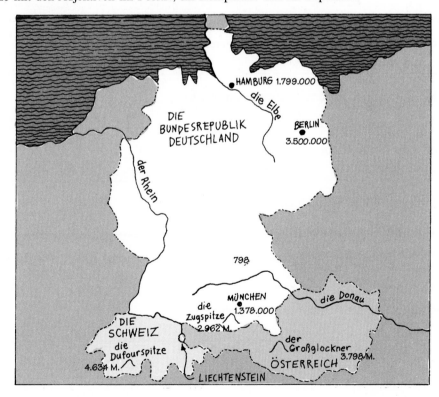

BEISPIEL: lange Flüsse: die Elbe, der Rhein, die Donau →
Die Elbe ist ein langer Fluss, der Rhein ist ein längerer Fluss, aber die Donau ist der längste Fluss.

1. kleine Länder: Österreich, die Schweiz, Liechtenstein

   _____

   _____

2. hohe Berge: die Zugspitze, der Großglockner, die Dufourspitze

   _____

   _____

3. große Städte: München, Hamburg, Berlin

   _____

   _____

Adjectival Nouns

Übung 6 Was willst du?

Schreiben Sie Antworten mit substantivierten Adjektiven.

BEISPIEL: Was für einen Film möchtest du heute Abend sehen? (etwas / spannend) →
Ich möchte etwas Spannendes sehen.

1. Was für ein Theaterstück möchtest du sehen? (etwas / modern)

   _____

2. Was für ein Poster willst du kaufen? (etwas / interessant)

   _____

3. Was für Musik möchtest du hören? (etwas / romantisch)

   _____

4. Was für ein Buch willst du im Urlaub lesen? (nichts / technisch)

   _____

5. Was willst du dieses Wochenende machen? (nichts/ sportlich)

   _____

6. Was für einen Urlaub möchtest du dieses Jahr planen? (nichts / teuer)

   _____

7. Was willst du fotografieren? (viel / ungewöhnlich)

   _____

Narrating Events in the Past: The Simple Past Tense

Weak Verbs

Übung 7 Eine Autofahrt

Schreiben Sie die Sätze im Imperfekt.

1. Ich plane eine Autofahrt.

   _____

2. Ich mache einen Fahrplan.

   _____

3. Ich brauche eine Unterkunft in der Stadt.

   _____

4. Ich buche ein Zimmer in einer Pension.

   _____

5. Die Autofahrt dauert sechs Stunden.

   _____

6. Ich kann den Stadtplan nicht verstehen.

   _____

7. Ich muss Passanten nach dem Weg fragen.

   _____

8. Ich danke ihnen für die Hilfe.

   _____

9. An der Rezeption der Pension fülle ich das Anmeldeformular aus.

   _____

10. Ich übernachte in einem kleinen Zimmer im ersten Stock.

    _____

    _____

11. Das Zimmer hat Zentralheizung.

    _____

12. Um sechs Uhr wache ich auf.

   _____

13. Ich dusche mich und frühstücke.

   _____

14. Ich bezahle die Rechnung.

   _____

15. Dann bin ich wieder unterwegs.

   _____

16. Es ist nichts Spannendes.

   _____

Strong Verbs / Mixed Verbs

Übung 8   Ein Urlaub für wenig Geld

Lesen Sie den Cartoontext. Ergänzen Sie dann die Geschichte (*story*). Schreiben Sie jedes Verb im Imperfekt.

„Nun ja, wenn Sie nicht mehr Geld für Ihren Urlaub ausgeben wollen – haben Sie eigentlich schon einmal eine Führung durch unsere schöne Stadt mitgemacht?"

Herr Kleist _____ (wollen) für seinen Urlaub sehr wenig Geld ausgeben. Er

_____ (gehen) ins Reisebüro und

_____ (sprechen) mit Herrn Vogt über Preise für Fahrkarten und Pensionen. Er

_____ (finden) alles viel zu teuer.

   Herr Vogt _____ (fragen) ihn darauf: „Haben Sie schon einmal eine Tour durch unsere Stadt gemacht?"

   Herr Kleist _____ (antworten): „Nein, das habe ich noch nicht gemacht."

   Herr Vogt _____ (vorschlagen): „Bleiben Sie doch zu Hause, und lernen Sie unsere Stadt besser kennen." Herr Kleist _____ (sein) damit einverstanden (*in agreement*).

   Er _____ (verbringen) also seinen Urlaub zu Hause. Er

_____ viel in der Stadt zu tun und sich anzuschauen (finden).

Er _____ (machen) drei Stadtrundfahrten, _____

_____ (gehen) durch die Parks spazieren, und so _____ (lernen) er seine eigene Stadt

kennen. Sonntags _____ (besuchen) er Museen, und danach

_____ er Freunde zu sich _____ (einladen).

Nachmittags _____ (arbeiten) er im Garten, und abends

_____ (sitzen) er stundenlang im Wohnzimmer und

_____ (fernsehen). Sein Urlaub zu Hause _____

(sein) schöner als alle Reisen.

Übung 9 Was machten sie?

Machen Sie aus den zwei Sätzen einen Satz. Beginnen Sie mit der Konjunktion **als**. Benutzen Sie das Imperfekt.

BEISPIEL: Christian ist im Flughafen. Er kauft einen Flugschein. →
Als Christian im Flughafen war, kaufte er einen Flugschein.

1. Kevin ist im Reisebüro. Er spricht mit einem Reiseverkehrskaufmann.

   _____

   _____

2. Anna sieht das Angebot. Sie will sofort eine Fahrkarte kaufen.

   _____

   _____

3. Alexander fährt mit dem Taxi. Die Fahrt (*trip*) zum Bahnhof dauert nur zehn Minuten.

   _____

   _____

4. Corinna ist in Mainz. Sie übernachtet in einer Jugendherberge.

   _____

   _____

5. Jennifer kommt am Bahnhof an. Der Zug fährt ab.

   _____

   _____

6. Patrick verbringt den Tag am Strand. Er bringt kein Sonnenschutzmittel mit.

   _____

   _____

   _____

7. Laura liest den Fahrplan. Sie macht Reisepläne.

_____

_____

8. Sebastian geht aus dem Hotelzimmer. Er vergisst den Schlüssel.

_____

_____

The Past Perfect Tense

Übung 10   Eine Pilgerreise

Kulturspot

2001 machte der deutsche Entertainer Hape Kerkeling eine Pilgerreise (*pilgrimage*) auf dem Jakobsweg (*Way of Saint James*) nach Santiago de Compostela in Spanien. Während der Reise schrieb er ein Tagebuch. 2006 erschien das Buch mit dem Titel „Ich bin dann mal weg". Es wurde in Deutschland sofort ein Bestseller. Im Juni 2009 erchien das Buch auf Englisch mit dem Titel „I'm Off Then". Haben Sie von diesem Buch schon gehört? Haben Sie es mal gelesen? Sind Sie neugierig (*curious*)?

Schreiben Sie die folgenden Fragen auf Deutsch.

1. *What had Hape Kerkeling already done before he made the pilgrimage?*

_____

_____

2. *Where had he already traveled before he departed for Spain?*

_____

_____

3. *What had he already learned before he arrived in Spain?*

_____

_____

4. *What did he want to do after he had come back to Germany?*

_____

_____

Sprache im Kontext

Lesen

A. Die folgende Broschüre beschreibt eine Radreise. Lesen Sie den Titel und schauen Sie sich die Karte an. Überfliegen Sie (*skim*) kurz den Text. Ergänzen Sie dann die Sätze.

1. Die vier Länder sind _____, _____,

_____ und _____. Eines dieser Länder ist ein Fürstentum

(*principality*). Es heißt _____.

2. Die drei Seen sind der _____, der _____ und der

_____. Welcher ist der größte See? _____ Welcher ist der

kleinste See? _____

3. Die Weltstadt ist _____.

4. Wie viele Kilometer fährt man auf dieser Radreise? _____

Vier Länder, drei Seen, eine Weltstadt

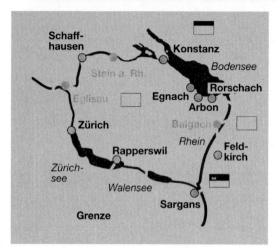

GESAMTLÄNGE: ca. 355 Radkilometer

Schweizer Impressionen

1. Tag: Konstanz
Nach Ihrer Anreise[1] haben Sie genügend Zeit, Konstanz zu entdecken. Am Hafen und in den Altstadtgassen können Sie das Flair dieser Stadt genießen. Die Übernachtung erfolgt in Konstanz.

2. Tag: Konstanz – Schaffhausen, ca. 55 km
Sie passieren die Schweizer Grenze und radeln[2] durch kleine romantische Dörfer nach Stein am Rhein, eine der schönsten und besterhaltenen[3] mittelalterlichen[4] Kleinstädte im deutschsprachigen Raum.[5] Ihr Tagesziel ist Schaffhausen, das durch den Rheinfall, den größten Wasserfall Europas, weltberühmt geworden ist.

3. Tag: Schaffhausen – Zürich, ca. 66 km
Am Morgen folgen Sie dem Rhein, der Sie an der Rheinschlinge[6] bei Rheinau vorbeiführt. Kurz hinter Eglisau mit seiner malerischen Häuserzeile verlassen Sie den Rhein und folgen dem Weg entlang des Flusses Glatt. Sie passieren Bülach und radeln weiter in Richtung Zürich. Von hier können Sie die startenden und landenden[7] Flugzeuge des Flughafens Zürich-Kloten aus nächster Nähe beobachten. Die Übernachtung erfolgt in Zürich.

4. Tag: Zürich – Rapperswil, ca. 39 km
Heute haben Sie genügend Zeit für einen Bummel[8] durch die Weltstadt Zürich. Flanieren Sie entlang der Promenade, besuchen Sie die schöne Altstadt oder eines der Museen. Anschließend folgen Sie dem südlichen Ufer[9] des Zürichsees und erreichen Rapperswil über den Seedamm. Hier ist auch der bekannte Knie's Kinderzoo beheimatet.[10] Schon von weitem sehen Sie das mächtige[11] Schloss und die prächtigen[12] Häuser an der Promenade. Sie übernachten in Rapperswil.

5. Tag: Rapperswil – Sargans, ca. 61 km
Von Rapperswil aus folgen Sie dem Ufer des Zürichsees und später dem Linthkanal. Bei Weesen erreichen Sie den Walensee. Sie radeln entlang des tiefblauen Sees, der eingebettet zwischen den mächtigen Bergwelt liegt, bis Walenstadt. Die Route führt Sie im Tal vorbei an den Sieben Churfirsten zu Ihrem Übernachtungsort Sargans, dessen Stadtbild von der mächtigen Burg geprägt wird.[13]

6. Tag: Sargans – Feldkirch, ca. 35 km
Kurz hinter Sargans treffen Sie wieder auf den Rhein, folgen diesem und gelangen in das Fürstentum Liechtenstein. Über der Landeshauptstadt Vaduz thront das Schloss der fürstlichen Familie. Anschließend passieren Sie die Landesgrenze nach Österreich und erreichen Ihren Übernachtungsort Feldkirch mit seinem mittelalterlichen Stadtkern.[14]

7. Tag: Feldkirch – Rorschach/ Arbon/Egnach, ca. 62–75 km
Heute folgen Sie dem Rhein bis Höchst, passieren das größte Süßwasserdelta Europas, das Naturschutzgebiet[15] Rheindelta, und erreichen wieder den Bodensee. Sie folgen dem Bodenseeradrundweg vorbei an Rorschach nach Arbon, einer der ältesten Siedlungsstätten[16] im Bodenseeraum. Ihr Übernachtungsort ist Rorschach, Arbon oder Egnach.

8. Tag: Rorschach/Arbon/Egnach – Konstanz, ca. 25–40 km
Die letzte Etappe[17] führt Sie am Ufer des Bodensees entlang durch Streuobstwiesen[18] und kleine Fachwerkdörfer[19] bis nach Kreuzlingen. Dort passieren Sie ein letztes Mal die Grenze und erreichen Ihren Ausgangspunkt[20] Konstanz. Individuelle Rückreise.

---

[1]Ankunft [2]fahren Rad [3]*best preserved* [4]*medieval* [5]*area* [6]*winding Rhine* [7]startenden ... *taking off and landing* [8]*stroll* [9]*shore* [10]*at home* [11]*massive* [12]*magnificent* [13]geprägt ... *is molded* [14]*city center* [15]*nature reserve* [16]*places of settlement* [17]*stage* [18]*orchards* [19]*villages with half-timbered houses* [20]*starting point*

B. Schreiben Sie eine kurze Antwort auf jede Frage.

1. Am welchen Tag radelt man am weitesten? _____

2. Am welchen Tag radelt man die kürzeste Distanz? _____

3. Am zweiten Tag fährt man durch romantische Dörfer. Wie beschreibt man Stein am

   Rhein? _____

   _____

4. Was ist der Rheinfall? _____

5. Welche Stadt ist wegen des Rheinfalls weltberühmt geworden? _____

6. Was sieht man in Richtung Zürich? _____

   _____

7. Wie kann man den Tag in Zürich verbringen? _____

   _____

   _____

8. An welchem Tag radelt man entlang zweier Seen? _____

9. Wohin gelangt (*arrives*) man am sechsten Tag? _____

10. Wie heißt die Landeshauptstadt des Fürstentums? _____

11. Was passiert man am siebten Tag, bevor man wieder den Bodensee erreicht?

    _____

12. Was für Landschaften sehen die Radfahrer am achten Tag?

    _____

C. Stellen Sie sich vor: Letztes Jahr nahmen Sie an dieser Radreise teil. Schreiben Sie im Imperfekt
einen Bericht darüber. Wie viele Kilometer radelten Sie? Wo übernachteten Sie? Was sahen Sie?
Was erlebten Sie? Welchen Tag fanden Sie am interessantesten? Warum? Welcher Tag war für
Sie der schönste? Warum?

Na klar!

Schauen Sie sich das Foto an. Was ist die Geschichte dieser jungen Leute? Finden Sie den folgenden Bericht glaubhaft (*believable*)? Schreiben Sie ihn auf Deutsch.

Last summer ten American students traveled to Europe. The young people departed from Boston on the first of July. They took along suitcases, backpacks, cameras, traveler's checks, travel guides, cash, and personal IDs. They had already made all their plans. They had gone to the travel agency, read the travel brochures, bought the tickets, and booked the accommodations. They arrived at the airport in Frankfurt and stayed overnight in this city. The next morning they traveled by bus to the train station. They boarded a train and began their tour of the German-speaking countries. They came back to Boston after they had traveled through Germany, Switzerland, and Austria.

KULTURJOURNAL

A. **Die Deutschen und Urlaub** Vervollständigen Sie jeden Satz.

1. Deutsche Arbeiter bekommen im Jahr durchschnittlich sechs Wochen bezahlten Urlaub. Ich

   bekomme _____

   _____, weil _____

   _____

2. Deutsche Familien nehmen den größten Teil des Urlaubs im Sommer. Ich nehme

   _____,

   weil _____

3. Für Familien mit Kindern ist Deutschland das beliebteste Urlaubsziel. Ich finde

   _____,

   weil _____

4. Das beliebsteste Transportmittel der deutschen Urlauber ist das Auto, dann das Flugzeug, gefolgt von

   Bahn und Bus. Ich fahre am liebsten mit _____,

   weil _____

B. **Geografie: Deutschland, Österreich, die Schweiz** Schreiben Sie kurze Antworten auf die Fragen.

1. Wie viele Bundesländer hat Deutschland? _____

2. Wie viele Bundesländer hat Österreich? _____

3. Wie viele Kantone hat die Schweiz? _____

4. Was ist die größte Stadt in der Schweiz? _____

5. Welche Hauptstadt ist für den Stephansdom bekannt? _____

6. Welche Hauptstadt hatte von 1961 bis 1989 die Mauer? _____

7. Welcher Staat in den USA hat auch den Bären als Symbol? _____

Mein Journal

Sie haben sicherlich schon einmal eine Reise mit dem Flugzeug, mit dem Auto, mit dem Bus oder mit dem Zug unternommen. Schreiben Sie darüber im Imperfekt. Erzählen Sie unter anderem,

wohin Sie reisten.

was Sie gemacht hatten, bevor Sie verreisten.

was Sie mitnahmen.

wer mitkam. / wer mitfuhr.

wann Sie abfuhren. / wann Sie abflogen.

ob Sie irgendwo (*somewhere*) Aufenthalt hatten. / ob Sie umsteigen mussten, und wenn ja: wo Sie umstiegen.

wann Sie ankamen.

wo Sie übernachteten.

was Sie machten, nachdem Sie im Hotel (in der Pension, in der Jugendherberge, bei Freunden, zu Hause) angekommen waren.

ob Sie ins Konzert (ins Theater, ins Kino, ins Hallenbad, ins Freibad) gingen.

ob Sie schwimmen gingen.

ob Sie wandern gingen.

ob Sie einen Einkaufsbummel machten.

ob Sie segelten, ritten, angelten oder Tennis (Golf, Volleyball, ___?___) spielten.

ob Sie ein Auto oder ein Rad mieteten.

ob Sie Postkarten schrieben.

ob Sie ein Buch lasen.

ob Sie nach Hause telefonierten / E-Mails schickten.

was Sie aßen und tranken.

was Sie kauften.

was Sie sahen.

ob Sie interessante Leute kennenlernten, und wenn ja: wen?

ob Sie sich amüsierten.

ob es irgendwelche Probleme gab.

?

Kapitel

11 Der Start in die Zukunft

Hören und Sprechen

Alles klar?

A. Jobs mit den besten Zukunftschancen. Unter den vielen Berufsangeboten in Deutschland gibt es einige Top-jobs für Jungen und Mädchen. Sie hören Informationen über fünf dieser Jobs. Wie viele freie Stellen gibt es in jedem Job? Sie hören zuerst drei neue Wörter.

Kita   *pre-school*
Azubi (Auszubildender)   *apprentice*
erneuerbare Energien   *renewable energies*

B. Schauen Sie auf Ihre Notizen und beantworten Sie die Fragen.

1. . . .   2. . . .   3. . . .   4. . . .

Wörter im Kontext

Thema 1 Meine Interessen, Wünsche und Erwartungen

Aktivität 1 Ihr zukünftiger Beruf

A. Fünf junge Leute sprechen über ihr zukünftiges Berufsleben. Was für Wünsche und Erwartungen haben sie? Hören Sie zu, und machen Sie Notizen in der Tabelle. Sie hören zuerst zwei neue Wörter.

Fremdsprachen   *foreign languages*
Kollegen   *colleagues, coworkers*

PERSON	WÜNSCHE UND ERWARTUNGEN
Andre	*Arbeit soll Spaß machen. Prestige nicht wichtig*
Linda	
Matthias	
Heidi	
Karl	

B. Hören Sie die Texte noch einmal an. Über welche früheren Erfahrungen (*experiences*) sprechen diese Leute? Schreiben Sie die Sätze zu Ende.

1. Andre *ist nicht gern zur Schule gegangen.* _____

2. Linda _____

   _____

3. Matthias _____

   _____

4. Heidi _____

   _____

5. Karl _____

   _____

Aktivität 2   Hin und her: Im Beruf

A. Beantworten Sie die Fragen mithilfe der Information, die Sie in der Tabelle finden. Sie hören zwei Fragen pro Person.

Sie hören: Was ist Corinna von Beruf?
Sie sagen: Corinna ist Psychologin.
Sie hören: Warum macht sie das?
Sie sagen: Weil sie gern mit Menschen arbeitet.

	PERSON		BERUF	WARUM MACHT ER/SIE DAS?
1.	Corinna Eichhorn		Psychologin	arbeitet gern mit Menschen
2.	Karsten Müller		Informatiker	arbeitet gern mit Computern
3.	Erika Lentz		Zeichnerin	zeichnet gern Bilder

B. Stellen Sie jetzt Fragen zu den nächsten drei Personen und tragen Sie die Information, die Sie hören, in die Tabelle ein.

Sie hören: 1.
Sie fragen: Was ist Alex Böhmer von Beruf?
Sie hören: Was ist Alex Böhmer von Beruf? Er ist Mechaniker.
Sie schreiben: _Mechaniker_

Sie hören: 2.
Sie fragen: Warum macht er das?
Sie hören: Warum macht er das? Weil er Autos liebt.
Sie schreiben: _liebt Autos_

PERSON		BERUF	WARUM MACHT ER/SIE DAS?
Alex Böhmer		1.	2.
Oliver Fischer		3.	4.
Ruth Nader		5.	6.

Aktivität 3 Wie Sie arbeiten möchten

Hören Sie die folgenden Fragen. Geben Sie persönliche Antworten.

Sie hören: Arbeiten Sie lieber mit Menschen oder mit Tieren?
Sie sagen: Ich arbeite lieber mit Menschen.

1. . . . 2. . . . 3. . . . 4. . . . 5. . . . 6. . . .

Thema 2 Berufe

Aktivität 4 Was soll ich werden?

Einige Schüler sagen Ihnen, was sie gerne tun. Schlagen Sie ihnen einen Beruf von der Liste vor.

Sie hören: Ich repariere gerne alte Autos.
Sie sagen: Dann solltest du Automechaniker werden.

Psychologin
Künstler
~~Automechaniker~~
Zahnarzt
Schauspieler
Informatiker
Geschäftsfrau
Bibliothekarin

1. . . . 2. . . . 3. . . . 4. . . . 5. . . . 6. . . . 7. . . .

Aktivität 5 Berühmte Deutsche

Sie hören einige berühmte Personen aus der deutschen Geschichte. Raten Sie mithilfe der Liste unten, welche Person spricht.

1. _____   a. Sophie Scholl

2. _____   b. Clara Schumann

3. _____   c. Werner von Siemens

4. _____   d. Albert Einstein

5. _____   e. Hermann Hesse

Thema 3 Stellenangebote und Bewerbungen

Aktivität 6 Welche Qualifikationen?

Sie hören ein Stellenangebot für Flugbegleiter bei einer Fluglinie. Ergänzen Sie die Tabelle. Sie hören zuerst ein paar neue Wörter.

mittlere Reife	*high school diploma*
Übergewicht	*excess weight, obesity*
jederzeit	*any time*
Kenntnis	*knowledge, ability*

KRITERIEN	
Erwünschte Eigenschaften	
Alter	
Ausbildung	
Berufserfahrung erwünscht	
Fremdsprachenkenntnisse	
Gesundheitszustand	
Gewicht	
Ausbildungszeit	
Wann kann man sich bewerben?	

Aktivität 7 Zukunftspläne

Helmut und Bettina, zwei Abiturienten, unterhalten sich über ihre Zukunftspläne. Hören Sie zu und ergänzen Sie die Sätze. Sie hören den Dialog zweimal.

1. Bettina weiß nicht, was sie nach dem _____ machen soll.

2. Ihre Eltern wollen, dass sie _____.

3. Sie möchte aber lieber eine Lehre machen, um möglichst schnell viel _____ zu verdienen.

4. Sie hat sich schon bei einigen Banken _____, und morgen hat sie ein

   _____.

5. Helmut findet die Arbeit in einer Bank nicht so _____ .

6. Er möchte _____ studieren.

7. Er schlägt Bettina vor, zum _____ zu gehen.

8. Bettina möchte später vielleicht doch noch _____ .

Aktivität 8 Frau Kloses Lebenslauf

Sehen Sie sich Frau Kloses Lebenslauf an und beantworten Sie die Fragen.

Sie hören: Wo ist Frau Klose geboren?
Sie sagen: Sie ist in Berlin geboren.

LEBENSLAUF UND AUSBILDUNGSGANG

Persönliche Daten
Ina Klose, 25.9.1970 in Berlin geboren, verheiratet,
vier erwachsene Kinder, Leiterin[1] eines Kindergartens,
ausgebildete Krankenschwester

Berufstätigkeit
seit 1.1.2010: Leiterin
seit 1.1.2005: Lehrerin im Kindergarten Berlin-Mitte
1995–2005: Familienphase, Geburt und Erziehung[2] der Kinder

Berufliche/außerberufliche Weiterbildung
2005: 3 Fortbildungsseminare[3] an der Freien Universität Berlin
1995–2000: Studium der Sozialpädogogik/Freie Universität Berlin

Ausbildungsweg und Schule
1992–1995: Besuch der Abendschule, Abschluss Abitur (Durchschnittsnote 2,0)
1989–1992: Ausbildung zur Krankenschwester
1976–1986: Hauptschule, Gymnasium

Kenntnisse/Fähigkeiten/Interessen
EDV[4] Kenntnisse
Fremdsprachen: Gute Englisch- und Französischkenntnisse
Ehrenamt[5]: Mitarbeit bei der Telefonseelsorge[6]
Interessen: klassische Musik

Berlin, 12.01.2015
Ina Klose

[1]*director*
[2]*raising*
[3]*in-service seminars*
[4]*Elektronische Datenverarbeitung data processing*
[5]*volunteer work*
[6]*crisis hotline*

---

1. . . . 2. . . . 3. . . . 4. . . . 5. . . . 6. . . . 7. . . . 8. . . .

Grammatik im Kontext

Future Tense

Übung 1 Zukunftsträume

Wovon träumen die folgenden Leute? Bilden Sie Sätze.

Sie hören: Wie stellt sich der Dichter Anselmus die Zukunft vor?
Sie sagen: Er wird wohl eines Tages einen Mercedes fahren.

1. eine Safari in Afrika machen
2. weltberühmt sein
3. eine große Familie haben
4. ein Restaurant besitzen
5. auf einer Insel leben
6. Tierarzt werden

Übung 2 Heikle° Situationen   *sticky*

Die Leute in den Dialogen haben alle ein Problem. Hören Sie zu und schreiben Sie, was die Leute machen werden, um das Problem zu lösen (*solve*). Sie hören zuerst drei neue Wörter.

Vorschuss   *advance on one's salary*
Stau   *traffic jam*
um etwas bitten   *to ask for something*

1. *Sie wird Franz anrufen.* _____

2. _____

3. _____

4. _____

5. _____

6. _____

Describing People or Things: Relative Pronouns and Relative Clauses

Übung 3   Computo-Tech

Sie hören eine Werbung für eine Computer-Firma. Stimmen die Sätze oder stimmen sie nicht? Korrigieren Sie alle falschen Sätze.

		DAS STIMMT	DAS STIMMT NICHT
1.	Die Produkte von Computo-Tech sind nur in Europa bekannt.	☐	☐
2.	Computo-Tech möchte Personen mit Kreativität und Flexibilität einstellen.	☐	☐
3.	Die Arbeitsplätze bei Computo-Tech sind sicher.	☐	☐
4.	Der Chef ist sehr verständnisvoll.	☐	☐
5.	Das Gehalt wird niedrig sein.	☐	☐
6.	Der Personalchef hat montags von 2 bis 5 nachmittags Sprechstunden.	☐	☐
7.	Man kann zu dem Gesprächstermin die Bewerbungsunterlagen mitbringen.	☐	☐

Übung 4 Relativpronomen

Sie hören einige Sätze mit Relativsätzen. Hören Sie gut zu und schreiben Sie das Bezugswort (*antecedent*) und das Relativpronomen.

	BEZUGSWORT	RELATIVPRONOMEN
1.	Wecker	den
2.		
3.		
4.		
5.		
6.		

Übung 5 Aus dem Fotoalbum

Eine Freundin zeigt Ihnen ein Fotoalbum mit Fotos von ihren Freunden und ihrer Familie. Sie haben schon etwas über diese Leute gehört und erinnern sich an einige Dinge (*things*).

Sie hören: Hier ist meine Freundin Steffi.
Sie sehen: Steffi spielt gern Tennis.
Sie sagen: Ist das die Freundin, die gern Tennis spielt?

1. Ingrid will Ärztin werden.
2. Onkel Reinhard ist Astronaut.
3. Der Hund hat den Briefträger gebissen.
4. Die Schulfreunde suchen jetzt Ausbildungsstellen.
5. Das Haus ist 200 Jahre alt.
6. Die Tanten haben ein Haus in den Bergen.

Übung 6 Neue Sachen

Ihr Mitbewohner sieht viele neue Sachen in Ihrer Wohnung. Sehen Sie sich die Liste unten an, und sagen Sie, wo Sie alles gekauft haben.

Sie hören: Ist das ein neuer Tisch?
Sie sehen: bei Karstadt
Sie sagen: Ja, das ist der Tisch, den ich bei Karstadt gekauft habe.

1. bei Kaufland
2. bei Ikea
3. im Kaufhof
4. in der Karl-Marx Bücherei
5. bei eBay

Übung 7 Definitionen

Geben Sie eine Definition für die folgenden Wörter. Benutzen Sie die Stichwörter unten.

> Sie hören: Wie würden Sie ein Bett beschreiben?
> Sie sehen: Bett = Möbelstück: man schläft darin
> Sie sagen: Ein Bett ist ein Möbelstück, in dem man schläft.

1. Küche = Raum: darin kocht man
2. Waschmaschine = Gerät: damit wäscht man Wäsche
3. Stuhl = Möbelstück: darauf sitzt man
4. Esszimmer = Zimmer: darin isst man
5. CD-Spieler = Gerät: damit spielt man Musik ab
6. Detektiv = Beruf: darin klärt (*solve*) man Verbrechen auf
7. Bayer = Firma: man kann Aspirin von ihr kaufen

The Interrogative Pronoun *was für (ein)*

Übung 8 Katrins neuer Freund

Katrin hat einen neuen Freund, Thomas, und redet viel über ihn. Sie wollen höflich sein und noch mehr über ihn wissen. Stellen Sie ihr Fragen mit **was für,** dann notieren Sie Katrins Antworten.

> Sie hören: Thomas hat eine neue Stelle.
> Sie sagen: Was für eine Stelle hat er?
> Sie hören: Was für eine Stelle hat er? Er hat eine Stelle als Redakteur (*editor*) bei einer Lokalzeitung.
> Sie schreiben: *Redakteur* _____

1. _____
2. _____
3. _____
4. _____
5. _____
6. _____

Negating Sentences

Übung 9 Petra hat nichts gemacht.

Sagen Sie das Gegenteil. Achten Sie auf die Intonation.

> Sie hören: Petra ist zu einem Berufsberater gegangen.
> Sie sagen: Petra ist nicht zu einem Berufsberater gegangen.

1. . . . 2. . . . 3. . . . 4. . . . 5. . . . 6. . . .

Übung 10 Informationen

Beantworten Sie die Fragen. Ihre Antwort soll jedes Mal negativ sein.

> Sie hören: Studiert dein Bruder noch in Konstanz?
> Sie sagen: Nein, er studiert nicht mehr in Konstanz.

1. . . . 2. . . . 3. . . . 4. . . . 5. . . . 6. . . . 7. . . .

Sprache im Kontext

Sie hören Informationen über einen der 10 Top-Jobs mit den besten Zukunftschancen. Ergänzen Sie die Sätze mit Wörtern aus dem Kasten. Zuerst hören Sie einige neue Wörter.

die Arztpraxis	*doctor's office*
der Engel	*angel*
befürchten	*to fear*
die Aufstiegschance	*opportunity for advancement*
Basiswissen	*fundamentals*
der Berufseinstieg	*beginning of one's career*
verbessern	*to improve*

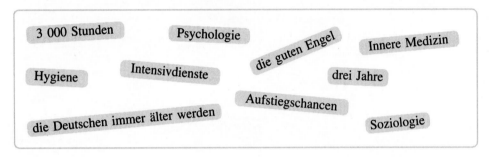

Krankenpfleger

Der Job

1. In einer Klinik sind Krankenpfleger _____.

2. Der Beruf Krankenpfleger hat gute Karrierechancen, weil _____.

Die Ausbildung

3. Die Ausbildung dauert _____.

4. Pflegeschüler brauchen _____ praktische Ausbildung.

5. Der Krankenpfleger lernt Stationen wie _____ und Chirurgie kennen.

6. In der Schule lernt er Pharmakologie, _____, _____ und _____.

Die Karriere

7. Der Krankenpfleger spezialisiert sich auf ambulante Pflege-, Operations- oder _____.

8. Weiterbildung, Pflegepädagogik- oder Managementstudiengänge verbessern die _____.

Alles klar?

Was macht diese Frau? Schauen Sie sich das Foto an und wählen Sie die zwei plausibelsten Antworten auf jede Frage.

1. Womit beschäftigt sie sich in diesem Moment?
   a. mit Unterlagen
   b. mit Sport
   c. mit einem Experiment
   d. mit Biotechnik

2. Wo arbeitet sie?
   a. in einem Labor
   b. an einer Universität
   c. in einer Bibliothek
   d. in einer Bank

3. Wofür interessiert sie sich?
   a. für Skulptur
   b. für Medizin
   c. für Biologie
   d. für Handel

4. Woran denkt sie vielleicht?
   a. an ein Vorstellungsgespräch
   b. an die kleinsten Details
   c. an das Abitur
   d. an die Resultate

5. Worauf bereitet sie sich vielleicht vor?
   a. auf eine Karriere als Rechtsanwältin
   b. auf eine Karriere als Ärztin
   c. auf eine Karriere als Biotechnikerin
   d. auf eine Karriere als Schauspielerin

Wörter im Kontext

Thema 1 Meine Interessen, Wünsche und Erwartungen

Aktivität 1 Was ist Ihnen am wichtigsten?

A. Lesen Sie die Liste, und nummerieren Sie Ihre Prioritäten: Nummer 1 ist bei einer Arbeitsstelle für Sie am wichtigsten, Nummer 2 am zweitwichtigsten, Nummer 3 am drittwichtigsten usw.

_____ eine wichtige Stelle in einer großen internationalen Firma

_____ ein lebenslanger Beruf

_____ eine kreative oder künstlerische Tätigkeit

_____ eine gute Ausbildung

_____ das beste Einkommen

_____ sympathische Mitarbeiter/Mitarbeiterinnen

_____ soziales Prestige/Ansehen

_____ Gelegenheit zu Weltreisen

_____ ein hohes Gehalt

_____ großer Erfolg im Geschäft und im Leben

_____ Umgang mit wichtigen, interessanten Menschen

_____ berufliche Entwicklung

_____ finanzielle Unabhängigkeit

B. Schreiben Sie jetzt einen Absatz über Ihre Prioritäten. Erklären Sie, was für Sie am allerwichtigsten, am zweitwichtigsten und am drittwichtigsten ist. Vergleichen Sie Ihren Absatz mit denen der anderen Studenten und Studentinnen.

_____

_____

_____

_____

Aktivität 2 Auf Arbeitssuche

Was sagen diese Menschen? Ergänzen Sie die Sätze mit den Wörtern und Ausdrücken im Kasten.

Stelle   Gehalt   Firma   im Freien   Chef

Beruf   Büro   Gelegenheit   verdienen

Tätigkeiten   im Ausland

interessiere   selbstständig   Klinik

1. FRAU REINECKE: Am liebsten möchte ich einen ———————————————— im kulturellen

Bereich. Ich will keinen ———————————————— und keine Chefin haben. Ich will

———————————————— arbeiten und viel Geld ————————————————.

2. HERR HARTWIG: Ich suche eine Stelle mit ———————————————— zum Reisen. Ich will

Geschäftsreisen um die Welt machen und vielleicht eines Tages auch bei einer internationalen

———————————————— oder ———————————————— arbeiten.

3. HERR BERGER: Ich ———————————————— mich für Tiermedizin, aber ich will in keiner

———————————————— arbeiten. Vielleicht kann ich Tierarzt auf dem Land werden und viel

Zeit ———————————————— verbringen.

4. HERR OPITZ: Eine feste ———————————————— mit einem guten

———————————————— ist mir wichtig. Eines Tages will ich ein berühmter Koch in einem

erstklassigen Restaurant in Berlin sein.

Aktivität 3 Dennis hat Fragen.

Dennis spricht mit jemandem in einem Pharmakonzern. Was will er wissen? Ergänzen Sie jeden Satz mit der richtigen Form des passenden Verbs.

sich beschäftigen	herausfordern	sich vorbereiten
besitzen	nachdenken	sich vorstellen
sich bewerben	verdienen	

DENNIS: Ich möchte wissen,

1. ob die Firma _____ mit Umweltproblemen (*environmental issues*)

   _____.

2. wie ich _____ auf einen Beruf in diesem Bereich _____ kann.

3. wie man _____ um einen Ausbildungsplatz hier _____.

4. was für eine Ausbildung man _____ muss.

5. wie viel Geld man im ersten Jahr hier _____.

6. ob ich eine Weile über diese Informationen _____ darf.

Thema 2 Berufe

Aktivität 4 Männer und Frauen

Schreiben Sie die männliche oder weibliche Form des Wortes.

1. Herr Stengel ist Rechtsanwalt, Frau Keller ist _____.

2. Frau Maier ist Geschäftsfrau, Herr Konrad ist _____.

3. Diese Männer arbeiten als Zeichner, diese Frauen arbeiten als _____.

4. Herr Nickel ist Bibliothekar, auch seine Frau ist _____.

5. Diese Frauen sind Dolmetscherinnen, diese Männer sind _____.

6. Ein Kaufmann und eine _____ treffen sich diese Woche auf einer Tagung (*conference*) in Berlin.

7. Unsere Tochter ist Künstlerin, unser Sohn ist _____.

8. Man sollte mindestens einmal im Jahr zum Zahnarzt oder zur _____ gehen.

9. Wir suchen noch eine Informatikerin oder einen _____.

10. Die jungen Frauen wollen Mechanikerinnen werden, die jungen Männer _____.

11. Viele Menschen suchen einen Psychologen oder eine _____, wenn sie Probleme haben.

12. Das ist der Mann der Journalistin, und das ist die Frau des _____.

Aktivität 5 Wer macht was?

Schreiben Sie eine kurze Antwort auf jede Frage. Mehr als eine Antwort kann richtig sein.

1. Wer arbeitet jeden Tag mit Computern und weiß sehr viel darüber?

   ein Informatiker / eine Informatikerin

2. Wer kann Bilder oder Graphiken für einen Katalog zeichnen?

3. Wer kann das Familienauto reparieren?

4. Wer sucht ein gutes Ladenlokal?

5. Was ist ein anderes Wort für einen Manager / eine Managerin?

6. Wer malt Bilder und präsentiert diese Werke in Galerien und Museen?

7. Wer repräsentiert eine Firma und verkauft Produkte wie zum Beispiel Küchengeräte an Einzelhändler oder Küchengeschäfte?

8. Wer arbeitet im Krankenhaus oder in einer Klinik und hilft kranken Menschen?

9. Ein Transportfahrer hatte einen Unfall (*accident*) auf der Autobahn. Ein Autofahrer verklagt (*is suing*) ihn auf Schadenersatz (*damages*). Mit wem sollte der Transportfahrer sprechen?

10. Wer untersucht Zähne?

11. Wer spielt Rollen – zum Beispiel die Rolle eines Sekretärs oder einer Sekretärin – auf der Bühne (*stage*) oder in Filmen?

12. Wer beschäftigt sich jeden Tag mit Büchern?

Thema 3 Stellenangebote und Bewerbungen

Aktivität 6 Wortfamilien

A. Lesen Sie die Synonyme oder Definitionen, und schreiben Sie die passenden Substantive.

arbeiten

1. jemand, der arbeitet: *der Arbeiter / die Arbeiterin* _____

2. Leute, die miteinander arbeiten: _____

3. Leute, die Arbeit geben: _____

4. Platz der Arbeit: _____

5. ein Dienst (ein Service) für Leute, die Arbeit suchen: _____

sich bewerben

6. was man macht, wenn man sich bewirbt: _____

7. ein Formular zur Bewerbung: _____

beraten

8. jemand, der Menschen mit Berufsfragen hilft: _____

9. Hilfe bei Fragen oder Problemen: _____

stellen

10. ein Job: _____

11. ein Angebot für einen Job: _____

B. Was soll ein Bewerber / eine Bewerberin besitzen? Was soll ein Arbeitgeber / eine Arbeitgeberin bieten (*offer*)? Schreiben Sie B für Bewerber/Bewerberin oder A für Arbeitgeber/Arbeitgeberin.

1. _____ einen Lebenslauf

2. _____ ein Vorstellungsgespräch

3. _____ eine Stelle

4. _____ ein Bewerbungsformular

5. _____ ein Zeugnis

6. _____ Bewerbungsunterlagen

7. _____ einen Arbeitsplatz

8. _____ ein Gehalt

9. _____ Kenntnisse (*knowledge*)

10. _____ Fähigkeiten (*skills*)

C. Schauen Sie sich die Anzeige an. Vervollständigen Sie dann den folgenden Aufsatz. Benutzen Sie Wörter aus Teil B.

Fabian suchte einen _____ [1] beim Rundfunk (*radio*). Letzten Monat sah er dieses Stellenangebot in der Zeitung. Weil er die Anzeige hochinteressant fand, rief er die Station sofort an und fragte: „Können Sie mir bitte ein _____ [2] schicken?" Dann bereitete er seinen _____ [3] vor. Natürlich hatte er auch sein _____ [4] von der technischen Fachhochschule. Er schickte seine kompletten _____ [5] an Valerie Weber. Sie rief Fabian an und lud ihn zum _____ [6] ein. Heute hat Fabian eine neue _____ [7] als Techniker mit einem guten _____ [8]

Grammatik im Kontext

Future Tense

Übung 1   Wie wird das Wetter sein?

Sehen Sie sich die Bilder an, und schreiben Sie eine Antwort auf jede Frage. Benutzen Sie das Futur.

Wetterlage:

Der Wetterablauf wird heute sehr unbeständig sein. Wechselnd stark bewölkt, einzelne Schauer, mäßiger bis frischer, zeitweise starker und böiger Wind aus West bis Südwest. Die höchste Temperatur beträgt 17 Grad Celsius. Nachts teils wolkig, teils gering bewölkt, kaum noch Niederschläge, Temperatur bei 10 Grad.
Norddeutschland: Meist stark bewölkt, kurze Gewitter, Tageshöchstwert bei 18°.
Süddeutschland: Föhnig aufgelockert und trocken, im Südosten bis 21 Grad.
Westdeutschland: Stark bewölkt und einzelne Schauer, schwacher Südwestwind.

(Alle Daten: Wetteramt Berlin)

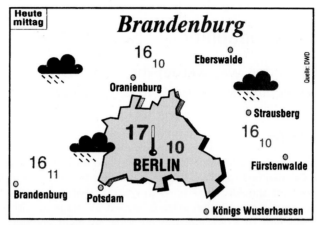

Morgen:

Wolkig bis bedeckt, gelegentlich Regen. Höchste Temperatur bei 18°. Schwacher bis mäßiger Südwestwind.

Werte in Berlin (gestern, 15 Uhr):

Der Luftdruck blieb von vorgestern zu gestern bei 1008 hPa. – Tendenz: fallend. – Relative Luftfeuchtigkeit: 81 %. – Lufttemperatur: 15° Celsius.

1. Wie wird das Wetter am Montag, Dienstag und Mittwoch sein?

   _____

2. Was wird am Mittwoch passieren?

   _____

3. Was für Wetter wird es am Freitag geben?

   _____

Lesen Sie jetzt die Wetterlage für Brandenburg für heute und für morgen. Schreiben Sie dann eine Wettervorhersage für morgen in Ihrer Gegend (*Region*). Benutzen Sie das Futur.

_____

_____

_____

_____

Expressing Probability

Übung 2   Kinder, was werdet ihr wohl machen?

Es ist jetzt das Jahr 2030. Was werden die Kinder wohl machen? Schreiben Sie Sätze mit **wohl** und **werden.**

Sprach-Info

In English one often says "break a leg" to actors and musicians before they go on stage; in German one says "toi, toi, toi." The vocalization imitates the sound of spitting over the shoulder three times to ward off evil spirits. And, just as with the English version, the expression extends beyond the stage to wish someone luck at the beginning of a new undertaking. What other superstitious phrases persist in everyday language, German or English?

BEISPIEL: Sophie: eine berühmte Schauspielerin sein. →
            Sophie wird wohl eine berühmte Schauspielerin sein.

1. du: Bücher übersetzen

    _____

2. Max und Julia: im Ausland wohnen

    _____

3. Tobias: großen Erfolg haben

    _____

4. ich: bei einer Bank arbeiten

_____

5. wir: sich mit Politik beschäftigen

_____

6. ihr: einen Beruf im künstlerischen Bereich ausüben

_____

_____

Describing People or Things: Relative Pronouns and Relative Clauses

Übung 3   So ist das!

Ergänzen Sie die Sätze mit Relativpronomen.

1. Das ist das beste Stellenangebot, _____ ich heute gesehen habe.

2. Das ist eine Firma, von _____ ich schon oft gehört habe.

3. Der Chef ist ein Mann, _____ ich nie vergessen werde.

4. Er ist auch ein Mensch, _____ Leben ich besonders interessant finde.

5. Seine Schwester ist eine Künstlerin, _____ Werke mir sehr gefallen.

6. Malen ist eine Tätigkeit, _____ ihr viel Spaß macht.

Übung 4   Jeden Monat etwas Besonderes

Wählen Sie die richtigen Relativsätze.

JEDER MONAT HAT BILDER, DIE MAN NICHT VERGISST.

1. Die Wintermonate bringen Schnee, _____
2. März bringt den Wind, _____
3. Im April und Mai kommen Blumen, _____
4. Im Sommer gibt es schöne Abende, _____
5. September ist der Monat, _____
6. Der Herbst bringt das Oktoberfest, _____

a. in dem viele Leute gern reisen.
b. den die Skiläufer besonders lieben.
c. die wir gerne im Freien verbringen.
d. das man fast überall feiert.
e. der vom Süden kommt.
f. deren Farben wunderschön sind.

Übung 5 Was soll ich lesen, wenn ich Karriere machen will?

Schreiben Sie Sätze wie im Beispiel.

BEISPIEL: Soll ich eine Zeitung lesen? Sie hat Informationen über Berufsmöglichkeiten. →
Soll ich eine Zeitung lesen, die Informationen über Berufsmöglichkeiten hat?

1. Soll ich ein Buch lesen? Die Autorin war in der Industrie sehr engagiert.

   _____

   _____

2. Soll ich einen Roman (novel) lesen? Der Hauptcharakter ist ein
   erfolgreicher Geschäftsmann.

   _____

   _____

3. Soll ich Magazinartikel lesen? Sie beschreiben meine Traumkarriere.

   _____

   _____

4. Soll ich diesen Artikel lesen? Er gibt viele Statistiken.

   _____

   _____

5. Soll ich das Stellenangebot online lesen? Es interessiert mich am meisten.

   _____

   _____

Lesen Sie,
was Leute lesen,
die Karriere
machen wollen.

Handelsblatt

Übung 6 Ihre Lieblingsprodukte

Schreiben Sie kurze Anzeigen für vier Produkte, die Sie besonders mögen.

BEISPIEL: (Brand name) ist der Käse, der mir am besten schmeckt.
oder (Brand name) ist der Käse, den ich immer im Haus habe.
oder ?

das Eis	die Schokolade
die Hustenbonbons	die Seife
der Käse	das Shampoo
die Kekse	der Tee
das Mineralwasser	der Wein
die Pizza	?
die Rasiercreme	

1. _____

   _____

2. _____

   _____

Seit 1649

**Bischofshof
Bier**

Das Bier, das
uns zu
Freunden macht

3. _____

_____

4. _____

_____

The Interrogative Pronoun *was für (ein)*

Übung 7 Ein interessantes Stellenangebot

A. Schreiben Sie Fragen mit **was für (ein)**.

BEISPIEL: eine Anzeige (*subj.*) / sein / das →
Was für eine Anzeige ist das?

1. ein Mensch / werden / so eine Anzeige (*subj.*) / interessieren

_____

_____

_____

Keine Angst

Sie müssen nicht italienisch sprechen, um unsere italienischen Medien zu verkaufen.

Sie müssen auch nicht holländisch verstehen, um zu erklären, warum für Tourismuswerbung unsere ANWB-Objekte besonders erfolgreich sind.

Sie sollten aber Klartext deutsch sprechen, nicht nur um der Welt größte Automobilzeitschrift als Werbeträger zu empfehlen.

Sie können damit sicher mehr als anderswo verdienen – wenn Sie's können.

Sie sind neugierig geworden?

Rufen Sie doch einfach unseren Herrn Mag. Bogner an.

Telefon 06 62/54 9 02

2. Interessen / müssen / ein Bewerber (*subj.*) / haben

_____

_____

_____

3. Menschen (*subj.*) / werden / bei so einer Firma / sich bewerben

_____

_____

_____

4. mit / ein Gimmick / präsentieren / man (*subj.*) / diese Stelle

_____

_____

5. eine Zeitschrift / empfehlen / man (*subj.*) / in / diese Stelle / als Werbeträger (*advertiser*)

_____

_____

6. bei / eine Firma / arbeiten / Herr Magister* Bogner (*subj.*)

_____

_____

---

*__Herr Magister / Frau Magister__ is the title primarily used in Austria for someone holding a master's degree.

B. Lesen Sie jetzt die ganze Anzeige, und markieren Sie dann alle richtigen Antworten auf jede Frage.

1. Welche Sprache müssen die Bewerber im Klartext (*straightforward language*) sprechen?
   a. Italienisch
   b. Holländisch
   c. Deutsch
   d. Englisch

2. Welche Sprachen brauchen die Bewerber nicht?
   a. Deutsch
   b. Holländisch
   c. Japanisch
   d. Italienisch

3. Was soll man bei dieser Firma tun?
   a. Man soll Deutsch sprechenden Leuten überall in der Welt die Automobilzeitschrift empfehlen.
   b. Man soll die italienischen Medien verkaufen.
   c. Man soll erklären, warum diese Zeitschrift besonders erfolgreiche Tourismuswerbung (*advertising for tourism*) ist.
   d. Man soll bei dieser Firma mehr als bei anderen verdienen.

C. Schreiben Sie jetzt eine Antwort auf die folgende Frage.

Sind Sie neugierig geworden, nachdem (*after*) Sie diese Anzeige gelesen haben? Warum (nicht)?

_____

_____

_____

Negating Sentences

Summary: The Position of *nicht*

Übung 8   Herr Königs Krone
Schreiben Sie jeden Satz mit **nicht**.

1. Das ist Herr Königs Krone.

   _____

2. Der Hauswirt hat die Krone auf den Briefkasten gestellt.

   _____

3. Herr Königs Frau hat ihm diese Krone gekauft.

   _____

4. Die Krone gefällt dem Hauswirt.

   _____

5. Der Mann, der spricht, ist der Hauswirt.

   _____

6. Herr König muss aus seiner Wohnung kommen.

   _____

7. Er muss die Krone entfernen (*remove*).

   _____

8. Herr König trägt die Krone gern.

   _____

Negation: **noch nicht, noch kein(e); nicht mehr / kein(e) ... mehr**

Übung 9   So ist das nicht.

Kim und Felix bewerben sich um eine Stelle. Beantworten Sie jede Frage mit **nicht, noch nicht** oder **noch kein(e)**.

BEISPIEL: Hat Felix die Anzeige in der Zeitung schon gelesen? →
                Nein, er hat sie noch nicht gelesen.

1. Glaubt Felix, dass er für die Stelle als Fotograf qualifiziert ist?

   _____

   _____

2. Will Kim sich um die Stelle bei der Telefonzentrale bewerben?

   _____

   _____

3. Kennt Kim Frau Monien und Herrn Hansen?

   _____

   _____

Damen oder Herren
für die
Telefonzentrale
10.00–18.00
Bitte bewerben Sie sich.

Für die
Datev-Buchhaltung
suchen wir zur
Vorbereitung,
2× wöchentlich/halbtags,
Mitarbeiter.

Für die
Assistenz/Fotograf
suchen wir Mitarbeiter.
Kommen Sie in ein
Professionelles Team.
Bitte bewerben Sie sich
Frau Monien
Herr Hansen

Wüstefeld

4. Hat Kim Frau Monien angerufen?

   _____

   _____

5. Hat Kim schon einen Termin bei Frau Monien?

   _____

   _____

6. Wohnt Felix in der Nähe von der Firma Wüstefeld?

   _____

   _____

7. Kann Felix sich an die Adresse der Firma erinnern?

   _____

   _____

8. Haben Kim und Felix sich schon bei der Firma beworben?

   _____

   _____

9. Hat Kim ihren Lebenslauf schon abgeschickt?

   _____

   _____

Übung 10   Damals und heute

Vor ein paar Jahren war eine junge Frau Kommunikationselektronikerin. Und jetzt? Schreiben Sie auf jede Frage eine negative Antwort mit **nicht mehr** oder **kein(e) mehr.**

Ich bin bei der Post
(Kommunikationselektronikerin)

1. Ist sie noch Kommunikationselektronikerin?

   _____

   _____

2. Arbeitet sie noch immer bei der Post?

   _____

   _____

3. Bekommt sie noch ein Gehalt von der Post?

   _____

   _____

4. Installiert sie noch Telefone?

_____

_____

5. Programmiert sie noch Mikrocomputer?

_____

_____

6. Ist das noch ein Job für sie?

_____

_____

Sprache im Kontext

Lesen

A. Die folgenden Wörter kommen direkt aus dem Text „Ein Minimal-Check vorab" auf der nächsten Seite. Wie heißt das auf Englisch?

_____ 1. sich verständigen   a. *to estimate, plan for*

_____ 2. klarkommen   b. *to make oneself understood*

                           c. *to discover, find out*

_____ 3. Einkünfte   d. *to make ends meet* (coll.)

_____ 4. veranschlagen   e. *to heed, observe*

                           f. *income*

_____ 5. beachten

_____ 6. erfahren

B. Überfliegen Sie den Text. Wer sollte so eine Checkliste machen? ein Deutscher / eine Deutsche, der/die …

1. eine Fremdsprache lernen will
2. den Urlaub in Nordamerika verbringen möchte
3. im Ausland arbeiten will
4. sich um eine Stelle bei einer Firma in Deutschland bewerben will
5. sich für Fitness und Gesundheit interessiert

EIN MINIMAL-CHECK VORAB:[1]

- Kennen Sie Land und Leute wirklich gut genug – auch außerhalb der Ferienorte?
- Sind Sie gesund und körperlich fit?
- Reichen Ihre Sprachkenntnisse aus,[2] um sich z. B. auch in Behörden[3] verständigen zu können?
- Wissen Sie, ob Sie mit Ihren regelmäßigen Einkünften in Ihrem Wunschland[4] klarkommen? In Dänemark, in der Schweiz und in Schweden beispielsweise sind die Lebenshaltungskosten höher als in Deutschland!
- Haben Sie genügend Zeit für die Vorbereitung eingeplant? Mindestens ein Jahr – besser mehr – sollten Sie veranschlagen, bevor Sie Deutschland verlassen.
- Waren Sie schon mal bei einer Beratungsstelle für Auswanderer?[5] Dort bekommen Sie wertvolle Tipps. Welche Formalitäten Sie unbedingt beachten müssen, erfahren Sie bei der jeweiligen Botschaft[6] Ihres Wunschlandes (siehe dazu auch Kontaktadressen und Info-Tipps).

[1]*in advance*
[2]reichen aus *suffice*
[3]*in ... with authorities*
[4]*desired country*
[5]*emigrants*
[6]*embassy*

C. Worüber muss man nachdenken, wenn man im Ausland arbeiten will? Lesen Sie den Text und machen Sie sich einige Notizen dabei.

BEISPIEL: Land und Leute: *wirklich gut kennen*

1. Körper: _____

2. Sprachkenntnisse (*language skills*): _____

3. Einkommen/Gehalt: _____

4. Vorbereitungszeit: _____

5. Beratungsstelle für Auswanderer: _____

6. Botschaft des Wunschlandes: _____

D. In welchem Land möchten Sie eines Tages wohnen und arbeiten? Warum? Wie müssen Sie sich vorbereiten, bevor Sie in diesem Land ankommen? Was müssen Sie lernen? lesen? machen? herausfinden? Welche Informationen müssen Sie bekommen? Worüber müssen Sie nachdenken? Wohin müssen Sie reisen? Was müssen Sie dort machen? Mit wem müssen Sie sprechen? Schreiben Sie eine Checkliste.

BEISPIEL: ___✓___ Chinesisch lernen

_____ _____

_____ _____

_____ _____

_____ _____

_____ _____

_____ _____

Na klar!

Schauen Sie sich das Foto an und spekulieren Sie: Was wird aus dieser Frau in der Zukunft werden? Was wird sie machen? Womit wird sie sich beschäftigen? Wird sie Erfolg haben? Warum (nicht)? Wird sie heiraten? Wird sie Kinder bekommen? Wo wird sie wohnen? Wird sie reisen? Warum (nicht)? Benutzen Sie das Futur und beschreiben Sie ihr zukünftiges Leben.

_____

_____

_____

_____

_____

_____

_____

_____

_____

A. Das deutsche Schulsystem Schreiben Sie kurze Antworten auf die Fragen.

1. Wie heißt die Schule, die alle Kinder in Deutschland zuerst besuchen?

   _____

2. Welche drei Schulen gibt es für Schüler und Schülerinnen nach den ersten vier Jahren?

   _____, _____,

   _____

3. Welche Schule bereitet Schüler und Schülerinnen auf ein Universitätsstudium vor?

   _____

4. Und Sie? Welche Schule würden (*would*) Sie wohl als Schuler/Schülerin in Deutschland nach der

   Grundschule besuchen? Warum? _____

   _____

   Würden Sie als Deutscher oder Deutsche studieren? _____

B. Hilf mit! Freiwilligendienst in Deutschland

1. Wie lange arbeiten Männer und Frauen als Bufdis? _____

2. Wie alt sind die meisten Bufdis? _____

3. Woher bekommen die Bufdis ihr monatliches Taschengeld und ihre Krankenversicherung?

   _____

4. Ist Freiwilligendienst Ihrer Meinung nach wichtig? Warum (nicht)?

   _____

   _____

   _____

Mein Journal

Wählen Sie eines der folgenden Themen.

Thema 1: Das Leben in der Zukunft. Stellen Sie sich das Jahr 2040 vor und beschreiben Sie Ihr Leben.

- Wo werden Sie leben? Warum?

- In was für einem Haus oder einer Wohnung werden Sie wohnen?

- Werden Sie noch Student/Studentin sein?

- Werden Sie Erfolg haben? Was werden Sie von Beruf sein?

- Werden Sie viel Geld verdienen?

- Werden Sie vielleicht mehr Zeit für sich selbst haben?

- Was für Sportarten werden Sie treiben? Wie werden Sie sich fit halten?

- Wohin werden Sie reisen, wenn Sie Urlaub haben?

- Werden Sie ledig oder verheiratet sein?

- Werden Sie Kinder oder vielleicht schon Enkelkinder haben?

Thema 2: Das vierte Millennium. Beschreiben Sie die Welt und das Leben im Jahr 3000, so wie Sie sich alles vorstellen. Könnten wir so eine Welt noch erkennen (*recognize*)? Warum (nicht)?

- Wo werden die meisten Menschen wohnen?

- Wie werden sie leben?

- Was werden sie von Beruf machen?

- Wofür werden sie sich interessieren?

- Womit werden sie sich beschäftigen?

Kapitel

12 Haus und Haushalt

Hören und Sprechen

Alles klar?

Sie hören einen kurzen Bericht über Ausgaben für das Studium in Deutschland. Hören Sie zu und unterstreichen (*underline*) Sie den richtigen Satzteil. Zuerst hören Sie einige neue Wörter.

Lebenshaltungskosten	*living expenses*
das Studentenwerk	*student union*
rangieren	*to rank*
ausschließlich	*exclusively*
BAföG	*financial aid*
das Stipendium	*stipend, grant*

1. Studenten in Deutschland geben <u>**pro Monat**</u> / **pro Jahr** durchschnittlich mehr als 700 Euro aus.

2. Von dem Geld müssen die Studenten auch **Bewerbungen/Lernmittel** bezahlen.

3. 89% der Studenten werden **von den Eltern / von den Professoren** finanziell unterstützt.

4. Studenten **bekommen/sparen** dabei durchschnittlich 435 Euro im Monat.

5. **68%/86%** der Studenten arbeiten neben dem Studium.

6. Knapp **ein Drittel / ein Viertel** erhält BaföG.

7. 2% finanzieren das Studium über **ein Stipendium / einen Nebenjob.**

Wörter im Kontext

Thema 1 Finanzen der Studenten

Aktivität 1 Franks Budget

Sie sehen hier Franks Budget. Frank ist Student an einer Schweizer Universität. Lesen Sie das Budget und beantworten Sie die Fragen.

Sie hören: Wofür gibt Frank das meiste Geld aus?
Sie sagen: Frank gibt das meiste Geld für Miete aus.

(Note: Read **CHF** as **Franken.**)

FRANKS BUDGET

Miete	600 CHF
Transport	160 CHF
Freizeit	200 CHF
Strom/Heizung	200 CHF
Telefon	100 CHF
Studium	210 CHF
Lebensmittel/Kleidung	400 CHF
Sonstiges	115 CHF

1. . . . 2. . . . 3. . . . 4. . . . 5. . . .

Aktivität 2 Reden wir über Geld!

A. Drei Studenten (Karin, Betty und Mark) unterhalten sich über ihre Einnahmen und Ausgaben. Hören Sie zu und ergänzen Sie die Tabelle.

	WO WOHNT ER/SIE?	MIETE	NEBENKOSTEN	GELD VON ...
Karin	WG			
Betty		€ 150		BAföG/Job
Mark			inbegriffen	

B. Jetzt beantworten Sie die Fragen.

Sie hören: Hat Mark ein Stipendium?
Sie sagen: Ja, er hat ein Stipendium.

1. . . . 2. . . . 3. . . . 4. . . . 5. . . .

Aktivität 3 Sylvia ist pleite.

Sylvia hat Geldsorgen. Sie schreibt einen Brief nach Hause. Hören Sie zu, und ergänzen Sie die Lücken.

Liebe _____ ^1!

  Wie geht es euch? Mir geht es nicht so gut. Ich bin nämlich mal wieder _____ ^2.

Die _____ ^3 und die _____ ^4 sind hoch, und letzte Woche musste ich

fast _____ ^5 Euro für Bücher _____ ^6. Es ist nicht einfach,

_____ ^7 des Semesters einen Job zu finden. Trotz meiner vielen _____ ^8

an der Uni arbeite ich jetzt abends als Kellnerin in einer _____ ^9. Aber ich habe immer

noch nicht genug Geld. Vorgestern ist mein Auto _____ ^10. Die Reparatur kostet

bestimmt 300 Euro. Könnt ihr mir etwas Geld leihen? Ich zahle es _____ ^11 bis Ende

des Jahres _____ ^12. Könnt ihr mir vielleicht 500 Euro auf mein _____ ^13

überweisen? Vielen Dank.

                   Eure Sylvia

Thema 2 Unsere eigenen vier Wände

Aktivität 4 Ein Ferien-Appartement

Herr und Frau Schneider möchten ein Ferien-Appartement im Kleinwalsertal für einen Monat mieten, aber zuerst möchten sie sich das Appartement ansehen.

A. Hören Sie zu, wie Frau Schuster, die Inhaberin, den Schneiders das Appartement beschreibt. In welcher Reihenfolge beschreibt sie die Zimmer des Appartements? Nummerieren Sie die Zimmer des Appartements auf dem Plan.

B. Spielen Sie den Dialog noch einmal. Hören Sie gut zu, und machen Sie sich dabei Notizen zu den Dingen (*things*), die auf der Liste unten stehen.

Ausstattung (*appliances and furnishings*) der Küche

_____

Balkon _____

Couch _____

Garage _____

Geschoss _____

Größe _____

Herrn Schneiders Interesse

_____

Plan

C. Beantworten Sie nun die Fragen mithilfe Ihrer Notizen.

  1. ... 2. ... 3. ... 4. ... 5. ... 6. ... 7. ...

Aktivität 5   Hin und her: Die ideale Wohnung

A. Ihr Freund und Sie haben eine Umfrage zum Thema Wohnen gemacht. Sie haben Albrecht und Frau Strauch interviewt. Beantworten Sie die Fragen Ihres Freundes mithilfe der Tabelle.

Sie hören: Welchen Wohnungstyp sucht Albrecht?
Sie sagen: Albrecht sucht eine Altbauwohnung.

PERSON	WOHNUNGSTYP	WO?	WICHTIG
Albrecht	Altbauwohnung	Innenstadt	Waschmaschine im Haus, Fahrradkeller, Zentralheizung
Nadja	1. *Wohngemeinschaft*	2.	3.
Frau Strauch	kleines Einfamilienhaus	auf dem Land	ein großer Garten, Wandermöglichkeiten, ein Balkon
Herr Barz	4.	5.	6.

B. Ihr Freund hat Nadja und Herrn Barz interviewt. Stellen Sie ihm Fragen und ergänzen Sie die Tabelle.

Sie hören: Nadja, Wohnungstyp
Sie fragen: Welchen Wohnungstyp sucht Nadja?
Sie hören: Welchen Wohnungstyp sucht Nadja? Sie sucht eine Wohngemeinschaft.
Sie schreiben: Wohngemeinschaft

Thema 3 Unser Zuhause

Aktivität 6   Wohnung zu vermieten

Sie suchen eine Wohnung und rufen bei der Wohnungsvermittlung (*housing office*) an. Hören Sie zu und ergänzen Sie die Lücken.

Angebot 1

1. Die Wohnung liegt in der _____.

2. Sie hat zwei Zimmer, _____, _____ und _____.

3. Die Wohnung liegt in einem renovierten Altbau und hat viel _____.

4. Die Miete ist € 300 plus _____.

5. Sie ist ideal für _____.

Angebot 2

1. Hier ist ein Zimmer in einer _____ frei.

2. Die Leute wollen keine _____.

3. _____ und _____ sind nicht erlaubt.

4. Die Wohngemeinschaft liegt in einem _____.

5. Das Zimmer kostet € _____ im Monat.

6. Die WG hat eine _____ und einen Wäschetrockner (*clothes dryer*).

Angebot 3

1. Hier kann man ein ganzes _____ auf dem _____ mieten.

2. Es ist ein renoviertes, altes Bauernhaus in einer schönen _____.

3. Es hat einen großen _____ und eine _____.

4. Es ist ab _____ frei.

Aktivität 7   Kann ich die Wohnung sehen?

Frau Krüger ruft bei Herrn Sandner an. Herr Sandner hat eine Wohnung zu vermieten.

A. Hören Sie sich den Dialog an und bringen Sie die Sätze unten in die richtige Reihenfolge.

_____ Möchten Sie die Wohnung sehen?

_____ Sind die Nebenkosten eingeschlossen?

_____ … 350 Euro im Monat.

____*1*____ Die Dreizimmerwohnung

_____ Zu Fuß ungefähr 20 Minuten.

_____ Im zweiten.

_____ Ist Ihnen 17.30 Uhr recht?

_____ Das ist ziemlich viel.

_____ Sie liegt in der Nähe vom Hauptbahnhof.

_____ Ich bin Lehrerin.

_____ … eine große Küche, eine Diele und einen Südbalkon.

B. Jetzt beantworten Sie die Fragen.

Sie hören: Wie viele Zimmer hat die Wohnung?
Sie sagen: Die Wohnung hat drei Zimmer.

1. . . .   2. . . .   3. . . .   4. . . .   5. . . .   6. . . .   7. . . .

Grammatik im Kontext

Verbs with Fixed Prepositions

Übung 1 Fragen und Antworten

Sie hören einige Aussagen und Fragen. Beantworten Sie die Fragen. Benutzen Sie in Ihren Antworten **da**-Komposita.

> Sie hören: Jürgen gibt viel Geld für Kleidung aus. Geben Sie viel Geld für Kleidung aus?
> Sie sagen: Ja, ich gebe viel Geld dafür aus.
> *oder* Nein, ich gebe nicht viel Geld dafür aus.

1. ... 2. ... 3. ... 4. ... 5. ...

Übung 2 Sie interessieren sich nicht dafür!

Max und Heike sind nicht sehr enthusiastisch über ihr Studium. Stellen Sie Fragen darüber.

> Sie hören: Max denkt nie an sein Studium.
> Sie sagen: Woran denkt er denn?
> Sie hören: Woran denkt er denn? An seine Freundin.

1. ... 2. ... 3. ... 4. ... 5. ... 6. ...

Übung 3 Eine Umfrage

Eine Mitarbeiterin eines Instituts für Meinungsforschung interviewt einige Leute auf der Straße, um zu erfahren, worüber sie sich freuen und worüber sie sich ärgern. Hören Sie zu, was die Leute sagen, und machen Sie sich dabei Notizen. Beantworten Sie dann die Fragen, die Sie darüber hören.

	ÄRGERT SICH ÜBER ...	FREUT SICH ÜBER ...
1.	_____	_____
2.	_____	_____
3.	_____	_____

The Subjunctive

Übung 4   Etwas höflicher, bitte!

Wiederholen Sie die Sätze mit einem Modalverb im Konjunktiv oder mit **hätte gern ...**

Sie hören: Kann ich das Telefon benutzen?
Sie sagen: Könnte ich bitte das Telefon benutzen?
     oder
Sie hören: Mein Freund will ein Bier.
Sie sagen: Mein Freund hätte gern ein Bier.

1. . . .   2. . . .   3. . . .   4. . . .   5. . . .   6. . . .

Übung 5   Was soll man tun?

Beantworten Sie die Fragen mithilfe der Stichwörter.

Sie hören: Soll ich fernsehen oder ins Kino gehen?
Sie sehen: ins Kino gehen
Sie sagen: An deiner Stelle würde ich ins Kino gehen.

1. einen neuen Job suchen
2. hier bleiben
3. nach Österreich fahren
4. umziehen
5. zum Geldautomaten gehen

Übung 6   Wenn das alles nicht so viel wäre!

Sagen Sie, was die Leute nicht wollen.

Sie hören: Wir haben so viel Arbeit.
Sie sagen: Wenn wir doch nicht so viel Arbeit hätten.

1. . . .   2. . . .   3. . . .   4. . . .   5. . . .

Übung 7   Wenn das doch nur so wäre!

Sagen Sie, was sich die Leute wünschen.

Sie hören: Ich habe kein Sparkonto.
Sie sagen: Wenn ich doch nur ein Sparkonto hätte.

1. . . .   2. . . .   3. . . .   4. . . .   5. . . .

Übung 8 So hätte es sein sollen.

A. Eva ist nicht sehr zufrieden. Sie wünschte, vieles wäre anders gewesen. Stoppen Sie die Aufnahme und lesen Sie zuerst Evas Wunschliste. Hören Sie dann den ersten Teil von Evas Wünschen und finden Sie den passenden zweiten Teil in der Wunschliste.

Sie hören: Wenn ich in Südkalifornien aufgewachsen wäre …

Sie schreiben: ___C___ (hätte ich jeden Tag in der Sonne liegen können.)

EVAS WUNSCHLISTE

1. _____
2. _____
3. _____
4. _____
5. _____
6. _____
7. _____

    a. hätte ich ein teures Auto kaufen können.
    b. hätte ich segeln gelernt.
    c. hätte ich jeden Tag in der Sonne liegen können.
    d. hätte ich mich im Prater amüsieren können.
    e. hätte ich den Bus nicht verpasst.
    f. hätte ich den Film *Bandits* sehen können.
    g. hätte ich die Radtour mit meinen Freunden gemacht.
    h. hätte ich mir das Bein nicht verletzt.

B. Jetzt beantworten Sie die Fragen, die Sie hören.

Sie hören: Was hätte Eva machen können, wenn sie in Südkalifornien aufgewachsen wäre?

Sie sagen: Sie hätte jeden Tag in der Sonne liegen können.

1. . . . 2. . . . 3. . . . 4. . . . 5. . . . 6. . . . 7. . . .

Übung 9 Was wäre, wenn …

Die Leute möchten, dass etwas anders gewesen wäre. Schauen Sie zuerst auf die Liste unten und lesen Sie, was die Tatsachen (*facts*) sind. Hören Sie dann zu und sagen Sie, was die Leute gemacht hätten, wenn es anders gewesen wäre.

Sie hören: Franks Ferien waren zu kurz.

Sie sehen: Frank ist nicht nach Spanien gefahren.

Sie sagen: Wenn Franks Ferien nicht zu kurz gewesen wären, wäre er nach Spanien gefahren.

1. Frank ist nicht nach Spanien gefahren.
2. Ich habe keinen neuen CD-Spieler gekauft.
3. Meine Eltern hatten keinen Swimmingpool.
4. Der Dichter Anselmus saß jeden Tag in der Kneipe.
5. Martina ist nicht mit dem Fahrrad zur Uni gefahren.
6. Schmidts haben das Haus nicht gemietet.

Übung 10 Peters Party

Peters Party hat Ihnen nicht sehr viel Spaß gemacht. Wie hätte es anders sein können?

Sie hören: Peter hat zu viele Leute eingeladen.

Sie sagen: Ich wünschte, Peter hätte nicht so viele Leute eingeladen.

1. . . . 2. . . . 3. . . . 4. . . . 5. . . .

Sprache im Kontext

A. Hanno, Chris, Paula und Juliane sind Teenager. Sie reden über ihr Taschengeld – wie sie es verdienen und ausgeben. Hören Sie zu und ergänzen Sie die Tabelle. Sie hören zuerst vier neue Wörter:

Fahrradkurier — *bicycle courier*
ausliefern — *to deliver*
Medikamente — *medications*
Schminke — *make-up*

	WIE VIEL TASCHENGELD?	WIE GEBEN SIE IHR GELD AUS?	WAS BEZAHLEN DIE ELTERN?	WAS FÜR EIN JOB?
Hanno				
Chris				
Paula				
Juliane				

B. Hören Sie zu, und beantworten Sie die Fragen.

1. . . .   2. . . .   3. . . .   4. . . .   5. . . .

Alles klar?

A. Was ist auf dem Foto? Ergänzen Sie die Nummern und die bestimmten Artikel.

8. die Bäume   _____ Einfamilienhaus   _____ Gras

_____ Dach   _____ Erdgeschoss   _____ Himmel

_____ Dachgeschoss   _____ Fenster   _____ Treppe

B. Wo liegt dieses Haus? Kreuzen Sie die plausibelsten Antworten an.

☐ in der Innenstadt   ☐ im Wald   ☐ am Strand

☐ auf dem Land   ☐ in den Bergen   ☐ im Stadtzentrum

C. Wie beschreiben Sie die Familie, die hier wohnt?

_____

_____

_____

_____

_____

Wörter im Kontext

Thema 1 Finanzen der Studenten

Aktivität 1   Kein Geld übrig

A. Der Mann im Cartoon hat einen Job mit einem guten Gehalt. Die Frau studiert noch ein Jahr und arbeitet abends. Der Mann rechnet (*calculates*) immer wieder, aber jedesmal kommt er zu diesem Resultat: Wenn er den Pool bauen lässt, ist kein Geld für die folgenden Dinge übrig. Schreiben Sie die Liste auf Deutsch.

_____ (*rent*)

_____ (*electricity*)

_____ (*water*)

_____ (*garbage*)

_____ (*insurance*)

_____ (*gasoline*)

_____ (*repairs*)

_____ (*technology*)

_____ (*notebooks*)

_____ (*pencils*)

_____ (*pens*)

_____ (*paper*)

> ICH KANN RECHNEN WIE ICH WILL, ES REICHT NUR FÜR DEN POOL

B. Wofür mussten Sie letzten Monat das meiste Geld ausgeben? Hatten Sie Geld übrig? Listen Sie Ihre vier größten monatlichen Ausgaben auf.

_____   _____

_____   _____

Aktivität 2   Wortfamilien

A. Schreiben Sie die Verben, die mit diesen Substantiven verwandt sind.

1. der Bau: _____
2. die Miete: _____
3. die Vermietung: _____
4. die Ausgabe: _____
5. der Vergleich: _____

6. die Sparkasse: _____
7. der Job: _____
8. die Einrichtung: _____
9. die Bitte: _____

B. Ergänzen Sie jetzt die folgenden Fragen mit Verben aus Teil A.

1. Wie viel Geld müssen Sie monatlich _____?

2. Möchten Sie eines Tages Ihr eigenes Haus _____?

   _____ Sie jetzt schon Geld für Ihr eigenes Haus? Müssen Sie es dann auch

   _____?

3. Müssen Sie _____, um Ihre monatlichen Ausgaben zu zahlen?

4. _____ Sie eine Wohnung, oder haben Sie ein Haus oder eine Wohnung, wo

   Sie Zimmer an andere Studenten und Studentinnen _____?

5. Müssen Sie Ihre Eltern oft um Geld _____? Wie würden Sie Ihre

   finanzielle Situation mit der der anderen Studenten und Studentinnen _____?

Thema 2 Unsere eigenen vier Wände

Aktivität 3   Ein Haus auf dem Land

Sehen Sie sich den Cartoon an. Was fragt der eine Maulwurf den anderen?

ERSTER MAULWURF: Hat das Haus ...

1. *einen Keller* _____ ? (*a basement*)

2. _____ ? (*stairs*)

3. _____ ? (*an entrance*)

4. _____ ? (*a front hall*)

5. _____ ? (*a hallway*)

6. _____ ? (*a garage*)

7. _____ ? (*balconies*)

8. _____ ? (*two floors*)

9. _____ ? (*an attic*)

10. _____ ? (*a roof*)

11. _____ ? (*guest rooms*)

ZWEITER MAULWURF: Dieses Haus hat fast alles. Schau es dir nur an!

ERSTER MAULWURF: In welchem Raum kocht man denn?

ZWEITER MAULWURF: Man kocht in der _____.

ERSTER MAULWURF: Wie heißt das Zimmer, in dem man isst?

ZWEITER MAULWURF: Das heißt das _____.

ERSTER MAULWURF: Und wie heißen die Zimmer, in denen man schläft?

ZWEITER MAULWURF: Sie heißen die _____.

ERSTER MAULWURF: Wo sieht man gewöhnlich fern?

ZWEITER MAULWURF: Im _____.

ERSTER MAULWURF: Und in welchem Raum badet man?

ZWEITER MAULWURF: Im _____.

Aktivität 4 Wie beschreibt man das neue Haus?

Beschreiben Sie das Haus auf dem Bild in Aktivität 3 so vollständig wie möglich. Wo liegt es? Wie sieht es aus? Spekulieren Sie auch: Was für Räume hat es? Was für Möbel sind im Haus? Wer wird dieses Haus kaufen? Warum? Wer wird hier wohnen? Was wird dieser Mensch (Was werden diese Menschen) von Beruf sein? Wird dieser Mensch (Werden diese Menschen) hier glücklich sein? Warum (nicht)?

Thema 3 Unser Zuhause

Aktivität 5   Eine Wohnung

Herr Werner stellt Fräulein Pöske einige Fragen. Welche Antwort passt zu welcher Frage?

1. ungeheuer …
   *immensely
   tasteful*
2. *notices*
3. *sensitive*
4. *junk*

HERR WERNER

1. Wann hat man dieses Mietshaus gebaut? _____

2. Wie weit ist dieses Mietshaus von der
   Innenstadt entfernt? _____

3. Wie viel Quadratmeter hat diese Wohnung?

   _____

4. Wie viel kostet die Wohnung im Monat? _____

5. Die Küche und Waschküche sind eingerichtet,
   nicht? _____

6. Und ist die Heizung in den Nebenkosten mit
   eingeschlossen? _____

7. Erlauben Sie Haustiere? Ich habe nämlich einen
   kleinen Hund. _____

8. Ich brauche eine möglichst bald eine Wohnung.
   Wann kann ich einziehen? _____

FRAULEIN PÖSKE

a. Ja, Tiere sind erlaubt. Wie Sie sehen
   können, hat mein Freund eine Katze.
b. Ja, es gibt einen Mikrowellenherd,
   eine Spülmaschine und eine
   Waschmaschine.
c. Es wurde 1980 gebaut.
d. Ab dem 1. September.
e. Ungefähr 15 Minuten zu Fuß.
f. Monatlich beträgt die Miete 955 Euro
   plus 110 Euro Nebenkosten.
g. 50 Quadratmeter.
h. Ja, natürlich.

Grammatik im Kontext

Verbs with Fixed Prepositions

Prepositional Objects: **da**-Compounds

Übung 1   Gestern und heute

Schreiben Sie eine vollständige Antwort auf jede Frage. Antworten Sie mit **ja** oder **nein** und einem Adverbialpronomen (**da**-*compound*).

[1](*colloquial for*) tue

 Kulturspot

AKAD (Akademikergesellschaft für Erwachsenenbildung MFH) wurde 1959 als privates Hochschulsystem in Stuttgart gegründet. Heute bietet AKAD University und AKAD Kolleg Fernstudien in Wirtschaft, Technik, Management und Sprachen.

1. Haben Sie sich als Kind über Geburtstagsgeschenke gefreut?

   Ja, ich habe mich darüber gefreut.

   oder Nein, ich habe mich darüber nicht gefreut.

2. Haben Sie sich als Kind auf die Sommerferien gefreut?

3. Mussten Sie als Kind immer lange auf die Sommerferien warten?

_____

4. Interessieren Sie sich für Medizin?

_____

5. Interessieren Sie sich für die Traditionen anderer Länder?

_____

6. Haben Sie Angst vor Krankheiten?

_____

7. Denken Sie oft über Probleme wie Armut (*poverty*) und Hunger nach?

_____

8. Ärgern Sie sich manchmal über die Politik?

_____

9. Beschäftigen Sie sich mit Technologie?

_____

10. Geben Sie viel Geld für Versicherungen aus?

_____

11. Gehen Sie oft zur Bank?

_____

12. Tun Sie etwas für Ihre Karriere?

_____

Asking Questions: **wo**-Compounds

Übung 2 Wie sagt man das auf Deutsch?

Schreiben Sie die folgenden Fragen auf Deutsch. Benutzen Sie die **du**-Form.

1. *What are you afraid of?*

_____

2. *What are you thinking about?*

_____

3. *What are you waiting for?*

_____

4. *What are you looking forward to?*

_____

5. *What are you busy with?*

_____

6. *What are you happy about?*

_____

7. *What are you asking for?*

_____

8. *What are you annoyed about?*

_____

The Subjunctive

Expressing Requests Politely / The Present Subjunctive II: **haben, werden, können, mögen**

Übung 3   Höfliche Ausdrücke im Café

Schreiben Sie Sätze. Benutzen Sie den Konjunktiv II des Verbs sowie (*as well as*) die richtigen Formen der anderen Wörter in jedem Satz.

1: was / haben / Sie / gern?

   Was hätten Sie gern? _____

2: ich / haben / gern / eine Tasse Tee.

_____

3: ich / mögen / gern / eine Tasse Kaffee.

_____

4: werden / Sie / ich / bitte / den Marmorkuchen / beschreiben?

_____

5: ich / können / Sie / ein Stück Marmorkuchen / zeigen.

_____

The Use of **würde** with an Infinitive

Übung 4 Fragen Sie höflich.

Schreiben Sie jeden Imperativsatz neu als eine höfliche Frage mit **würde.**

BEISPIEL: Öffne mir die Tür. →
Würdest du mir bitte die Tür öffnen?

1. Hilf mir.

_____

2. Ruf mich morgen an.

_____

3. Kommt am Samstagmorgen vorbei.

_____

4. Bringt eure Fotos mit.

_____

5. Beschreiben Sie mir die Wohnung.

_____

6. Hören Sie damit auf.

_____

Übung 5 Was sagen Sie zu Ihren Freunden/Freundinnen?

Schreiben Sie noch je zwei Sätze.

BEISPIEL: Du trinkst zu viel. →
Du solltest nicht so viel trinken.
Ich würde nicht so viel trinken.

1. Du fährst zu schnell.

_____

_____

2. Du gibst zu viel Geld aus.

_____

_____

3. Ihr verbringt zu viel Zeit am Strand.

_____

_____

4. Ihr geht auf zu viele Partys.

_____

_____

Expressing Wishes and Hypothetical Situations /
The Present Subjunctive II: Strong and Weak Verbs /
Talking About Contrary-to-Fact Conditions

Übung 6 Zeit und Geld: Tatsachen und Wünsche

Hier sind die Tatsachen! Schreiben Sie einen Wunsch für jede Tatsache.

WAS IST ZEIT OHNE GELD

**Private Vorsorge
beginnt bei der Sparkasse**

BEISPIEL: Wir haben zu wenig Zeit für uns. →
  Wenn wir nur mehr Zeit für uns hätten!

1. Die Ferien sind zu kurz.

  _____

2. Wir müssen Tag und Nacht arbeiten.

  _____

3. Ich habe zu wenig Geld.

  _____

4. Die Mieten in dieser Stadt sind zu hoch.

  _____

5. Häuser kosten zu viel Geld.

  _____

6. Ich kann mir kein neues Auto kaufen.

  _____

Übung 7   Was wäre Ihnen lieber?

Was hätten Sie lieber? Beantworten Sie jede Frage mit einem der folgenden Ausdrücke. Benutzen Sie jeden Ausdruck mindestens einmal.

Ich möchte lieber …
Ich hätte lieber …
… wäre mir lieber.

1. Möchten Sie lieber mehr Zeit zum Arbeiten oder mehr Freizeit haben?

   _____

   _____

2. Möchten Sie lieber mehr Geld oder mehr Zeit haben?

   _____

   _____

3. Möchten Sie lieber zwei Karten für ein Rapkonzert oder für die Oper haben?

   _____

   _____

4. Möchten Sie lieber ein Haus am Strand oder im Wald haben?

   _____

   _____

5. Möchten Sie lieber einen neuen Sportwagen oder ein neues Segelboot haben?

   _____

   _____

6. Möchten Sie lieber eine Reise nach Afrika oder nach Australien machen?

   _____

   _____

Übung 8 Wohnheime

A. Lesen Sie den folgenden Text und ergänzen Sie die Sätze.

1. Für jeden dritten Student ist das Image der

   Wohnheime _____; jeder

   Vierte findet es _____.

2. Am meisten kritisieren die Studenten

   _____

   _____

   und _____

   _____

Studentenwohnheime haben schlechtes Image

Obwohl Studentenwohnheime oft kein gutes Image haben, sind ihre Bewohner[1] aber durchaus zufrieden[2]? Das hat eine Befragung[3] des Hochschul-Informations-Systems (HIS) in Hannover ergeben[4] Von allen Studenten bewertet[5] demnach nur knapp jeder Dritte das Image der Wohnheime als gut, jeder Vierte dagegen als schlecht. Von den Bewohnern würden aber neun von zehn wieder in ein Wohnheim ziehen[6] Kritisiert wurden vor allem fehlende Sauberkeit[7] in Gemeinschaftsräumen[8] und die geringe[9] Größe des Wohnbereichs[10] **dpa**

B. Neun von zehn Studenten würden aber wieder in einem Wohnheim wohnen. Beantworten Sie die folgenden Fragen.

1. Wohnen Sie jetzt in einem Wohnheim? _____

2. Haben Sie einmal in einem Wohnheim gewohnt? _____ Wenn ja:

   Würden Sie wieder in ein Wohnheim ziehen (*move*)? _____ Wenn

   nein: Würden Sie je (*ever*) in ein Wohnheim ziehen? _____

3. Würden Sie lieber in ein Wohnheim oder in eine Wohnung ziehen? Warum?

   _____

   _____

   _____

The Past Subjunctive II

Übung 9 Es ist einfach nicht passiert.

A. Schauen Sie sich das Bild an. Was denkt die Frau?

1. Kreisen Sie (*Circle*) die Verbformen im Konjunktiv ein.
2. Unterstreichen Sie die Verbform im Perfekt.
3. Wie könnte man diese Idee auf Englisch ausdrücken (*express*)?

_____

_____

B. Wenn nur … ! Schreiben Sie jetzt jeden Satz auf Deutsch.

BEISPIEL: *If only we had known that then.* →
Wenn wir das damals nur gewusst hätten.

1. *If only I had saved more money.*

_____

2. *If only we had thought about that.*

_____

3. *If only I had done without a new car.*

_____

4. *If only our friends had not spent so much money.*

_____

5. *If only they had supported us.*

_____

6. *If only I had worked (at a temporary job) the entire year.*

_____

7. *If only you (infor. sg.) had been more responsible.*

_____

Sprache im Kontext

Lesen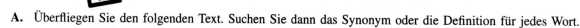

A. Überfliegen Sie den folgenden Text. Suchen Sie dann das Synonym oder die Definition für jedes Wort.

1. _____ Thalkirchen
2. _____ (der) Papagei
3. _____ (die) Graupapageien-Dame
4. _____ (das) Viertel
5. _____ (das) Revier
6. _____ (der) Sonnenuntergang
7. _____ umgehend
8. _____ (der) Behördenwirrwarr
9. _____ unterwegs
10. _____ (das) Tierheim Riem

a. ein Stadtbezirk oder Stadtteil
b. die Nähe, wie das Viertel
c. das Chaos der Bürokratie
d. auf dem Wege
e. ein Stadtteil von Süd-München
f. ein Vogel, wie der auf dem Foto
g. ein Heim für Tiere im Stadtbezirk Riem in Ost-München
h. sofort
i. ein Papagei, der grau und auch nicht männlich sondern weiblich ist
j. das Ende des Tages, als die Sonne untergeht

Laura ist wieder da!

Thalkirchen - Sechs Wochen nach ihrem Verschwinden[1] ist Laura wieder zuhause. Seit 18 Jahren lebt die Graupapageien-Dame bei Ludwig Vogelrieder, der das exotische Tier einst aus der Gefangenschaft[2] befreite. Jeden Morgen - im Sommer wie im Winter - fliegt Laura nach dem Frühstück ins Viertel auf und davon. Viele Menschen in Lauras Revier kennen und lieben den Papagei, der jeden Abend vor Sonnenuntergang wieder zu Ludwig Vogelrieder zurückkommt. Seit 12. Oktober war Laura jedoch verschwunden, viele Menschen im Viertel suchten nach ihr. Eine Familie, die in der Nähe wohnt, hatte den Vogel damals entdeckt[3] und dies umgehend der Polizei gemeldet.[4] Doch die Meldung ging im Behördenwirrwarr fast unter. Viermal war das Schreiben als Irrläufer[5] zwischen Polizei, KVR[6] und Tierheim Riem unterwegs. Am vergangenen Freitag erhielt Ludwig Vogelrieder aus dem Tierheim endlich die Nachricht,[7] dass es seinem Papagei gut geht. Überglücklich holte er Laura, die ihren Ausflug gut überstanden[8] hat, ab.   Foto: job

[1]*disappearance (verb: to disappear)*   [2]*captivity*
[3]*discovered*   [4]*reported*   [5]*misdirected document*
[6]Kreisverwaltungsreferat *(a city administrative department in Munich)*   [7]*report*   [8]*survived*

B. Lesen Sie den Text jetzt einmal durch, und schreiben Sie eine kurze Antwort auf jede Frage.

1. Wo findet diese Geschichte statt? _____

2. Wie heißt der Vogel? _____

3. Was für ein Vogel ist Laura? _____

4. Wie heißt der Mann, bei dem der Vogel wohnt? _____

5. Wie lange lebt der Vogel bei diesem Mann? _____

6. Was macht der Vogel jeden Morgen? _____

7. Was macht der Vogel jeden Abend? _____

8. Wer kennt und liebt diesen Vogel? _____

9. An welchem Datum ist der Vogel verschwunden? _____

10. Wie lange war der Vogel weg? _____

C. Lesen Sie jetzt den Text sorgfältig (*carefully*) durch. Bringen Sie dann die folgenden Sätze in die richtige Reihenfolge.

_____ Eine Familie, die in der Nähe wohnt, sah den Papagei und sprach mit der Polizei darüber.

_____ Herr Vogelrieder holte den Papagei sofort vom Tierheim Riem ab.

_____ Herr Vogelrieder befreite Laura und brachte sie nach Hause mit.

_____ Heute ist der Papagei gesund und wieder zu Hause.

_1_ Vor 18 Jahren war Laura in Gefangenschaft.

_____ Aber am 12. Oktober flug Laura weg und kam nicht wieder zurück.

_____ Sechs Wochen später bekam Herr Vogelrieder die Nachricht, dass der Vogel in einem Tierheim war.

_____ Jeden Morgen flug Laura ins Viertel, und jeden Abend kam sie wieder nach Hause zurück.

D. Wie wichtig sind Haustiere in Ihrem Leben? Erklären Sie Ihre Antwort.

_____

_____

_____

_____

Na klar!

Schauen Sie sich das Foto an und stellen Sie sich vor: Wie wäre Ihr Leben in diesem Haus? Schreiben Sie vollständige Sätze.

1. Was würden Sie an Ihrem Leben hier am besten finden?

_____

_____

2. Würden Sie ein Haustier haben? vielleicht einen Hund, eine Katze, einen Fisch oder einen Kanarienvogel? Warum (nicht)?

_____

_____

3. Wie würden Sie Ihre Freizeit verbringen?

_____

_____

4. Wofür würden Sie Ihr Geld sparen?

_____

_____

KULTURJOURNAL

A. Wie finanziert man das Studium in Deutschland? Und Sie?

1. Wie finanzieren Sie Ihr Studium? Bekommen Sie Hilfe von den Eltern oder Großeltern oder anderen? Haben Sie ein Stipendium oder einen Nebenjob? Haben Sie im Sommer gearbeitet und Ihr Geld gespart? _____

_____

_____

2. Wofür sparen Sie Ihr Geld? _____

_____

_____

3. Wie stellen Sie sich Ihr Leben nach dem Studium vor? _____

_____

_____

B. Wo sind die Deutschen am glücklichsten? Was meinen Sie?

1. Warum gibt es so unterschiedliche Ergebnisse in den zwei Studien? Spekulieren Sie.

_____

_____

_____

_____

_____

2. Was macht im Allgemeinen (*in general*) glücklich oder unglücklich?

_____

_____

_____

_____

_____

_____

Mein Journal

Wählen Sie eins der folgenden Themen.

Thema 1: Beschreiben Sie Ihr Traumhaus.

- Wo würden Sie leben?
  - ☐ im Zentrum einer Großstadt?
  - ☐ in der Vorstadt einer großen Metropole?
  - ☐ in einer Kleinstadt?
  - ☐ in einem europäischen Kurort?
  - ☐ auf dem Land?
  - ☐ in den Bergen?
  - ☐ im Wald?
  - ☐ am Strand?
  - ☐ an einem See?
  - ☐ an einem Fluss?
  - ☐ in der Wüste (*desert*)?
  - ☐ im Dschungel?
  - ☐ auf einer Insel im Südpazifik?
  - ☐ ?

- Was für ein Zuhause hätten Sie gern?
  - ☐ eine Villa?
  - ☐ ein großes Schloss?
  - ☐ eine renovierte Burg?
  - ☐ ein altes Bauernhaus?
  - ☐ ein modernes Einfamilienhaus?
  - ☐ eine Wohnung in einem Stadthaus?
  - ☐ ein Penthaus?
  - ☐ eine Dachwohnung?
  - ☐ ein Hausboot?
  - ☐ eine Kabine auf einem Schiff?
  - ☐ eine Jacht?
  - ☐ ein Zelt?
  - ☐ eine Hütte (*cabin*)?
  - ☐ ?

- Woraus wäre das Haus gebaut?
  - ☐ aus Holz?
  - ☐ aus Stein?
  - ☐ aus Stroh?
  - ☐ aus Beton (*concrete*)?
  - ☐ aus Backstein (*brick*)?

- Würden Sie das Haus nach ökologischen oder ästhetischen Prinzipien bauen?

- Was für einen Ausblick würden Sie jeden Tag genießen (*enjoy*)?

- Wie würden Sie Ihre Tage verbringen?

Thema 2: Wie könnte man Studentenwohnheime verbessern (*improve*)**?** Wie würden Sie das ideale Studentenwohnheim beschreiben? Wie würden Sie zum Beispiel die Architektur / die Atomsphäre / die Gemeinschaftsräume (*common areas*) / die Studentenzimmer / die Terrassen / die Gärten / ___?___ beschreiben? Wie könnte das Studentenleben besser sein?

Thema 3: Sind Sie ein guter Mensch? Schreiben Sie über sich selbst. Benutzen Sie einige oder alle der folgenden Ideen.

- Würden Sie von sich sagen, dass Sie ein guter Mensch sind? Warum (nicht)?

- Helfen Sie anderen Menschen oder Organisationen durch Spenden oder Tätigkeiten (*deeds*)? Wenn ja:

  Welche? Wieso? Wenn nein: Warum nicht?

- Was haben Sie einmal getan, was Sie jetzt bereuen (*regret*)? Was würden Sie anders machen, wenn Sie

  alles noch einmal erleben könnten?

- Was für ein Verhältnis haben Sie zu Ihrer Familie und Ihren Freunden? Was könnte besser sein?

- Was wäre die absolute Katastrophe für Sie? das absolute Glück?

Thema 4: Wer ist Ihnen ein gutes Vorbild? Warum? Warum möchten Sie wie dieser Mensch sein? Welche Eigenschaften hat er/sie? Was ist diesem Menschen wichtig? unwichtig? Wie würden Sie seinen/ihren Lebensstil beschreiben? Seine/ihre Lebensphilosophie? Schreiben Sie über diesen Menschen.

Kapitel

13 Medien und Technik

Hören und Sprechen

Alles klar?

Sie hören fünf kurze Berichte aus deutschsprachigen Medien. Welche der fünf Schlagzeilen passt zu welchem Bericht? Schreiben Sie die passende Zahl (1-5) vor die Schlagzeile.

Wörter im Kontext

Thema 1 Fernsehen

Aktivität 1   Was sehen sie gern?

Martina und Frank unterhalten sich über Fernsehprogramme. Was sehen sie gern? Was sehen Franks Eltern gern?

	KRIMIS	UNTERHALTUNGS-SENDUNGEN	SPORTSENDUNGEN	DISKUSSIONS-SENDUNGEN
Martina	☐	☐	☐	☐
Frank	☐	☐	☐	☐
Franks Vater	☐	☐	☐	☐
Franks Mutter	☐	☐	☐	☐

Thema 2 Zeitung

Aktivität 2   Die Tageszeitung

Sie hören einige Schlagzeilen aus der Zeitung. Kreuzen Sie an, in welchem Teil der Zeitung diese Schlagzeilen zu finden sind.

	1	2	3	4	5	6	7	8
Lokalnachrichten								
Auslandsnachrichten								
Sport								
Wirtschaft	X							
Fernsehen								
Unterhaltung								
Wetterbericht								
Technik								

Aktivität 3 Lieber Zeitung als Fernsehen

A. Markus erzählt, warum er lieber Zeitung liest als fernsieht. Hören Sie zu und bringen Sie die folgenden Satzfragmente in eine logische Reihenfolge. Sie hören den Text zweimal.

_____ selten etwas Gescheites

_____ Weltpolitik, Kulturnachrichten und Wirtschaft

_____ oberflächliche Quizsendungen, langweilige Talkshows und dumme Spielfilme

_____ verbringe täglich zwei Stunden mit Zeitunglesen

___1___ Fernsehen finde ich wirklich langweilig

_____ kann Leute nicht verstehen, die ihre ganze Freizeit vor dem Fernsehgerät verbringen

_____ lese ich doch lieber die Zeitung

_____ Abonnements für drei Tageszeitungen und vier Nachrichtenmagazine

B. Jetzt beantworten Sie die Fragen.

Sie hören: Wie findet Markus das Fernsehprogramm?
Sie sagen: Er findet das Fernsehprogramm langweilig.

1. . . .   2. . . .   3. . . .   4. . . .   5. . . .   6. . . .   7. . . .

Aktivität 4 Hin und her: Der Fernsehabend

A. Nach einem gemeinsamen Abendessen möchten Sie mit mehreren Freunden fernsehen. Es ist aber gar nicht so einfach, etwas im Fernsehprogramm zu finden, das alle sehen wollen. Sehen Sie sich die Tabelle an und beantworten Sie die folgenden Fragen. Sie hören zuerst ein neues Wort.

Zeichentrickfilm   *animated cartoon*

Sie hören: Was möchte Christine im Fernsehen sehen?
Sie sagen: Christine möchte „Last Action Hero", eine amerikanische Actionkomödie, sehen.

PERSON	WAS MÖCHTE ER/SIE IM FERNSEHEN SEHEN?	WARUM?
Christine	„Last Action Hero", amerikanische Actionkomödie	mag lustige alte Filme
Gabriel	„Julia und Julia", italienischer Psychothriller	
Leandra	„CSI: Miami"	mag amerikanische Krimis
Evelyn		
Alexander	„Die Tier-Nanny"	mag Tierfilme
Olaf		

1. . . .   2. . . .   3. . . .   4. . . .   5. . . .   6. . . .

B. Stellen Sie jetzt Fragen über die anderen Personen und ergänzen Sie dann die Tabelle.

> Sie hören: Gabriel
> Sie fragen: Was möchte Gabriel im Fernsehen sehen?
> Sie hören: Was möchte Gabriel im Fernsehen sehen? Gabriel möchte „Julia und Julia", einen italienischen Psychothriller, sehen.
> Sie schreiben: „Julia und Julia", italienischer Psychothriller

Thema 3 Leben mit Technik

Aktivität 5 Definitionen

Sie hören fünf Situationen. Welches Gerät ist für welche Situation am besten?

1. _____   a. Faxgerät

2. _____   b. Handy

3. _____   c. Notebook

4. _____   d. Drucker

5. _____   e. Videokamera

Aktivität 6 Der Video-Opa

Viele Privatleute besitzen eine eigene Webseite, auch Menschen der älteren Generation.

A. Sie sehen eine Liste von Wörtern zum Thema Computer und Internet. Welche Wörter hören Sie? Welche nicht? Hören Sie zu und kreuzen Sie alle Wörter an, die Sie hören.

☐ Besucher   ☐ Netz

☐ downloaden   ☐ Netzvolk

☐ E-Mail   ☐ Videoblog

☐ Internet   ☐ Videos

☐ Links   ☐ Webcam

B. Sie hören den Text noch einmal. Was stimmt, was stimmt nicht? Korrigieren Sie die falschen Aussagen. Zuerst hören Sie einige neue Wörter.

der Rentner	*retiree*
50er	*Fifties*
das Kommentar	*comment*
der Anbieter	*provider*
veröffentlichen	*to publish*
anlocken	*to attract*

	DAS STIMMT	DAS STIMMT NICHT
1. Der neue Star im Internet ist 90 Jahre alt.	☐	☐
2. Peter hat eine Webseite mit Videos.	☐	☐
3. Peter hatte weniger als eine Million Besucher auf seiner Seite.	☐	☐
4. Peter hat nie geheiratet.	☐	☐
5. Viele Besucher schicken Videokommentare an Peter.	☐	☐
6. Peters Seite ist unter den 10 meist besuchten Seiten.	☐	☐
7. Es gibt auch einen Fernsehbericht über Peter.	☐	☐

Grammatik im Kontext

Infinitive Clauses with *zu*

Übung 1 Ach, die Eltern!

Karl und Marianne sind Geschwister und reden über ihre Eltern. Ergänzen Sie das Gespräch. Sie hören zuerst drei neue Wörter.

latschen	*to traipse, trudge*
das Blumenbeet	*flower bed*
anlegen	here: *pflanzen*

KARL: Ich habe den ganzen Tag _____[1], unsere Eltern _____[2]. Ich hatte ihnen

_____[3], heute Nachmittag auf eine Tasse Kaffee _____[4]. Niemand schien

zu Hause _____[5].

MARIANNE: Hatten sie den neuen Anrufbeantworter (*answering machine*) angeschaltet?

KARL: Nein. Sie haben aber schon lange mit dem neuen ICE _____[6] und haben sich wohl

entschlossen, einfach _____[7], ohne mich _____[8]. Sie haben total verges-

sen, auf mich _____[9].

MARIANNE: Sei nicht böse. Mit uns Kindern und der vielen Arbeit war es immer schwierig für sie

_____[10]. Außerdem hatten sie kein Geld, schöne Ausflüge _____[11]. Du

kannst gerne mit mir einkaufen _____[12]. Ich brauche heute nicht _____[13].

KARL: Es macht mir keinen Spaß, durch die ganze Stadt _____ 14. Ich habe mich schon

entschlossen, den ganzen Tag im Garten _____ 15. Ich möchte ein neues Blumenbeet

_____ 16.

MARIANNE: Hast du denn Lust, bei mir Kaffee _____ 17? Ich habe eine Schwarzwälderkirschtorte

gebacken. Und ich verspreche, deinen Besuch nicht _____ 18.

KARL: Danke, gern. Dazu habe ich natürlich Lust.

Übung 2 Ein Interview

Ein Reporter berichtet über sein Treffen mit Lorenzo Pellegrini, dem weltberühmten Schauspieler. Hören Sie zu und beantworten Sie die Fragen.

1. Welchen Entschluss (decision) bereut (regrets) der Reporter? _____

_____

2. Was ist für ihn schwierig? _____

_____

3. Was schlägt Lorenzo vor? _____

_____

4. Was findet der Reporter schön? _____

_____

5. Was macht Lorenzo Spaß? _____

_____

6. Was macht dem Reporter keinen Spaß? _____

_____

7. Was versucht der Besitzer des Esels (donkey) zu tun? _____

_____

8. Was muss Lorenzo tun? _____

_____

9. Was entscheidet sich der Esel zu tun? _____

_____

10. Was beschließen Lorenzo und der Reporter? _____

_____

11. Warum trinken sie nur eine Tasse Kaffee? _____

_____

12. Was verspricht Lorenzo? _____

_____

Übung 3   Was muss sie tun?

Frau Borodin ist Chefin ihrer eigenen Immobilienfirma. Sie ist heute krank und kann nicht ins Büro kommen. Sie ruft ihren Sekretär an, um das Neueste zu erfahren. Was muss sie in den nächsten Tagen tun, und was braucht sie nicht zu tun? Ergänzen Sie die Liste. Sie hören vier neue Wörter.

absagen	*to cancel*
die Hypothek	*mortgage*
der Vertrag	*contract*
der Engel	*angel*

Frau Borodin muss …

1. _____

2. _____

3. _____

4. _____

Sie braucht … nicht …

5. _____

6. _____

7. _____

8. _____

Übung 4   Pech!

Thomas hat heute Pech. Bestätigen Sie, dass nichts zu klappen scheint. Sie hören zuerst ein neues Wort.

die Stromschwankung   *power surge*

Sie hören: Das Telefon klingelt nicht. Es ist wohl kaputt.
Sie sagen: Ja, es scheint kaputt zu sein.

1. . . .   2. . . .   3. . . .   4. . . .   5. . . .

Infinitive Clauses with *um … zu*

Übung 5   Sparschwein her!

Sehen Sie auf die Liste unten und sagen Sie, warum diese Leute sparen wollen.

Sie hören: Warum spart Stefan?
Sie sehen: Stefan will ein neues Handy kaufen.
Sie sagen: Stefan spart, um ein neues Handy zu kaufen.

1. Vera will ein neues Reitpony kaufen.
2. Erika will eine Reise um die Welt machen.
3. Schmidts wollen ihr Bad renovieren.
4. Dobmeiers wollen ein Ferienhaus in der Schweiz bauen.
5. Thomas will ein Geburtstagsgeschenk für seine Freundin kaufen.

Indirect Discourse

Übung 6 Andreas hat Probleme in der Schule.

Andreas geht in die 5. Klasse. Seine Mutter hatte gerade einen Termin mit seinem Klassenlehrer und berichtet nun dem Vater, was der Lehrer gesagt hat. Hat der Lehrer die Behauptungen unten gemacht oder nicht? Kreuzen Sie **ja** oder **nein** an.

HAT DER LEHRER DAS GESAGT?	JA	NEIN
1. Andreas hat schlechte Zensuren in Englisch.	☐	☐
2. Er macht nie seine Hausaufgaben.	☐	☐
3. Andreas ist sehr ruhig.	☐	☐
4. Andreas kann sich nicht gut konzentrieren.	☐	☐
5. Die Kinder in der Klasse mögen Andreas nicht.	☐	☐
6. Andreas sollte lieber auf eine Realschule gehen.	☐	☐
7. In Mathematik ist Andreas sehr gut.	☐	☐
8. Andreas ist sehr kreativ.	☐	☐
9. Wenn er sich nicht verbessert, bleibt er sitzen.	☐	☐
10. Er ist immer sehr hilfsbereit und hat viel Charme.	☐	☐

Übung 7 Michaels Reise nach Amerika

Mark erzählt Ihnen über Michaels Reise nach Amerika. Berichten Sie einem Freund, was Sie gehört haben. Gebrauchen Sie den Konjunktiv I. Sie hören zuerst ein neues Wort.

der Strafzettel   *ticket*

Sie hören: Michael ist vor fünf Jahren nach Amerika gereist.
Sie sagen: Michael sei vor fünf Jahren nach Amerika gereist.

1. . . . 2. . . . 3. . . . 4. . . . 5. . . . 6. . . . 7. . . . 8. . . .

Sprache im Kontext

A. Sie hören etwas längere Versionen von drei Berichten aus **Alles klar?** noch einmal. Welche Antwort ist richtig?

Studie: Jeder zweite Zuschauer isst beim Fernsehen

1. Während der Fernseher läuft machen _____ der weiblichen Befragten Hausarbeit.
   a. vier Prozent
   b. zwei Prozent
   c. zweiundvierzig Prozent

2. Jeder _____ liest beim Fernsehen.
   a. Zweite
   b. Dritte
   c. Vierte

Fast jeder Vierte in Deutschland erhält Niedriglohn

3. Gewerkschaften (*unions*), Verbände (*federations*) und Politiker fordern die Einführung eines _____.
   a. Mindestlohns
   b. Niedriglohns
   c. Bruttolohns

4. 2010 gab es _____ mehr Niedriglohnempfänger als 1995.
   a. 23,1 Prozent
   b. 7,9 Millionen
   c. 2,3 Millionen

Arzt eröffnet Drive-in-Praxis in Tankstelle

5. Ein Arztbesuch bei Dieter Zakel soll so einfach sein wie _____.
   a. Volltanken
   b. ein Hausbesuch
   c. ein Besuch in einer Klinik

6. Wartezeiten in der Praxis _____.
   a. sind sehr lange
   b. werden auf ein Minimum beschränkt
   c. sind nicht nötig

B. Sie studieren an der Universität Konstanz. Eine Freundin kommt morgen zu Besuch und Sie möchten etwas mit ihr unternehmen. Hören Sie sich die Wettervorhersage an und machen Sie sich Notizen.

DIE WETTERVORHERSAGE

1. für Dienstag: _____

2. für Dienstagabend: _____

3. die Tagestemperatur: _____

4. Temperaturen in der kommenden Nacht: _____

C. Ihre Freundin ruft an und stellt Ihnen einige Fragen. Schauen Sie sich Ihre Notizen an und beantworten Sie die Fragen.

1. . . .   2. . . .   3. . . .   4. . . .   5. . . .   6. . . .

Lesen und Schreiben

Alles klar?

A. Spekulieren Sie.

1. Warum wollte die Frau diesen Moment mit einem Foto dokumentieren?

   _____

   _____

   _____

2. An wen wollte die Frau das Foto schicken? Warum?

   _____

   _____

   _____

3. Schreiben Sie eine SMS, die die Frau zusammen mit dem Foto schicken könnte.

———————————————————————————————————————

———————————————————————————————————————

———————————————————————————————————————

B. Welche Geräte benutzen Sie regelmäßig?
   a.   ein Handy
   b.   einen Drucker
   c.   eine Digitalkamera
   d.   ein Smartphone
   e.   ein Notebook
   f.   eine Videokamera

Wörter im Kontext

Thema 1 Fernsehen

Aktivität 1   Fernsehen

Schauen Sie sich das Bild an.

Beantworten Sie die Fragen.

1. Was fragt das Kind die Eltern?

   _____

2. Warum kann er sich die Kindersendungen nicht ansehen?

   _____

   _____

3. Was sieht der Junge im Fernsehen? Er sieht sich _____ an.
   a. einen Dokumentarfilm über die Wirtschaft
   b. die Tagesschau
   c. ein Musical
   d. eine Detektivsendung / einen Krimi
   e. eine Werbesendung für Bier
   f. einen politischen Bericht

4. Wie heißt die Sendung, die der Junge sich ansieht? Sie heißt _____
   (*Scene of the Crime*) und ist seit vielen Jahren eine populäre Fernsehserie in Deutschland.

5. Es ist schon nach Mitternacht, und Sie können nicht einschlafen. Was machen Sie?

   ☐ Ich überfliege eine Mode- oder Sportzeitschrift (*sports magazine*).

   ☐ Ich sehe mir einen alten Spielfilm im Fernsehen an.

   ☐ Ich lese mein Horoskop in der Zeitung.

   ☐ Ich sehe mir einen Dokumentarfilm im Fernsehen an.

   ☐ Ich lese einen Kriminalroman.

   ☐ Ich surfe im Internet.

Thema 2 Zeitung

Aktivität 2 Zeitungen

Goslar ist eine Kleinstadt im Harz (*Harz mountain area*). Lesen Sie die Anzeige über die „Goslarsche Zeitung",
und beantworten Sie jede Frage mit einem kurzen aber vollständigen Satz.

1. Ist die „Goslarsche" eine Morgen- oder eine Abendzeitung?

   _____

2. Ist sie eine Tages- oder eine Wochenzeitung?

   _____

3. Worüber informiert die „Goslarsche"?

   _____

   _____

4. Wie viele Leser hat diese Zeitung?

   _____

5. Seit wann existiert diese Zeitung?

   _____

Aktivität 3 Lesen Sie Zeitung?

Schreiben Sie die fehlenden Wörter, und markieren Sie Ihre Antworten. Wenn Sie Zeitung lesen, lesen Sie . . .

		JA	NEIN
1. _____? (*the headlines*)		☐	☐
2. _____? (*the news*)		☐	☐
3. _____? (*the local news*)		☐	☐
4. über _____? (*the economy*)		☐	☐
5. über _____? (*politics*)		☐	☐
6. über _____? (*the stock market*)		☐	☐
7. _____? (*the horoscope*)		☐	☐

Thema 3 Leben mit Technik

Aktivität 4 Raus mit dem Alten, rein mit dem Neuen

Max besucht seinen Urgroßvater (*great-grandfather*) und sieht allerlei veraltete (*outdated*) Geräte bei ihm. Schauen Sie sich das Bild und die Anzeige an und ergänzen Sie.

MAX: Opa, du solltest dir unbedingt einen neuen _____[1] und

_____[2] anschaffen. Diese sind doch mindestens 25 Jahre alt und total

veraltet. Und du brauchst bestimmt das alte _____[3], den Anrufbeantworter
und das Faxgerät nicht mehr.

GROSSVATER: Du hast recht. Ich reise den ganzen Sommer. Ich brauche nur ein neues

_____[4] mit Audioguide.

Aktivität 5   Spaß mit Wörtern

Schreiben Sie die fehlenden Wörter.

Definitionen

1. Was man erfindet, ist eine _____.

2. Eine _____ ist ein Gerät, mit dem man Videos aufnehmen kann.

3. Wenn man eine Zeitung abonniert, hat man ein _____.

4. Das Gegenteil (*opposite*) von Inland ist _____.

5. Wenn man mit den Augen schnell über einen Text hinweggeht, _____ man ihn.

Sinnverwandte Wörter

6. Ein anderes Wort für **intelligent** ist _____.

7. Ein anderes Wort für **dumm** ist _____.

8. Ein anderes Wort für **ansehen** ist _____.

Aktivität 6   Sonjas Aufgaben

A. Diesen Sommer macht Sonja ein Praktikum bei einer großen Firma. Sie macht eine Liste ihrer Aufgaben. Schreiben Sie jeden Ausdruck auf Deutsch.

BEISPIEL: *save documents*: *Dokumente speichern* _____

1. *print documents*: _____

2. *send e-mails*: _____

3. *skim the headlines daily*: _____

4. *record the news*: _____

5. *do research on the Internet*: _____

B. Welche Aufgaben erledigen (*do*) Sie regelmäßig? manchmal? nie? Schreiben Sie vollständige Sätze. Benutzen Sie alle Ausdrücke aus Teil A.

_____

_____

_____

_____

_____

Grammatik im Kontext

Infinitive Clauses with *zu*

Übung 1 Wie kann man das Leben mehr genießen?

Erwin und Petra Berger haben entdeckt, dass ihr Leben nur noch aus Arbeit und Stress besteht (*consists*). Deshalb haben sie sich entschlossen (*decided*), von jetzt ab alles anders zu machen.

GEZIELT ZU MEHR ZEIT.

GENIESSEN SIE DEN VORTEIL, GEZIELT MEHR ZEIT ZU HABEN:

MEGAtimer

GEZIELT ZU MEHR ZEIT.

A. Was sind ihre Vorsätze (*resolutions*)? Bilden Sie vier Sätze mit Ausdrücken aus beiden Spalten.

sie haben sich entschlossen   einen Computer kaufen
sie versprechen (*promise*) sich selbst   im Sommer Urlaub machen
sie dürfen nicht mehr vergessen   mehr Bücher lesen
es ist wichtig   jeden Tag spazieren gehen
                       mehr Zeit zusammen verbringen
                       mehr mit den Kindern unternehmen
                       öfter ins Kino gehen
                       am Wochenende lange schlafen
                       ?

BEISPIEL: Sie haben sich entschlossen, mehr Zeit zusammen zu verbringen.

1. _____

   _____

2. _____

   _____

3. _____

   _____

4. _____

   _____

B. Besteht Ihr Leben nur noch aus Arbeit und Stress? Wie könnten Sie es verbessern? Ergänzen Sie die Sätze.

1. Ich habe mich entschlossen, _____

   _____

2. Ich verspreche mir selbst, _____

   _____

3. Ich darf nicht mehr vergessen, _____

   _____

4. Es ist wichtig, _____

   _____

Übung 2   Was für ein Haus scheint das zu sein?

Schauen Sie sich die Anzeige für ein Haus in Zell am Moos an.
Was für ein Haus ist das? Antworten Sie auf die Fragen mit **scheinen.**

BEISPIEL: Ist das Haus auf dem Land? →
       Das Haus scheint auf dem Land zu sein.

1. Ist es ein Bauernhaus?

   _____

2. Ist das Haus in der Nähe des Mondsees?

   _____

   _____

3. Ist es total renoviert?

   _____

4. Ist es in einer sonnigen Lage?

   _____

5. Ist der Preis des Hauses höher als 500 000 Euro?

   _____

   _____

Übung 3 Ein neues Haus, ein neues Leben

Familie Werner ist in ein neues Haus eingezogen. Herr Werner macht Pläne, aber Frau Werner sagt, dass das alles gar nicht nötig (*necessary*) ist. Schreiben Sie ihre Antworten auf die Vorschläge (*suggestions*) ihres Mannes. Benutzen Sie **brauchen + zu.**

HERR WERNER: Wir müssen viel Geld ausgeben.

FRAU WERNER: *Wir brauchen nicht viel Geld auszugeben.*

HERR WERNER: Wir müssen Haushaltsgeräte kaufen.

FRAU WERNER: _____

_____

HERR WERNER: Wir müssen uns einen Computer und einen Drucker anschaffen.

FRAU WERNER: _____

_____

HERR WERNER: Wir müssen Zeitungen abonnieren.

FRAU WERNER: _____

_____

Infinitive Clauses with *um ... zu*

Übung 4   Warum Helmstedt?

HELMSTEDT – Erholung fast vor Ihrer Tür!
Wandern in ausgedehnten Wäldern und abwechslungsreicher Landschaft; Bummeln in historischer Altstadt-Atmosphäre; Schwimmen im Hallenbad oder im beheizten Waldbad (Mai bis August), Radfahren, Angeln, Reiten, Tennis und interessante kulturelle Angebote. Ruhe und Entspannung   im staatlich anerkannten Erholungsort Bad Helmstedt.

Information: Stadt Helmstedt
Amt für Information und Fremden-
verkehr, Markt 1, 3330 Helmstedt
Telefon 05351 / 1 73 33

Lesen Sie die Annonce für Helmstedt, und schreiben Sie zu jeder Frage eine kurze Antwort mit **um ... zu.**

BEISPIEL: Warum würde man gern in der Umgebung der Wälder wohnen? (wandern) →
Man würde da gern wohnen, um zu wandern.

1. Warum würde man in einem Dorf wohnen wollen? (sich schöne Landschaften anschauen)

   _____

   _____

   _____

2. Warum sollte man Helmstedt besuchen? (durch die historische Altstadt spazieren gehen)

   _____

   _____

   _____

3. Warum sollte man Helmstedt wählen (*choose*)? (Rad fahren, angeln, reiten und Tennis spielen)
   (*Hint: Place* **zu** *before each infinitive in the* **um***-clause.*)

   _____

   _____

   _____

4. Warum sollte man die Ferien in Helmstedt verbringen? (sich entspannen und sich erholen)

   _____

   _____

Übung 5 Was sind die Gründe dafür?

Formulieren Sie Sätze mit **um ... zu.**

BEISPIEL: ich / sparen / einen Computer kaufen →
                  Ich spare, um einen Computer zu kaufen.

1. du / fit bleiben / einen Marathon laufen

   _____

   _____

2. wir / den Fernseher programmieren / unsere Lieblingssendung aufnehmen

   _____

   _____

3. ich / sich die Nachrichten anschauen / sich über aktuelle Themen informieren

   _____

   _____

4. Anna / sich den politischen Bericht ansehen / informiert bleiben

   _____

   _____

5. die Schüler / jetzt an ihren Hausaufgaben arbeiten / später den neuesten Spielfilm sehen

   _____

   _____

Indirect Discourse

Subjunctive I: Present Tense

Übung 6   Was sagt man über Bronski?

Bronski arbeitet bei der *Frankfurter Rundschau*. Ergänzen Sie den folgenden Absatz mit Verben im Konjunktiv I.

Man sagt, Bronski _____ (sein) unser Mann in

der FR-Redaktion. Er _____ (sorgen) dafür, dass

unsere Meinung ins Blatt und ins Blog kommt. Er

_____ (repräsentieren) unsere Interessen

gegenüber Redakteuren. Er _____ (korrigieren)

Fehler, und er _____ (kümmern) sich um unsere

Wünsche. Man sagt, er _____ (haben) direkten

Zugang zur Chefredaktion und er _____ (sein)

unser Mittelsmann zur Redaktion.

Subjunctive I: Past Tense

Übung 7   Wer hat was gesagt?

Schreiben Sie jeden Satz als Zitat (*quote*).

BEISPIEL: Der Polizist fragte den Zeugen (*witness*), was er gesehen habe. →
Der Polizist fragte den Zeugen: „Was haben Sie gesehen?"

1. Der Zeuge antwortete, dass der Dieb (*thief*) um halb elf aus der Bank gelaufen sei.

   _____

   _____

2. Eine Bankangestellte sagte, sie habe den Dieb so genau wie möglich beschrieben.

   _____

   _____

3. Sie erklärte, der Dieb habe eine Maske getragen.

   _____

   _____

4. Der Polizist fragte, ob der Dieb allein gewesen sei.

   _____

   _____

Bronski ist Ihr Mann in der FR-Redaktion[1]

Bronski sorgt dafür,[2] dass Ihre Meinung ins Blatt[3] und ins Blog kommt.

Er vertritt[4] Ihre Interessen gegenüber Redakteuren.

Er korrigiert unsere Fehler.[5]

Er kümmert sich um[6] Ihre Anliegen.[7]

Bronski hat jederzeit direkten Zugang[8] zur Chefredaktion.

Er ist Ihr Mittelsmann zur Redaktion.

Schreiben Sie an:
Bronski, Frankfurter Rundschau
60266 Frankfurt am Main
Faxen Sie an: 069 / 2199-3666
Mailen Sie an:
Bronski@fr-online.de
Leserbrief@fr-online.de

Oder diskutieren Sie mit Bronski und anderen FR-Lesern im Blog:
www.frblog.de

Die Redaktion behält sich vor, Leserbriefe zur Veröffentlichung zu kürzen.

[1]*editorial staff*   [2]sorgt ... *ensures*
[3]*ins ... in die Zeitung*
[4]*repräsentiert*   [5]*mistakes*
[6]*kümmert ... takes care of*
[7]*Wünsche, Probleme*   [8]*access*

5. Der Zeuge behauptete, der Dieb sei in einem schwarzen Mercedes weggefahren.

_____

_____

6. Er sagte auch, dass er eine Frau am Steuer (*wheel*) gesehen habe.

_____

_____

Übung 8   Interview

Sie sind Zeitungsreporter(in). Interviewen Sie einen Studenten oder eine Studentin. Machen Sie sich Notizen. (*Present the results of your interview in one of the following formats.*)

1. Interview format: Write the questions and answers exactly as spoken.

   ICH: Wo bist du geboren?
   SAM: Ich bin in Minneapolis geboren.

2. Report format: Write the results in a third-person report.

   Sam Maxwell ist in Minneapolis geboren. Er …

Fragen Sie Ihren Gesprächspartner oder Ihre Gesprächspartnerin,

- wo er/sie geboren ist.
- was für ein Auto er/sie fährt.
- was er/sie studiert und warum.
- ob er/sie immer gern in die Schule gegangen ist.
- was ihm/ihr an der Universität gefällt, und was ihm/ihr daran nicht gefällt.
- was er/sie gern in der Freizeit macht (welche Hobbys er/sie hat, und welche Sportarten er/sie treibt).
- was er/sie gern im Fernsehen sieht, und was er/sie nicht gern sieht.
- was er/sie gern liest.

Sprache im Kontext

Lesen

A. Was kann man sich im Schweizer Fernsehen ansehen? Lesen Sie zuerst die Schlagzeilen und dann die letzte Zeile von jeder Beschreibung.

1. *Doppelleben*

Er hat zwei Wohnungen und zwei Ehefrauen:[1] der Taxifahrer Hugo Meier **(Jörg Schneider, r.).** Das Leben zwischen den beiden Wohnorten ist perfekt geplant, und das muss so sein–denn die beiden Frauen wissen nichts voneinander. Alles läuft wie am Schnürchen,[2] bis Hugo eines Morgens einen Unfall[3] hat... Herrliche Komödie mit **Paul Bühlmann (l.),** Birgit Steinegger und Peter W. Staub. *Liebe macht erfinderisch, SA 20.10 SF 1*

2. *Blondine mit Herz*

Die attraktive Friseuse[4] Anna **(Eva Habermann)** ist eigentlich auf der Suche nach[5] einem reichen Mann, als ihr der 11jährige Nick **(Ivo Möller)** über den Weg läuft. Der kleine Ausreisser,[6] eben von Strassenkids ausgeplündert,[7] erweicht[8] ihr Herz. Sie nimmt ihn bei sich auf. Der gerissene[9] Junge hat schon bald seine Pläne mit Anna, obwohl diese gerade den steinreichen Philipp Steinmann kennengelernt hat.

Die Frisöse und der Millionär, SO 20.15 RTL

3. *Heimliche Untermieter*

Ferdinand Schmölling ist Fleischer[10] und kein Freund von Ausländern. Seine Mieterin[11] quartiert jedoch in seiner Villa drei Kurden ein.[12] Schmölling gefällt das Gastfamilienmodell auf Zeit überhaupt nicht. Seine Tochter Desirée hingegen[13] ist von den Neuankömmlingen begeistert[14] und unternimmt einen Ausflug[15] mit dem Sohn der Familie. Nach sechs Wochen sollen die Kurden wieder ausziehen,[16] doch da entdeckt Ferdinand, dass Yilmaz schlachten[17] kann – wenn Ferdinand das gewusst hätte... – Eine Komödie des in Zürich lebenden Filmemachers Samir. *Die Metzger, MO 20.15 ZDF*

4. *Auf Partnersuche*

Als alleinerziehende[18] Mutter von zwei Kindern hat Louisa eine Menge Schwierigkeiten am Hals:[19] kein Geld, keine geeignete Wohnung und – keinen Mann. Von letzterem Problem wird auch ihre Freundin Christa geplagt,[20] daher bewirbt sie sich bei einer Fernsehpartnershow. Louisa begleitet[21] ihre Freundin zur Aufzeichnung[22] ins Studio. Und dort nimmt das Schicksal[23] seinen Lauf.[24] Wegen eines plöztlichen Ausschlages[25] kann Christa nicht antreten,[26] da springt Louisa für sie ein.[27]

Blind Date – Flirt mit Folgen, DI 20.15 PRO 7

[1]*wives* [2]*wie ... like clockwork* [3]*accident* [4]*hairdresser* [5]*auf ... looking for* [6]*runaway* [7]*robbed*
[8]*softens* [9]*crafty* [10]Metzger [11]*tenant* [12]quartiert ein *gives lodging to* [13]*on the other hand*
[14]*enthusiastisch* [15]*kleine Reise* [16]*move out* [17]*butcher* [18]*single* [19]*hat ... hat Louisa viele Probleme*
[20]*plagued* [21]geht mit [22]*recording* [23]*fate* [24]*course* [25]plötzlichen ... *sudden rash*
[26]*go on (the show)* [27]springt ein *steps in*

Welche Informationen stehen am Ende?

_____ Titel   _____ Datum   _____ Tageszeit

_____ Produzent/Produzentin   _____ Hauptidee   _____ Rollen

_____ Tag   _____ Programm   _____ Genre

B. Lesen Sie die vier Texte, und füllen Sie die folgende Tabelle aus. Nicht alle Texte enthalten alle Informationen.

	SENDUNG I	SENDUNG 2	SENDUNG 3	SENDUNG 4
Titel				
Schauspieler/ Schauspielerin(nen)				
Rolle(n)/Charakter(e)				
Hauptidee				
Genre				
Tag/Zeit/Programm				

C. Was passiert am Ende der Sendungen? Welche Frage passt zu welchem Charakter?

1. _____ Findet sie einen Partner?

2. _____ Ändert (*Change*) er seine Meinung (*opinion*) über Ausländer?

3. _____ Was machen jetzt seine Frauen?

4. _____ Was macht sie jetzt mit dem Jungen?

    a. der Metzger
    b. der Taxifahrer
    c. die Friseuse
    d. die Mutter

D. Gibt es bald eine Unterhaltungssendung, eine Sportsendung oder sonst was im Fernsehen, das Sie unbedingt sehen wollen? Wie heißt die Sendung? Wann und in welchem Programm kommt sie? Schreiben Sie eine kurze Anzeige für diese Sendung oder diesen Film. Benutzen Sie die vorhergehenden Aufsätze als Beispiele. Natürlich können Sie in Ihrer Anzeige auch ein Bild benutzen.

Na klar!

A. Sehen Sie sich das Foto an. Stellen Sie sich vor, dass Sie Reporter/Reporterin bei einer Zeitschrift (*magazine*) sind und diese Frau und diesen Mann interviewen. Was würden Sie sie fragen? Wie würden sie vielleicht Ihre Fragen beantworten? Machen Sie sich zuerst auf diesem Blatt Notizen.

Fragen Sie sie zum Beispiel, …

- was sie feiern.

- wer sie sind.

- was sie von Beruf sind.

- woher sie kommen.

- warum sie in dieses Land gereist sind.

- wie lange sie in dieser Stadt bleiben.

- was sie hier machen möchten.

- ___?___

B. Schreiben Sie jetzt einen kurzen Artikel über diese Frau und diesen Mann. Benutzen Sie die indirekte Rede, wenn Sie sie zitieren (*quote*). Versuchen Sie den Artikel so zu strukturieren, dass er für die Leser interessant ist.

A. Fernsehen: Wer zahlt dafür? Schreiben Sie kurze Antworten auf die Fragen.

1. In welchem Jahr wurde die beliebte Krimiserie „Tatort" zum ersten Mal gesendet?

   _____

2. Wie heißt die beliebteste Krimiserie in Ihrem Land? Seit wann läuft sie?

   _____

3. Wie viele Stunden pro Tag verbringen junge Deutsche zwischen 18 und 34 Jahren vor dem Fernseher?

   _____

4. Wie viele Stunden pro Tag sehen Sie fern? _____

   _____

B. Das Fernsehpublikum in Deutschland Schreiben Sie Antworten auf die Fragen mit vollständigen Sätzen.

1. Wie wichtig ist Fernsehen in Ihrer Familie? _____

   _____

   _____

2. Welche Sender oder Sendungen sind bei welchen Altersgruppen in Ihrer Familie populär?

   _____

   _____

   _____

   _____

3. Vergleichen Sie Ihre Fernsehgewohnheiten mit denen der Deutschen. _____

   _____

   _____

   _____

   _____

   _____

   _____

Mein Journal

Wählen Sie eins der folgenden Themen.

Thema 1: Sie und die Massenmedien

- Woher bekommen Sie Ihre Informationen? aus E-Mails? aus dem Internet? aus Lehrbüchern? aus den Nachrichten im Fernsehen und im Radio? aus Zeitungen? aus Zeitschriften? aus Anzeigen?

- Welche Zeitungen und Zeitschriften lesen Sie und wie oft? Lesen Sie die ganze Zeitung/Zeitschrift oder nur einige Teile davon? Lesen Sie sie digital oder gedruckt?

- Was für Sendungen interessieren Sie im Fernsehen? Welche sind Ihre Lieblingssendungen? Warum?

- Hören Sie oft Radio? Wenn ja: Welche Sendungen hören Sie meistens? Nachrichten? Rockmusik? klassische Musik? Countrymusic? Oldies? Jazz? Rap?

- Was denken Sie über die Massenmedien? Wie würden Sie sie verbessern (*improve*)?

Thema 2: Sie und Technik

- Welche Geräte haben Sie selbst im Haushalt? Gibt es Geräte, die Sie regelmäßig benutzen aber nicht besitzen?

- Was für Geräte möchten Sie eines Tages kaufen?

- Was halten Sie von solchen elektrischen und elektronischen Geräten? Könnten Sie leicht auf diese Geräte verzichten? Warum (nicht)?

Kapitel

14 Die öffentliche Meinung

Hören und Sprechen

Alles klar?

Die Kampagne „Du bist Deutschland" war 2005 der Beginn einer positiven Stimmungswelle in ganz Deutschland. 2007/2008 wurde diese Kampagne erneuert, und zwar für die Zunkunft. Deutschlands Kinder sagen, was sie sich für die Zukunft wünschen. Hören Sie zu und stellen Sie fest, welcher Wunsch zu den Initiativen dieser Aktion passt. Manchmal kann mehr als eine Antwort richtig sein.

1. _____   a.   Natur und Umwelt

2. _____   b.   Politik und Demokratie

3. _____   c.   Gesundheit und Lebenshilfe

4. _____   d.   Sport

5. _____   e.   Familie, Kinder und Jugendliche

6. _____   f.   Forschung und Bildung

7. _____   g.   Wirtschaft und Arbeit

Wörter im Kontext

Thema 1 Globale Probleme

Aktivität 1   Was kann man dagegen tun?

Einige Leute äußern sich zu sozialen, wirtschaftlichen und politischen Problemen. Welche Maßnahmen (*measures*) kann man ergreifen (*take*)? Schauen Sie sich die Liste an und sagen Sie, was man gegen jedes Problem tun kann.

Sie hören: Der Drogenkonsum nimmt mächtig zu.
Sie sagen: Man soll Programme für Drogenabhängige entwickeln.

WAS KANN MAN DAGEGEN TUN?

umweltschädliche Produkte boykottieren
für bessere soziale Zustände demonstrieren
alte Gebäude renovieren und neue Wohnungen bauen

die politischen Ursachen des Terrorismus bekämpfen
Programme für Drogenabhängige entwickeln
Menschen überzeugen, friedlich miteinander zu leben
Recycling-Programme einführen
Waffen verbieten

1. . . .   2. . . .   3. . . .   4. . . .   5. . . .

Aktivität 2   Verkehrsprobleme

Petra und Michael unterhalten sich über die Staus in ihrer Stadt. Stimmt die Information, oder stimmt sie nicht? Korrigieren Sie die falschen Sätze!

	DAS STIMMT	DAS STIMMT NICHT
1. Petra hat gestern eine Dreiviertelstunde bis zur Uni gebraucht.	☐	☐
2. Michael fährt regelmäßig mit der Straßenbahn zur Uni.	☐	☐
3. Petra fährt jeden Tag mit der Straßenbahn.	☐	☐
4. Sie fährt am liebsten mit dem Bus.	☐	☐
5. Michael findet, dass alle Menschen umweltbewusster (*more environmentally conscious*) werden sollten.	☐	☐
6. Petra ist der Meinung, man sollte für sich selbst entscheiden, ob man mit dem Auto fährt oder nicht.	☐	☐

	DAS STIMMT	DAS STIMMT NICHT
7. Die Bürgerinitiative hat als Ziel, dass in der Innenstadt keine Autos fahren dürfen.	☐	☐

_____

_____

	DAS STIMMT	DAS STIMMT NICHT
8. Petra hält das für gut.	☐	☐

_____

_____

Aktivität 3 Tempolimit: Ja oder nein?

Siggi und Karl unterhalten sich über die Vorteile (*advantages*) und die Nachteile (*disadvantages*) eines Tempolimits auf der Autobahn. Hören Sie zu und sammeln Sie alle Argumente für und gegen das Tempolimit.

ARGUMENTE FÜR EIN TEMPOLIMIT

_____

_____

_____

_____

ARGUMENTE GEGEN EIN TEMPOLIMIT

_____

_____

_____

_____

Thema 2 Umwelt

Aktivität 4 Peters Meinung

Peter ist für Umweltschutz. Er äußert seine Meinung dazu. Hören Sie zu und markieren Sie, welche von Peters Meinungen zu welcher Überschrift passt. Sie hören die Meinung zu jedem Problem zweimal.

a. _____ Keine Autos in der Innenstadt!

b. _____ Vermeidet zu viele Abfälle!

c. _____ Verschrottet (*Scrap*) die Waffen!

d. _____ Mehr Geld für alternative Energie!

e. _____ Schützt den Wald!

Aktivität 5 Stoppt die Abfalllawine°!

avalanche of garbage

A. Umweltberater Manfred Heyden gibt einige Tipps für die Kompostierung von Abfällen. Hören Sie zu. Was kommt in den Schnellkomposter? Schreiben Sie **ja** oder **nein** neben das Bild. Sie hören den Text zweimal. Sie hören zuerst ein paar neue Wörter.

nährstoffreich	*nutritious*
Eierschalen	*egg shells*
Blumenerde	*potting soil*
Ansatz	*start*
abraten	*to advise against*
gelangen	here: *to get, end up in*
Knochen	*bones*

1. _____

2. _____

3. _____

4. _____

5. _____

6. _____

7. _____

8. _____

9. _____

10. _____

B. Ihre Freundin Katrin räumt die Küche auf und fragt Sie, was in den Mülleimer und was in den Komposteimer kommt. Beantworten Sie ihre Fragen.

Sie hören: Meine Geburtstagsblumen sind ganz schön verwelkt. Wo kommen sie hin?
Sie sagen: Sie kommen in den Komposteimer.

1. . . .   2. . . .   3. . . .   4. . . .   5. . . .   6. . . .

Aktivität 6   Hin und her: Probleme in unserer Stadt

A. Ihr Freund und Sie haben in Ihrer Nachbarschaft eine Umfrage zum Thema „Probleme in unserer Stadt" gemacht. Jetzt präsentieren Sie die Ergebnisse Ihrer Umfrage, indem Sie zuerst die Fragen Ihres Freundes mithilfe der Tabelle beantworten.

Sie hören: Was sieht Frau Hoffmann als das größte Problem an?
Sie sagen: Frau Hoffmann sieht Obdachlosigkeit als das größte Problem an.
Sie hören: Was schlägt sie als mögliche Lösung vor?
Sie sagen: Sie schlägt mehr Sozialbauwohnungen als mögliche Lösung vor.

PERSON	DAS GRÖSSTE PROBLEM	MÖGLICHE LÖSUNG
Frau Hoffmann	Obdachlosigkeit	mehr Sozialbauwohnungen
Herr Meyer	*Arbeitslosigkeit*	
Werner	Atomkraft	Solarenergie
Marlene		
Frau Wassmund	Umweltzerstörung	mehr Recycling
Robert		

B. Fragen Sie jetzt Ihren Freund nach den Meinungen der Personen, die er interviewt hat, und tragen Sie die Ergebnisse in die Tabelle ein.

> Sie hören: Herr Meyer
> Sie fragen: Was sieht Herr Meyer als das größte Problem an?
> Sie hören: Was sieht Herr Meyer als das größte Problem an? Herr Meyer sieht Arbeitslosigkeit als das größte Problem an.
> Sie schreiben: Arbeitslosigkeit

Grammatik im Kontext

The Passive Voice

Übung 1 Schule ohne Stress

Sie hören einen Bericht in drei Teilen über eine Waldorfschule, eine Alternative zur öffentlichen Schule. Zuerst hören Sie ein paar neue Wörter. Sie hören jeden Textteil zweimal.

verschieden	*different*
die Erziehung	*upbringing (of children)*
beabsichtigen	*to intend*
entsprechen	*to correspond to*
der Druck	*pressure*
ausüben	here: *to exert*
fördern	*to promote, further*
der Bereich	*area*
wählen	*to choose*

Teil A. Information über die Waldorfschule. Machen Sie sich Notizen zu den folgenden Punkten.

1. Gründer (*founder*) der Schule _____

2. Alter der Waldorfschule _____

3. Erster Leiter der Schule _____

4. Zweck der Schule _____

   _____

5. Anzahl der Schulen heute _____

Teil B. System der Waldorfschule. Stimmt die Information oder stimmt sie nicht? Korrigieren Sie die falschen Sätze.

	DAS STIMMT	DAS STIMMT NICHT
1. Man bekommt keine Noten.	☐	☐
2. Diese Schule wird acht Jahre lang besucht.	☐	☐
3. Acht Jahre lang haben die Schüler den gleichen Klassenlehrer.	☐	☐
4. Drei Fächer werden eine Woche lang unterrichtet.	☐	☐
5. Es gibt Fächer wie Gartenbau, Handarbeiten, Chor und Orchester.	☐	☐
6. In Stuttgart wird Musik besonders gefördert.	☐	☐

		DAS STIMMT	DAS STIMMT NICHT

7. Ab der ersten Klasse werden Englisch und Französisch gelernt. ☐ ☐

_____

_____

8. Das Abitur kann man an einer Waldorfschule nicht machen. ☐ ☐

_____

_____

Teil C. Meinungen der Schüler über die Waldorfschule. Welche Nachteile und welche Vorteile gibt es? Machen Sie eine Liste.

VORTEILE

_____

_____

_____

NACHTEILE

_____

_____

_____

Übung 2   Wo wird das gemacht?

Joachim ist vor einigen Tagen ins Studentenheim gezogen und fragt, wo alles gemacht werden kann. Sehen Sie sich die Liste an und beantworten Sie Joachims Fragen.

Sie hören: Wo kauft man Essensmarken (*meal tickets*) für die Mensa?
Sie sehen: in der Mensa
Sie sagen: Essensmarken werden in der Mensa gekauft.

1. an den Beitragsservice
2. zum Recycling
3. im Keller (cellar)
4. auf die Straße
5. im Ökoladen
6. im Gemeinschaftsraum (*communal living room*)

Übung 3   Hat das jemand gemacht?

Christian ist Leiter einer Wohngemeinschaft und möchte wissen, ob die Hausarbeit gemacht worden ist. Sehen Sie auf die Liste und beantworten Sie die Fragen. Wenn ein Name neben einer Aufgabe steht, ist diese Arbeit schon gemacht worden.

Sie hören: Hat jemand die Fenster geputzt?
Sie sagen: Ja, die Fenster sind schon von Dorothee geputzt worden.
        oder
Sie hören: Hat jemand die Uhren umgestellt?
Sie sagen: Nein, die Uhren sind noch nicht umgestellt worden.

> *Fenster putzen – Dorothee*
> *Uhren umstellen –*
> *Waschmaschine reparieren – Gerd*
> *Brot backen – Karl*
> *Zeitungen zum Recycling bringen –*
> *Flaschen sammeln – Walter*
> *Geschirr spülen –*
> *Mülleimer auf die Straße bringen – Lukas*

1. . . .   2. . . .   3. . . .   4. . . .   5. . . .   6. . . .

Übung 4   Heute und damals

Früher wurde wenig für den Umweltschutz getan. Helmut sagt, was heute dafür gemacht wird. Sie sagen, was vor einigen Jahren noch nicht gemacht wurde.

> Sie hören: Heute wird die Luftverschmutzung bekämpft.
> Sie sagen: Vor einigen Jahren wurde die Luftverschmutzung noch nicht bekämpft.

1. . . .   2. . . .   3. . . .   4. . . .   5. . . .   6. . . .

Übung 5   Jutta hat bald Geburtstag.

Jutta spricht mit Mark über ihre Pläne für eine große Party. Hören Sie zu und ergänzen Sie die Sätze. Dann markieren Sie, welche Funktion das Verb **werden** in dem Satz hat: Hilfsverb zur Bildung des Passivs (**P**), Hilfsverb zur Bildung des Futurs (**F**), oder selbstständiges Verb *to become* (**V**).

		P	F	V
1.	Jutta __*wird*__ am 1. März __*achtzehn*__.	☐	☐	☒
2.	Jutta _____ nicht mit Kaffee und Kuchen _____.	☐	☐	☐
3.	Es _____ Rockmusik _____.	☐	☐	☐
4.	Es _____ den ganzen Abend _____ _____.	☐	☐	☐
5.	Man _____ Pizza _____ und Cola _____.	☐	☐	☐
6.	Alkohol _____ nicht _____ _____.	☐	☐	☐
7.	Die Party _____ ohne Bier auch _____ _____.	☐	☐	☐
8.	Jutta _____ einige Leute _____.	☐	☐	☐
9.	Beim Schreiben _____ Mark die Hände _____.	☐	☐	☐
10.	Harold _____ krank _____.	☐	☐	☐

Übung 6 Was kann für die Umwelt getan werden?

Sehen Sie sich die Plakate an, dann beantworten Sie die Fragen, die Sie hören.

Sie hören: Was soll mit Bomben gemacht werden?
Sie sagen: Bomben sollen zerstört werden.

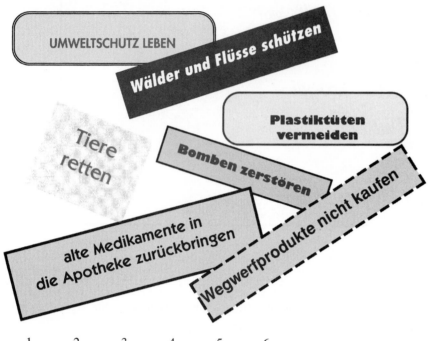

UMWELTSCHUTZ LEBEN

Wälder und Flüsse schützen

Tiere retten

Plastiktüten vermeiden

Bomben zerstören

alte Medikamente in die Apotheke zurückbringen

¡Wegwerfprodukte nicht kaufen

1. . . . 2. . . . 3. . . . 4. . . . 5. . . . 6. . . .

Übung 7 Was macht Ihre Familie am Wochenende?

Beantworten Sie die Fragen.

Sie hören: Wird samstags lange geschlafen?
Sie sagen: Ja, man schläft samstags lange.

1. . . . 2. . . . 3. . . . 4. . . . 5. . . . 6. . . .

The Present Participle

Übung 8 Immer mehr Demos

Heutzutage gibt es oft Demonstrationen. Warum demonstriert man? Beantworten Sie die Fragen. Benutzen Sie **wegen** + Genitiv.

Sie hören: Warum demonstrieren die Bürger aus Göttingen?
Sie sehen: Der Verkehr wächst.
Sie sagen: Sie demonstrieren wegen des wachsenden Verkehrs.

1. Die Studiengebühren steigen.
2. Der Wald stirbt.
3. Die Aufrüstung nimmt zu.
4. Studienplätze fehlen.
5. Die Kosten der Altersversorgung steigen.
6. Die Zahl der Arbeitsplätze sinkt.

Sprache im Kontext

Die Meinungen zur „Du bist Deutschland" Medienaktion gehen auseinander. Trotzdem haben tausende von Deutschen auf der Website gesagt, sie würden sich gerne für ein positiveres Deutschland engagieren. Stoppen Sie die Aufnahme und lesen Sie die folgenden Aussagen von drei Deutschen, die ihrem Land helfen wollen. Hören Sie dann Beschreibungen von einigen Organisationen, die auf der Website aufgelistet sind. Über welche Organisation könnten diese drei Deutschen ihr Ziel erreichen?

ZIEL

_____ 1. „Ich will Frieden und Fröhlichkeit in Deutschland. Familien brauchen endlich wieder eine Lobby."

_____ 2. „Ich will Menschen helfen, die sich in Not befinden. Ich wünsche, dass man auch mir hilft, wenn die Zeiten mal nicht so gut sind."

_____ 3. „Ich will, dass die Menschen in Deutschland sich mehr um ihre Mitmenschen kümmern, aufeinander zugehen, sich akzeptieren und tolerieren."

ORGANISATION

a. Victor Klemperer Jugendwettbewerb
b. Deutscher Familienverband
c. Deutsches Rotes Kreuz

Alles klar?

Schauen Sie sich das Bild an. Markieren Sie alle möglichen Antworten auf die Fragen.

1. Was sehen Sie?

   ☐ eine Demonstration   ☐ eine Ampel

   ☐ ein großes Banner   ☐ ein Windrad

   ☐ Regenschirme   ☐ viele Demonstranten

   ☐ Bäume ohne Blätter   ☐ eine Sammelstelle

   ☐ Fahnen und Plakate

2. Wann findet diese Demonstration statt?

   ☐ an einem kühlen Wintertag   ☐ an einem windigen Tag im Vorfrühling

   ☐ an einem heißen Sommertag   ☐ an einem regnerischen Tag im Spätherbst

3. Wer demonstriert?

☐ Schüler/Schülerinnen   ☐ Studenten/Studentinnen

☐ Politiker/Politikerinnen   ☐ junge Menschen

☐ Bürger /Bürgerinnen   ☐ Obdachlose

4. Wogegen protestieren sie?

☐ gegen Parteipolitik   ☐ gegen Windenergie

☐ gegen Fracking   ☐ gegen Sonnenenergie

☐ gegen Kohleenergie   ☐ gegen Atomenergie

Wörter im Kontext

Thema 1 Globale Probleme

Aktivität 1   Was könnte man fragen?

Streichen Sie den Infinitiv aus (streichen aus *cross out*), der die Frage **nicht** logisch ergänzt.

1. Sollte man Alkohol _____
   a. verbieten?   b. vermeiden?   c. verbrauchen?   d. schützen?

2. Sollte man mehr Sammelstellen _____
   a. schaffen?   b. einführen?   c. lösen?   d. entwickeln?

3. Sollte man mehr Fußgängerzonen _____
   a. teilnehmen?   b. schaffen?   c. entwickeln?   d. fördern?

4. Sollte man überall Recycling _____
   a. einführen?   b. betreffen?   c. unterstützen?   d. fördern?

Streichen Sie jetzt das Substantiv aus, das den Satz **nicht** logisch ergänzt.

5. Man demonstriert gegen _____
   a. Arbeitslosigkeit.   b. Korruption.   c. Lösung.   d. Rassismus.

6. Man nimmt an _____ teil.
   a. Recyclingprogrammen   b. Arzneimitteln   c. Demonstrationen   d. dem politischen Leben

7. Man hält _____ für ein großes Problem.
   a. Armut   b. Drogensucht   c. Terrorismus   d. Fußgängerzonen

8. Man diskutiert heute über Probleme wie _____
   a. Extremismus.   b. Ausländerfeindlichkeit.   c. Meinung   d. Gewalt

Aktivität 2 Was ist die Situation? Wie heißt das Problem?

A. Schreiben Sie die entsprechenden (*corresponding*) Substantive. Benutzen Sie Vokabeln aus dem Wortschatz in Ihrem Lehrbuch (*textbook*).

Die Situation

Das Problem

1. keine Arbeit haben

   die Arbeitslosigkeit _____

2. ohne Geld leben müssen

   _____

3. nichts zu essen haben

   _____

4. Drogen brauchen

   _____

5. kein Dach über dem Kopf haben

   _____

6. gegen Ausländer sein

   _____

7. die Umwelt verschmutzen

   _____

Und was für andere globale Situationen und Probleme gibt es heute?

8. Das Klima wandelt sich.

   _____

9. Es gibt Terroristen.

   _____

10. Es gibt Rassisten.

    _____

11. Es gibt Extremisten.

    _____

B. Um welches Problem machen Sie sich am meisten Sorgen? Warum?

_____

_____

_____

Thema 2 Umwelt

Aktivität 3 Umweltfreundlich oder umweltfeindlich?

Schreiben Sie die Substantive, die beschrieben sind, und markieren Sie dann Ihre Meinungen: Das Pluszeichen (+) heißt *gut für die Umwelt*; das Minuszeichen (−) heißt *schlecht für die Umwelt*; das Fragezeichen (?) bedeutet, *man weiß nicht: könnte umweltfreundlich oder umweltfeindlich sein.*

1. Diese Flasche wirft man weg.

   _____ + − ?

2. An diese Stelle bringt man leere Flaschen und Dosen.

   _____ + − ?

3. Diese Verschmutzung findet man in der Umwelt.

   _____ + − ?

4. Das ist eine Dose, die ein Getränk enthält.

   _____ + − ?

5. Das ist eine Tüte, die aus Plastik kommt.

   _____ + − ?

6. Das ist ein Rad, das Strom aus Wind produziert.

   _____ + − ?

Aktivität 4 Wie können wir die Umwelt schützen?

Vervollständigen Sie die Fragen mit passenden Verben.

engagieren	schützen	vermindern
halten	teilnehmen	vorziehen
kaufen	unterbrechen	wählen

1. Wie kann ich an Recycling _____?

2. Soll ich Dosen oder Wegwerfflaschen _____?

3. _____ Sie Plastiktüten für umweltfreundlich?

4. Welche Politiker und Politikerinnen sollten wir _____, um die

   Umwelt zu _____?

5. Wie können wir alle den alltäglichen Abfall _____?

6. Wie kann ich mich für die Umwelt _____?

Aktivität 5   Meinungen

Schreiben Sie jeden Satz oder Ausdruck auf Deutsch.

1.   *Public transportation? I'm in favor of it.*

   _____

   _____

2.   *Environmental pollution? I'm against it.*

   _____

   _____

3.   *Clean trash? Nonsense!*

   _____

   _____

4.   *In my opinion we need more recycling centers.*

   _____

   _____

Grammatik im Kontext

The Passive Voice

Formation of the Passive Voice

Übung 1   „Jeopardy"

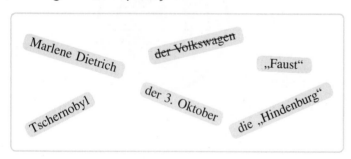

Ergänzen Sie die Sätze mit der Passivform des Verbs in Klammern. Bilden Sie dann eine Frage, die durch diesen Satz beantwortet wird.

BEISPIEL: Dieses deutsche Auto _wurde_____ zuerst in

   den 30er Jahren _hergestellt_____. (herstellen)

   Frage: _Was ist der Volkswagen?_____

1.   Die Rolle von Lola Lola in dem Film *Der blaue Engel* _____ von dieser

   Schauspielerin _____. (spielen)

   Frage: _____

2. Dieses deutsche Passagierluftschiff ———————————————————— durch eine Explosion bei der Landung auf dem Flughafen von Lakehurst ————————————————. (zerstören [*to destroy*])

   Frage: ———

3. An diesem Tag ———————————————— in ganz Deutschland die Vereinigung der zwei

   deutschen Staaten ————————————————. (feiern)

   Frage: ———

4. Diese Stadt in der Ukraine ———————————————— durch eine Explosion in einem Atomreaktor

   ————————————————. (kontaminieren)

   Frage: ———

5. Dieses Drama ———————————————— von Johann Wolfgang von Goethe

   ————————————————. (schreiben)

   Frage: ———

Übung 2 Kennen Sie diese berühmten Menschen?

Schreiben Sie die Antworten im Passiv.

Walter Gropius   Angela Merkel   Sigmund Freud
Marlene Dietrich   Carl Orff   Ingeborg Bachmann
Rainer Werner Fassbinder Alois Alzheimer   Wernher von Braun
Käthe Kollwitz   Ferdinand Porsche   Günter Grass

BEISPIEL: Wer komponierte das musikalische Werk „Carmina Burana"? →
        Dieses Werk wurde von Carl Orff komponiert.

1. Wer entwickelte die Idee der Psychoanalyse?

   _____

2. Wer etablierte die Sportwagenfirma Porsche?

   _____

3. Wer machte den Film *Lili Marleen*?

   _____

4. Wer schrieb den Roman *Malina*?

   _____

5. Wer gründete den Architekturstil Bauhaus?

   _____

6. Wer entwickelte die erste Raumrakete?

   _____

7. Wer schrieb die Novelle *Katz und Maus*?

   _____

8. Wer schaffte Bilder von Armut, Hunger und Krieg?

   _____

9. Wer gewann die Wahl, um die erste Bundeskanzlerin Deutschlands zu werden?

   _____

10. Wer forschte über die Alzheimerkrankheit?

   _____

Expressing the Agent

Übung 3   Eine Vorschau auf den „Tatort"

Lesen Sie den Text durch. Schreiben Sie dann jede Frage im Aktiv neu. Schreiben Sie auch eine Antwort in Stich-
wörtern, wenn es eine Antwort gibt.

BEISPIEL: Von wem wird die Rolle des Hauptkommissars gespielt? →
Wer spielt die Rolle des Hauptkommissars?
Antwort: Robert Atzorn.

Tatort: Undercover
Sonntag, 20.15 Uhr, ARD

Ein Drogenfahnder[1] verliert in den Wir-
ren[2] der Ermittlung[3] mit undercover ar-
beitenden Polizeispitzeln den Über-
blick.[4] Wer ist Freund, wer ist Feind?[5]
Thomas Bohn (Buch und Regie) erzählt trotz eines komplizierten Plots
eine gut verstehbare Geschichte. Erst
die Mordkommission des
„Tatort"-Teams aus
Hamburg mit Haupt-
kommissar Jan Casstorff
(Robert Atzorn) an der
Spitze bringt Klarheit in
die Machenschaften[6] ei-
nes russischen Drogen-
rings und des verdeckten
Fahndungsspiels[7] der zen-
tralen Dienste.[8] Die Regie
lässt sowohl Atzorn als   *Atzorn*
auch seinen Mitspielern
Tilo Prückner, Nina Petri und Fjodor
Olev – er spielt den schwarzgelockten
Sohn des Kommissars – genügend
Zeit, ihre Eigenarten auszuspielen.
Und eine weise Lehre gibt es in dem
spannenden Krimi obendrein: Wahre
Vaterschaft ist keine Frage der Gene.

THORSTEN JANDER / NDR

[1]*narcotics investigator*
[2]*turmoil*
[3]*investigation*
[4]*overview*
[5]*enemy*
[6]*wheelings and dealings*
[7]*search operations*
[8]*services*

1. Von wem werden die Fragen „Wer ist Freund?" und „Wer ist Feind?" gestellt?

_____

_____

2. Von wem wird die Geschichte erzählt?

_____

Antwort: _____

3. Von wem wurde das Buch geschrieben?

_____

Antwort: _____

4. Wie wird Klarheit in die Machenschaften des russischen Drogenrings gebracht? (*Use* man *as the subject.*)

_____

_____

5. Von wem wird die Rolle des schwarzgelockten (schwarzhaarigen) Sohnes des Kommissars gespielt?

_____

_____

Antwort: _____

Expressing a General Activity

Übung 4   Ein großes Sommerfest

Rheinhotel Dreesen Ringhotel Bonn

Dreesen tanzt.

Samstag, 25. August.

Das große Sommerfest im Kastaniengarten.

Mit dem Tanzorchester „Lex van Wel" in 11köpfiger Besetzung.

Einlass ab 19.00 Uhr. Beginn: 20.00 Uhr.

© www.marwin.de

02. August
07. September
„TANZ im KASTANIENGARTEN"
Eintritt frei.

Rheinhotel
Dreesen
Ringhotel Bonn

Rheinhotel Dreesen · Ringhotel Bonn · Rheinstraße 45-49 · Bad Godesberg · D-53179 Bonn
Tel.: 0228/8202 -0 · Fax: 0228/8202 -153 · service@rheinhoteldreesen.de · www.rheinhoteldreesen.de

Was passiert? Schreiben Sie Sätze im Passiv.

BEISPIEL: im Rheinhotel Dreesen / am Samstagabend / tanzen →
Im Rheinhotel Dreesen wird am Samstagabend getanzt.

1. hier / ein großes Sommerfest / feiern

_____

2. Musik zum Tanzen / spielen

_____

3. die Musik vom Tanzorchester „Lex van Wel" / hören

_____

4. hier / singen und lachen

_____

5. hier / Bier und Wein / trinken

_____

The Passive with Modal Verbs

Übung 5 Hier darf nicht mehr geraucht werden.

Seit vielen Jahren darf man in öffentlichen Räumen in Europa nicht mehr rauchen.
Wie ist es, wo Sie wohnen? Beantworten Sie die Fragen.

1. Wo darf in Ihrem Land nicht geraucht werden? _____

_____

_____

2. Muss eine Strafe (*fine*) bezahlt werden, wenn man in diesen Räumen raucht?

_____

_____

3. Müssen auch Restaurateure die Strafe bezahlen, wenn Gäste in ihren Lokalen rauchen?

_____

_____

Use of *man* as an Alternative to the Passive

Übung 6 Wie feiert man im Rheinhotel Dreesen?

Schreiben Sie die Sätze in Übung 4 im Aktiv.

BEISPIEL: Im Rheinhotel Dreesen wird am Samstagabend getanzt. →
Im Rheinhotel Dreesen tanzt man am Samstagabend.

1. _____

2. _____

3. _____

4. _____

5. _____

Übung 7 Wie kann man Umweltschutz praktizieren?

Lesen Sie die Anzeige, die Hinweise (Tipps) für Umweltschutz gibt. Schreiben Sie dann jeden Satz neu im Aktiv mit **man** als Subjekt.

KRONE
Praktischer Umweltschutz!

In unseren Anzeigen bringen wir immer wieder Vorschläge, wie Sie durch gezielten Einkauf täglich Umweltschutz praktizieren können. Wir weisen auf umweltfreundlich hergestellte Artikel hin, deren Inhaltstoffe biologisch abbaubar sind, die wenig Abfall produzieren und die die Natur so wenig wie möglich belasten. Achten Sie auf Verpackungen und meiden Sie Waren, die in überflüssigem Plastik verpackt sind. Wir von KRONE versuchen, umweltfreundliche Produkte so günstig wie möglich anzubieten. Lassen Sie sich überzeugen. Also, bis bald in Ihrem KRONE!

Umweltschutz

1. Vorschläge für Umweltschutz können in Anzeigen gegeben werden.

   _____

   _____

2. Umweltschutz kann durch gezielten (*well-directed*) Einkauf praktiziert werden.

   _____

   _____

3. Umweltfreundliche Produkte können produziert werden, deren Inhaltstoffe (*contents*) biologisch abbaubar (*degradable*) sind.

   _____

   _____

   _____

4. Produkte können produziert werden, die wenig Abfall produzieren und die die Natur so wenig wie möglich belasten (*pollute*).

   _____

   _____

   _____

5. Auf Verpackung (*packaging*) kann geachtet werden.

   _____

6. Waren, die in überflüssigem Plastik verpackt sind, können vermieden werden.

   _____

   _____

7. Umweltfreundliche Produkte können günstig angeboten werden.

   _____

   _____

Extra: Was ist Krone?
   a. Eine Hotelkette.
   b. Eine Supermarktkette.
   c. Eine Kaufhauskette.

The Present Participle

Übung 8 Achtung, Uhren umstellen!

Ergänzen Sie die Sätze mit dem Partizip Präsens als Adjektiv.

BEISPIEL: Schauen Sie sich das _folgende_ _____ Bild an. (folgen)

1. In dieser Nacht denken die Menschen nicht an die _____ Umweltverschmutzung. (zunehmen)

2. Sie träumen vom _____ Sommer. (kommen)

3. Sie haben schon viel für die _____ Sommerzeit geplant. (beginnen)

4. Der _____ Hund liegt unter dem Bett. (schlafen)

5. Er hört die _____ Katzen nicht. (jaulen)

6. Er träumt vom _____ Tag und von den _____ Nachbarskindern, mit denen er gern spielt. (folgen, lachen)

Sprache im Kontext

Lesen

A. Überfliegen Sie den Text auf Seite 466. Schreiben Sie dann …

den Namen des Kabarettisten: _____

den Titel seiner Kabarett-Show: _____

den Titel seines Buches: _____

B. Lesen Sie den Text einmal durch und dann kreuzen Sie an.
Wer ist dieser Mann?

☐ Autor   ☐ Kabarettist

☐ Politiker   ☐ Seelsorger (*pastor*)

☐ Theologe   ☐ der Mann am Krisenherd (*flashpoint*)

☐ Journalist

C. Der Text erwähnt die folgenden Probleme. Kennen Sie sie? Was bedeutet jedes?

_____ 1. Pershing 2

_____ 2. Gorleben

_____ 3. Irakkriege

_____ 4. Pisastudien

_____ 5. E10

_____ 6. G8

_____ 7. Stuttgart 21

_____ 8. Hartz 4

a. Kriege in der Golfregion und Irak
b. Bau eines neuen, unterirdischen Bahnhofs in Stuttgart
c. geplantes Endlager für Atommüll
d. Raketen-System während des Kalten Krieges
e. Programme for International Student Assessment
f. Biokraftstoff (Biosprit) mit 10 Prozent Ethanol und 90 Prozent Benzin
g. Arbeitslosengeld II, das zweite Stufe im Hartz-Konzept
h. Gruppe von 8 Ländern

D. Welche Wörter beschreiben Lutz von Rosenberg Lipinsky und sein Werk?

☐ lustig   ☐ provozierend

☐ energisch   ☐ schüchtern

☐ langweilig   ☐ prägnant (präzise)

☐ schlau (*sly*)   ☐ lustvoll

☐ süffisant (*smug*)   ☐ humorvoll

E. Was steht im Text? Lesen Sie den Text noch einmal und verbinden Sie dann die Satzteile.

1. Lipinskys Buch ____

2. In seinem Live-Programm ____

3. Der Terrorismus ____

4. Unser Finanzsystem ____

5. Das Klima ____

6. Jetzt geht die Welt ____

a. behandelt unsere persönlichen Sorgen (*worries*).
b. bricht zusammen (*is collapsing*).
c. geht es um unsere politischen Phobien.
d. schon wieder unter.
e. verändert sich (*is changing*) bedrohlich.
f. verschärft sich (*is intensifying*).

LUTZ VON ROSENBERG LIPINSKY
ANGST.MACHT.SPASS.

Eine kabarettistische Offenbarung[1]
Angst macht Spaß – in jedem Falle dem, der über sie spricht und denen,
die ihm dabei zuhören: Lutz von Rosenberg Lipinsky ist Deutschlands
lustigster Seelsorger. Nachdem er sich in seinem Buch „Die 33 tollsten
Ängste – und wie man sie bekommt" überwiegend unseren persönlichen
Sorgen und Nöten zugewandt hatte, widmet er sich in seinem neuen
Live-Programm nun unseren politischen Phobien. Denn Deutschland
lebt schon seit Jahrzehnten in Panik: Pershing 2 und Gorleben, Irakkriege
und Pisastudien, E 10 und G 8, Stuttgart 21 und Hartz 4 – bei uns
herrscht dauerhaft Endzeitstimmung[2]. Und jetzt geht die Welt schon
wieder unter: Unser Finanzsystem bricht zusammen, der Terrorismus
verschärft sich, das Weltklima verändert sich bedrohlich[3] – es ereignet
sich[4] ein wahrhaft apokalyptisches Schauspiel vor unseren Augen. In all

dem Chaos unserer letzten Tage ist Lutz von Rosenberg Lipinsky der Mann am Krisenherd. Der studierte Theologe hält
die Ursuppe unserer Ängste am Dampfen[5]. Lustvoll und energisch, schlau und süffisant, provozierend und prägnant:
Hier lernen Sie das Fürchten auf erschreckend humorvolle Weise. Termin: 13. Dezember 2013, 19.30 Uhr im
Clack-Theater Wittenberg

[1]*revelation* [2]herrscht …: *a perpetually apocalyptic mood reigns* [3]*ominously* [4]ereignet …: *happens*
[5]hält … Dampfen: *keeps the primordial soup of our fears steaming*

F. Lesen Sie den Text sorgfältig durch und schreiben Sie dann kurze Absätze über die folgenden Themen.
1. Gibt es politische Satire auf der Bühne oder im Fernsehen in Ihrem Land? Wenn ja: Welche Programme
oder Fernsehsendungen bieten humorvolle Einblicke in politische oder soziale Probleme?

_____

_____

_____

_____

_____

_____

2. Wer ist Ihr Lieblingskomiker / Ihre Lieblingskomikerin? Warum?

_____

_____

_____

_____

_____

_____

3. Wie wichtig ist Humor? Ist Lachen die beste Medizin? Warum (nicht)? Macht Angst Spaß?
   Was meinen Sie?

   _____

   _____

   _____

   _____

   _____

   _____

Na klar!

Schreiben Sie eine kurze Beschreibung dieses Fotos als Bildunterschrift (*caption*). Spekulieren Sie nicht. Schreiben
Sie nur darüber, was Sie auf dem Foto sehen.

_____

_____

_____

_____

_____

A. Tempolimits Die Deutschen halten das Auto für ihr Lieblingsspielzeug. Ist das Auto auch so beliebt in Ihrem Land? Ist Autofahren Ihrer Meinung nach eine Vergnügung oder eine Notwendigkeit? Wie wichtig sind Tempolimits? Schützen sie die Autofahrer und ihre Passagiere oder nicht? Schreiben Sie Ihre Meinung zu diesen Fragen.

_____

_____

_____

_____

_____

_____

_____

B. Politische Systeme in Deutschland, der Schweiz und Österreich Welche Wörter beschreiben welches Land?

1. Hier wird jedes Jahr ein neuer Präsident gewählt.

_____

2. Hier gibt es über 700 registrierte Parteien, aber nur vier haben einen Sitz im Parlament.

_____

3. Hier gibt es einen Bundestag mit Abgeordneten, der alle vier Jahre gewählt werden.

_____

4. Welches politische System ähnelt am meisten der Regierung (*government*) in Ihrem Land? Erklären Sie Ihre Antwort.

_____

_____

_____

_____

_____

_____

Mein Journal

Wählen Sie eins der folgenden Themen.

Thema 1: Das größte Weltproblem. Was ist Ihrer Meinung nach das größte Problem der heutigen Welt? Wovor haben Sie die größte Angst, wenn Sie an die Zukunft (*future*) denken? Was könnte/sollte/müsste man machen, um dieses Problem zu vermeiden oder zu vermindern? Was könnte/sollte/müsste die Regierung (*government*) tun? Was könnte/sollte/müsste jeder Mensch tun? Was können Sie selbst ab heute machen?

Thema 2: Ein persönliches Problem und Ihre persönliche Meinung. Es gibt immer große Probleme in der Welt. Aber jeder Mensch hat auch seine eigenen Probleme, die ihm oft sehr groß erscheinen. Auf Englisch sagt man: ". . . *is a pet peeve of mine.*" Auf Deutsch sagt man: „ … ist mir ein Dorn (*thorn*) im Auge." Was ist Ihnen „ein Dorn im Auge"? Beschreiben Sie das Problem, und äußern (*express*) Sie Ihre Meinung darüber.

Thema 3: Viele Fragen, wenige Antworten. An welche Probleme denken Sie am öftesten? Welche Fragen kommen Ihnen in den Sinn, wenn Sie an jedes Problem denken? Alle Fragen haben Wert. Schreiben Sie alle Fragen auf, an die Sie denken. Wenn Sie eine Antwort oder eine Lösung haben, schreiben Sie sie auch auf.

ANSWER KEY

Sometimes your answers may differ somewhat from those in this answer key. For example, your answer may contain a noun subject, whereas the printed answer contains a pronoun subject or vice versa; or, at times, your answer might include a synonym for a word or phrase in the printed answer. This does not mean that your answer is wrong but rather that there are different ways of stating it. When variations in expressions can be anticipated, they are included in parentheses within the answer key, or a note regarding the possibilities is provided. Activities that are completely open-ended do not appear in this key.

Einführung

Aussprache Übung 1 guten <u>Morgen</u>, <u>Nummer</u>, <u>Straße</u>, <u>kom</u>men, <u>Name</u>; <u>Wald</u>haus, <u>Hausnummer</u>, <u>Postleitzahl</u>, <u>Tenniskönigin</u>, <u>Kind</u>ergarten, <u>Biergarten</u>, <u>Hallenbad</u>; Ho<u>tel</u>, Na<u>tur</u>, Mu<u>sik</u>, Aktivi<u>tät</u>, fan<u>tas</u>tisch, mise<u>ra</u>bel

Hören und Sprechen Aktivität 1 B. Jakob Meier: Zürich; Herr Temmer: Wien; Horst Daniels: Bonn; Inge Maaß: Hamburg; Jörg Fischer: Stuttgart; Frau Kopmann: Berlin; Antje Franke: Leipzig; Herr Krüger: Dresden

Aktivität 2 A. Hi! Ich bin Lisa Hartmann.; Guten Tag! Mein Name ist Barbara Lindemann.; Ich komme aus Berlin. Woher sind Sie?; Ich komme aus Bonn. Und das ist Frau Beck. Sie ist aus München. B. 2, 1, 3, 4

Aktivität 4 1. DAS 2. RTL II 3. LTU 4. BASF 5. BMW 6. WMF

Aktivität 5 1. Volkswagen 2. Levi Strauss 3. Lufthansa 4. Heidi Klum 5. Rammstein 6. Angela Merkel 7. Kindergarten 8. Arnold Schwarzenegger 9. Sigmund Freud 10. Mercedes Benz

Aktivität 6 A. 1. DK 2. NL 3. B 4. D 5. PL 6. L 7. CZ B. 8. die Slowakei 9. Frankreich 10. Österreich 11. Ungarn 12. Schweiz 13. Italien

Aktivität 7 *Possible answer(s) for each drawing from top left to bottom right:* 2; 1, 3, or 4; 1, 3, or 4; 1 or 6; 1; 1, 3, or 4

Aktivität 8 1. b 2. e 3. c 4. d 5. a

Aktivität 10 1. 40002 2. 64219 3. 09008 4. 44705 5. 78404 6. 04093

Aktivität 11 1. 18 2. 12 3. 17 4. 16 5. 11 6. 20 7. 15

Aktivität 15 German as official language: Belgien, Deutschland, Liechtenstein, Luxemburg, Österreich, die Schweiz. German spoken as a native language by a sizable minority of its inhabitants: Dänemark, Frankreich, Italien, Polen, Rumänien, Russland, Tschechien

Aktivität 16 1. d 2. c 3. a 4. b

Lesen und Schreiben Aktivität 1 *Answers will vary. Any are appropriate other than* guten Appetit.

Aktivität 2 HERR LANG: Hallo! <u>Mein</u> Name ist Peter Lang. <u>Wie</u> ist Ihr Name bitte? FRAU WALL: Guten Tag, Herr Lang. Ich <u>heiße</u> (*oder:* bin) Carolyn Wall. HERR LANG: <u>Freut</u> mich, Frau Wall. Und <u>woher</u> kommen Sie? FRAU WALL: Ich <u>komme</u> (*oder:* bin) aus Chicago. HERR LANG: Ah ja, Chicago … Und Sie? Wie <u>heißen</u> Sie, bitte? HERR GRAY: Ich heiße Jonathan Gray, und ich komme aus Vancouver. HERR LANG: Nun, herzlich <u>willkommen</u> in Deutschland.

Aktivität 3 A: Guten Abend! B: Grüß dich! C: Danke schön! D: Bitte sehr! E: Ich heiße Eva. *oder:* Ich heiße Ave. F: Freut mich! G: Auf Wiedersehen! H: Tschüss!

Aktivität 4 *Answers will vary. Possible answers:* 1. Wie geht's? (*oder:* Na, wie geht's? *oder:* Wie geht es dir? *oder:* Wie geht's dir?) 2. Gute Nacht! 3. Grüß Gott! 4. Guten Tag! 5. Guten Morgen! 6. Danke! (*oder:* Danke schön! *oder:* Danke sehr!) 7. Bitte! (*oder:* Bitte schön! *oder:* Bitte sehr!) 8. Hallo!

Aktivität 5 *Answers will vary. Possible answers:* B: Sehr gut! C: Ganz gut! D: Gut! E: Nicht besonders gut. F: Schlecht.

Aktivität 6 1. null, acht, acht, sechs, eins, neun, drei, sieben, acht, sechs; zwei 2. Deutschland *oder:* Bundesrepublik Deutschland *oder:* Germany

Aktivität 7 1. siebzehn 2. sechzehn 3. neunzehn 4. dreizehn

Aktivität 8 FANS: Zwanzig, neunzehn, achtzehn, siebzehn, sechzehn, fünfzehn, vierzehn, dreizehn, zwölf, elf, zehn, neun, acht, sieben, sechs, fünf, vier, drei, zwei, eins, null!

Aktivität 9 1. dreiundzwanzig / zweiunddreißig 2. neunundfünfzig / fünfundneunzig 3. siebenundsechzig / sechsundsiebzig 4. vierundachtzig / achtundvierzig

Aktivität 10 1. 172 2. 385 3. 599 4. 2 706 (*oder:* 2.706 *oder:* 2706) 5. zweihunderteins 6. vierhundertsechsundvierzig 7. sechshundertsiebenundvierzig 8. neuntausendsechshunderteinundsechzig

Aktivität 11 *Answers will vary.* Herrn / Georg Schuster / Poststraße 20 / 69115 Heidelberg

Aktivität 12 1. Sommersprachkurse 2. a. Englisch b. Französisch 3. Mathematik 4. Tennis *oder* Wasserski fahren *oder* Reiten 5. *Some answers will vary in phrasing.* b. Straße c. Hausnummer *oder:* Adresse d. Postleitzahl e. Stadt f. Telefonnummer

Aktivität 13 1. Dänemark 2. *Any combination of these is correct.* Deutschland, Österreich, Liechtenstein, die Schweiz, Luxemburg, Belgien 3. *Answers will vary.* Frankreich (die Schweiz, Belgien, …) 4. Polen 5. Tschechien

Aktivität 14 *Answers will vary. Possible answers:* STEFAN: Ich habe eine Frage. ANNA: Wie sagt man „interesting" auf Deutsch? BRIGITTE: Ich verstehe das nicht. (*oder:* Das weiß ich nicht.) THOMAS: Haben wir Hausaufgaben? (*oder:* Was bedeutet „Hausaufgaben"?) PETER: Alles klar. KARIN: Wiederholen Sie, bitte. (*oder:* Noch einmal, bitte. *oder:* Wie bitte? *oder:* Etwas langsamer, bitte.)

Kulturjournal A. 1. *Answers will vary. Possible answers:* The terms "High German" and "Low German" do not refer to the quality of the language but are geographic designations. Standard German or "High German" (Hochdeutsch) began to evolve in the mountainous areas of the south, while "Low German" (or Plattdeutsch) was spoken in the northern or lowland regions. 2. Martin Luther *oder* Luther 3. *Answers will vary. Possible answers:* They look similar because they are cognates or international words. English and German are related, they are both (West) Germanic languages and share many cognates. 4. *Answers will vary. Possible answers:* symphonisches, Orchester, Philharmonie, Solist, Konzert, Suite, Tausend B. 1. Deutschland, Österreich, Liechtenstein 2. *Any two:* die Schweiz, Belgien, Luxemburg

Kapitel 1

Aussprache Übung 1 1. Mein Name ist Anton. 2. Guten Abend, Antje. 3. Wandern macht Spaß. 4. Manfred wohnt in Aachen.

Übung 2 1. Erika findet das Essen gut. 2. Herr Lehmann geht Tee trinken. 3. Das Wetter in Celle ist heute schlecht. 4. Hat er viel Geld?

Übung 3 1. Ist das der Film von Wim Wenders? 2. Wie finden Sie die Schweiz? 3. Ich bin aus Finnland. 4. Wie geht es dir? —Prima!

Übung 4 1. Mein Wohnort ist Rom. 2. Lothar hat ein großes Auto. 3. Er geht oft zur Post. 4. Morgen kommt Frau Osterloh. 5. Herr Stock wohnt in Osnabrück.

Übung 5 1. Meine Mutter ist sehr ruhig. 2. Mein Bruder besucht Freunde in Ulm. 3. Alles Gute zum Geburtstag, Helmut! 4. Das Kind ist gar nicht dumm. 5. Wie ist die Nummer? Zwei null sechs drei?

Hören und Sprechen Wörter im Kontext Aktivität 1 A. 1. Marianne; Österreich; Linz; Wien; 40; Chemikerin 2. Barbara; Deutschland; Dortmund; Freiburg; 35; Reporterin 3. Christian; Schweiz *oder:* die Schweiz *oder:* Deutschland; Zürich; Mannheim; 53; Professor

Aktivität 5 B. Steffi: Russisch; Marina: Deutsch; Frank: Informatik; Anne: Spanisch

Aktivität 6 1. Jasmin: exzentrisch, nett; Lesen, Musik hören; Partner (*Phrasing may vary.*): freundlich, nicht kompliziert 2. Katharina: romantisch, fleißig; Filme sehen, Kochen; Partner (*Phrasing may vary.*): groß, romantisch 3. Philip: groß, praktisch; Fotografieren, Zeitung lesen; Partnerin (*Phrasing may vary.*): romantisch, lustig 4. Benjamin: nicht kompliziert; Musik hören, Karten spielen; Partnerin (*Phrasing may vary.*): interessant, ruhig. Compatibility: *Answers will vary.*

Aktivität 7 1. nette, Videospiele 2. lustig 3. freundlichen, Basteln 4. Romantischer, interessante 5. sympathische 6. toleranten, Kunst

Grammatik im Kontext Übung 1 1. die, sie 2. die, sie, 3. der, er 4. das, es 5. der, er 6. das, es

Übung 4 1. A: ~~er heißt~~ / ich heiße; wir besuchen / ~~ihr besucht~~ B: ~~bleibst du~~ / bleiben wir 2. A: macht ihr / ~~machst du~~ B: wir studieren / ~~ich studiere~~; Claudia studiert / ~~ihr studiert~~; ich mache / ~~ihr macht~~ 3. A: ~~macht ihr~~ / machst du B: ~~wir studieren~~ / ich studiere A: findest du / ~~findet ihr~~

Übung 6 1. c 2. e 3. d 4. f 5. a 6. b

Lesen und Schreiben Alles klar? B. 3. library

Wörter im Kontext Aktivität 1 Hallo! Ich <u>heiße</u> Martin Kreisler. Martin ist mein <u>Vorname</u>, und Kreisler ist mein <u>Nachname</u>. Ich bin <u>Professor</u> von Beruf. Ich <u>arbeite</u> an der Freien Universität. Meine Frau ist Architektin von <u>Beruf</u>. Ich bin in Hamburg <u>geboren</u>, <u>aber</u> meine Frau und ich <u>wohnen</u> jetzt in Berlin. Wir finden alles hier sehr interessant.

Aktivität 2 Vorname: Renate Nachname: Menzel Geburtsort: Linz Wohnort: Wien Alter: 26 Beruf: Studentin Hobby: Tanzen

Aktivität 3 Wie <u>heißen</u> Sie, bitte? Woher <u>kommen</u> Sie? Was <u>machen</u> Sie in Berlin? Wie <u>finden</u> Sie die Stadt? Wie lange <u>bleiben</u> Sie in Deutschland? Was <u>sind</u> Sie von Beruf? Was <u>studieren</u> Sie denn an der Uni? <u>Surfen</u> Sie gern im Internet? <u>Lernen</u> Sie Deutsch am Sprachinstitut?

Aktivität 4 1. fleißig *oder:* sportlich *oder:* dynamisch 2. praktisch 3. unsympathisch *oder:* unfreundlich 4. unfreundlich *oder:* unsympathisch 5. konservativ 6. ernst *oder:* langweilig

Aktivität 5 A. 1. unpraktisch 2. ruhig 3. chaotisch 4. langweilig 5. indiskret 6. intolerant 7. schüchtern 8. faul

Aktivität 6 1. Kochen macht Spaß. 2. Reisen macht Spaß. 3. Wandern macht Spaß. 4. Tanzen macht Spaß. 5. Karten spielen macht Spaß. *oder:* Kartenspiele machen Spaß. *oder:* Kartenspielen macht Spaß.

Grammatik im Kontext Übung 1 1. die 2. der 3. die 4. der 5. die 6. die 7. das 8. das 9. die 10. der 11. der

Übung 2 A: die B: sie C: der D: Er / Die E: die F: sie / Der G: der H: Er I: die J: sie

Übung 3 A: das B: es C: die D: sie E: der F: er G: die H: sie I: die J: sie

Übung 4 1. heißt 2. ist 3. arbeitet 4. kommt 5. wohnt 6. findet 7. Schickt 8. Wandert 9. Lernt 10. Reist

Übung 5 SOFIE: Mein Name <u>ist</u> Sofie. <u>Bist</u> du Peter? PETER: Ja, und das <u>sind</u> Alex und Andreas. Alex <u>ist</u> Amerikaner, und Andreas <u>ist</u> Österreicher. SOFIE: <u>Seid</u> ihr alle neu in Freiburg? ANDREAS: Alex und ich <u>sind</u> neu hier. Peter, <u>bist</u> du auch neu hier? PETER: Nein, ich <u>bin</u> schon ein Jahr in Freiburg. SOFIE: Wie findest du Freiburg, Peter? PETER: Das Land und die Stadt <u>sind</u> faszinierend. Die Uni <u>ist</u> auch wirklich interessant. SOFIE: Woher kommst du denn? PETER: Ich komme aus Liverpool. Ich <u>bin</u> Engländer.

Übung 6 B: Morgen fahren wir nach Kiel. D: Heute Abend gehen wir tanzen. F: Nächstes Jahr besuche ich Wien. H: Heute kommt er. *oder:* Heute kommt Matthias. J: Jetzt spielen sie Karten. *oder:* Jetzt spielen Maria und Adam Karten.

Übung 7 1. Wie heißt du? 2. Woher kommst du? 3. Wie alt bist du? 4. Bist du Studentin? *oder:* Studierst du? 5. Was studierst du? 6. Wie heißt du? *oder:* Wie ist dein Name? *oder:* Wer bist du?

7. Wo wohnst du jetzt? *oder:* Wo wohnst du?   8. Wie findest du die Stadt? *oder:* Wie findest du Dresden? *oder:* Findest du die Stadt interessant? *oder:* Findest du Dresden interessant?   9. Was bist du von Beruf? 10. Reist du oft?

Übung 8   1. Sie heißt Monika. *oder:* Monika.   2. Sie kommt aus Düsseldorf. *oder:* Düsseldorf.   3. Sie ist dreiundzwanzig Jahre alt. *oder:* Dreiundzwanzig. *oder:* Sie ist 23. *oder:* 23.   4. Ja, sie ist Studentin. *oder:* Ja. 5. Sie studiert Chemie. *oder:* Chemie.   6. Er heißt Robert. *oder:* Robert.   7. Er wohnt jetzt in Dresden. *oder:* In Dresden. *oder:* Er wohnt in Dresden.   8. Er findet die Stadt echt interessant. *oder:* Echt interessant. *oder:* Interessant. *oder:* Er findet sie echt interessant. *oder:* Er findet sie interessant.   9. Er ist Webdesigner von Beruf. *oder:* Webdesigner. *oder:* Er ist Webdesigner. *oder:* Von Beruf ist er Webdesigner.   10. Nein, er reist nicht oft. *oder:* Nein. *oder:* Nein, nicht oft. *oder:* Nicht oft. *oder:* Er reist nicht oft.

Sprache im Kontext   Lesen   *Phrasing will vary for the longer answers.*   A. 1. c   2. b   B. 1. Dr. Kim Meyer-Cech   2. Universität für Bodenkultur Wien   3. Yogalehrerin (*oder:* Diplom-Ingenieurin)   4. Der Standard   E. a. Sie heißt Dr. Kim Meyer-Cech.   b. *Answers will vary.*   c. Sie ist Yogalehrerin von Beruf.   d. *Answers will vary.*   e. *Answers will vary.*

Kapitel 2

Aussprache   Übung 1   1. Wir fahren nächstes Jahr nach Altstätten.   2. Hans fährt mit der Bahn nach Basel.   3. Die Universität hat achtzig Plätze für Ausländer.   4. Die Adresse ist Bärenstraße acht. 5. Die deutschen Städte haben viele schöne Gärten.

Übung 2   1. Doris sucht eine Wohnung – möbliert und möglichst zentrale Lage.   2. Toni fährt oft nach Österreich. 3. Das Sofa ist schön groß.   4. Wir hören zwölf neue Wörter.   5. Mein Mitbewohner ist immer fröhlich.

Übung 3   1. Wir brauchen noch fünf Stühle.   2. Die Butter ist in der Küche.   3. Die Studenten schlafen zwischen hunderttausend Büchern.   4. Natürlich sucht Uschi ein Buch für ihre Mutter.   5. Wann hast du die Prüfung? Um zwei Uhr?

Übung 4   1. Traumauto, teuer   2. Leute, Bayern   3. fleißig, schreiben   4. arbeitet, Kaufhaus   5. Zeitung

Hören und Sprechen   Alles klar?   B. 3, 5, 7, 11, 2, 1, 10, 9, 6, 8, 4

Wörter im Kontext   Aktivität 1   1. eine Wohnung   2. die Zeitung   3. klein   4. teuer   5. 300 Euro 6. die Adresse   7. keine

Aktivität 2   1. Küche und Bad, 500 Euro   2. Nichtraucherin, 200 Euro   3. im Stadtzentrum, Nähe Universität 4. Garage, Telefon 77 05 82

Aktivität 4   1. Zimmer   2. bequem   3. Schreibtisch   4. Sessel   5. Wecker   6. kostet

Aktivität 5   1. wandern   2. schreibt   3. spielt   4. tanzt   5. kocht   6. hören   7. schickt

Aktivität 6   B. Gerald: schläft gern; Andreas: liest gern; Frau Salloch: schwimmt gern

Grammatik im Kontext   Übung 2   1. habe   2. Haben   3. haben   4. sind   5. ist   6. habe   7. Haben 8. haben   9. ist

Übung 4   A. 1. die Küche   2. das Bad   3. das Arbeitszimmer   4. der Garten   5. die Garage

Übung 5   *X should be marked as follows:*   1. right   2. left   3. right   4. left   5. right   6. right   7. right

Übung 9   1. b   2. b   3. b   4. b   5. a   6. a   7. a   8. b   9. b

Sprache im Kontext   A. 1. 73 m^2 2. Antoinettenstr.   3. Balkon   4. Mitte   5. DSL Internet   6. Parkplatz B. 1. nein   2. ja   3. nein   4. ja   5. ja   6. nein   7. ja

Lesen und Schreiben   Alles klar?   1. c   2. d   3. b   4. a, d

Wörter im Kontext   Aktivität 1   möbliert / hell / groß / niedrig / billig / bequem

Aktivität 2 1. das Schlafzimmer 2. die Küche 3. das Esszimmer 4. das Arbeitszimmer 5. das Bad (*oder:* das Badezimmer) 6. die Terrasse 7. der Garten 8. die Garage

Aktivität 3 1. Zimmer 2. Studentenwohnheim 3. Wohngemeinschaft (*oder:* Wohnung) 4. Mitbewohnerin 5. Küche (*oder:* Kommode), Bad (*oder:* Badezimmer; *oder:* Bett), Arbeitszimmer 6. Garage, Garten

Aktivität 4 1. Der Sessel 2. Der Stuhl 3. Der Fernseher 4. Das Bett 5. Das Bücherregal 6. Die Lampe 7. Der Wecker 8. Das Radio (*oder:* Der CD-Spieler) 9. Der Tisch

Aktivität 5 JA: 1. der Schlafsack 2. das Bücherregal 3. der Schreibtisch 4. die Kommode NEIN: 1. der Kleiderschrank 2. die Zimmerpflanze 3. der Papierkorb 4. der Teppich

Aktivität 6 1. Zeitung <u>lesen</u> 2. Toast mit Butter <u>essen</u> 3. Kaffee <u>trinken</u> 4. Fahrrad <u>fahren</u> 5. im Büro <u>arbeiten</u> 6. Briefe <u>schreiben</u> 7. im Park <u>laufen</u> 8. Spaghetti <u>kochen</u> 9. Radio <u>hören</u> 10. ins Bett <u>gehen</u> 11. <u>schlafen</u>

Aktivität 7 *Answers will vary.*

Grammatik im Kontext Übung 1 *Answers will vary somewhat. Possible answers:* 1. Wir haben Durst. 2. Ihr habt Geld. 3. Claudia hat Uwe gern. 4. Ich habe keine Lust. 5. Du hast recht. 6. Der Professor hat Zeit.

Übung 2 1. (F) Hat es eine Lampe? (A) Ja, es hat eine Lampe. 2. (F) Hat es einen Stuhl? (A) Ja, es hat einen Stuhl. 3. (F) Hat es ein Regal? (A) Nein, es hat kein Regal. 4. (F) Hat es ein Bett? (A) Nein, es hat kein Bett. 5. (F) Hat es einen Kleiderschrank? (A) Nein, es hat keinen Kleiderschrank. 6. (F) Hat es Bücher? (A) Ja, es hat Bücher.

Übung 3 1. der 2. die 3. das 4. der 5. das / den / die 6. den / die / die 7. den / das / die 8. die / die

Übung 4 C: Ist Herr Siegfried hier? D: Nein. Ich sehe Herrn Siegfried nicht. E: Der Student heißt Jannik. F: Wie ist der Name bitte? G: Im Museum sehen wir einen Menschen aus der Steinzeit. H: Wie, bitte? Woher kommt der Mensch? I: Besuchst du oft den Studenten aus Tokio? J: Ja. Ich besuche auch einen Studenten aus Hiroshima.

Übung 5 A: Dieser B: Welchen C: diesen D: Welchen E: Welchen F: diesen G: Dieser H: diesen I: Dieses, dieser, dieser J: diese K: Welche

Übung 6 1. Wir haben <u>kein</u> Bett, <u>keinen</u> (*oder:* <u>keine</u>) Computer, <u>keine</u> Kommode, <u>keinen</u> (*oder:* <u>keine</u>) Sessel und <u>keine</u> Lampen. Wir brauchen <u>keinen</u> Couchtisch, <u>keinen</u> Teppich, <u>keine</u> Uhr, <u>kein</u> Radio und <u>keine</u> Regale.

Übung 7 *Answers will vary in phrasing. Possible answers:* 1. Nein, sie ist nicht hoch. 2. Nein, es ist nicht groß. 3. Nein, er ist nicht schön. 4. Nein, sie sind nicht hell. 5. Nein, ich brauche keinen Sessel. 6. Nein, ich habe keine Gitarre. 7. Nein, ich suche kein Sofa. 8. Nein, ich brauche keine Regale.

Übung 8 Herr Reiner aus Hannover <u>fährt</u> nach Berlin. Er <u>wohnt</u> in einem eleganten Hotel und <u>schläft</u> in einem bequemen Bett. Heute <u>trinkt</u> er Kaffee und <u>liest</u> die *Berliner Morgenpost*. Dann <u>findet</u> er einen Park und <u>läuft</u>. Übrigens <u>hat</u> Herr Reiner manchmal Hunger. Dann <u>geht</u> er ins Restaurant i-Punkt zum Brunch-Buffet und <u>isst</u> Berliner Spezialitäten. Das Restaurant i-Punkt <u>ist</u> ganz oben in der 20. Etage im Europa-Center.

Übung 9 1. F: Sind Jonas und Steffi nett? A: Ja, sie sind nett. 2. F: Wohnt Steffi in Kiel? A: Nein, sie wohnt in Leutzsch (*oder:* Leipzig). 3. F: Fährt Steffi gern Fahrrad? A: nicht genug Information 4. F: Liest Jonas etwas? A: Ja, er liest etwas. 5. F: Läuft Jonas gern? A: nicht genug Information 6. F: Findet Jonas Politik interessant? A: Ja, er findet Politik interessant. 7. F: Isst Jonas gern Pizza? A: nicht genug Information 8. F: Schläft Steffi lange? A: nicht genug Information

Übung 10 A. 1. die Herren 2. die Frauen 3. die Männer 4. die Freunde 5. die Mitbewohnerinnen 6. die Studenten 7. die Amerikaner 8. die Mütter 9. die Väter 10. die Jungen

Übung 11 1. Die Studentinnen brauchen Wohnungen. 2. Die Frauen lesen Bücher. 3. Die Mitbewohnerinnen suchen Hotelzimmer in Köln. 4. Die Amerikanerinnen suchen Mitbewohnerinnen. 5. Die Jungen brauchen Computer. 6. Die Mieten in Deutschland sind hoch.

Sprache im Kontext **Lesen** *Phrasing on free-form answers may vary.* A. 1. ja, 2 bis 4 2. nein 3. nein 4. nein 5. nein 6. ja, von 13. Juli bis 13. August 7. ja, von 13. Juli bis 13. August (*oder:* 31 Tage *oder:* 1 Monat) 8. ja, Dozentinnen und Künstlerinnen (*oder:* Dozenten/Dozentinnen und Künstler/Künstlerinnen) 9. ja, 523 55 58 oder apartment@impulstanz.com (*oder:* Telefon oder E-Mail) 10. ja, 523 55 58 11. ja, apartment@impulstanz.com 12. nein B. Die Organisation ImPulsTanz sucht 2- bis 4- Zimmer Wohnungen für ihre Dozenten/Dozentinnen und Künstler/Künstlerinnen. Sie brauchen die Wohnungen für einen Monat, vom 13. Juli bis 13. August. Die Telefonnummer ist 523 55 58 und die E-Mail-Adresse ist apartment@impulstanz.com. C. *Some answers may vary. Possible answers:* 1. unwahrscheinlich 2. unwahrscheinlich 3. wahrscheinlich 4. wahrscheinlich 5. unwahrscheinlich 6. wahrscheinlich

Kulturjournal *Possible answers:* A. 1. living room 2. 95% 3. lots of light and soft colors 4. *Answers will vary.* 5. one 6. *Answers will vary.* B. 1. Berlin; *answers will vary* 2. 3,4 [Millionen]; *answers will vary* 3. Hamburg, Munich (*oder* München), Cologne (*oder* Köln); *answers will vary* 4. Hamburg; *answers will vary*

Kapitel 3

Aussprache **Übung 5** 1. Mein Vater fährt einen neuen Volkswagen. 2. Frau Wagner wohnt jetzt in Weimar. 3. Unser Vetter wird nächste Woche zwanzig. 4. Jürgen geht für ein Jahr nach Japan. 5. Seine Schwester hat den Schlüssel. 6. Thomas liest ein Buch über Theologie in der Bibliothek.

Hören und Sprechen **Alles klar?** der Sohn, der Vater, die Mutter, der Großvater, die Großmutter, die Geschwister, der Bruder, der Urgroßvater, die Frau, die Schwester

Wörter im Kontext **Aktivität 1** A. meine Großmutter: Sabine; mein Großvater: Wilhelm; meine Mutter: Hildegard; mein Vater: Ludwig; meine Tante: Dorothee; meine Schwester: Anna; mein Bruder: Lumpi B. 1. c 2. e 3. d 4. a 5. b.; Sabine die Schreckliche

Aktivität 2 1. Das stimmt. 2. Das stimmt nicht. 3. Das stimmt nicht. 4. Das stimmt. 5. Das stimmt. 6. Das stimmt nicht. 7. Das stimmt. 8. Das stimmt.

Aktivität 3 A. Montag: mit Andreas in der Bibliothek arbeiten; Dienstag: Theater, bei Monika übernachten; Donnerstag: Vorlesung B. Freitag: Kaufhaus; Samstag: Rockkonzert; Sonntag: mit Oma ins Restaurant

Aktivität 5 1. Beethoven: im Dezember 2. Goethe: im August 3. Mozart: im Januar 4. Einstein: im März 5. Luxemburg: im März 6. Schumann: im September 7. Dietrich: im Dezember 8. Luther: im November

Aktivität 6 A. 1. c 2. e 3. a 4. d 5. d 6. b. B. 1. d 2. b 3. e 4. f 5. a 6. c.

Aktivität 7 1. am vierzehnten Februar 2. am ersten November 3. am vierundzwanzigsten Dezember 4. Wann feiert man den Tag der Deutschen Einheit? / am dritten Oktober 5. Wann feiert man Nikolaustag? / am sechsten Dezember

Aktivität 8 1. Geburtstag 2. Geschenk 3. Unser 4. Wohnung 5. Onkel 6. August 7. Kusine (*oder:* Cousine) 8. heiratet 9. Mann

Grammatik im Kontext **Übung 2** A. 1. das Buch 2. den Wagen 3. den Wecker 4. die Telefonnummer 5. den Garten 6. die Lampe

Übung 3 1. A: du B: ich/ihn 2. B: sie/es 3. B: er/sie 4. A: du B: ich/sie 5. B: er/ihn 6. A: wir B: wir/es

Übung 5 1. a 2. e 3. a 4. f 5. b 6. c

Übung 7 1. Susanne: Freitag/19, Hans: November/22 2. Klaus: Montag/25, Petra: Montag/21 3. Oma Hilde: März/90, Opa Robert: Januar/85

Übung 9 A. 1. Das stimmt. 2. Das stimmt. 3. Das stimmt. 4. Das stimmt nicht. 5. Das stimmt. B. 1. Antje 2. Weihnachten 3. Schwester 4. Familie 5. Mitbewohner

Sprache im Kontext   A. Otto, Urgroßvater, 1815 geboren, Schönhausen, Reichskanzler; Herbert, Großvater, 1849 geboren, keine Info, Staatssekretär; Ann-Mari, Mutter, keine Info, Schweden, keine Info; Karl, Bruder, 1992 gestorben, keine Info, keine Info

Lesen und Schreiben   Alles klar?   *Answers will vary. Possible answers:*   1. Bruder, Familie, Freunde, Kinder, Mutter, Onkel, Schwester, Sohn, Tante, Tochter, Vater   2. essen, Gitarre spielen, singen, sprechen   3. am Strand, an einem Flussufer, im Freien   4. *Any or all of these (depending on hemisphere and climate).*
5. Samstag/Sonnabend, Sonntag   6. Familienfest, Geburtstag, Muttertag

Wörter im Kontext   Aktivität 1   1. Vater   2. Töchter   3. Brüder   4. Opa   5. Großvater
6. Neffen   7. Tante

Aktivität 2   1. Dienstag   2. Mittwoch   3. Samstag *oder:* Sonnabend, Sonntag   4. Donnerstag   5. Freitag
6. Montag

Aktivität 3   1. September *oder:* Oktober   2. Januar   3. Mai   4. Juli   5. Februar   6. Dezember   7. August
8. April, März   9. Juni   10. November   11. August *oder:* September *oder:* Oktober

Aktivität 4   1. Heute ist der erste März.   2. Heute ist der sechste Mai.   3. Heute ist der siebte Juni.
4. Heute ist der neunzehnte Oktober.   5. Heute ist der zwanzigste Dezember.

Aktivität 5   1. Am vierzehnten Januar hat Nico Geburtstag.   2. Am zwanzigsten Februar haben Anna und Klaus Geburtstag.   3. Am dritten August hat Jasmin Geburtstag.   4. Am dreißigsten September hat Nina Geburtstag.   5. Am fünfzehnten November hat Tim Geburtstag.

Aktivität 6   A.   1. Christopher   2. am 23.7.2015 (*oder:* 23. Juli 2015)   3. 51 cm   4. 3030 g   5. Sandra und Rolf Bajorat   6. Felix-Roeloffs-Straße 21, Bedburg-Hau   7. *Answer will vary.*

Aktivität 7   1. Familienfest   2. Geburtstag   3. Hochzeit   4. Muttertag   5. Valentinstag
6. Weihnachten/Ostern   7. Neujahr/Silvester   8. Fasching/Karneval

Aktivität 8   *Some answers will vary. Possible answers:*   1. Herzlichen Glückwunsch zum Geburtstag!
2. Viel Glück! (*oder:* Alles Gute!)   3. Danke. (*oder:* Danke schön. *oder:* Danke sehr.)   4. Viel Glück!
5. Viel Spaß!   6. Herzlichen Glückwunsch zum Valentinstag!   7. Wie geht's? (*oder:* Hallo, wie geht es dir? *oder:* Hallo, wie geht's? *oder:* Grüß dich. Wie geht es dir? *oder:* Grüß dich. Wie geht's?)   8. Herzlichen Glückwunsch zur Hochzeit! (*oder:* Alles Gute!)

Grammatik im Kontext   Übung 1   Am Samstag feiert <u>meine</u> Oma Geburtstag. Sie wird schon 90 und ist noch sehr aktiv und engagiert. Donnerstags besucht sie gern <u>ihre</u> Freundinnen. Sie spielen Karten und trinken Tee. <u>Ihr</u> Mann, <u>mein</u> Opa, feiert im April <u>seinen</u> 91. Geburtstag. <u>Seine</u> Interessen sind Musik und Politik. Im Mai feiern <u>meine</u> Großeltern <u>ihren</u> 60. Hochzeitstag. Auch im Mai heiraten <u>mein</u> Bruder Alex und <u>seine</u> Freundin Anna. Im Juni feiern <u>meine</u> Schwester Sophia und <u>ihr</u> Mann <u>ihren</u> fünften Hochzeitstag. <u>Ihr</u> Baby, ein Sohn, kommt im Juli. Dieses Jahr hat <u>unsere</u> Familie viel zu feiern. <u>Meine</u> Eltern planen ein großes Familienfest.

Übung 2   1. Wir kennen euch nicht gut, und ihr kennt uns nicht gut.   2. Ich besuche dich manchmal, und du besuchst mich manchmal.   3. Er findet Sie interessant, und Sie finden ihn interessant.   4. Wir verstehen sie schon gut, und sie verstehen uns schon gut.

Übung 3   A: den   B: ihn   C: den/den/die/das   D: sie   E: den   F: ihn   G: das   H: es   I: die   J: sie/sie

Übung 4   1. Wer   2. Was   3. Wer   4. Was   5. Wer   6. Wen   7. Wer   8. Wen/Was

Übung 5   CHRISTOPH: Ich verstehe Robert nicht gut, und er versteht <u>mich</u> auch nicht gut. Verstehst du <u>ihn</u>?
BRIGITTE: Ja, kein Problem. Ich verstehe <u>ihn</u> gut.   // HERR SCHULZ: Hören Sie <u>mich</u>, Herr Jones?
HERR JONES: Ja, ich höre <u>Sie</u> ganz gut, Herr Schulz.

Übung 6   für unser Geschäft; durch die Schweiz, durch Österreich; um das Haus, durch den Garten; gegen meinen Freund, gegen ihn, gegen mich; ohne mich, ohne dich; für uns, für euch, Ohne Milch.

Übung 7   1. Mein Freund kauft Rosen für mich.   2. Gegen sechs Uhr laufen wir gern durch den Park.   3. Wir laufen selten ohne seinen Neffen.   4. Ich habe gar nichts gegen Martins Schwester oder ihren Sohn.   5. Martins Schwester und ihr Mann kaufen oft Geschenke für uns.

Übung 8 1. werden 2. werde, wird 3. wirst 4. werdet

Übung 9 1. A: <u>Kennt</u> ihr die Musik von Johann Sebastian Bach? B: Ja, natürlich. Wo ist Bachs Geburtsort? <u>Wisst</u> ihr das? A: Nein, das <u>weiß</u> ich nicht. 2. D. <u>Wissen</u> Sie, wann die Festspielkonzerte beginnen? E: Ich <u>weiß</u> das nicht genau. Ich glaube im Juni. Vielleicht <u>weiß</u> mein Kollege das. Ich frage ihn. 3. F: <u>Kennen</u> Sie Mozarts Oper *Don Giovanni*? G: Nein. Ich <u>kenne</u> Mozarts *Requiem*, aber diese Mozartoper <u>kenne</u> ich nicht. 4. H: Wer <u>weiß</u>, wo wir Karten kaufen? I: Die Adresse ist Nachtigallenstraße 7. Das <u>weiß</u> ich. Aber ich <u>kenne</u> die Straße nicht. Wo ist das? J: Ich <u>weiß</u> genau, wo das ist. 5. K: <u>Weißt</u> du, wie viel die Karten kosten?

Sprache im Kontext Lesen A. Maria, Mann, Tochter, Sohn B. 1. Am <u>achten Juni</u> feiern Paul und Maria die Taufe von Lukas und auch ihre kirchliche Trauung. 2. Sie feiern diesen <u>Tag</u> mit allen Verwandten und Freunden. 3. Der Gottesdienst <u>beginnt</u> um 16.00 Uhr. 4. Ein <u>Gartenfest</u> folgt dem Gottesdienst. 5. Das Fest findet auf der Briener Straße 180 in <u>Kellen</u> statt.

Kulturjournal A. *Answers will vary.* B. 1. Ein-Personen-Haushalt, Zwei-Personen-Haushalt 2. Fünf-Personen-Haushalt 3. Zwei-Personen-Haushalt 4. *Answers will vary.*

Kapitel 4

Hören und Sprechen Alles klar? 1. Ingeburg an der Brügge 2. 80-sten 3. 21. Juli 4. Geburtstags-Garten-Fest 5. Zelt 6. 15 Uhr 7. Im Bitterling 1 8. Im Brühl 8

Wörter im Kontext Aktivität 3 1. a 2. a 3. a 4. a, c 5. b

Aktivität 7 B. Rolf: früh aufstehen. Kai und Anne: einkaufen gehen. Sabine: Zeitung lesen. Stefan: ins Kino gehen.

Grammatik im Kontext Übung 1 1. hast 2. vor 3. gehe 4. tanzen 5. mit 6. kommen 7. vorbei 8. lade 9. ein 10. rufe 11. an 12. räume 13. auf

Übung 2 A. 1. einkaufen 2. anrufen 3. einschlafen 4. zurückkommen 5. anfangen

Übung 3 1. sollen 2. mag 3. will 4. darf 5. möchte, muss, muss 6. kann 7. will 8. muss 9. will

Sprache im Kontext *Answers will vary in phrasing.* A. 1. um sieben 2. um neun 3. um neun 4. kurz nach drei 5. um fünfzehn Uhr dreißig 6. um fünf Uhr 7. um sechs 8. um sieben 9. um halb sieben

Lesen und Schreiben Alles klar? A. 1. c 2. b 3. b

Wörter im Kontext Aktivität 1 A. 1. Eine Minute 2. Eine Stunde/Minuten 3. Stunden B. 1. halb 2. vor 3. Viertel nach 4. nach 5. Viertel vor C. 3 2 4 1 6 7 5

Aktivität 2 1. heute Mittag 2. heute Abend 3. morgen früh 4. morgen Nachmittag 5. Montagvormittag 6. Montagnachmittag

Aktivität 3 1. morgens 2. vormittags/morgens 3. morgens 4. samstags 5. morgens/ nachmittags/ abends 6. freitagabends 7. abends/nachts 8. nachts

Aktivität 4 … Ihr Sohn Josef <u>räumt</u> schon sein Zimmer <u>auf</u>, und ihre Tochter Maria <u>steht</u> jetzt <u>auf</u>. Jeden Tag bleibt ihr Mann, Herr Fiedler, bis acht Uhr zu Hause. Heute Morgen <u>ruft</u> er seine Mutter <u>an</u>. … Frau Jahn <u>kocht</u>, und Herr Jahn <u>frühstückt</u>. Ihr Kind, das kleine Hänschen, <u>sieht fern</u>. Frau Jahns Vater <u>kommt</u> alle zwei Wochen <u>vorbei</u>.

Aktivität 5 A. 1. ins 2. in die 3. ins 4. ins 5. in die B. 1. Horrorfilm 2. Krimi 3. Komödie 4. Tragödie 5. Oper 6. Ballett

Grammatik im Kontext Übung 1 1. Um zehn nach sieben frühstückt sie. 2. Um halb acht räumt sie schnell ihr Zimmer auf. 3. Um zwanzig nach acht geht sie zur Universität. 4. Um fünf nach neun fängt ihre Englischstunde an. 5. Um Viertel nach zwei kommt sie nach Hause zurück. 6. Um Viertel vor sechs ruft sie ihre Freundin an. 7. Um halb sieben sieht sie fern. 8. Von acht bis zehn lernt sie Englisch.

Übung 2   1. Um wie viel Uhr kommst du vorbei?; Ich komme um zehn Uhr vorbei. *oder:* Um zehn Uhr komme ich vorbei.   2. Um wie viel Uhr holt Elias uns ab? *oder:* Um wie viel Uhr holt uns Elias ab?; Er holt uns gegen elf ab. *oder:* Gegen elf holt er uns ab. *oder:* Elias holt uns gegen elf ab. *oder:* Gegen elf holt uns Elias ab. *oder:* Gegen elf holt Elias uns ab.   3. Wann gehen wir aus?; Wir gehen heute Nachmittag aus. *oder:* Heute Nachmittag gehen wir aus.   4. Wann kaufen wir ein?; Wir kaufen gegen eins ein. *oder:* Gegen eins kaufen wir ein.   5. Wann kommt Sonja mit?; Sonja kommt morgen mit. *oder:* Morgen kommt Sonja mit. 6. Wann kommen wir zurück?; Wir kommen morgen Abend zurück. *oder:* Morgen Abend kommen wir zurück.

Übung 3   *underline in cartoon:* wirft, weg, kommt, zurück; *underline in explanation:* wirft, weg, kommt, zurück, wirft, weg, kommt, zurück, bringt, mit

Übung 5   1. müssen   2. musst   3. muss   4. müsst   5. müssen   6. muss

Übung 6   1. Dürfen / möchtest   2. Darf   3. kann   4. soll   5. mögt   6. mag / können   7. soll   8. können

Übung 7   A.   1. Ihr müsst früher aufstehen.   2. Ich kann so früh nicht aufwachen.   3. Du musst dein Arbeitszimmer aufräumen.   4. Mein Freund soll heute Abend vorbeikommen.   B.   1. Kannst du mich gegen sieben anrufen?   2. Könnt ihr uns um halb acht abholen?   3. Warum will dein Freund nicht in die Disco gehen? 4. Warum wollt ihr abends immer ausgehen?   5. Warum magst du diesen Kaffee nicht?   6. Wo soll ich morgen frühstücken?

Übung 8   1. Frühstücken Sie doch morgen früh im Café.   2. Gehen Sie doch morgen Nachmittag einkaufen.   3. Gehen Sie mal durch den Park spazieren.   4. Kommen Sie bitte am Samstag vorbei.

Übung 9   1. Sieh jetzt nicht fern.   2. Ruf(e) deine Oma an.   3. Geh noch nicht aus.   4. Sei nett. 5. Lies dein Buch.   6. Hört immer gut zu.   7. Seid vorsichtig.   8. Kommt zum Einkaufen mit. 9. Kommt sofort zurück.   10. Lernt jetzt.

Sprache im Kontext   Lesen   A.   1. *Kleine Geschichte von der Frau, die nicht treu sein konnte*   2. Tanja Langer   3. Roman   4. 540   5. 15   6. gefährlich   7. ihr Leben   C.   1. Eva   2. fast idyllisch   3. drei 4. ein Haus mit Garten   5. einen künstlerischen Beruf   6. nicht unglücklich (*oder:* glücklich)   D.   1. b 2. d   3. a   4. c

Kapitel 5

Aussprache   Übung 4   1. Matze   2. Grüße   3. Fass   4. nütze   5. Kasse

Hören und Sprechen   Alles klar? *Phrasing of some answers will vary.*   Herr Stüber, EG *oder:* Erdgeschoss, Informationen für ihre Reise nach Italien *oder:* Reisebüro *oder:* Karstadt Reisebüro; Andreas, 1 *oder:* UG *oder:* Untergeschoss, Sportschuhe; Erik, nirgendwo (*nowhere*), nichts, er will nicht einkaufen; Frau Stüber, UG, Brot, Käse, Wein

Wörter im Kontext   Aktivität 5   1. Krawatte, —, Blau   2. Baseballmütze, 58, Rot   3. Pyjama, 42, Lila / Weiß 4. Badeanzug, 38, einfarbig / Schwarz

Aktivität 7   A. JA: Brokkoli, Karotten, Kartoffeln, Gurke; NEIN: Butter, Blumenkohl, Käse, Schinken B.   1. ein Kilo, einen   2. frisch, teuer   3. fünf Kilo   4. Metzger

Aktivität 8   B.   1. Milch: € 0,56 für eine Flasche   2. Mineralwasser: € 7,00 für 10 Flaschen 3. Eistee: € 10,80 für 6 Flaschen   4. Zucker: € 1,24 für eine Packung   5. Butter: € 0,99 für 250 Gramm

Grammatik im Kontext   Übung 1   A.   1. den Kindern, die Mützen   2. Ihrem Freund, den Anzug 3. Ihrem Vater, den Mantel   4. den Studenten, die Krawatten   5. Ihrer Schwester, das Hemd 6. Ihrer Mutter, die Bluse   7. Ihrer Freundin, die Jeans

Übung 3   A.   1. passt   2. stehen   3. gefällt   4. schmeckt

Übung 4   1. helfen   2. gefällt   3. passt   4. steht   5. Gehört   6. dankt

Übung 5   1. aus   2. bei   3. zu   4. von   5. seit   6. vom   7. vom   8. nach   9. bei

Sprache im Kontext *Phrasing of answers will vary.* 1. Andreas, Schuhe *oder:* Sportschuhe, 75 Euro; 2. Erik, Hose *oder:* Jeans, 125 Euro; 3. Frau Stüber (Mutter), Essen und Getränke, 100 Euro; 4. Herr Stüber (Vater), Anzug, 250 Euro

Lesen und Schreiben Alles klar? A. einen Obststand sehen, frisches Obst kaufen, Obst und Gemüse direkt vom Bauern kaufen, an der frischen Luft sein, frische Zutaten für das Mittagessen oder Abendessen suchen, einen Rucksack oder eine Tasche mitbringen B. frühmorgens, morgens, vormittags, nachmittags

Wörter im Kontext Aktivität 1 1. der Anzug 2. das Hemd 3. die Hose 4. das Kleid 5. der Gürtel 6. die Jacke 7. der Schal 8. der Rock 9. der Hut 10. die Krawatte 11. der Mantel 12. der Pullover 13. die Bluse 14. der Schuh 15. der Stiefel

Aktivität 2 Hut F, Jacke F, Weste M, Bluse F, Hemd M, Rock F, Hose M, Gürtel F/M

Aktivität 3 1. Socken und Schuhe 2. Jeans und ein T-Shirt 3. ein Hemd und eine Hose 4. ein Mantel und ein Hut 5. ein Anzug und eine Krawatte 6. eine Jacke und ein Schal

Aktivität 4 A. *The following should be checked:* eine Kappe, Shorts, einen Rucksack, zwei Wanderstöcke *The following may or may not be checked:* einen Pullover, Wanderschuhe *The following are incorrect and should not be checked:* einen Gürtel, Jeans, eine Tank-Top, einen Mantel, eine Krawatte, Cowboystiefel, einen Koffer, zwei Schlipse B. 2. *shirt* 3. *pants* 4. *hat* 5. *jacket* 6. *running shoes* 7. *backpack* 8. *sleeping bag* 9. *tent*

Aktivität 5 1. a 2. a 3. a 4. b 5. a 6. a

Aktivität 6 1. <u>Welche Größe</u> brauchen Sie? 2. Möchten Sie <u>gestreift</u> oder <u>kariert</u>? 3. Dieses Hemd ist wirklich <u>schick</u>. 4. Möchten Sie es <u>anprobieren</u>? 5. Dieses Hemd <u>passt</u> mir. 6. Die Farbe <u>steht</u> mir gut. 7. Dieses Hemd <u>gefällt</u> mir. 8. Wo ist die Kasse bitte? Ich möchte jetzt <u>zahlen</u>.

Aktivität 7 1. rot 2. weiß 3. grün 4. schwarz 5. gelb 6. orange 7. braun / braun

Aktivität 9 Aufschnitt / Wurst / Käse / Brot / Brötchen / Gurken / Äpfel / Trauben / Kekse / Getränke

Aktivität 10 Wo ist <u>der</u> Blumenkohl? Ich kann <u>den</u> Blumenkohl nicht finden. / <u>das</u> Salz? / <u>das</u> Salz / <u>der</u> Pfeffer? / <u>den</u> Pfeffer / <u>der</u> Tee? / <u>den</u> Tee / <u>die</u> Wurst? / <u>die</u> Wurst / <u>der</u> Kaffee? / <u>den</u> Kaffee / <u>das</u> Mineralwasser? / <u>das</u> Mineralwasser / <u>das</u> Brot? / <u>das</u> Brot / <u>der</u> Saft? / <u>den</u> Saft

Aktivität 11 1. Ich brauche Medikamente. Wo kann ich eine Apotheke finden? 2. Eva braucht Brot und Brötchen. Wo kann sie eine Bäckerei finden? 3. Ich brauche Rindfleisch und Schweinefleisch. Wo ist hier eine Metzgerei? 4. Meine Freunde kommen heute Abend vorbei. Ich möchte einen Kuchen für sie kaufen. Wo kann ich eine gute Konditorei finden? 5. Ist das eine Drogerie? Gut, ich muss Zahnpasta kaufen. 6. Heute muss ich Lebensmittel für die ganze Familie kaufen. Wo kann ich einen Supermarkt finden? 7. Ich will Bier kaufen. Wo ist hier ein Getränkeladen? 8. Wo finde ich einen Bioladen? Ich muss noch Biomilch, Müsli und Joghurt kaufen.

Grammatik im Kontext Übung 1 B: Ihm D: Ihr F: ihnen H: ihr J: uns

Übung 2 1. Wem gehören diese Kleidungsstücke? 2. Gehört Ihnen dieser Bademantel? (*oder:* Gehört dieser Bademantel Ihnen?) 3. Gehört ihm diese Krawatte? (*oder:* Gehört diese Krawatte ihm?) 4. Gehört ihr dieser Schal? (*oder:* Gehört dieser Schal ihr?) 5. Gehört dir diese Jacke? (*oder:* Gehört diese Jacke dir?) 6. Gehören ihnen diese T-Shirts? (*oder:* Gehören diese T-Shirts ihnen?) 7. Gehören euch diese Schuhe? (*oder:* Gehören diese Schuhe euch?)

Übung 3 1. Rudi schenkt seinem Bruder einen Gürtel. 2. Karin schenkt ihrer Oma einen Schal. 3. Herr Lenz schenkt seiner Mutter einen Hut. 4. Peter schenkt seinem Vater eine Krawatte. 5. Emilie schenkt ihrem Onkel ein Hemd. 6. Herr und Frau Pohl schenken ihrem Sohn einen Anzug. 7. Frau Effe schenkt ihren Eltern eine Flasche Wein.

Übung 4 1. Nein, Rudi schenkt ihn seinem Bruder. 2. Nein, Karin schenkt ihn ihrer Oma. 3. Nein, Herr Lenz schenkt ihn seiner Mutter. 4. Nein, Peter schenkt sie seinem Vater. 5. Nein, Emilie schenkt es ihrem Onkel. 6. Nein, Herr und Frau Pohl schenken ihn ihrem Sohn. 7. Nein, Frau Effe schenkt sie ihren Eltern.

Übung 5 1. Ja, ich kaufe es ihr. 2. Ja, ich zeige ihn ihnen. 3. Ja, ich gebe sie Ihnen. 4. Ja, ich gebe sie euch. 5. Ja, ich schicke ihn dir.

Übung 6 *Answers will vary slightly. Possible answers:* 1. Diese Erdbeeren schmecken mir gut. 2. Dieser Pullover passt mir gut. 3. Die Jeans stehen dir gut. 4. Können Sie mir bitte helfen? 5. Ich möchte dir für den Tee danken. 6. Die Mütze gefällt mir. 7. Es tut mir leid. 8. Das Hemd ist mir zu teuer. 9. Es ist mir egal.

Übung 7 1. aus der Schweiz 2. von dieser Metzgerei 3. bei der Metzgerei 4. beim Imbiss 5. nach dem Arbeitstag 6. zur Metzgerei, zum Imbiss

Übung 8 1. Nein, er arbeitet beim Supermarkt. 2. Nein, sie sieht nach dem Abendessen fern. 3. Nein, sie ist schon seit einem Monat hier. 4. Nein, ich höre oft von meinem Neffen Max. 5. Nein, er geht oft zur Bäckerei. 6. Nein, ich gehe gern mit meinen Freunden aus. 7. Nein, sie kommt aus der Slowakei.

Übung 9 1. Richard ist schon seit drei Monaten in Münster. 2. Morgens geht er zur Uni. 3. Nachmittags geht er zur Arbeit. 4. Er wohnt bei Herrn und Frau Mildner. 5. Er spricht oft mit einem Studenten aus der Schweiz. 6. Sie sprechen besonders gern von ihren Freunden. 7. Manchmal geht Richard mit seinen Freunden zum Supermarkt. 8. Da kann er auch Lebensmittel aus den USA finden. 9. Nach dem Einkaufen fährt Richard mit dem Bus nach Hause.

Übung 10 1. Wo arbeitest du? 2. Wo bleibst du oft? 3. Wohin gehst du gern samstagnachmittags? 4. Wo wohnen deine Eltern jetzt? 5. Wo arbeitet dein Bruder manchmal? 6. Wo studiert deine Freundin Maria? 7. Woher kommt dein Freund Peter? 8. Woher kommt deine Kusine? 9. Wohin fährt dein Onkel nächste Woche? 10. Wohin will deine Tante reisen?

Sprache im Kontext Lesen *Phrasing of some answers may vary.* A. Dunja ist Erzieherin von Beruf. 2. Irene arbeitet als Redakteurin. 3. Russ ist Model und Nick ist Fitness-Trainer. 4. Nick ist fünfundzwanzig (*oder:* 25), und die anderen drei Menschen sind achtundzwanzig (*oder:* 28). B. 1. Russ 2. Dunja 3. Dunj a, Russ 4. Nick 5. Dunja, Russ, Irene, Nick 6. Nick 7. Dunja, Russ 8. Irene 9. Irene

Kapitel 6

Aussprache Übung 1 1. Trägst du lieber Röcke oder Kleider? 2. Wir müssen heute Brötchen, Käse, Obst und Gemüse kaufen. 3. Wo kann man hier Anzüge und Hüte kaufen? 4. Zum Frühstück gibt's gewöhnlich eine Schüssel Müsli mit Milch drüber. 5. Die Bekleidungsstücke hier sind nur für Mädchen.

Übung 3 1. müsste 2. kennen 3. helle 4. küssen 5. Mütter 6. bell

Übung 4 Satzbeispiele 1. Leider sind zu viele Zwiebeln in dieser Suppe. 2. Weiß Dieter, dass wir am Dienstag heiraten? 3. Herr Fiedler muss am Freitag allein arbeiten. 4. Ist das Kleid gestreift oder kariert? 5. Ich genieße eine gemeinsame Mahlzeit mit den Mietern.

Hören und Sprechen Alles klar? 1. gut bürgerliche Küche 2. Fischgerichte 3. Pfälzer Spezialitäten 4. Kaffee & Kuchen 5. Paddelweiher-Hütte 6. Für größere Gruppen & Festlichkeiten 7. Hauenstein 8. 06392/994518 9. im Internet 10. www.paddelweiher.de

Wörter im Kontext Aktivität 1 Bistro Parisien: 18.00 – 2.00; Montag; original französische Gerichte und Weine; populäre Chansons. Zille-Stuben: ab 16.00; kein Ruhetag; frisches Bier vom Fass; Dixieland. Conti-Fischstuben: 12.00 – 24.00; Donnerstag; Fischspezialitäten, deutsche Spitzenweine; keine Information. Tessiner-Stuben: 12.00 – 15.00, 18.00 – 22.00; keine Information; Schweizer Käsefondue (*oder:* Spezialitäten nach Schweizer Art); traditionelle Alpenmusik.

Aktivität 4 B. Vorspeisen: Brokkolisuppe, Tomaten mit Mozzarella; Hauptgerichte: Wiener Schnitzel, Hähnchen und Schweinebraten; Beilagen: Bratkartoffeln, Reis, chinesisches Gemüse; Nachspeisen: Apfelkuchen, Eisbecher, Obstsalat

Aktivität 5 1. d 2. c 3. a 4. f 5. g 6. e 7. b

Aktivität 6 Gerichte: Jägerschnitzel, Gulasch mit Nudeln, Bockwurst mit Kartoffelsalat, Wiener Schnitzel; Getränke: Bier, Apfelsaft, Cola, Sprudel

Aktivität 7 1. Lokal 2. empfehlen 3. Platz 4. Speisen 5. Bedienung 6. wollte 7. Theater 8. morgen Abend

Grammatik im Kontext Übung 1 1. ins Theater 2. ins Café 3. in die Mensa 4. in die Metzgerei 5. ins Kaufhaus 6. ins Studentenwohnheim

Übung 4 A. 1. hinter die Theke 2. vor den Tischen 3. unterm Tisch 4. links neben dem Teller 5. neben die Kasse 6. in die Vasen 7. auf jedem Tisch 8. auf den Tisch zwischen die Dame und den Herrn

Übung 7 1. war 2. wollten 3. konnte 4. wollte 5. sollte 6. wollte 7. wollte 8. durfte 9. wollten 10. musste

Sprache im Kontext *Phrasing of some answers will vary.* Vorspeisen: Salat, € 2,00; Suppe, € 2,50; Krabben- cocktail. Hauptspeisen: Fisch, Schweineschnitzel, Jägerschnitzel, Bratwurst. Beilagen: Grillkartoffeln, Reis, Kroketten, Sauerkraut; Unterhaltung: Wandern, Rudern, Segeln, Schwimmen, Spielplatz für Kinder. Reservierung: 25. Juli, 18 Uhr

Lesen und Schreiben Alles klar? 1. viele Menschen 2. Tische und Bänke, Zelte, Beleuchtung 3. bei einem Festival, im Freien, in einem Biergarten 4. am Abend, im Sommer 5. feiern, essen und trinken

Wörter im Kontext Aktivität 1 1. Ruhetag, B 2. geöffnet, W 3. Küche/Gerichte, W 4. nach dem Theater, K 5. geschlossen, K 6. zwischen, W 7. Lokal/Restaurant, B 8. von / bis, W

Aktivität 2 1. Imbiss 2. Ruhetag 3. Tischreservierung 4. Ist hier noch frei? 5. besetzt 6. Speisekarte 7. Rechnung 8. Ober / Kellnerin

Aktivität 3 1. Servietten / Gaststätten / Ober / Rechnung / Plätze / Messer 2. In einem Restaurant nehmen sich die Gäste viel Zeit für ihre Speisen und Getränke. Da kann man zuerst eine Vorspeise bestellen. Das kann oft eine Suppe oder ein Salat sein. Dann wählt man ein Hauptgericht mit Beilage. Das ist vielleicht ein Pfan- nengericht oder eine Hausspezialität. Dazu wählt man auch ein Getränk, wie zum Beispiel ein Bier oder ein Glas Wein oder sonst was. Nach diesem Gericht kann man eine Nachspeise bestellen – wenn man noch Hunger hat.

Aktivität 4 1. c 2. b, c 3. b 4. a, b, c 5. b, c

Aktivität 5 1. eine Gabel 2. ein Messer (*oder:* eine Serviette) 3. eine Serviette (*oder:* ein Messer) 4. Servietten 5. einem Teller 6. ein Löffel 7. Suppe 8. eine Tasse 9. Tee 10. Teller und Tassen 11. Weinglas

Aktivität 6 A. K/G: Vielen Dank. Auf Wiedersehen. G: Ich möchte eine Pizza Margherita. G: Die Speisekarte, bitte. G: Ist hier noch frei? K: Was möchten Sie gern bestellen? G: Zahlen, bitte. G: Bedie- nung! K/G: Guten Abend. G: Einen Rotwein. K/G: Danke. Auf Wiedersehen. K: Und zu trinken? B. *Answers may vary slightly, as indicated.* 10/11, 6, 4, 1, 5, 9, 2, 3, 8, 10/11, 7

Grammatik im Kontext Übung 1 1. im Frühling / am Abend / am Wochenende / in den Sommermonaten / an einem Wintertag 2. in den USA / in der Großstadt / auf dem Land / auf dem Markt / an der Uni

Übung 2 1. In diesem Zimmer sitzt ein Mann hinter seinem Schreibtisch. 2. Er sitzt auf einem Bürostuhl. 3. Ein Teppich liegt unter dem Schreibtisch. 4. Hinter dem Mann hängen vier Uhren an der Wand. 5. Über der Kuckucksuhr liest man die Worte „Gute alte Zeit". 6. Drei Telefone stehen auf dem Schreibtisch. 7. Neben einem Telefon stehen zwei Architekturmodelle.

Übung 3 1. Stellen Sie die Vase auf den Tisch. 2. Hängen Sie Bilder an die Wand. 3. Legen Sie einen Teppich vor den Schreibtisch. 4. Stellen Sie einen Sessel zwischen die Fenster. 5. Stellen Sie eine Zimmer- pflanze neben den Schreibtisch. 6. Bringen Sie Farbe ins Zimmer.

Übung 4 PAUL: Wohin soll ich die Gabeln <u>legen</u>? ANNA: <u>Auf die Tische</u>. PAUL: Wo <u>stehen</u> (*oder:* <u>hängen</u>) die Tassen? ANNA: <u>Im Schrank</u>. PAUL: Wo <u>steht</u> der Schrank? ANNA: <u>Im Foyer</u>. PAUL: Wohin soll ich die Servietten <u>legen</u> (*oder:* <u>stecken</u>)? ANNA: <u>In die Schublade</u>. PAUL: Wohin soll ich die Blumen <u>stecken</u>? ANNA: <u>In diese Vase</u>. PAUL: Wo <u>hängt</u> das große Poster? ANNA: <u>Zwischen den Fenstern</u>. PAUL: Wo <u>liegt</u> der kleine Teppich? ANNA: <u>Vor der Tür</u>. PAUL: Wohin soll ich die Stühle <u>stellen</u>? ANNA: <u>An die Tische</u>. PAUL: Wohin soll ich den ersten Gast <u>setzen</u>? ANNA: <u>An diesen Tisch</u>. PAUL: Wo können die Kellner und Kellnerinnen <u>stehen</u> (*oder:* <u>sitzen</u>)? ANNA: <u>Am Tisch neben der Hintertür</u>.

Übung 5 … MARIA: <u>In einer Stunde</u>. THOMAS: Und um wie viel Uhr soll das sein? MARIA: <u>Gegen halb sechs</u>. Ich habe die Tickets <u>im Internet</u> gebucht. Sie liegen <u>an der Abendkasse</u> für uns bereit. THOMAS: Wann möchtest du essen? <u>Vor oder nach dem Theater</u>? MARIA: Vielleicht können wir schnell etwas <u>in der Pause</u> essen. THOMAS: Wie lange läuft dieses Stück schon im Volkstheater? MARIA: <u>Seit zwei Monaten</u> …

Übung 6 1. nach neuestem Sicherheitsstandard (D)   2. zwischen Abholung (hier: D)   3. bei Last-Minute Buchung (D)   4. an der Abendkasse (hier: D)   5. für Sie (A)

Übung 7 *Answers may vary. Possible answers:* 2. F: Wo warst du vor dem Film? A: Ich war im Restaurant. 3. F: Wo wart ihr nach der Oper? A: Wir waren im Gasthof.   4. F: Wo waren Sie nach dem Abendessen? A: Ich war zu Hause.   5. F: Wo war Michael am Festtag? A: Er war auf einer Party.

Übung 8 1. hatten   2. hatte   3. hatte   4. hatten   5. hattet   6. hatten   7. hattest   8. hatte

Übung 9 1. A: mussten   B: musste   C: mussten/musste   2. A: durften   B: durfte/Durftest   C: durfte/durfte 3. A: konnten/Konntet   B: konnte/Konntest   C: konnte/konnte   4. A: sollten/ solltet   B: sollte/sollten/Solltest 5. A: Wolltest   B: wollte/wolltet   C: wollten/wollte   6. A: Mochtet   B: mochten/mochten/Mochtest   C: mochte

Sprache im Kontext Lesen A. 1. a   2. a, b   3. b   4. a, b   B. 1. richtig   2. richtig   3. falsch   4. richtig 5. falsch   6. richtig   7. falsch   8. richtig   9. falsch   C. 1. e   2. g   3. d   4. f   5. h   6. b   7. c   8. a

Na klar! *Answers will vary. Possible answers:* 1. Sie sind in einem Straßencafé vielleicht in einer Stadt in Deutschland, Österreich oder in der Schweiz.   2. Sie sitzen an einem Tisch vor einem Fenster.   3. Sie bringt ihnen die Speisen.   4. Sie sagt: Bitte.   5. Sie sagen: Danke.   6. Sie finden das Essen sehr gut und die Bedienung auch gut.

Kapitel 7

Aussprache Übung 2 1. durch   2. fescher   3. Fichte   4. Furche   5. keusche   6. Löcher

Hören und Sprechen Alles klar? *Answers may vary. Possible answers:* Antje: Jazzkonzerte besuchen, Camping; Hans: Fitnessstudio besuchen, Camping; Kerstin: Golf spielen, Onlineshopping; Mehmet: Stammtisch besuchen; Dejan: Videospiele spielen, Spielhallen besuchen

Wörter im Kontext Aktivität 2 B. Camping gehen, Golf spielen, Tennis spielen, ein Boot mieten, Surfen

Aktivität 5 Stockholm: bewölkt, Regenschauer, Wind, 8–10 Grad; München: sonnig, 12–22 Grad; Rom: sonnig, 20–28 Grad

Grammatik im Kontext Übung 3 Wissen Sie das? Susanne war Peters Freundin und Stefan war Karins Freund.

Übung 4 1. gemacht   2. gegangen   3. geblieben   4. geschrieben   5. geschlafen   6. gesehen   7. gelesen 8. gefallen   9. gespielt   10. gefunden

Übung 6 1. gesehen   2. habe   3. besucht   4. bin   5. angerufen   6. haben   7. aufgestanden   8. gefrühstückt 9. bin   10. gefahren   11. bin   12. gegangen

Übung 7 A. 1. tanzen   2. aufstehen   3. tragen   4. schreiben   5. sitzen   B. 1. vor zwei Tagen 2. am Sonntag   3. gestern   4. letzte Woche   5. gestern Nachmittag

Übung 8   1. freundlicher, im Schwarzwald   2. besser, eine WG   3. bequemer, Sandalen   4. schneller, über die Autobahn

Sprache im Kontext   A.   1. Kerstin, Dejan   2. Antje   3. Mehmet   4. Dejan   5. Kerstin   6. Mehmet
7. Antje   8. Dejan   9. Mehmet   10. Kerstin   B. *Phrasing for the correct versions will vary.*   1. das stimmt
2. das stimmt nicht, sie liest am liebsten Krimis   3. das stimmt   4. das stimmt   5. das stimmt   6. das stimmt
7. das stimmt nicht, er hört amerikanische Rapper   8. das stimmt nicht, türkische Küche   9. das stimmt
10. das stimmt

Lesen und Schreiben   Alles klar?   1. b   2. a, c, d   3. a, b   4. a, c   5. d   6. b, c   7. d

Wörter im Kontext Aktivität 1   1. falsch   2. falsch   3. richtig   4. falsch   5. falsch   6. richtig
7. falsch   8. falsch

Aktivität 2   *Answers will vary. A sample of possible answers:*   1. Man geht in den Wald und wandert.   2. Man geht auf den Tennisplatz und spielt Tennis.   3. Man geht ins Fitnesscenter und macht Bodybuilding.   4. Man geht ins Schwimmbad und schwimmt.   5. Man geht im Winter in die schneebedeckten Berge und fährt Ski.

Aktivität 3   *Some answers may vary. Possible answers:*   1. treiben   2. spielen   3. sammeln   4. gehen
5. läuft   6. spielen   7. fährst   8. macht

Aktivität 4   1. Willi macht gern Bodybuilding.   2. Petra und ihre Freundinnen joggen gern.   3. Claudia malt gern.   4. Dirk zeichnet gern.   5. Christel fährt gern Rad.   6. Heike und Max spielen gern Schach.
7. Eva taucht gern.   8. Jürgen und seine Brüder angeln gern.   9. Monika bloggt gern.   10. Stefan faulenzt gern.

Aktivität 5   A. *Some answers may vary. Possible answers:*   2. die Sonne   3. das Gewitter   4. der Regen
5. der Schnee   6. der Wind.

Aktivität 6   *Answers will vary slightly. Possible answers:*   1. Heute regnet es in Deutschland. *oder:* Es regnet heute in Deutschland. *oder:* In Deutschland regnet es heute.   2. Donnert und blitzt es auch morgen?
3. Vielleicht schneit es morgen. *oder:* Morgen schneit es vielleicht.   4. Gestern hat die Sonne geschienen.
oder: Die Sonne hat gestern geschienen.   5. Im Frühling ist es heiter. *oder:* Es ist heiter im Frühling

Aktivität 7   1. Es regnet. *oder:* Es gibt Regen.   2. Es gibt Schauer.   3. Es ist wolkig. *oder:* Es gibt Wolken.
4. 14 Grad.   5. Nein.

Grammatik im Kontext Übung 1   1. f   2. a   3. g   4. e   5. h   6. i   7. c   8. b   9. d

Übung 2   FRAU WAGNER: Was haben Sie in Ihrer Freizeit gemacht?   FRAU HUBERT: Ich habe Briefmarken gesammelt und Karten gespielt. Ich habe auch viel gekocht. Und Sie?   FRAU WAGNER: Ich habe gezeichnet, gemalt und im Garten gearbeitet.   FRAU HUBERT: Haben Sie auch Musik gehört?   FRAU WAGNER: Ja natürlich. Mein Mann und ich haben auch gefaulenzt. Dann haben wir gern Jazz gehört.

Übung 3   1. Hast du stundenlang vor dem Computer gesessen?   2. Wie viele Stunden hast du pro Nacht geschlafen?   3. Habt ihr oft mit anderen Studenten und Studentinnen gesprochen?   4. Wie viele Bücher habt ihr pro Kurs gelesen?   5. Wie viele Tassen Kaffee hast du pro Tag getrunken?   6. Bist du am Abend und Wochenende zu Hause geblieben?   7. Wie oft seid ihr in der Freizeit aufs Land gefahren?   8. Wie oft seid ihr ins Kino gegangen?   9. Wie habt ihr die Kurse gefunden?

Übung 4   1. Ich habe keine Arbeit mehr gemacht.   2. Wir sind zehn Wochen nach Hawaii geflogen.
3. Ich bin fast nie zu Hause geblieben.   4. Ich bin oft in Österreich Ski gefahren.   5. Wir haben oft in Restaurants gegessen.   6. Meine Eltern sind oft zu Besuch gekommen.   7. Wir sind oft in die Oper gegangen.

Übung 5   1. ist/passiert   2. hast/verbracht   3. Hast/gewusst   4. hast/bestellt   5. hat/ eingeladen
6. Hast/gekannt   7. Haben/fotografiert   8. hast/bekommen   9. Hat/gebracht   10. bist/eingeschlafen

Übung 6   1. Ich habe mein Zimmer schon aufgeräumt.   2. Ich habe meine Freunde schon angerufen.
3. Ich habe schon mal Pause von Zuhause gemacht.   4. Ich bin schon ins Kino gegangen.   5. Ich bin schon mal mit meinen Freunden vorbeigekommen.   6. Ich habe ein Projekt schon angefangen.

Übung 7 *Some answers may vary. Likely answers:* 1. Eine Wiese ist größer als ein Stadtpark. 2. Ein Gewitter ist stärker als ein Regenschauer. 3. Ein Pullover ist wärmer als ein Hemd. 4. Ein Fluss ist länger als eine Straße. 5. Der Frühling ist kühler als der Sommer. 6. Wintertage sind kürzer als Sommertage.

Übung 8 1. Nein, zu Hause ist es nicht so kalt wie hier. Hier ist es kälter. 2. Nein, ich finde Fußball nicht so interessant wie Tennis. Ich finde Tennis interessanter. 3. Nein, der Film ist nicht so gut wie das Buch. Das Buch ist besser. 4. Nein, ich esse Gemüse nicht so gern wie Schokolade. Ich esse Schokolade lieber. 5. Nein, das Hotel gefällt mir nicht so gut wie das Restaurant. Das Restaurant gefällt mir besser. 6. Nein, Wandern macht mir nicht so viel Spaß wie Schwimmen. Schwimmen macht mir mehr Spaß.

Sprache im Kontext Lesen A. 1. a, b, c 2. b, c B. *Answers will vary. Possible answers:* FÜR DEN KÖRPER: Sport, Tennis, Squash, Fitnesscenter, Waldbad, Golfen, Wandern, Radeln FÜR DEN GEIST: Schulmuseum, Literaturarchiv, Stadtmuseum FÜR DAS GEMÜT: Aktivitäten der örtlichen Vereine und Institutionen C. *Order of cities may vary.* a. Bayreuth b. Regensburg c. Nürnberg d. München e. Prag f. Weiden g. Amberg D. 45 Minuten E. Am Wochenende sind wir von München nach Sulzbach-Rosenberg gefahren, denn wir haben Ruhe gesucht. Max und Sonja haben Tennis gespielt, und ich bin ins Fitnesscenter gegangen. Dann ist Max mit der Bahn nach Nürnberg gefahren, aber Sonja und ich sind in Sulzbach-Rosenberg geblieben. Max hat die Nürnberg Messe besucht, aber Sonja und ich haben zwei Stunden im Stadtmuseum verbracht. Wir haben dort viel gesehen, und wir haben auch die Geschichte der Altstadt gehört. Das Hotel hat alles für uns arrangiert.

Kapitel 8

Aussprache Übung 6 1. b 2. b 3. a 4. b 5. a

Hören und Sprechen Alles klar? Volksmusikabende, Konzerte, Thermalbäder, Gymnastik, Reiten, Radwandern, Nordic Walking, Golf

Wörter im Kontext Aktivität 1 nicht rauchen, viel zu Fuß gehen, viel Gemüse essen, zweimal im Jahr Urlaub machen

Aktivität 3 Person A: 1,65m, schwarz, braun, groß, stark, breit, braun Person B: 1,90m, blond, blau, nicht groß, nicht sehr stark, nicht sehr breit, lang und dünn Person C: 1,70m, dunkel, grün, keine Information, stark, breit, stark

Aktivität 5 *Possible answers:* 1. Trink heißen Tee mit Rum. 2. Nimm ein paar Aspirin. 3. Nimm ein heißes Bad. 4. Trink einen Kräuterschnaps. 5. Trink Kamillentee. 6. Geh zum Zahnarzt. 7. Leg dich ins Bett. 8. Nimm eine Baldriantablette.

Aktivität 6 (*L to R, top to bottom*) 3, 5, 4, 7, 8, 1, 6, 2

Grammatik im Kontext Übung 1 *Possible answers:* 1. Ja, ich glaube, dass Kamillentee den Magen beruhigt. 2. Ja, ich glaube, dass Orangensaft gut gegen Erkältung ist. 3. Ja, ich glaube, dass ein heißes Bad gut gegen Stress ist. 4. Nein, ich glaube nicht, dass kalte Getränke den Magen verderben. 5. Ja, ich glaube, dass Zucker die Zähne kaputt macht.

Übung 3 A. 1. macht er einen Spaziergang 2. macht sie Karate 3. geht er in die Sauna 4. liest sie einen Krimi 5. trinkt sie eine Tasse Kaffee 6. fährt sie in die Alpen.

Übung 5 1. b 2. b 3. b 4. c 5. a.

Übung 6 1. sich beeilen 2. treffen sich 3. sich, entspannen 4. sich verletzen 5. sich, informieren

Übung 8 1. a. ihr, euch; b. wir, uns 2. a. ihr, euch 3. a. ich, mir 4. a. Mitbewohnerin, sich; b. ich, mir 5. a. ihr, euch 6. a. meine Eltern, sich b. wir, uns

Übung 9 1. c 2. b 3. e 4. f 5. g 6. d 7. a.

Sprache im Kontext A. 1. erholt 2. Rückenschmerzen 3. der Arzt 4. Thermalbad (*oder:* Wellnesscenter); Wellnesscenter (*oder:* Thermalbad) 5. ist; geschwommen 6. Auto gefahren; Radtour 7. 3 (*oder:* 3 Uhr *oder:* drei *oder:* drei Uhr *oder:* 3:00 Uhr *oder:* 3.00 Uhr *oder:* 15 Uhr *oder:* fünfzehn Uhr *oder:* 15:00 Uhr *oder:* 15.00 Uhr); Konzert 8. Obst (*oder:* Gemüse); Gemüse (*oder:* Obst); Kräutertee

Lesen und Schreiben Alles klar? 1. der Kopf 2. das Gesicht 3. das Auge 4. die Nase 5. der Mund 6. das Kinn 7. der Bauch 8. das Bein 9. das Knie 10. der Fuß 11. der Finger 12. die Hand 13. der Arm 14. der Ellbogen (*oder:* der Ellenbogen) 15. die Brust 16. die Schulter 17. der Hals

Wörter im Kontext Aktivität 1 1. a. Gesundheit b. Rat c. Luft d. Arbeit e. Arzt 2. *Some answers will vary. Possible answers:* a. Arzt b. *Any two:* Schmerzen/Fieber/Kopfschmerzen/Husten/Schnupfen c. Biolebensmittel d. Termin

Aktivität 2 1. Achten 2. Reduzieren 3. Essen 4. Gehen 5. Machen 6. Meditieren (*oder:* Essen) 7. Verbringen (*oder:* Meditieren) 8. Rauchen

Aktivität 3 1. Kopf und Haare 2. Augen und Ohren 3. Nase und Mund 4. Gesicht und Kinn 5. Hals und Schultern 6. Bauch und Rücken 7. Arme und Beine 8. Hände und Füße 9. Ellbogen (*oder:* Ellenbogen) und Knie 10. Finger und Zehen

Aktivität 4 1. duscht sich 2. kämmt sich 3. entspannen sich 4. strecken sich 5. putzt sich die Zähne 6. zieht sich an

Aktivität 5 1. Ja, ich kämme mich jeden Morgen. (*oder:* Nein, ich kämme mich nicht jeden Morgen.) 2. Ja, ich strecke mich oft. (*oder:* Nein, ich strecke mich nicht oft.) 3. Ja, ich verletze mich manchmal. (*oder:* Nein, ich verletze mich nie.) 4. Ja, ich muss mich immer beeilen. (*oder:* Nein, ich muss mich nicht immer beeilen.) 5. Ja, ich kann mich am Abend entspannen. (*oder:* Nein, ich kann mich am Abend nicht entspannen.) 6. Ja, ich möchte mich fithalten. (*oder:* Nein, ich möchte mich nicht fithalten.) 7. Ja, ich fühle mich immer gesund. (*oder:* Nein, ich fühle mich nicht immer gesund.) 8. Ja, ich erkälte mich leicht. (*oder:* Nein, ich erkälte mich nicht leicht.)

Aktivität 6 *Answers may vary.* JAN: Du klingst deprimiert, Sara. SARA: Ich fühle mich hundsmiserabel. JAN: Das tut mir lied. Was fehlt dir denn? SARA: Ich habe die Grippe. Der Hals tut mir weh, und ich kann kaum schlucken. JAN: Hast du Fieber? SARA: Ja, auch Husten. JAN: So ein Pech. Hast du deinen Arzt (*oder:* deine Ärztin) angerufen? SARA: Das mache ich heute. JAN: Na, gute Besserung! SARA: Danke.

Grammatik im Kontext Übung 1 A. 1. Ich lese, weil ich immer etwas lernen will. 2. Ich reise, weil ich andere Länder sehen will. 3. Ich esse Biolebensmittel, weil ich gesund bleiben will. 4. Ich laufe, weil ich fit werden will. 5. Ich gehe manchmal zum Arzt, weil ich Rat brauche. 6. Ich schlafe leicht ein, weil ich oft müde bin.

Übung 2 A. 1. Schön, dass ich im Frühling hier war. 2. So ein Pech, dass du dich verletzt hast. 3. Macht nichts, dass ihr spät angekommen seid. 4. Es ist selbstverständlich, dass wir Getränke mitgebracht haben. 5. Schön, dass unsere Freunde den Sommer bei uns verbringen. 6. Macht nichts, dass du schon etwas vorhast.

Übung 3 (*Answers will vary slightly. Possible answers are shown.*) 2. Tim und Julia haben Urlaub, aber sie haben noch keine Pläne. Sie wissen, dass sie den ganzen Urlaub nicht im Hotelzimmer verbringen wollen. Tim liest laut aus Reisebroschüren vor. Julia spricht nicht, sondern sie hört zu. Die beiden können nicht in die Oper gehen, denn sie haben nicht genug Geld dafür. Sie können nicht schwimmen gehen, weil das Hotel kein Schwimmbad hat. Tim weiß, dass Julia durchs Einkaufszentrum bummeln möchte, aber er will nicht mitgehen. Julia weiß, dass Tim gern ein Fußballspiel im Stadion sehen möchte, aber sie interessiert sich nicht dafür. Julia sagt: „Wenn du ins Stadion gehst, gehe ich einkaufen", aber Tim sagt: „Wenn wir in Urlaub sind, sollten wir die Zeit zusammen verbringen."

Übung 4 1. Wenn ich mein Zimmer aufräume, darf ich mit Papi ausgehen. 2. Wenn ich meine Hausaufgaben mache, kann ich draußen spielen. 3. Wenn ich samstags früh aufstehe, können wir aufs Land fahren. 4. Wenn ich mein Gemüse esse, darf ich Schokolade haben. 5. Wenn ich mir die Hände nicht wasche, darf ich nicht am Tisch essen.

Übung 5   1. Ich weiß nicht, warum du keine Energie hast.   2. Ich weiß nicht, was dir fehlt.   3. Ich weiß nicht, wen du anrufen sollst.   4. Ich weiß nicht, wie du wieder fit und gesund werden kannst.   5. Ich weiß nicht, wann du dich wieder wohl fühlst.

Übung 6   1. Ich soll mich regelmäßig strecken.   2. Du sollst dich nicht beeilen.   3. Wir dürfen uns nicht erkälten.   4. Ihr dürft euch hier hinsetzen.   5. Sie müssen sich über Vitamine informieren.   6. Er kann sich nicht entspannen.

Übung 7   Ich habe mich fit gehalten. Ich habe gesund gegessen und viel Wasser getrunken. Ich habe regelmäßig Sport getrieben. Zweimal pro Woche habe ich Tennis gespielt. Ich bin jeden Morgen schwimmen gegangen, und jedes Wochenende bin ich gelaufen. Ich habe nie geraucht und habe nur selten Medikamente genommen. Manchmal habe ich mich erkältet. Dann habe ich Vitamintabletten eingenommen und viel Orangensaft getrunken. Ich bin zu Hause geblieben und habe mich erholt. Bald bin ich wieder gesund geworden. Einmal pro Jahr bin ich zum Arzt gegangen. Ich habe die Gesundheit für wichtig gehalten.

Übung 8   A: dir   B: mir   C: dich   D: mich   E: mich/mir/mich   F: euch   G: uns   H: dir   I: mir

Übung 9   *Answers may vary slightly. Possible answers:*   1. Kämm dir doch die Haare.   2. Wasch dir doch die Hände.   3. Putz dir doch die Zähne.   4. Entspann(e) dich doch öfter.   5. Zieh dir doch den Mantel an.   6. Zieh dich doch an.   7. Koch dir doch einen Tee.   8. Leg dich doch aufs Sofa.   9. Rasier dich doch.   10. Beeil dich doch.   11. Zieh dir doch die Schuhe an.

Übung 10   1. Wie oft seht ihr euch?   2. Wie oft ruft ihr euch an?   3. Wo trefft ihr euch gern?   4. Liebt ihr euch?   5. Wie lange kennt ihr euch schon?

Sprache im Kontext   Lesen   A.   1. Christian Wolff   2. Förster   3. Hund   4. Forsthaus Falkenau   5. Fragen   6. Stress   **B.** (Christian Wolff) *Answers may vary slightly. Possible answers:*   1. ein Spaziergang mit meiner Frau und unseren Hunden. (*oder:* Ich gehe gern mit meiner Frau und unseren Hunden spazieren.)   2. einem guten Rotwein. (*oder:* Ich trinke gern einen guten Rotwein.)   3. Stress lasse ich nicht an mich ran. (*oder:* Ich lasse Stress gar nicht erst an mich ran. *oder:* Stress ist für mich kein Problem.)   4. Ich muss mich cholesterinbewusst ernähren. (*oder:* Ich darf keine Eier, keine Butter und nur wenig tierische Fette essen.)   5. mein Gerechtigkeitssinn. (*oder:* Ich will immer fair sein.)   6. Unprofessionalität und Unordnung   7. Italien; wegen der Landschaft, der Menschen, der Küche und der Nähe.   8. Ich habe nie ein Musikinstrument gelernt.   9. der Blick durchs Schlafzimmerfenster in die Natur   10. Wer in die Vergangenheit blickt, verdient keine Zukunft. (*oder:* Ich sehe nicht in die Vergangenheit, sondern in die Zukunft.) (ich) *Answers will vary.*

Kulturjournal   A.   1. medizinische Therapie, Freizeitaktivitäten, Kunst und Kultur, einen Urlaub für die Gesundheit, gesundes Essen, mineralhaltiges Heilwasser

Kapitel 9

Hören und Sprechen   Alles klar?   1. Vermittlung von Hotel-, Pensions- und Privatzimmern sowie Ferienwohnungen   2. Verkauf der WeimarCard   3. Organisation von touristischen Programmen für Gruppen (*oder:* Vermittlung von thematischen Stadtführungen)   4. Souvenirverkauf   5. Ticket-Service für überregionale und regionale Veranstaltungen (*oder:* Event- und Locationservice)

Wörter im Kontext   Aktivität 1   1. Hotel; ein Einzelzimmer; nicht mehr als € 150; eine Nacht; Internetzugang, in der Innenstadt in ruhiger Lage   2. Pension; zwei Doppelzimmer; nicht viel Geld; drei Tage; in ruhiger Lage, mit Parkplatz   3. Jugendherberge; X; nicht mehr als € 35 pro Person; eine Woche; mit Frühstück, nah an Wanderwegen, Fernseher

Aktivität 2   1. Hotel   2. Zimmer   3. entfernt   4. in der Nähe   5. Doppelzimmer   6. Stock   7. Internetzugang   8. 225   9. Erdgeschoss   10. Frühstücksraum   11. Kreditkarte

Aktivität 3   1. acht Übernachtungen   2. (Ferien)wohnung   3. im zweiten Stock   4. 12   5. nein   6. vier

Aktivität 4   in der Wohnung: Balkon, Fernseher, Kühlschrank, Schlafcouch; auf dem Hof: Liegewiese, Restaurant, Stellplätze für Wohnmobile, Weinkellerei

Aktivität 6   1. liegt   2. nicht weit von   3. Auskunft   4. Entschuldigung   5. zu Fuß   6. links   7. Kreuzung   8. links   9. rechts   10. geradeaus   11. Museum   12. Park

Grammatik im Kontext   Übung 2   1. der Stadt   2. der Fußgängerzone   3. der vielen Ampeln   4. der Fahrt   5. der Stadt   6. der Kinder   7. der Fußgängerzone, der Pension   8. meiner Frau

Übung 3   1. en   2. e   3. en   4. en   5. en   6. en   7. en   8. e   9. en   10. en   11. e   12. e   13. es

Übung 7   (Alte Kanzlei) 1. er   2. e   3. en   4. en   5. es   6. e   7. e (Hotel Doktor-Weinstuben) 8. en   9. e   10. er   11. er   12. em   13. en   (Hotel Binz) 14. en   15. e   16. es   17. e   18. e   19. en   20. en   21. en   22. en   23. en   24. em   25. en

Sprache im Kontext   *Answers may vary in wording slightly.* A.   1. zwei Stunden, € 3,50   2. Johann Wolfgang von Goethe, fast 50 Jahre   3. eine berühmte Designhochschule, ganzjährig (das ganze Jahr)   4. drei, montags   5. ein Konzentrationslager, mehr als 50 000   6. 1919 (*oder:* 95. Jahrestag *oder:* nach dem Ende des Ersten Weltkriegs), 3 Euro.   7. neoklassizistisch   8. Bibliothek, Goethe   9. eine Thüringer Rostbratwurst   10. Thüringer Bier oder Wein

Lesen und Schreiben   Alles klar?   1. ja   2. nein   3. nein   4. vielleicht   5. ja   6. nein   7. vielleicht   8. vielleicht   9. nein   10. ja   11. nein   12. nein

Wörter im Kontext   Aktivität 1   1. das Einzelzimmer, -   2. das Bett, -en   3. die Bettwäsche   4. die Kommode, -n   5. das Handtuch, ¨er   6. der Fernseher, -   7. der Tisch, -e   8. die Lampe, -n   9. der Schlüssel, -   10. der Stuhl, ¨e   11. das Gepäck   12. der Koffer, -   13. der Schrank, ¨e (*oder:* die Garderobe, -n)   14. die Heizung   15. die Klimaanlage, -n   16. das Bad, ¨er (*oder:* das Badezimmer, -*oder:* die Tür)   17. die Toilette, -n   18. die Dusche, -n; Fernseher / Dusche und WC / Einzelzimmer mit Bad / Klimaanlage und Heizung

Aktivität 2   1. Innenstadt   2. Lage   3. Parkplatz   4. Jugendherberge   5. Doppelzimmer   6. Einzelzimmer

Aktivität 3   1. Unterkunft / Einzelzimmer mit Bad   2. Erdgeschoss / Stockwerke / Stock   3. Anmeldeformular   4. Aufzug   5. Frühstücksraum

Aktivität 4   5 7 4 9 10 2 6 1 8 3

Aktivität 5   eine Ampel, Ampeln / eine Kreuzung, Kreuzungen / eine Bank, Banken / eine Jugendherberge, Jugendherbergen / ein Hotel, Hotels / eine Pension, Pensionen / eine Kirche, Kirchen / ein Museum, Museen / einen Bahnhof, Bahnhöfe

Aktivität 6   *Answers will vary slightly. Possible answers:*   1. Entschuldigung, ist das Museum weit von hier?   2. Nein. Es ist nur ungefähr zehn Minuten zu Fuß.   3. Wie komme ich am besten dahin?   4. Gehen Sie hier die Schottenstraße entlang.   5. Gehen Sie geradeaus zur Ampel. (*oder:* Gehen Sie geradeaus bis zur Ampel.)   6. Biegen Sie dann links in die Schützenstraße.   7. Gehen Sie immer geradeaus.   8. Das Museum liegt gegenüber von der Christuskirche. (*oder:* Das Museum liegt der Christuskirche gegenüber. *oder:* Das Museum liegt gegenüber der Christuskirche.)   9. Vielen Dank.

Grammatik im Kontext   Übung 1   A.   Haus der Kulturen der Welt / An einem "Netzwerk der Beziehungen zwischen den Kulturen" arbeitet das Haus der Kulturen der Welt in Berlin seit 1989.   B. des Landes / der Kinder / der Periode / des Kontinents

Übung 2   A.   1. das Foto des Moments   2. das Wort der Stunde   3. das Buch der Woche   4. der Roman des Monats   5. der Film des Jahres   6. das Symbol der Zeiten   B.   1. Habt ihr den Film des Monats gesehen?   2. Hast du den Roman des Jahres gelesen?

Übung 3   1. Das ist das Auto meines Onkels.   2. Das ist der Schlüssel deiner Freundin.   3. Das ist das Gepäck meiner Freunde.   4. Das ist die Kreditkarte eures Vaters.   5. Das ist das Anmeldeformular dieses Herrn.   6. Das ist das Geld Ihres Mannes.   7. Das sind die Fotos dieser Männer.   8. Das sind die DVDs eines Studenten aus Kanada.

Übung 4   1. Wer   2. Wessen   3. Wen   4. Wer   5. Wessen   6. Wem   7. wen   8. Wer   9. wem   10. Wer
11. Wessen   12. Wem

Übung 5   Das Haus der Familie Beethoven steht in Bonn. Hier wurde Ludwig van Beethoven 1770 geboren.
Dieses Haus ist für viele Besucher ein wichtiges Symbol der Stadt Bonn. Die zweite Heimat des Komponisten
war Wien, und im „Wiener Zimmer" des Beethoven-Hauses kann man Dokumente über sein Leben und seine
Werke in Wien sehen.
Die moderne Beethovenhalle dient seit 1959 als Konzerthalle, und sie ist eigentlich die dritte dieses Namens in
Bonn. Das Orchester der Beethovenhalle spielt eine große Rolle im kulturellen Leben dieser Musikstadt am Rhein.
Es hat auch wichtige Funktionen im Rahmen der Beethovenfeste in Bonn. Das erste Beethovenfest fand an
Beethovens 75. Geburtstag statt. Der Komponist Franz Liszt war ein Mitglied des Festkomitees. Man hat zu diesem
Fest eine Bronzfigur von Beethoven, das Beethoven-Denkmal, errichtet.
Ein neues Symbol der Beethovenstadt Bonn ist „Beethon", eine Skulptur aus Beton. „Beethon" ist das Werk eines
Künstlers aus Düsseldorf, Professor Klaus Kammerichs. Man findet das Grab der Mutter Beethovens auf dem Alten
Friedhof in Bonn. Ludwig van Beethovens Mutter wurde als Maria Magdalene Keverich geboren. Sie starb
am 17. Juli 1787. Auf dem Grabstein dieser Frau stehen die Worte: „Sie war mir eine so gute liebenswürdige
Mutter, meine beste Freundin." Das Grab ihres Sohnes findet man in Wien.

Übung 6   1. Innerhalb einer Woche   2. Während unseres Aufenthalts   3. Wegen des Internetzugangs
4. Trotz des Wetters / innerhalb der Fußgängerzone   5. Wegen der Lage des Hotels   6. außerhalb der Stadt

Übung 8   1. schönen/deutschen   2. große/alten/historischen   3. interessanten   4. gemütlichen/freundlichen

Übung 9   1. junger   2. bequemen   3. runden   4. gemütlichen   5. kleine   6. weißes   7. blaue   8. graue
9. alte   10. große   11. zehnjährigen   12. roten   13. gelbes   14. sechsjährigen   15. stressfreie

Übung 11   1. viele/schöne   2. warmen/frische   3. historische/gemütlichen   4. luxuriöse/eleganten/berühmten
5. große   6. gute/deutscher/internationaler   7. schönen/ruhigen   8. fröhliche/zauberhafte/deutschen

Übung 12   A.   1. Ja, ich habe schon die neue Show in der Frankfurter Festhalle gesehen. (*oder:* Ja, ich habe
die neue Show in der Frankfurter Festhalle schon gesehen.)   2. Ja, ich habe das Hamburger Rathaus fotografiert.   3. Ja, ich habe die Berliner Oper besucht.   4. Ja, ich habe die Wiener Philharmoniker gehört.   5. Ja, ich
habe das Heidelberger Schloss gesehen.   6. Ja, ich kenne das Lüneburger Stadtwappen.

Sprache im Kontext   Lesen   A.   1. h   2. c   3. f   4. d   5. g   6. a   7. e   8. b   B.   1. der
2. Mindelheims   3. der   4. geschichtlicher   5. neuzeitlicher, der, des, Unterallgäus   6. nobler   7. lokaler
8. aller   C.   1. a, c   2. b, c   3. a, b, c   D.   1. farbenfroh   2. geschichtlich   3. neuzeitlich   4. alt
5. romantisch   6. künstlerisch   7. unerwartet   8. zahlreich   9. groß, historisch   10. reich   11. freundlich
12. breit   13. nobel   14. handwerklich   15. lokal   16. bemerkenswert   17. herzhaft-schwäbisch
18. kulinarisch   19. niveauvoll, gemütlich   20. gepflegt, heimelig

Kulturjournal   A.   1. G   2. E   3. A   4. H   5. I   6. J   7. C   8. B   9. F   10. D

Kapitel 10

Hören und Sprechen   Alles klar?   A.   Gespräch   1: Academia Atlántika (Spanisch lernen direkt am Atlantik) Gespräch   2: Lahn Tours (suchen + buchen) Gespräch   3: cultura

Wörter im Kontext   Aktivität 2   *Possible answers:*   1. Ich nehme Wanderschuhe und einen Rucksack mit.
2. Ich nehme ein Smartphone, ein Notizheft und ein Wörterbuch mit.   3. Ich packe ein Buch, Sonnencreme,
einen Badeanzug/Badehose und ein Abendkleid/Anzug in meinen Koffer.   4. Ich packe Sonnencreme, einen
Rucksack, Skier und warme Kleidung und Schuhe ein.   5. Ich nehme einen Reiseführer-USA, bequeme Schuhe,
eine Sonnenbrille und ein Wörterbuch mit.

Aktivität 3   B.   *Phrasing may vary slightly.*   1. ans Mittelmeer   2. liest viel, erholt sich   3. ein Buch,
Sonnencreme, eine Sonnenbrille   4. in die Alpen   5. läuft Ski   6. warme Kleidung, Skier

Aktivität 5 *Phrasing may vary slightly.* 1. Segelkurs für Anfänger und Fortgeschrittene; Spitzen-Hotel; zwei Wochen; € 1200 2. London; bei englischen Familien; sechs Wochen; € 1100 3. Schweden; Expedition; Juni bis August; € 1225 4. Schweiz; Wanderurlaub; Jugendherberge; € 340

Aktivität 6 *Possible answers:* 1. Familie Huber will dieses Jahr nach Italien an die Adria fahren. 2. Thomas will mit ein paar Freunden eine Radtour durch Österreich machen. 3. Nein. Thomas ist zu jung, und das ist zu gefährlich. 4. Er will in einem Zelt oder in der Jugendherberge übernachten. 5. Fast alle Schüler in Thomas' Klasse dürfen ohne ihre Eltern Urlaub machen. 6. Er findet, Thomas soll mit der Familie im Auto nach Italien fahren. 7. *Answers will vary.*

Aktivität 7 1. Fahrkarte 2. Großeltern 3. IC 4. Zug 5. Gleis 6. Stunde 7. umsteigen

Aktivität 9 1. Leipzig 2. drei 3. einsteigen 4. Türen, Abfahrt 5. Gleis

Grammatik im Kontext Übung 3 1. billigste 2. größte 3. billiger 4. frischer 5. preiswerteste 6. gemütlichste 7. billigsten 8. älteste

Übung 4 A. 1. am billigsten, mit dem Bus 2. am günstigsten, eine Jugendherberge 3. das Schönste, die Museen 4. am ältesten, New York 5. am höchsten/der höchste, die Zugspitze

Übung 6 1. war 2. starb 3. hatten 4. brauchte 5. heiratete 6. fing 7. musste 8. durfte 9. schlief 10. lag 11. hieß 12. feierte 13. sollten 14. suchte 15. zogen 16. sagte 17. gingen 18. bekam 19. fuhr 20. tanzte 21. lief 22. verlor 23. fand 24. sprach 25. gehörte 26. brachte 27. *Answers may vary.* Cinderella

Übung 7 A. a. 4 b. 6 c. 5 d. 1 e. 2 f. 3 g. 7

Sprache im Kontext A. 1. letzten Sommer 2. begann 3. Kaffee, Kuchen 4. konnten, Barockgebäude 5. Dreiflüssestadt 6. Landschaft 7. Bedienung 8. zweiten Tag 9. Sonnenschutz 10. Temperaturen 11. Reisebusse 12. Bibliothek, Gymnasium 13. Spaziergang 14. Reise

Lesen und Schreiben Alles klar? *Answers will vary. Possible answers:* 1. Der Zug ist schon angekommen. 2. Die Leute müssen nicht mehr auf den Zug warten. *oder:* Die Leute warten nicht mehr auf den Zug. 3. Der Zug ist noch nicht vom Bahnhof abgefahren. 4. Der Zug steht auf dem Gleis. *oder:* Der Zug steht nicht auf dem Bahnsteig, sondern auf dem Gleis. *oder:* Die Leute stehen auf dem Bahnsteig. 5. Der Zug ist sehr modern. 6. Die Leute steigen jetzt ein. 7. Sie tragen Handgepäck: Koffer, Kameras, Rücksäcke. 8. Sie reisen wahrscheinlich nicht im Winter, weil sie keine Winterkleidung tragen. *oder:* Sie reisen wahrscheinlich im Sommer, weil sie Sommerkleidung tragen. *oder:* Sie reisen vielleicht im Frühling, im Sommer oder im Herbst, weil sie keine Winterkleidung tragen. 9. Nur ein Mann reist wahrscheinlich geschäftlich, weil er einen Anzug trägt. *oder:* Diese Leute reisen wahrscheinlich nicht geschäftlich, weil sie Sportkleidung tragen: einen Cowboyhut, Sporthemden, Jeans.

Wörter im Kontext Aktivität 1 A. 1. Angebot 2. Handgepäck 3. Handschuh 4. Auskunft 5. Bargeld 6. Bahnhof B. 1. der Bus / das Angebot / der Zug / das Flugzeug 2. das Handgepäck / die Fahrkarte / die Platzkarte / der Personalausweis 3. das Reisebüro / der Handschuh / die Busreise / der Reiseführer 4. der Anschluss / die Abfahrt / die Auskunft / die Ankunft 5. das Gleis / der Bahnhof / der Bahnsteig / das Bargeld 6. das Taxi / der Bahnhof / die Busse / das Auto

Aktivität 2 *Answers may vary. Possible answers:* A. 1. aktiv 2. schnell 3. unsicher *oder:* gefährlich 4. jung *oder:* neu B. 1. der Zug 2. die Kamera 3. die Auskunft 4. die Fahrkarte C. 1. dem Zug 2. Auskunft / die Fahrkarte *oder:* seine Fahrkarte 3. die Kamera *oder:* seine Kamera *oder:* eine Kamera

Aktivität 3 A. 1. a 2. b 3. c 4. a, c 5. b, c 6. b 7. a, c B. 1. Hast du den Reiseprospekt? 2. Hast du die Tour schon gebucht? 3. Hast du deine Fahrkarte schon gekauft? 4. Vergiss deine Kamera nicht!

Aktivität 4 B. 1. an der Aller., in der Heide im Bundesland Niedersachsen. 2. segeln., wandern. 3. eine idyllische Landschaft., 80 Kilometer markierte Wanderwege. 4. einen Segelkurs machen., tagelang wandern. 5. einen internationalen Mühlenpark., viele Windmühlen. 6. eine historische Altstadt., behagliche Gastlichkeit. 7. Wälder., Flüsse. 8. Auskünfte bekommen., Reiseprospekte bekommen. 9. Pauschalangeboten fragen., Unterkunft fragen.

Aktivität 5 1. h 2. e 3. g 4. f 5. a 6. b 7. c 8. d

Aktivität 6 A. 2. der Fahrkartenschalter 3. der Fahrplan 4. die Auskunft 5. der Zug 6. der Bahnsteig 7. das Gleis B. Frau Lüttge macht eine Reise mit dem Zug. Sie ist mit einem Taxi zum Bahnhof gefahren. Dann trägt sie ihr Handgepäck in die Bahnhofshalle. Sie geht gleich an den Fahrkartenschalter, wo sie ihre Fahrkarte kauft. Sie isst etwas im Bahnhofsrestaurant und geht dann zum Bahnsteig, wo ihr Zug zehn Minuten später auf Gleis 4 abfährt.

Aktivität 7 A: Drei Fahrkarten nach Wiesbaden bitte. B: Fahren Sie zusammen? A: Ja, wir fahren zu dritt. B: Einfach oder hin und zurück? A: Hin und zurück. Zweiter Klasse. B: Der nächste Zug fährt in vierzig Minuten ab. A: Müssen wir umsteigen? B: Ja, Sie haben in Frankfurt Anschluss.

Aktivität 8 9 4 1 8 7 2 13 11 5 10 6 3 12

Grammatik im Kontext Übung 1 1. Wer fährt am schnellsten? 2. Wer ist am freundlichsten? 3. Wer reist am meisten? 4. Wer ist am interessantesten? 5. Wer spricht am lautesten?

Übung 2 1. einen schnelleren Bus 2. billigere Fahrkarten 3. ein besseres Navi 4. eine kleinere Kamera 5. ein größeres Zelt 6. einen schöneren Strand

Übung 3 1. höchste / am höchsten 2. ältesten / am ältesten 3. interessanteste / am interessantesten 4. größte / am größten 5. schnellsten / am schnellsten 6. längste / am längsten

Übung 4 A: gutes B: besseren / beste C: kleines D: größeres / größte E: alten F: schönste / ältesten G: jüngsten H: Jüngere / ältere

Übung 5 1. Österreich ist ein kleines Land, die Schweiz ist ein kleineres Land, aber Liechtenstein ist das kleinste Land. 2. Die Zugspitze ist ein hoher Berg, der Großglockner ist ein höherer Berg, aber die Dufourspitze ist der höchste Berg. 3. München ist eine große Stadt, Hamburg ist eine größere Stadt, aber Berlin ist die größte Stadt.

Übung 6 *Phrasing will vary slightly.* 1. Ich möchte etwas Modernes sehen. 2. Ich will etwas Interessantes kaufen. 3. Ich möchte etwas Romantisches hören. 4. Ich will im Urlaub nichts Technisches lesen. 5. Dieses Wochenende will ich nichts Sportliches machen. 6. Dieses Jahr möchte ich nichts Teures planen. 7. Ich will viel Ungewöhnliches fotografieren.

Übung 7 1. Ich plante eine Autofahrt. 2. Ich machte einen Fahrplan. 3. Ich brauchte eine Unterkunft in der Stadt. 4. Ich buchte ein Zimmer in einer Pension. 5. Die Autofahrt dauerte sechs Stunden. 6. Ich konnte den Stadtplan nicht verstehen. 7. Ich musste Passanten nach dem Weg fragen. 8. Ich dankte ihnen für die Hilfe. 9. An der Rezeption der Pension füllte ich das Anmeldeformular aus. 10. Ich übernachtete in einem kleinen Zimmer im ersten Stock. 11. Das Zimmer hatte Zentralheizung. 12. Um sechs Uhr wachte ich auf. 13. Ich duschte mich und frühstückte. 14. Ich bezahlte die Rechnung. 15. Dann war ich wieder unterwegs. 16. Es war nichts Spannendes.

Übung 8 Herr Kleist wollte für seinen Urlaub sehr wenig Geld ausgeben. Er ging ins Reisebüro und sprach mit Herrn Vogt über Preise für Fahrkarten und Pensionen. Er fand alles viel zu teuer. Herr Vogt fragte ihn darauf: „Haben Sie schon einmal eine Tour durch unsere Stadt gemacht?" Herr Kleist antwortete: „Nein, das habe ich noch nicht gemacht." Herr Vogt schlug vor: „Bleiben Sie doch zu Hause, und lernen Sie unsere Stadt besser kennen." Herr Kleist war damit einverstanden. Er verbrachte also seinen Urlaub zu Hause. Er fand viel in der Stadt zu tun und sich anzuschauen. Er machte drei Stadtrundfahrten, ging durch die Parks spazieren, und so lernte er seine eigene Stadt kennen. Sonntags besuchte er Museen, und danach lud er Freunde zu sich ein. Nachmittags arbeitete er im Garten, und abends saß er stundenlang im Wohnzimmer und sah fern. Sein Urlaub zu Hause war schöner als alle Reisen.

Übung 9 1. Als Kevin im Reisebüro war, sprach er mit einem Reiseverkehrskaufmann. 2. Als Anna das Angebot sah, wollte sie sofort eine Fahrkarte kaufen. 3. Als Alexander mit dem Taxi fuhr, dauerte die Fahrt zum Bahnhof nur zehn Minuten. 4. Als Corinna in Mainz war, übernachtete sie in einer Jugendherberge. 5. Als Jennifer am Bahnhof ankam, fuhr der Zug ab. 6. Als Patrick den Tag am Strand verbrachte, brachte er kein Sonnenschutzmittel mit. 7. Als Laura den Fahrplan las, machte sie Reisepläne. 8. Als Sebastian aus dem Hotelzimmer ging, vergaß er den Schlüssel.

Übung 10   1. Was hatte Hape Kerkeling schon gemacht, bevor er die Pilgerreise machte?   2. Wohin war er schon gereist, bevor er nach Spanien abfuhr?   3. Was hatte er schon gelernt, bevor er in Spanien ankam?   4. Was wollte er machen, nachdem er nach Deutschland zurückgekommen war?

Sprache im Kontext   Lesen   A.   1. Deutschland, die Schweiz, Liechtenstein, Österreich/Liechtenstein   2. Bodensee, Zürichsee, Walensee/der Bodensee/der Walensee   3. Zürich   4. circa 355 Kilometer   **B.** *Answers may vary.*   1. am dritten Tag (*oder:* am siebten Tag)   2. am sechsten Tag (*oder:* am achten Tag)   3. als eine der schönsten und besterhaltenen mittelalterlichen Kleinstädte im deutschsprachigen Raum   4. der größte Wasserfall Europas   5. Schaffhausen   6. startende und landende Flugzeuge   7. die schöne Altstadt, die Promenade oder eines der Museen besuchen   8. am fünften Tag   9. In das Fürstentum Liechtenstein und dann in Österreich in Feldkirch   10. Vaduz   11. Man passiert das größte Süßwasserdelta Europas, das Naturgebiet Rheindelta.   12. Streuobstwiesen und kleine Fachwerkdörfer

Na klar!   *Answers will vary slightly.* Letzten Sommer reisten zehn amerikanische Studenten und Studentinnen nach Europa. Die jungen Leute fuhren am ersten Juli von Boston ab. Sie nahmen Koffer, Rucksäcke, Kameras, Reiseschecks, Reiseführer, Bargeld und Personalausweise mit. Sie hatten schon alle ihre Pläne gemacht. Sie waren ins Reisebüro gegangen, hatten die Reiseprospekte gelesen, die Fahrkarten gekauft und die Unterkünfte gebucht. Sie kamen am Flughafen in Frankfurt an und übernachteten in dieser Stadt. Am nächsten Morgen fuhren sie mit dem Bus zum Bahnhof. Sie stiegen in einen Zug ein und begannen ihre Tour der deutschsprachigen Länder. Sie kamen nach Boston zurück, nachdem sie durch Deutschland, die Schweiz und Österreich gefahren waren.

Kulturjournal   B.   1. sechzehn   2. neun   3. dreiundzwanzig   4. Zürich   5. Wien   6. Berlin   7. Kalifornien

Kapitel 11

Hören und Sprechen   Alles klar?   *Answers will vary in phrasing and formulation.*   Erzieher/in: 60 000 (*oder:* 60.000 *oder:* 60000); Hotelfachmann/frau: 45 000 (*oder:* 45.000 *oder:* 45000); Apotheker/in: 3 300 (*oder:* 3.300 *oder:* 3300); Ingenieur/in: 45 000 (*oder:* 45.000 *oder:* 45000); IT-Techniker/in: 33 500 (*oder:* 33.500 *oder:* 33500)

Wörter im Kontext   Aktivität 1   A.   Linda: möchte im Ausland studieren, hohes Gehalt nicht so wichtig   Matthias: wichtig, dass er nette Kollegen und einen guten Chef hat   Heidi: will Schauspielerin werden   Karl: sehr wichtig, dass er viel Geld verdient; nicht wichtig, was er macht; gut wäre, wenn die Arbeit interessant wäre   **B.**   1. Andre ist nicht gern zur Schule gegangen.   2. Linda hat in der Schule am liebsten Fremdsprachen gelernt.   3. Matthias hat oft seinen Mitschülern geholfen.   4. Heidi hat in der Schule sehr oft und sehr gerne Theater gespielt.   5. Karls Familie hat nie genug Geld gehabt.

Aktivität 2   B.   1. Mechaniker   2. liebt Autos   3. Kaufmann   4. arbeitet gern im Handel   5. Dolmetscherin   6. spricht Französisch, Englisch und Russisch

Aktivität 5   1. a   2. e   3. c   4. d   5. b

Aktivität 6   erwünschte Eigenschaften: weltoffen, kommunikativ, moderne Dienstleistungen erfüllen; Alter: 21–28; Ausbildung: mittlere Reife; Berufserfahrung erwünscht: ja; Fremdsprachenkenntnisse: Englisch, auch Spanisch, Portugiesisch, Französisch oder Italienisch; Gesundheitszustand: gut; Gewicht: kein Übergewicht; Ausbildungszeit: 7 Wochen; Wann kann man sich bewerben? jederzeit

Aktivität 7   1. Abitur   2. studiert   3. Geld   4. beworben, Vorstellungsgespräch   5. abwechslungsreich   6. Germanistik   7. Arbeitsamt   8. studieren

Grammatik im Kontext   Übung 2   1. Sie wird Franz anrufen.   2. Er wird Monika anrufen und ihr sein Problem erklären.   3. Er wird seine Mutter um das Geld bitten.   4. Sie wird ihren Chef um einen Vorschuss bitten.   5. Die eine Frau wird den Hausdetektiv anrufen, und die andere Frau wird den Mann im Auge behalten.   6. Er wird zu ihr fahren und sich entschuldigen.

Übung 4   1. Wecker, den   2. Studenten, die   3. DVD-Spielern, die   4. Firma, deren   5. Leuten, die
6. Jugendlichen, die

Übung 8   *Phrasing will vary.*   1. zwei alte Schulfreunde   2. ein renovierter Altbau in der Innenstadt
3. ein nettes Café, ein teures Restaurant, schicke Boutiquen   4. den neuesten iMac   5. supermoderne Möbel
aus Schweden   6. einen VW Golf

Sprache im Kontext   1. die guten Engel   2. die Deutschen immer älter werden   3. drei Jahre   4. 3 000
Stunden   5. Innere Medizin   6. Hygiene, Psychologie, Soziologie   7. Intensivdienste   8. Aufstiegschancen

Lesen und Schreiben   Alles klar?   1. c, d   2. a, b   3. b, c   4. b, d   5. b, c

Wörter im Kontext   Aktivität 2   1. Beruf / Chef / selbstständig / verdienen   2. Gelegenheit / Firma /
im Ausland   3. interessiere / Klinik / im Freien   4. Stelle / Gehalt

Aktivität 3   1. sich / beschäftigt   2. mich / vorbereiten   3. sich / bewirbt   4. besitzen   5. verdient
6. nachdenken

Aktivität 4   1. Rechtsanwältin   2. Geschäftsmann   3. Zeichnerinnen   4. Bibliothekarin   5. Dolmetscher
6. Kauffrau   7. Künstler   8. Zahnärztin   9. Informatiker   10. Mechaniker   11. Psychologin   12. Journalisten

Aktivität 5   *Some answers may vary.*   1. ein Informatiker / eine Informatikerin   2. ein Zeichner / eine Zeichnerin
3. ein Mechaniker / eine Mechanikerin   4. ein Geschäftsmann / eine Geschäftsfrau   5. ein Chef / eine Chefin
6. ein Künstler / eine Künstlerin   7. ein Kaufmann / eine Kauffrau   8. Ärzte und Ärztinnen   9. mit einem
Rechtsanwalt / mit einer Rechtsanwältin   10. ein Zahnarzt / eine Zahnärztin   11. ein Schauspieler / eine
Schauspielerin   12. ein Bibliothekar / eine Bibliothekarin

Aktivität 6   A.   1. der Arbeiter / die Arbeiterin   2. die Mitarbeiter / die Mitarbeiterinnen   3. die Arbeitgeber /
die Arbeitgeberinnen   4. der Arbeitsplatz   5. das Arbeitsamt   6. die Bewerbung   7. das Bewerbungsformular
8. der Berufsberater / die Berufsberaterin   9. die Beratung   10. die Stelle   11. das Stellenangebot   B.   1. B
2. A   3. A   4. A, B   5. B   6. B   7. A   8. A   9. B   10. B   C.   1. Arbeitsplatz   2. Bewerbungsformular
3. Lebenslauf   4. Zeugnis   5. Bewerbungsunterlagen   6. Vorstellungsgespräch   7. Stelle   8. Gehalt

Grammatik im Kontext   Übung 1   1. An diesen Tagen wird es bedeckt (*oder:* bewölkt *oder:* wolkig) sein.
2. Am Mittwoch wird es regnen.   3. Es wird donnern und blitzen. (*oder:* Es wird Gewitter geben.)

Übung 2   1. Du wirst wohl Bücher übersetzen.   2. Max und Julia werden wohl im Ausland
wohnen.   3. Tobias wird wohl großen Erfolg haben.   4. Ich werde wohl bei einer Bank arbeiten.   5. Wir
werden uns wohl mit Politik beschäftigen.   6. Ihr werdet wohl einen Beruf im künstlerischen Bereich ausüben.

Übung 3   1. das   2. der   3. den   4. dessen   5. deren   6. die

Übung 4   1. b   2. e   3. f   4. c   5. a   6. d

Übung 5   1. Soll ich ein Buch lesen, dessen Autorin in der Industrie sehr engagiert war?   2. Soll ich einen
Roman lesen, dessen Hauptcharakter ein erfolgreicher Geschäftsmann ist?   3. Soll ich Magazinartikel lesen, die
meine Traumkarriere beschreiben?   4. Soll ich diesen Artikel lesen, der viele Statistiken gibt?   5. Soll ich das
Stellenangebot online lesen, das mich am meisten interessiert?

Übung 7   A.   1. Was für einen Menschen wird so eine Anzeige interessieren?   2. Was für Interessen muss ein
Bewerber haben?   3. Was für Menschen werden sich bei so einer Firma bewerben?   4. Mit was für einem Gimmick präsentiert man diese Stelle?   5. Was für eine Zeitschrift empfiehlt man in dieser Stelle als Werbeträger?
6. Bei was für einer Firma arbeitet Herr Magister Bogner?   B.   1. c   2. b, c, d   3. a, b, c, d

Übung 8   1. Das ist nicht Herr Königs Krone. (*oder:* Das ist nicht Herrn Königs Krone.)   2. Der Hauswirt hat
die Krone nicht auf den Briefkasten gestellt.   3. Herr Königs Frau hat ihm diese Krone nicht gekauft.
4. Die Krone gefällt dem Hauswirt nicht.   5. Der Mann, der spricht, ist nicht der Hauswirt.   6. Herr König
muss nicht aus seiner Wohnung kommen.   7. Er muss die Krone nicht entfernen.   8. Herr König trägt die
Krone nicht gern.

Übung 9 1. Nein, er glaubt nicht, dass er dafür qualifiziert ist. 2. Nein, sie will sich nicht darum bewerben. 3. Nein, sie kennt sie nicht. 4. Nein, sie hat sie nicht angerufen. 5. Nein, sie hat noch keinen Termin bei ihr. 6. Nein, er wohnt nicht in der Nähe (davon). 7. Nein, er kann sich nicht daran erinnern. 8. Nein, sie haben sich noch nicht bei der Firma beworben. 9. Nein, sie hat ihn noch nicht abgeschickt.

Übung 10 1. Nein, sie ist keine Kommunikationselektronikerin mehr. 2. Nein, sie arbeitet nicht mehr bei der Post. 3. Nein, sie bekommt kein Gehalt mehr von der Post. 4. Nein, sie installiert keine Telefone mehr. 5. Nein, sie programmiert keine Mikrocomputer mehr. 6. Nein, das ist kein Job mehr für sie.

Sprache im Kontext **Lesen** A. 1. b 2. d 3. f 4. a 5. e 6. c B. 3 C. *Answers will vary.*
1. fit und gesund 2. sich auch in Behörden verständlich machen können 3. hoch genug für die Lebenshaltungskosten im Wunschland 4. mindestens ein Jahr 5. Informationen über Formalitäten, die man unbedingt beachten muss 6. wertvolle Tipps

Kulturjournal A. *Answers will vary slightly.* 1. die Grundschule 2. die Hauptschule, die Realschule, das Gymnasium 3. das Gymnasium 4. *Answers will vary.* B. *Phrasing will vary slightly.* 1. ein Jahr *oder:* 12 Monate 2. zwischen 18 und 26 Jahren 3. vom Staat 4. *Answers will vary.*

Kapitel 12

Hören und Sprechen **Alles klar?** 1. pro Monat 2. Lernmittel 3. von den Eltern 4. bekommen 5. 68% 6. ein Viertel 7. ein Stipendium

Wörter im Kontext **Aktivität 2** Karin: 300 Euro, keine Information, Job; Betty: Studentenwohnheim, inbegriffen; Mark: Studentenwohnheim, 150 Euro, Stipendium / Eltern

Aktivität 3 1. Eltern 2. pleite 3. Miete 4. Nebenkosten 5. 100 6. ausgeben 7. während 8. Kurse 9. Studentenkneipe 10. kaputtgegangen 11. bestimmt 12. zurück 13. Sparkonto

Aktivität 4 A. 1. Diele 2. WC 3. Essdiele/Essecke 4. Küche 5. Flur 6. Bad 7. Schlafzimmer 8. Balkon 9. WC 10. Wohnzimmer 11. Balkon 12. Schlafzimmer B. *Possible answers*: Ausstattung der Küche: Geschirr, Gläser, Kaffeemaschine, Spülmaschine; Balkon: Blick auf die Berge; Couch: neue Doppelschlafcouch; Garage: für Gäste; Geschoss: im Dachgeschoss; Größe: 90 qm; Herrn Schneiders Interesse: auf dem Balkon sitzen und lesen

Aktivität 5 B. 2. in der Nähe der Uni 3. nette Mitbewohner, ihre Katze, Platz für viele Bücherregale 4. Neubauwohnung 5. außerhalb der Stadt 6. Spielplatz für seine Kinder, gute Verkehrsverbindungen, nicht zu hohe Mietkosten

Aktivität 6 Angebot 1: 1. Innenstadt 2. Küche, Diele, Bad 3. Charme 4. Nebenkosten 5. Studenten Angebot 2: 1. Wohngemeinschaft 2. Raucher 3. Katzen, Hunde 4. Neubau 5. 200 6. Waschmaschine Angebot 3: 1. Haus, Land 2. Umgebung 3. Garten, Garage 4. 1. August

Aktivität 7 A. 10, 5, 3, 1, 9, 7, 11, 4, 2, 8, 6

Grammatik im Kontext **Übung 3** *Phrasing will vary.* 1. Die Krankenversicherung ist zu teuer., Es geht ihm und seiner Familie gut. 2. Alle Geschäfte machen um halb sieben zu.; Ihre Kinder bekommen gute Noten in der Schule. 3. Sie muss zwei oder drei Jahre auf einen Studienplatz warten., Sie hat endlich einen Wagen.

Übung 8 1. e 2. h 3. a 4. d 5. g 6. b 7. f.

Sprache im Kontext A. *Answers will vary slightly.* Hanno: 50 Euro im Monat; Kino, Klub; Kleidung, Essen; Gartenarbeit; Chris: 5 Euro die Woche; —; —; —; Paula: —; Hobbys, Freizeit, Computerspiele; —; Fahrradkurier; Juliane: 45 Euro; Schminke, CDs; Klamotten; —

Lesen und Schreiben **Alles klar?** A. 8. die Bäume 6. das Dach 4. das Dachgeschoss 1. das Einfamilienhaus 3. das Erdgeschoss 5. das Fenster 9. das Gras 7. der Himmel 2. die Treppe B. *Any one, two or three of these:* auf dem Land, im Wald, am Strand

Wörter im Kontext Aktivität 1 A. Miete / Strom / Wasser / Müll / Versicherung / Benzin / Reparaturen / Technik / Hefte / Bleistifte / Kugelschreiber / Papier

Aktivität 2 A. 1. bauen 2. mieten 3. vermieten 4. ausgeben 5. vergleichen 6. sparen 7. jobben 8. einrichten 9. bitten B. 1. ausgeben 2. bauen / Sparen / einrichten 3. jobben 4. Mieten / vermieten 5. bitten / vergleichen

Aktivität 3 1. einen Keller 2. Treppen 3. einen Eingang 4. eine Diele 5. einen Flur 6. eine Garage 7. Balkone (*oder:* Balkons) 8. zwei Stockwerke 9. ein Dachgeschoss 10. ein Dach 11. Gästezimmer; Küche, Esszimmer, Schlafzimmer, Wohnzimmer, Badezimmer *oder* Bad

Aktivität 5 1. c 2. e 3. g 4. f 5. b 6. h 7. a 8. d

Grammatik im Kontext Übung 1 *Answers may vary slightly. Possible answers:* 1. Ja, ich habe mich darüber gefreut. (*oder:* Nein, ich habe mich darüber nicht gefreut.) 2. Ja, ich habe mich darauf gefreut. (*oder:* Nein, ich habe mich nicht darauf gefreut.) 3. Ja, ich musste immer lange darauf warten. (*oder:* Nein, ich musste nicht immer lange darauf warten.) 4. Ja, ich interessiere mich dafür. (*oder:* Nein, ich interessiere mich nicht dafür.) 5. Ja, ich interessiere mich dafür. (*oder:* Nein, ich interessiere mich nicht dafür.) 6. Ja, ich habe Angst davor. (*oder:* Nein, ich habe keine Angst davor.) 7. Ja, ich denke oft darüber nach. (*oder:* Nein, ich denke nicht oft darüber nach.) 8. Ja, ich ärgere mich manchmal darüber. (*oder:* Nein, ich ärgere mich nie darüber.) 9. Ja, ich beschäftige mich damit. (*oder:* Nein, ich beschäftige mich nicht damit.) 10. Ja, ich gebe viel Geld dafür aus. (*oder:* Nein, ich gebe nicht viel Geld dafür aus.) 11. Ja, ich gehe oft dahin. *oder:* Ja, da gehe ich oft hin. (*oder:* Nein, ich gehe nur selten [nicht oft, fast nie, nie] dahin.) 12. Ja, ich tue etwas dafür. (*oder:* Nein, ich tue nichts dafür.)

Übung 2 1. Wovor hast du Angst? 2. Woran denkst du? 3. Worauf wartest du? 4. Worauf freust du dich? 5. Womit beschäftigst du dich? 6. Worüber freust du dich? 7. Worum bittest du? 8. Worüber ärgerst du dich?

Übung 3 1. Was hätten Sie gern? 2. Ich hätte gern eine Tasse Tee. 3. Ich möchte gern eine Tasse Kaffee. 4. Würden Sie mir bitte den Marmorkuchen beschreiben? 5. Ich könnte Ihnen ein Stück Marmorkuchen zeigen.

Übung 4 *Answers may vary slightly. Possible answers:* 1. Würdest du mir bitte helfen? 2. Würdest du mich bitte morgen anrufen? 3. Würdet ihr bitte am Samstagmorgen vorbeikommen? 4. Würdet ihr bitte eure Fotos mitbringen? 5. Würden Sie mir bitte die Wohnung beschreiben? 6. Würden Sie bitte damit aufhören?

Übung 5 1. Du solltest nicht so schnell fahren. Ich würde nicht so schnell fahren. 2. Du solltest nicht so viel Geld ausgeben. Ich würde nicht so viel Geld ausgeben. 3. Ihr solltet nicht so viel Zeit am Strand verbringen. Ich würde nicht so viel Zeit am Strand verbringen. 4. Ihr solltet nicht auf so viele Partys gehen. Ich würde nicht auf so viele Partys gehen.

Übung 6 *Answers will vary slightly. Possible answers:* 1. Wenn die Ferien nur länger wären! (*oder:* Wenn die Ferien nur nicht so kurz wären!) 2. Wenn wir nur nicht Tag und Nacht arbeiten müssten! (*oder:* Wenn wir nur nicht Tag und Nacht zu arbeiten brauchten!) 3. Wenn ich nur mehr Geld hätte! (*oder:* Wenn ich nur nicht so wenig Geld hätte!) 4. Wenn die Mieten in dieser Stadt nur nicht so hoch wären! (*oder:* Wenn die Mieten in dieser Stadt nur niedriger wären!) 5. Wenn Häuser nur nicht so viel Geld kosteten! (*oder:* Wenn Häuser nur weniger kosteten!) 6. Wenn ich mir nur ein neues Auto kaufen könnte!

Übung 8 *Answers may vary. Possible answers:* A. 1. gut / schlecht 2. die fehlende Sauberkeit in Gemeinschaftsräumen / die geringe Größe des Wohnbereichs

Übung 9 A. 1. wie es $\boxed{\text{hätte laufen können}}$. 2. Es $\underline{\text{ist}}$ ... nicht so $\underline{\text{gelaufen}}$, 3. *It just didn't happen the way it could have happened. (or: Nothing went the way it could have gone. or: Things just didn't run the way they could have.)* B. *Answers will vary. Possible answers:* 1. Wenn ich nur mehr Geld gespart hätte! 2. Wenn wir nur daran gedacht hätten! 3. Wenn ich nur auf ein neues Auto (*oder:* einen neuen Wagen) verzichtet hätte. 4. Wenn unsere Freunde nur nicht so viel Geld ausgegeben hätten! 5. Wenn sie uns nur unterstützt hätten. 6. Wenn ich nur das ganze Jahr gejobbt hätte! 7. Wenn du nur verantwortlicher gewesen wärst! (*oder:* Wenn du nur verantwortungsvoller gewesen wärst!)

Sprache im Kontext **Lesen** A. 1. e 2. f 3. i 4. a 5. b 6. j 7. h 8. c 9. d 10. g
B. *Answers will vary. Possible answers*: 1. in Thalkirchen *oder:* in München 2. Laura 3. ein Papagei *oder:* eine Graupapageien-Dame 4. Ludwig Vogelrieder 5. seit achtzehn Jahren 6. fliegt ins Viertel 7. kommt zurück 8. viele Menschen im Viertel 9. am 12. Oktober 10. sechs Wochen C. 5, 7, 2, 8, 1, 4, 6, 3

Kapitel 13

Hören und Sprechen **Alles klar?** 1. Studie: Jeder zweite Zuschauer isst beim Fernsehen. 2. Bundesbank-Bericht zu Privatvermögen 3. Fast jeder Vierte in Deutschland erhält Niedriglohn 4. Arzt eröffnet Drive-in-Praxis in Tankstelle 5. Weniger essen

Wörter im Kontext **Aktivität 1** Krimis: Martina; Unterhaltungssendungen: Franks Vater, Franks Mutter; Sportsendungen: Frank, Franks Vater; Diskussionssendungen: Martina, Frank

Aktivität 2 1. Wirtschaft 2. Technik 3. Lokalnachrichten 4. Unterhaltung 5. Wetterbericht 6. Auslandsnachrichten 7. Fernsehen 8. Sport

Aktivität 3 2 5 3 7 1 8 4 6

Aktivität 4 B. *Phrasing will vary.* Gabriel: „Julia und Julia", italienischer Psychothriller; mag spannende Filme Evelyn: „Simpsons", einen amerikanischen Zeichentrickfilm; mag moderne Zeichentrickfilme Olaf: Fußball; mag alle Sportsendungen

Aktivität 5 1. c 2. b 3. a 4. d 5. e

Aktivität 6 A. Besucher, Internet, Netz, Netzvolk, Videoblog, Videos, Webcam

Grammatik im Kontext **Übung 1** 1. versucht 2. anzurufen 3. versprochen 4. vorbeizukommen 5. zu sein 6. fahren wollen 7. loszufahren 8. zu informieren 9. zu warten 10. wegzufahren 11. zu machen 12. gehen 13. zu arbeiten 14. zu latschen 15. zu arbeiten 16. anlegen 17. zu trinken 18. zu vergessen

Übung 2 *Phrasing may vary slightly.* 1. Er bereut, sein Interview so früh haben zu wollen. 2. Es ist für ihn schwierig, aus dem Bett zu steigen. 3. Lorenzo schlägt vor, eine kurze Tour in die Berge zu machen. 4. Der Reporter findet es schön, an die frische Luft zu kommen. 5. Es macht Lorenzo Spaß, die scharfen Kurven schnell zu fahren. 6. Es macht dem Reporter keinen Spaß, so schnell zu fahren. 7. Er versucht, den Esel von der Straße zu ziehen. 8. Er muss ganz scharf bremsen. 9. Der Esel entscheidet sich, sich auf den Straßenrand zu bewegen. 10. Sie beschließen, eine kurze Pause zu machen. 11. Sie haben keine Zeit, was zu essen. 12. Lorenzo verspricht, beim Abendessen seine Lebensgeschichte zu erzählen.

Übung 3 *Phrasing will vary.* 1. morgen Nachmittag zu dem kleinen Haus nach Kirchheim fahren 2. mit Herrn Wagner von der Bank sprechen 3. die Reihenhäuser modernisieren lassen 4. ein Geschenk für ihren Sohn kaufen 5. die Eigentumswohnungen (nicht) zu zeigen 6. Herrn Wagner (nicht) anzurufen 7. die Verträge (nicht) zu unterschreiben 8. (nicht) nach Konstanz zu fahren

Sprache im Kontext A. 1. c 2. c 3. a 4. c 5. a 6. b B. 1. kühle, trockene Luft 2. heller, stärker bewölkt, vereinzelt Schauer 3. 21 Grad 4. 11 Grad

Lesen und Schreiben **Wörter im Kontext** **Aktivität 1** 1. Was hätte ich denn machen sollen? 2. Auf dem Kinderkanal kommt um diese Zeit doch nichts mehr. (*oder:* Es ist spät. Auf dem Kinderkanal kommt heute Abend nichts mehr.) 3. d. eine Detektivsendung / einen Krimi 4. „Tatort" 5. *Answers will vary.*

Aktivität 2 *Phrasing will vary slightly.* 1. Sie ist eine Morgenzeitung. 2. Sie ist eine Tageszeitung. 3. Sie informiert über das Geschehen in aller Welt, aus Politik, Wirtschaft und Kultur. 4. Sie hat über 105 000 Leser. 5. Sie existiert seit 1783.

Aktivität 3 1. die Schlagzeilen 2. die Nachrichten 3. die Lokalnachrichten 4. die Wirtschaft 5. Politik 6. die Börse 7. das Horoskop

Aktivität 4 1. Computer 2. Drucker 3. Telefon 4. Handy

Aktivität 5 1. Erfindung 2. Videokamera 3. Abonnement 4. Ausland 5. überfliegt 6. gescheit 7. blöd 8. anschauen

Aktivität 6 A. *Phrasing may vary.* 1. Dokumente drucken 2. E-Mails schicken 3. die Schlagzeilen täglich überfliegen 4. die Nachrichten aufnehmen 5. im Internet forschen

Grammatik im Kontext   Übung 2 1. Es scheint ein Bauernhaus zu sein. 2. Das Haus scheint in der Nähe des Mondsees zu sein. 3. Es scheint total renoviert zu sein. 4. Es scheint in einer sonnigen Lage zu sein. (*oder*: Es scheint in sonniger Lage zu sein.) 5. Der Preis des Hauses scheint höher als 500 000 Euro zu sein.

Übung 3 FRAU WERNER: Wir brauchen keine Haushaltsgeräte zu kaufen. / Wir brauchen uns keinen Computer und keinen Drucker anzuschaffen. / Wir brauchen keine Zeitungen zu abonnieren.

Übung 4 *Answers may vary slightly. Possible answers:* 1. Man würde in einem Dorf wohnen wollen, um sich schöne Landschaften anzuschauen. 2. Man sollte Helmstedt besuchen, um durch die historische Altstadt spazieren zu gehen. 3. Man sollte Helmstedt wählen, um Rad zu fahren, zu angeln, zu reiten und Tennis zu spielen. 4. Man sollte die Ferien in Helmstedt verbringen, um sich zu entspannen und sich zu erholen.

Übung 5 1. Du bleibst fit, um einen Marathon zu laufen. 2. Wir programmieren den Fernseher, um unsere Lieblingssendung aufzunehmen. 3. Ich schaue mir die Nachrichten an, um mich über aktuelle Themen zu informieren. 4. Anna sieht sich den politischen Bericht an, um informiert zu bleiben. 5. Die Schüler arbeiten jetzt an ihren Hausaufgaben, um später den neuesten Spielfilm zu sehen.

Übung 6 Man sagt, Bronski <u>sei</u> unser Mann in der FR-Redaktion. Er <u>sorge</u> dafür, dass unsere Meinung ins Blatt und ins Blog kommt. Er <u>repräsentiere</u> unsere Interessen gegenüber Redakteuren. Er <u>korrigiere</u> unsere Grammatik, und er <u>kümmere</u> sich um unsere Wünsche. Man sagt, er <u>habe</u> direkten Zugang zur Chefredaktion und er <u>sei</u> unser Mittelsmann zur Redaktion.

Übung 7 1. Der Zeuge antwortete: „Der Dieb ist um halb elf aus der Bank gelaufen." 2. Eine Bankangestellte sagte: „Ich habe den Dieb so genau wie möglich beschrieben." 3. Sie erklärte: „Der Dieb hat eine Maske getragen." 4. Der Polizist fragte: „Ist der Dieb allein gewesen?" 5. Der Zeuge behauptete: „Der Dieb ist in einem schwarzen Mercedes weggefahren." 6. Er sagte auch: „Ich habe eine Frau am Steuer gesehen."

Sprache im Kontext   Lesen A. Titel / Tag / Tageszeit / Programm B. *Phrasing will vary.* SENDUNG 1: Liebe macht erfinderisch; Jörg Schneider, Paul Bühlmann, Birgit Steinegger, Peter W. Staub; der Taxifahrer Hugo Meier, seine zwei Ehefrauen; ein Taxifahrer hat zwei Wohnungen und zwei Ehefrauen; Komödie; SA 20.10 SF1 SENDUNG 2: Die Frisöse und der Millionär; Eva Habermann, Ivo Möller; die Friseuse Anna, der 11-jährige Nick, der steinreiche Philipp Steinmann; der Junge unterbricht Annas Suche nach einem reichen Mann; keine Information; SO 20.15 RTL SENDUNG 3: Die Metzger; keine Information; Ferdinand Schmölling, seine Mieterin, seine Tochter, drei Kurden; die Ausländer sind unerwünscht, bis sie sich dem Metzger beweisen; Komödie; MO 20.15 ZDF SENDUNG 4: Blind Date – Flirt mit Folgen; keine Information; Louisa, zwei Kinder, Christa; Louisa tritt bei einer Fernsehshow für Christa an; keine Information; DI 20.15 PRO 7. C. 1. d 2. a 3. b 4. c

Kulturjournal. 1. 1970 3. drei Stunden

Kapitel 14

Hören und Sprechen   Alles klar? 1. a, c 2. c 3. c, d, f 4. e 5. a, c, f, g 6. a, c 7. b, e

Wörter im Kontext   Aktivität 3 *Phrasing will vary.* FÜR: weniger Unfälle; weniger Staus; andere Länder haben auch ein Tempolimit GEGEN: es ist schön, schnell zu fahren; man ist schneller am Ziel; mit einem Tempolimit hat man weniger Freiheit; schnelle Autos haben ein gutes Image im Ausland

Aktivität 4 a. 3 b. 2 c. 5 d. 1 e. 4

Aktivität 5 A. 1. ja 2. ja 3. ja 4. nein 5. nein 6. nein 7. ja 8. ja 9. ja 10. nein

Aktivität 6 B. Herr Meyer: Arbeitslosigkeit; Umschulungsprogramme Marlene: Smog; autofreie Tage Robert: AIDS; mehr Forschung

Grammatik im Kontext Übung 1 A. *Phrasing will vary.* 1. Emil Molt 2. 90 Jahre 3. Rudolf Steiner 4. Die sozialen Chancen der Kinder sollten verbessert werden. 5. über 1.000 C. *Phrasing will vary.* Vorteile: Man lernt wegen der Sache; Fächer wie Kunst, Theater und Musik werden stark gefördert Nachteile: zu wenig Druck; im Bereich der Politik wird zu wenig getan; Fächer dürfen nicht gewählt werden.

Übung 5 1. wird, achtzehn; V 2. wird, feiern; F 3. wird, geben; F 4. soll, getanzt werden; P 5. wird, essen, trinken; F 6. darf, getrunken werden; P 7. wird, Spaß machen; F 8. wird, anrufen; F 9. werden, müde; V 10. ist, geworden; V

Sprache im Kontext 1. b 2. c 3. a

Lesen und Schreiben Alles klar? 1. *Any or all of these are correct.* eine Demonstration, Bäume ohne Blätter, ein großes Banner, Fahnen und Plakate, viele Demonstranten, Regenschirme, eine Ampel 2. *Any or all of these are correct.* an einem kühlen Wintertag, an einem windigen Tag im Vorfrühling, an einem regnerischen Tag im Spätherbst 3. *Any or all of these are correct.* Schüler/Schülerinnen, Bürger/Bürgerinnen, junge Menschen, Politiker/Politikerinnen, Studenten/Studentinnen, Obdachlose 4. *Any or all of these are correct.* gegen Kohleenergie, gegen Fracking, gegen Atomenergie

Wörter im Kontext Aktivität 1 1. d 2. c 3. a 4. b 5. c 6. b 7. d 8. c

Aktivität 2 *Answers may vary. Likely answers:* 2. die Armut 3. der Hunger 4. die Drogensucht 5. die Obdachlosigkeit 6. die Ausländerfeindlichkeit 7. die Umweltverschmutzung 8. der Klimawandel 9. der Terrorismus 10. der Rassismus 11. der Extremismus

Aktivität 3 *Answers may vary. Possible answers:* 1. die Wegwerfflasche − 2. die Sammelstelle + 3. die Umweltverschmutzung − 4. Die Getränkedose ? 5. Die Plastiktüte − 6. das Windrad +

Aktivität 4 1. teilnehmen 2. kaufen (*oder:* wählen *oder:* vorziehen) 3. Halten 4. wählen / schützen 5. vermindern 6. engagieren

Aktivität 5 *Answers will vary. Possible answers:* 1. Öffentliche Verkehrsmittel? Ich bin dafür. 2. Umweltverschmutzung? Ich bin dagegen. 3. Sauberer Abfall? So ein Unsinn! 4. Meiner Meinung nach brauchen wir mehr Sammelstellen.

Grammatik im Kontext Übung 1 1. wurde / gespielt / Wer ist Marlene Dietrich? 2. wurde / zerstört / Was ist die „Hindenburg"? 3. wurde / gefeiert / Was ist der 3. Oktober? 4. wurde / kontaminiert / Was ist Tschernobyl? 5. wurde / geschrieben / Was ist „Faust"?

Übung 2 *Answers will vary slightly.* 1. Diese Idee wurde von Sigmund Freud entwickelt. 2. Diese Sportwagenfirma wurde von Ferdinand Porsche etabliert. 3. Dieser Film wurde von Rainer Werner Fassbinder gemacht. 4. Dieser Roman wurde von Ingeborg Bachmann geschrieben. 5. Dieser Architekturstil wurde von Walter Gropius gegründet. 6. Die erste Raumrakete wurde von Wernher von Braun entwickelt. 7. Diese Novelle wurde von Günter Grass geschrieben. 8. Diese Bilder wurden von Käthe Kollwitz geschaffen. 9. Diese Wahl wurde von Angela Merkel gewonnen. 10. Über diese Krankheit wurde von Alois Alzheimer geforscht.

Übung 3 1. Wer stellt die Fragen „Wer ist Freund?" und „Wer ist Feind?"? 2. Wer erzählt die Geschichte? Antwort: Thomas Bohn. 3. Wer hat das Buch geschrieben? Antwort: Thomas Bohn. 4. Wie bringt man Klarheit in die Machenschaften des russischen Drogenrings? 5. Wer spielt die Rolle des schwarzgelockten (schwarzhaarigen) Sohnes des Kommissars? Antwort: Fjodor Olev.

Übung 4 1. Hier wird ein großes Sommerfest gefeiert. 2. Musik zum Tanzen wird gespielt. 3. Die Musik vom Tanzorchester „Lex van Wel" wird gehört. 4. Hier wird gesungen und gelacht. 5. Hier wird Bier und Wein getrunken. (*oder:* Hier werden Bier und Wein getrunken.)

Übung 6 1. Hier feiert man ein großes Sommerfest. 2. Man spielt Musik zum Tanzen. 3. Man hört die Musik vom Tanzorchester „Lex van Wel". 4. Hier singt und lacht man. 5. Hier trinkt man Bier und Wein.

Übung 7   1. Man kann Vorschläge für Umweltschutz in Anzeigen geben.   2. Man kann Umweltschutz durch gezielten Einkauf praktizieren.   3. Man kann umweltfreundliche Produkte produzieren, deren Inhaltstoffe biologisch abbaubar sind.   4. Man kann Produkte produzieren, die wenig Abfall produzieren und die die Natur so wenig wie möglich belasten.   5. Man kann auf Verpackung achten.   6. Man kann Waren vermeiden, die in überflüssigem Plastik verpackt sind.   7. Man kann umweltfreundliche Produkte günstig anbieten. EXTRA: Was ist Krone? b.

Übung 8   1. zunehmende   2. kommenden   3. beginnende   4. schlafende   5. jaulenden
6. folgenden, lachenden

Sprache im Kontext   Lesen   A. *Phrasing may vary.* Lutz von Rosenberg Lipinsky / Angst. Macht. Spaß. /
„Die 33 tollstem Ängste – und wie man sie bekommt"   B. Autor, Theologe, Kabarettist, Seelsorger, der Mann am Krisenherd   C.   1. d   2. c   3. a   4. e   5. f   6. h   7. b   8. g   D. lustig, energisch, schlau, süffisant, provozierend, prägnant, lustvoll, humorvoll   E.   1. a   2. c   3. f   4. b   5. e   6. d

Kulturjournal   A. *Answers may vary.*   B.   1. Schweiz   2. Österreich   3. Deutschland   4. *Answer will vary.*

CREDITS

Text Credits

Page 4 (bottom): From WMF; from BMW; from DAS; from LTU; from RTL; from BASF; **p. 8 (map):** From Süddeutsche Zeitung; **p. 9:** From Friseur Salon Becker; from die Brennessel; from Bad Bergzabern GmbH; from Karin Haberer-Burgard; from Reformhaus Escher; **p. 16:** From Bücherei am Münztor Schongau; **p. 19:** From Institut auf dem Rosenberg; **p. 23:** From Symphonisches Orchester Berlin; **p. 49:** From der Standard; **p. 54:** From Goldmann Verlag; **p. 78:** From Restaurant i-Punkt; **p. 81 (bottom):** From Magazin Häuser; **p. 82 (top):** From ImPulsTanz; **p. 108:** From Gäste Journal; **p. 110:** From www.opern-festspiele.de; **p. 115 (graph):** From Statistisches Bundesamt; **p. 137 (cartoon):** © DuBouillon, www.dubouillon.fr; **p. 138 (top):** From KiWi Verlag; **p. 142:** From www.dtv.de; **p. 150:** From Karstadt; **p. 155:** From Edeka; **p. 164:** From Paulisch Moden; **p. 167:** From Naturmarkt Jonas; **p. 173:** From Metzgerei Christian Gerold; **p. 183:** From Paddelweiher-Hütte; **p. 185:** From Yoko Sushi-Bar; from Nooch noodles & more; from Manger & Boire; from Restaurant Schnabel; from Der vierte König; from Brötli-Bar; **p. 195:** From Restaurant Zum Webertor; from Restaurant Zum Klöster; from La Bodega; **p. 198:** From Ramspauer Hof; **p. 201 (cartoon):** © Rudi Hurzlmeier, www.hurzlmeier-rudi.de; **p. 204 (top):** From Deutsches Theater; **p. 208:** From Restaurant Opera; **p. 211:** From Restaurant El Puente; **p. 219 (map):** From Concept Center Verlag; **p. 239:** From AKAD; **p. 242:** From Kino-Café; **p. 245:** From Hotel Brauereigasthof; **p. 268:** From Leipziger Universitätsverlag; **p. 276:** From Christian Wolff; **p. 280 (cartoon):** From Papan; **p. 281:** From Weimar; **p. 284:** From Hotel Katharinenhof - Hauer; **p. 285 (map):** From Werner Fehlmann, Interlaken Foto + Druck: Foto Häsler AG. Wimmis; **p. 288 (center):** From Deutsches Museum; **p. 297:** From Haus der Kulturen der Welt; **p. 305 (center):** From Kurstadt; **p. 306:** From Apassionata; **p. 309:** From Mindelheim; **p. 315:** From LT-Aktivreisen; from Mitfahrbüro Körnerwall; from Atlantika; from Cultura; **p. 332:** From Schmetterling Reisen; **p. 333:** From Stadt Gifhorn; **p. 338:** From websLine; **p. 344:** From Piper Verlag; **p. 368:** From Radio Antenne; **p. 372 (top):** © Handelsblatt, GmbH; **(bottom):** from Bischofshof Bier; **p. 374 (cartoon):** © Erik Liebermann, www.liebermann-cartoons.de; **p. 375:** From Wüstefeld; **p. 394 (cartoon):** "Wie findest du unser neues Haus" © Friedel Schmidt; **p. 396 (cartoon):** © Peter Butschkow, www.butschkow.de; **p. 398 (left):** From Caritas; **(right):** from Akad; **p. 402:** From Sparkasse; **p. 404:** From dpa; **p. 423 (cartoon):** © Greser & Lenz, www.greser-lenz.de; **p. 425:** From Goslariche Zeitung; **p. 426:** From Tomis Mobile; **p. 428:** From Megatimer; **p. 429:** From SiR; **p. 431:** From Stadt Helmstedt; **p. 433:** From Frankfurter Zeitung; **p. 460:** From Rheinhotel Dreesen.

Photo Credits

Page 1: ©Tetra Images/Getty Images RF; **p. 12 (tablet):** ©McGraw-Hill Education; **p. 12 (keyboard):** ©McGraw-Hill Education/Mark Dierker; **p. 12 (students):** ©Laurence Mouton/Getty Images RF; **p. 14:** Courtesy of Monica Clyde; **p. 22:** ©Laurence Mouton/Getty Images RF; **p. 39:** ©Ute Grabowsky/Photothek via Getty Images; **p. 47 (woman):** ©Rachel Frank/Corbis/Glow Images RF; **p. 47 (man):** ©MBI/Alamy RF; **p. 51:** ©Ute Grabowsky/Photothek via Getty Images; **p. 70, p. 83:** ©Spiegl/Ullstein Bild/The Image Works; **p. 101:** ©Henglein and Steets/Getty Images RF; **p. 106:** Courtesy of Paul Listen; **p. 113:** ©Henglein and Steets/Getty Images RF; **p. 130, p. 144:** ©Kaiser/Caro/ullstein bild/The Image Works; **p. 162, p. 178:** ©Adam Jones/Danita Delimont; **p. 194, p. 210:** ©Werner Otto/Alamy; **p. 217:** ©Diego Cervo/Fotolia RF; **p. 231:** ©STOCK4B GmbH/Alamy RF; **p. 232:** ©Ed Kashi/Corbis; **p. 247:** ©STOCK4B GmbH/Alamy RF; **p. 254 (all):** Courtesy of Lida Schneider; **p. 263:** ©Photodisc/Getty Images RF; **p. 276:** ©Peter Bischoff/Getty Images; **p. 278:** ©Photodisc/Getty Images RF; **p. 291:** ©Heritage Image Partnership Ltd/Alamy; **p. 292:** Courtesy of Robert Di Donato; **p. 297:** ©Shotshop GmbH/Alamy RF; **p. 300:** ©Brand X Pictures/PunchStock RF; **p. 309:** ©Werner Otto/Alamy; **p. 311 (Bonn):** Courtesy of Robert Di Donato; **p. 311 (Grimm):** ©Agencja Fotograficzna Caro/Alamy; **p. 311 (Hanau):** ©imageBROKER/Alamy; **p. 311 (Mozart):** ©SuperStock/Getty Images; **p. 311 (Salzburg):** ©RudyBalasko/Getty Images RF; **p. 327:** Courtesy of Lida Schneider; **p. 329:** ©Arco Images GmbH/Alamy; **p. 332:** ©INTERFOTO/Alamy; **p. 348:** ©Arco Images GmbH/Alamy; **p. 359:** ©Charles Eshelman/FilmMagic/Getty Images; **p. 362, p. 379:** ©Sven Doering/Visum/The Image Works; **p. 392, p. 408:** ©altrendo images/Getty Images; **p. 419:** ©PhotoLink/Getty Images RF; **p. 422, p. 437:** ©Giorgio Magini/Getty Images RF; **p. 452:** ©Carsten Koall/Getty Images; **p. 457 (Freud):** ©Ingram Publishing RF; **p. 457 (Gropius):** ©Roger Viollet/Getty Images; **p. 457 (Bachmann):** ©INTERFOTO/Alamy; **p. 461:** ©Sven Simon/ullstein bild/The Image Works; **p. 466:** ©imago stock&people/imago/Lars Berg/Newscom; **p. 467:** ©Carsten Koall/Getty Images.